권별주삶
• 주야로 묵상하는 삶 •

● 주삶의 정신 1

주삶은 에티오피아 내시에게
말씀을 해석해 준 빌립 집사의 역할을 하기 원합니다.

말씀을 올바르게 깨닫기 위해서는 빌립과 같은 신령한 조력자가 필요합니다.
이제 주삶은 '객관적이고 정확한 절별 해설'을 통해
그리스도인의 매일 말씀묵상을 돕고자 합니다.

● 주삶의 정신 2

묵상은 하루 중 가장 방해받지 않는
귀중한 시간에 하는 것입니다.
그리고 깨달은 말씀을 종일 생각하는 것입니다.

진정한 그리스도인이 되기 위해서는 묵상한 말씀을 늘 되새겨야 합니다.
그것이 주야로 묵상하는 삶이며 주삶의 정신입니다.

● 주삶의 정신 3

'오늘 말씀묵상을 하지 않으면 밥을 먹지 않겠다.'
참된 성도는 굳은 결심의 소유자여야 합니다.

매일 말씀묵상을 하지 않으면 영혼이 병들고 성장하지 않기 때문입니다.
일주일에 한두 끼만 먹는 사람이
건강한 삶을 살 수 없는 것과 마찬가지 이치입니다.

Contents

2	권별주삶 단체 활용법
3	권별주삶 개인 활용법
4	주삶 개인 활용법
6	주삶 단체 활용법
10	디모데전후서를 묵상하기 전에
13-86	1~24회 묵상
87	디도서를 묵상하기 전에
89-106	25~30회 묵상
107	히브리서를 묵상하기 전에
109-211	31~60회 묵상
212	주간 그룹성경공부(1-9주)
240	주간 그룹성경공부 해설서(1-9주)
250	기도노트

● 해설 집필자 소개

권호 목사_ 디모데전후서·디도서
- 총신대학교 신학대학원 졸업(신학 B.A, M.Div)
- 미국 Gordon-Conwell Theological Seminary(신학 Th.M)
- Southwestern Baptist Theological Seminary(철학 Ph.D)
- 합동신학대학원대학교 설교학 교수
- 사랑의교회 협동목사

김일승 목사_ 히브리서
- 서울대학교 졸업(B.A)
- 총신대학교 신학대학원 졸업(M.Div)
- 미국 Gordon-Conwell Theological Seminary 졸업(성경신학 Th.M)
- 미국 Southwestern Baptist Theological Seminary(목회학 D.Min)
- 하늘사랑교회 담임목사
- 칼빈대학교 신학과 조교수

GBS 및 해설서_ 김건일, 황재욱 목사

권별주삶 아가페
주삶 20
• 주 야 로 묵 상 하 는 삶 •

디모데전후서
디도서
히브리서

AGAPE
[주]아가페출판사

 단체 활용법

권별주삶의 특징

- 권별주삶은 가족, 교회 소그룹, 직장 신우회 등 각종 성경공부 모임에 활용하면 좋습니다.

- 권별주삶은 날짜에 구애받지 않는 7일 동안의 개인 묵상과 1일의 주간성경공부(GBS)로 구성되어 있습니다.

권별주삶의 단체 활용법

▶ 매일 개인적으로 묵상하고, 1주일에 1회씩 모여 GBS 모임을 가지면 좋습니다.

- 개인묵상 시간을 통해 말씀을 묵상합니다.
- 7일째 주간성경공부 모임에서 한 주 동안 묵상한 말씀을 삶에 적용하고 체험과 깨달음을 서로 공유합니다.

▶ 권별주삶은 각종 성경공부 모임의 계획에 맞춰 차별화된 스케줄 구성이 가능합니다.

아가페 주삶 개인 활용법

권별주삶의 특징

- **권별주삶**은 날짜가 특정되지 않아 순차적으로 깊이 있는 말씀묵상이 가능합니다.

- **권별주삶**은 개인별 맞춤 스케줄에 따라 시간을 활용함으로써, 하나님의 말씀을 거듭 상고하고 깊이 체험할 수 있게 도와줍니다.

권별주삶의 개인 활용법

▶ 아래 **권별주삶**의 개인 활용법을 따라 꾸준히 묵상하면서 하나님과 동행하세요.

- 먼저 묵상을 시작하는 날짜를 기록합니다. 개인 스케줄에 맞춰 날짜와 관계없이 성경을 이어서 빠짐없이 묵상할 수 있습니다.

- 개인묵상 시간을 통해 말씀을 묵상합니다.

- 7일째 주간성경공부 모임에서 한 주 동안 묵상한 말씀을 삶에 적용하고 체험과 깨달음을 서로 공유합니다.

- 교훈과 묵상한 것을 메모합니다. 묵상과 적용이 **권별주삶**의 깊이 있는 해설과 곁들여져 말씀을 더욱 쉽게 이해하는 나만의 묵상노트가 됩니다.

- **권별주삶** 시리즈를 권별로 모아 두세요. 성경의 문맥을 살려 그 자체로 말씀을 쉽게 이해하게 해 주는 훌륭한 성경해설서로 활용할 수 있습니다.

* **권별주삶**을
나만의 묵상노트이자 성경해설서로 만든다는 목표를 가지고 꾸준히 하면,
하나님과의 친밀한 교제 안에서 변화된 자신을 체험할 수 있습니다.

아가페 주삶 개인 말씀묵상 활용법

1 날짜 기록
묵상한 날짜를 기록합니다.

2 찬양과 기도
먼저 찬양한 후, 성령님의 도우심을 구하는 기도를 드립니다.

3 본문요약
'본문요약'을 읽고 흐름을 파악합니다.

4 개역개정성경 읽기
성경 본문을 정독합니다.

묵상 체크 ☐

02 어두운 과거를 지우는 은혜

디모데전서 1:12-20 • 새찬송 597장 | 통일 378장

월   일

• 말씀묵상 전에 성령님의 인도하심을 구하는 기도를 드리십시오.

본문요약 | 바울은 죄인 중에 괴수였던 자신이 어떻게 그리스도 예수의 넘치는 사랑과 은혜로 구원받았는지를 고백한다. 예수님은 바울을 끝까지 기다려 주시고 변화시켜 복음의 일꾼으로 세워 주셨다. 바울은 디모데에게 이런 예수님과 복음을 부인하는 거짓 교사들과 싸우라고 권면한다.

12 나를 능하게 하신 그리스도 예수 우리 주께 내가 감사함은 나를 충성되이 여겨 내게 직분을 맡기심이니
13 내가 전에는 비방자요 박해자요 폭행자였으나 도리어 긍휼을 입은 것은 내가 믿지 아니할 때에 알지 못하고 행하였음이라
14 우리 주의 은혜가 그리스도 예수 안에 있는 믿음과 사랑과 함께 넘치도록 풍성하였도다
15 미쁘다 모든 사람이 받을 만한 이 말이여 그리스도 예수께서 죄인을 구원하시려고 세상에 임하셨다 하였도다 죄인 중에 내가 괴수니라
16 그러나 내가 긍휼을 입은 까닭은 예수 그리스도께서 내게 먼저 일체 오래 참으심을 보이사 후에 주를 믿어 영생 얻는 자들에게 본이 되게 하려 하심이라
17 영원하신 왕 곧 썩지 아니하고 보이지 아니하고 홀로 하나이신 하나님께 존귀와 영광이 영원무궁하도록 있을지어다 아멘
18 아들 디모데야 내가 네게 이 교훈으로써 명하노니 전에 너를 지도한 예언을 따라 그것으로 선한 싸움을 싸우며
19 믿음과 착한 양심을 가지라 어떤 이들은 이 양심을 버렸고 그 믿음에 관하여는 파선하였느니라
20 그 가운데 후메내오와 알렉산더가 있으니 내가 사탄에게 내준 것은 그들로 훈계를 받아 신성을 모독하지 못하게 하려 함이라

1. 오늘 하나님께서 나에게 주신 깨달음은 무엇입니까?

2. 말씀을 어떻게 내 삶에 구체적으로 적용해야 합니까?

---

7 묵상과 적용
'묵상과 적용' 질문을 통해 깨달은 말씀과 적용한 내용을 적습니다.

'말씀묵상'은
말씀과 기도를 통해 날마다 하나님의 음성에 귀 기울이고 그 음성을 따라 살아가고자 하는 그리스도인을 위한 경건의 시간입니다. '말씀묵상'은 하루 중 가장 귀중한 시간에 아무도 방해하지 않는 곳에서 해야 합니다. 그리고 깨달은 말씀을 주야로 묵상하는 것입니다.

절별 해설

12 나를 능하게 하신 그리스도 예수 우리 주 바울은 자신의 능력 있는 사역의 근원을 이야기한다. 그것은 부족한 자신을 이끄시고 힘을 주시는 예수 그리스도로 인함이다.
나를 충성되이 여겨 내게 직분을 맡기심이니 예수님의 놀라운 예지와 섭리에 대한 바울의 고백이다. 바울은 과거 예수님을 부인하고 성도를 핍박하는 자였다. 그러나 예수님은 이런 바울이 복음의 일꾼이 될 것을 알고 계셨다. 예수님은 마침내 바울을 변화시켜 그에게 이방인 선교를 감당하는 직분을 맡기신다.

13 내가 전에는 비방자요 박해자요 폭행자였으나 "비방자"는 비난하고 헐뜯는 사람이다. 바울은 예수님을 공개적으로 반대하고 공격했다(행 26:9). 그러나 그는 비방으로 그치지 않고, 예수님을 따르는 사람들을 붙잡고 폭력을 가했다(행 8:1-3; 9:1; 갈 1:13).
믿지 아니할 때에 알지 못하고 행하였음이라 바울은 지금 과거의 행동을 변명하려는 것이 아니다. 그는 유대교의 학식을 갖추었고 자신이 믿는 바를 실천하는 열정도 가지고 있었다. 그럼에도 그리스도 예수를 전혀 알지 못했음을 시인하는 것이다.

15 죄인 중에 내가 괴수니라 "괴수"의 뜻은 '가장 높은 급의' 혹은 '가장 앞서 있는'이다. 이런 바울의 변화는 한 영혼을 구원하시는 그리스도의 사랑으로 이루어졌다(14절).

16 예수 그리스도께서 내게 먼저 일체 오래 참으심을 보이사 "긍휼"은 자비하심을 뜻한다. 바울이 경험한 하나님의 자비는 오래 참으심이다. "일체 오래 참으심"은 어떤 제한도 없다는 것이다. 예수님은 바울이 돌아올 때까지 끝없는 자비와 인내를 베풀어 주셨다.

본이 되게 하려 하심이라 "본"은 실례 혹은 모범을 뜻한다. 예수님의 사랑과 긍휼로 변화된 바울의 삶은 누구든지 복음으로 변화되고 구원받을 수 있다는 실례와 모범이 된다.

18 내가 네게 이 교훈으로써 명하노니 "이 교훈"은 17절까지의 내용을 의미하는데, 그 내용은 바울이 앞에서 언급한 대로 복음으로 물리치신 것을 말한다(1:3,5).
전에 너를 지도한 예언을 따라 디모데를 지도자로 세우기 위해 주어진 예언을 가리킨다(행 14:23; 딤전 4:14).

20 그 가운데 후메내오와 알렉산더가 있으니 바울은 에베소 교회에 거짓 교사의 이름을 언급한다. 이들은 디모데후서에서도 부정적으로 묘사된다(딤후 2:17; 4:15).
내가 사탄에게 내준 것은 출교시킴으로 그들의 죄가 무엇인지를 공표하는 것을 말한다.

쉬운성경

12 우리 주 예수 그리스도께 감사를 드립니다. 그분은 나를 충성된 자로 여기시고, 그분을 섬길 수 있도록 하셨으며, 필요한 힘까지 주셨습니다.

13 예수님을 만나기 전에 나는 그리스도를 욕하고 핍박하며 온갖 방법으로 믿는 자들을 괴롭혔습니다. 그러나 하나님께서는 내게 자비를 베푸시고 내가 한 일들을 용서해 주셨습니다. 왜냐하면 그것은 내가 믿지 않던 때에 모르고 저지른 일들이기 때문입니다.

14 우리 주님의 은혜가 나의 마음 가운데 가득 차고 넘쳤습니다. 그 은혜와 함께 그리스도 예수 안에서 믿음과 사랑도 내 속에 솟아났습니다.

15 모든 사람들이 진심으로 받아들여야 할 말은, 예수 그리스도께서 죄인을 구하러 이 땅에 오셨다는 것입니다. 나는 그 죄인 중에서도 가장 큰 죄인이었습니다.

16 그러나 하나님께서는 내게 은혜를 베푸시고 이 못난 죄인을 오래 참고 기다려 주셨습니다.

저자의 묵상

바울은 죄인 중에 죄인이었다. 그는 예수님을 부인하는 잘못된 지식과 신념을 가지고 있었다. 그뿐 아니라 거침없는 비방과 폭력으로 그리스도인들을 공격했다. 그런 바울이 예수님을 만나고 완전히 새로운 사람이 되었다. 예수님의 놀라운 은혜는 바울의 죄로 얼룩진 과거를 지웠다. 우리가 쌓은 죄와 어두운 시간을 어떻게 깨끗이 지울 수 있을까? 모른 척하며 잊는다고 되지 않는다. 괜찮고, 괜찮을 거라는 거짓된 긍정으로 지워지지 않는다. 오직 예수님을 만날 때에만 가능한 일이다. 바울의 고백처럼 예수님은 우리를 끝까지 기다려 주신다. 때가 되어 바울을 찾아오셨듯 우리에게 찾아오신다. 다메섹에서 말씀으로 바울의 삶을 뒤집으신 것처럼 여전히 말씀으로 우리의 잘못된 삶을 뒤집으신다. 회개하게 하시고 돌이키시는 일을 행하신다. 그 은혜가 임할 때마다 과거의 무서운 죄와 암흑의 시간은 사라진다. 성도는 예수님의 이 놀라운 은혜가 나와 우리 가족, 내 주변의 사람들에게 임하기를 기도하며 기대해야 한다.

> **무릎 기도** 하나님, 바울이 경험한 넘치는 그리스도의 사랑과 은혜를 우리도 경험하게 하소서. 과거의 삶에 얽매이지 않고 은혜로 믿음의 복된 삶을 살게 하소서.

ESV - 1 Timothy 1

12 I thank him who has given me strength, Christ Jesus our Lord, because he judged me faithful, appointing me to his service,

13 though formerly I was a blasphemer, persecutor, and insolent opponent. But I received mercy because I had acted ignorantly in unbelief,

14 and the grace of our Lord overflowed for me with the faith and love that are in Christ Jesus.

15 The saying is trustworthy and deserving of full acceptance, that Christ Jesus came into the world to save sinners, of whom I am the foremost.

16 But I received mercy for this reason, that in me, as the foremost, Jesus Christ might display his perfect patience as an example to those who were to believe in him for eternal life.

17 To the King of the ages, immortal, invisible, the only God, be honor and glory forever and ever." Amen.

18 This charge I entrust to you, Timothy, my child, in accordance with the prophecies previously made about you, that by them you may wage the good warfare,

19 holding faith and a good conscience. By rejecting this, some have made shipwreck of their faith,

20 among whom are Hymenaeus and Alexander, whom I have handed over to Satan that they may learn not to blaspheme.

* 1:17 Greek to the ages of ages

12 appoint 임명하다 13 blaspheme 모독하다 persecutor 박해자 insolent 오만한 opponent 반대자 ignorantly 무지해서 15 trustworthy 신뢰할 수 있는 deserve …을 받을 만하다 acceptance 받아들임 foremost 맨 먼저의 16 display 보이다 patience 인내 17 immortal 불멸의 18 charge 명령 entrust 맡기다 in accordance with …에 따라 prophecy 예언 wage (전쟁을) 하다 19 conscience 양심 reject 거부하다 make shipwreck of …을 파멸시키다 20 hand over 넘기다

---

5 쉬운성경 읽기
쉬운성경을 정독하며 본문을 대조합니다.

6 절별 해설
'절별 해설'을 참고하며 읽습니다.

8 저자의 묵상
절별 해설 집필자가 묵상 후 전하는 메시지입니다.

9 무릎 기도
'무릎 기도'로 기도합니다.

10
한글과 영어 본문(ESV) 대조를 통해 본문의 바른 뜻을 파악할 수 있습니다.

단체 활용법 – 소그룹·구역예배

1
주중에 전 구성원이 개인적으로 매일 말씀을 묵상하고, 1주일에 1회씩 모여 GBS 교재 부분을 가지고 나눕니다.

2
GBS를 시작할 때 지난 한 주간 개인 묵상을 통해 깨달은 것이나 삶에 적용한 일이 있으면 한 사람씩 돌아가며 나눕니다.

구역예배, 청년부 성경공부, 직장 신우회 등 각종 성경공부 모임에 활용하면 좋습니다.

주간 그룹성경공부 · GBS

1주차 (1회~7회)

감독의 자격

디모데전서 3:1~7 | 새찬송 595장 · 통일 372장

● 주간 말씀묵상 나눔

지난 한 주간 말씀을 묵상한 것이나 삶에 적용한 것이 있으면 돌아가며 간단히 나누어 봅시다.

● 오늘의 성경공부 목표

1세기 교회 공동체의 감독은 어떤 자격을 갖춘 사람이었는지에 관해 살펴보도록 합시다.

1 미쁘다 이 말이여, 곧 사람이 감독의 직분을 얻으려 함은 선한 일을 사모하는 것이라 함이로다
2 그러므로 감독은 책망할 것이 없으며 한 아내의 남편이 되며 절제하며 신중하며 단정하며 나그네를 대접하며 가르치기를 잘하며
3 술을 즐기지 아니하며 구타하지 아니하며 오직 관용하며 다투지 아니하며 돈을 사랑하지 아니하며
4 자기 집을 잘 다스려 자녀들로 모든 공손함으로 복종하게 하는 자라야 할지며
5 (사람이 자기 집을 다스릴 줄 알지 못하면 어찌 하나님의 교회를 돌보리요)
6 새로 입교한 자도 말지니 교만하여져서 마귀를 정죄하는 그 정죄에 빠질까 함이요
7 또한 외인에게서도 선한 증거를 얻은 자라야 할지니 비방과 마귀의 올무에 빠질까 염려하라

'말씀묵상'은
말씀과 기도를 통해 날마다 하나님의 음성에 귀 기울이고 그 음성을 따라 살아가고자 하는 그리스도인을 위한 경건의 시간입니다. '말씀묵상'은 하루 중 가장 귀중한 시간에 아무도 방해하지 않는 곳에서 해야 합니다. 그리고 깨달은 말씀을 주야로 묵상하는 것입니다.

• 함께 읽어보기

오순절 성령강림 사건 이후 기독교는 폭발적으로 성장했습니다. 예루살렘은 물론이고 이방 지역 곳곳에 교회가 세워졌고 각각의 지역 교회는 베드로, 요한, 야고보, 바울과 같은 사도들의 지침 아래 점차 체계적인 공동체의 모습을 갖추어 갔습니다. 이러한 변화 속에서 리더십에 대한 요구가 교회 공동체 안에서 자연히 생겨났습니다. 오늘 본문은 당시 교회 공동체가 어떤 기준을 가지고 리더를 세웠는가에 대한 비교적 상세한 기록을 담고 있습니다. 이천 년 전 기독교의 태동기에 세웠던 교회는 어떤 자격을 갖춘 리더를 원했으며, 그 이유는 무엇이었는지 함께 살펴보고 현대 교회에 어떻게 적용될 수 있는지 생각해 보는 시간을 갖도록 합시다.

도입 질문

1 교회의 지도자가 갖추어야 할 가장 중요한 덕목은 무엇일까요?

> **3**
> GBS 순서에 따라 리더가 진행하며, 각자 묵상을 통해 느낀 것과 깨달은 것을 나눕니다.

함께 나누기

2 만약 어떤 사람이 감독의 직분을

3 배우자(남편)로서 감독은 어떤 사

4 재물과 관련하여 감독은 어떤 사람이어야 합니까? 3절

5 아버지로서 감독은 어떤 사람이어야 합니까? 4-5절

6 교회의 구성원 중에 감독이 될 수 없는 사람은 누구입니까? 6절

7 사회의 구성원으로서 감독은 어떤 사람이어야 합니까? 7절

8 당시 교회 공동체의 감독이 되기 위해서는 먼저 배우자, 자녀, 이웃에게 인정받는 사람이어야 했습니다. 그리스도인다운 인간관계를 맺으며 살아가는 것이 감독에게 요구된 중요한 자격 조건이었다는 사실을 통해 얻을 수 있는 성경의 가르침은 무엇일까요? 각자의 생각을 나누어 봅시다.

9 오늘 성경공부를 통해서 나누고 싶거나 깨달은 것이 있으면 서로 이야기해 봅시다.

"복 있는 사람은
악인들의 꾀를 따르지 아니하며
죄인들의 길에 서지 아니하며
오만한 자들의 자리에 앉지 아니하고
오직 여호와의 율법을 즐거워하여
그의 율법을 주야로 묵상하는도다"

- 시편 1:1-2 -

디모데전후서를 묵상하기 전에

제목과 수신자

본 서신의 이름은 이 편지를 수신하는 디모데의 이름에서 유래되었다. 바울이 사랑하는 믿음의 아들인 디모데는 로마의 속주 갈라디아의 한 도시 루스드라 출신으로 바울의 말씀을 듣고 회심했다. 이 서신의 수신자는 일차적으로 디모데이나 그가 목회하고 있는 에베소와 그 주변 교회의 성도까지 포함한다.

저자와 저작 연대

디모데전후서의 첫 구절이 밝히는 대로 저자는 바울이다. 디모데전서는 주후 약 64년경에 로마 혹은 마케도니아에서 기록되었다. 디모데후서는 주후 66년 혹은 67년에 로마에서 기록되었다. 바울은 두 번의 로마 투옥 중간(AD 64-65년)에, 즉 잠시 자유인의 신분으로 디모데와 디도에게 편지를 쓴다. 그 후 약 2년 뒤 감옥에서 디모데에게 두 번째 편지를 쓴다.

기록 배경

바울은 로마에서의 1차 투옥에서 벗어나 에베소를 포함하여 자신이 섬겼던 몇몇 지역의 도시를 방문한다. 바울은 에베소 교회에 발생한 거짓 교사의 잘못된 가르침, 예배에서의 무질서, 자격 없는 지도자가 세워지는 일, 만연한 물질주의 등의 문제를 해결하도록 디모데를 에베소 교회에 남겨 둔다. 바울은 디모데전서를 통해 디모데가 자신에게 주어진 사명을 기억하고 충성스럽게 사역할 수 있도록 구체적으로 가르치고 격려한다. 잠시 자유로웠던 바울은 얼마 후 다시 로마에서 투옥된다. 그리스도인들에 대한 박해의 정도가 심해지자 많은 사람들이 신앙을 버리고 배교자의 길을 간다. 바울은 이런 상황 속에서 디모데후서를 통해 디모데에게 바른 진리를 가르치고, 두려움 없이 그리스도를 위해 기꺼이 핍박을 감수하라고 말한다. 또한 자신의 삶이 얼마 남지 않았다는 것을 직감한 바울은 디모데에게 속히 오라고 요청한다. 동역자에 대한 그리움을 표현하고, 마지막 순간까지 사랑하는 디모데를 격려하며 사명을 다할 것을 당부하는 영적 거장의 생생한 가르침과 깊은 영성이 디모데전후서에 담겨 있다.

주요 관점과 신학

디모데전서는 바울이 디모데에게 보내는 실제적인 사역 지침이 포함된 목회 서신이다. 동시에 바울은 교회를 위협하는 거짓 교사들의 잘못된 가르침을 드러내고 바른 교훈으로 지도하기 위해 편지를 보낸다. 디모데전서는 율법의 바른 용도(1:5-11), 구원의 역사(1:14-16; 2:4-6), 하나님의 속성(1:17), 죄와 타락(2:13-14), 그리스도의 인성과 신성(3:16; 6:15-16), 선택(6:12), 그리스도의 재림(6:14-15)이라는 주요 신학적 주제를 다룬다.

한편 디모데후서는 그리스도인에 대한 로마의 핍박이 가중되는 상태에서 바울이 디모데를 염려하며 격려하는 내용이 담겨 있는 목회 서신이다. 바울은 디모데에게 두려워하지 말고 자신에게 주어진 은사를 통해 사역에 최선을 다하고, 그리스도를 위한 고난까지 기꺼이 받으라고 권면한다(1:6-8). 디모데에게 보내는 바울의 이 두 번째 편지는 기본적으로 첫 번째 편지와 동일한 신학적 내용에 기초하지만, 하나님의 주권적 은혜와 구원(1:9-10; 2:10), 그리스도의 인격(2:8; 4:18), 성도의 견인(2:11-13), 성경의 영감(3:16-17) 등의 주제를 강조한다.

단락구분

〈디모데전서〉

I. 바울의 인사(1:1-2)
II. 거짓 교리에 대한 지침들(1:3-20)
   1. 거짓 교사들의 교리(1:3-11)
   2. 바울의 참된 교리(1:12-17)
   3. 디모데를 향한 권면(1:18-20)
III. 교회에 대한 지침들(2:1-3:16)
   1. 기도의 중요성(2:1-8)
   2. 여성의 역할(2:9-15)
   3. 지도자의 자질(3:1-13)
   4. 서신을 기록한 이유(3:14-16)

Ⅳ. 거짓 교사들에 대한 지침들(4:1-16)
    1. 거짓 교사들의 모습(4:1-5)
    2. 참된 교사의 모습(4:6-16)
Ⅴ. 목회적 책임에 대한 지침들(5:1-6:2)
    1. 나이 든 성도에 대한 책임(5:1-2)
    2. 과부에 대한 책임(5:3-16)
    3. 장로에 대한 책임(5:17-25)
    4. 종에 대한 책임(6:1-2)
Ⅵ. 하나님의 사람에 대한 지침들(6:3-21)
    1. 거짓 가르침의 위험성(6:3-5)
    2. 돈을 사랑하는 것의 위험성(6:6-10)
    3. 하나님을 사랑하는 사람의 성품과 동기(6:11-16)
    4. 올바른 재정 사용법(6:17-19)
    5. 진리를 올바르게 다루는 법(6:20-21)

〈디모데후서〉

Ⅰ. 바울의 인사와 감사(1:1-5)
Ⅱ. 성도의 견인(1:6-18)
    1. 권면(1:6-11)
    2. 실례(1:12-18)
Ⅲ. 하나님의 일꾼의 모습(2:1-26)
Ⅳ. 직면한 위험과 승리(3:1-17)
    1. 배교의 위험(3:1-9)
    2. 믿음을 지킴(3:10-17)
Ⅴ. 복음 전파의 당부와 필요성(4:1-5)
Ⅵ. 맺음말과 인사(4:6-22)

묵상 체크 ☐

01

월 일

이곳에 남겨 두신 이유

디모데전서 1:1-11 • 새찬송 391장 | 통일 446장

• 말씀묵상 전에 성령님의 인도하심을 구하는 기도를 드리십시오.

> **본문요약** | 바울은 믿음의 아들 디모데에게 편지를 보내 그에게 주어진 사명이 있음을 기억하게 한다. 그 사명은 에베소 교회에 거짓된 가르침이 퍼지는 것을 막는 것이다. 바울은 디모데에게 헛된 신화와 족보로 이루어진 잘못된 가르침을 멀리하고, 참된 진리이자 사랑으로 나타나는 영광의 복음을 전하라고 당부한다.

1 우리 구주 하나님과 우리의 소망이신 그리스도 예수의 명령을 따라 그리스도 예수의 사도 된 바울은
2 믿음 안에서 참 아들 된 디모데에게 편지하노니 하나님 아버지와 그리스도 예수 우리 주께로부터 은혜와 긍휼과 평강이 네게 있을지어다
3 내가 마게도냐로 갈 때에 너를 권하여 에베소에 머물라 한 것은 어떤 사람들을 명하여 다른 교훈을 가르치지 말며
4 신화와 끝없는 족보에 몰두하지 말게 하려 함이라 이런 것은 믿음 안에 있는 하나님의 경륜을 이룸보다 도리어 변론을 내는 것이라
5 이 교훈의 목적은 청결한 마음과 선한 양심과 거짓이 없는 믿음에서 나오는 사랑이거늘
6 사람들이 이에서 벗어나 헛된 말에 빠져
7 율법의 선생이 되려 하나 자기가 말하는 것이나 자기가 확증하는 것도 깨닫지 못하는도다
8 그러나 율법은 사람이 그것을 적법하게만 쓰면 선한 것임을 우리는 아노라
9 알 것은 이것이니 율법은 옳은 사람을 위하여 세운 것이 아니요 오직 불법한 자와 복종하지 아니하는 자와 경건하지 아니한 자와 죄인과 거룩하지 아니한 자와 망령된 자와 아버지를 죽이는 자와 어머니를 죽이는 자와 살인하는 자며
10 음행하는 자와 남색하는 자와 인신 매매를 하는 자와 거짓말하는 자와 거짓맹세하는 자와 기타 1)바른 교훈을 거스르는 자를 위함이니
11 이 교훈은 내게 맡기신 바 복되신 하나님의 영광의 복음을 따름이니라

1) 헬, 건전한

1. 오늘 하나님께서 나에게 주신 깨달음은 무엇입니까?

2. 말씀을 어떻게 내 삶에 구체적으로 적용해야 합니까?

절별 해설

1 예수의 명령을 따라 그리스도 예수의 사도 된 바울 본 서신의 저자가 바울임이 나타난다. 더불어 바울의 소명 의식도 함께 드러난다. "사도"는 보냄을 받은 자라는 뜻이다. 그는 자신이 사도가 된 것이 스스로의 계획이나 의지로 일어난 일이 아니라 예수님의 명령으로 이루어진 것임을 확신한다.

2 믿음 안에서 참 아들 된 디모데에게 편지하노니 본 서신의 수신자는 디모데다. 바울은 그를 믿음의 아들로 부르고 있다. "아들"의 뜻은 자녀. 혈통과 족보를 중요시하는 폐쇄적 고대 사회와는 대조적으로 모두가 그리스도 안에서 영적인 가족이 될 수 있음을 보여준다.

3 내가 마게도냐로 갈 때에 너를 권하여 에베소에 머물라 한 것은 바울은 에베소를 떠나면서 자신이 했던 일을 디모데에게 맡긴다. 바울이 디모데에게 준 사명은 에베소 교회에 거짓 가르침이 퍼지는 것을 막는 것이었다.
어떤 사람들을 명하여 다른 교훈을 가르치며 말며 바울은 거짓 가르침을 "다른 교훈"이라고 말하는데 정확한 뜻은 다른 교리다. 당시 에베소 교회에는 바울이 가르친 복음과 다른 교훈을 가르치는 거짓 교사들이 많았다. 다른 교훈의 구체적인 내용은 4절에서 자세히 설명된다.

4 신화와 끝없는 족보에 몰두하지 말게 하려 함이라 거짓 교사들은 구약의 역사와 족보를 이용해 신화적인 이야기와 근거 없는 교리를 만들었다. 이들은 이것을 바탕으로 구원을 받기 위해 율법을 준수해야 한다고 가르쳤다. 또 어떤 사람은 하나님을 알기 위해 신령한 지식이 필요하다고 가르치기도 했다. **하나님의 경륜을 이룸보다 도리어 변론을 내는 것이라** 거짓 교사들의 이런 잘못된 가르침은 하나님의 구원 사역에 방해가 되고 성도들에게 혼란을 주며 다툼을 일으켰다.

7 율법의 선생이 되려 하나 거짓 교사들은 구약의 율법과 신비적 지식을 통해 선생이 되고자 했다. 율법이 구원의 조건인 것처럼 가르치며, 예수 그리스도의 구속 사역을 설명하기보다 지식을 앞세워 자신의 권위를 세우고자 한 것이다. 그러나 그들의 가르침에는 진리가 빠져 있었고 사랑 없는 헛된 이론에 불과했다.

8 율법은 사람이 그것을 적법하게만 쓰면 선한 것임을 우리는 아노라 "선한 것"의 뜻은 '좋은' 혹은 '유용한'이다. 율법은 이어지는 9–10절에 나타난 것처럼 사람이 하나님의 기준 앞에 미치지 못하는 죄인임을 알게 하며, 구주가 필요함을 깨닫게 한다.

쉬운성경

1 우리의 구주 하나님과 우리의 소망 예수 그리스도의 명령으로 예수 그리스도의 사도가 된 바울은

2 믿음 안에서 참된 아들 디모데에게 하나님 아버지와 우리 주 예수 그리스도의 은혜와 자비와 평안이 함께하기를 빕니다.

3 내가 마케도니아로 떠나면서 일러 준 대로 에베소에 그대로 머물러 있기 바랍니다. 에베소의 몇몇 사람들이 잘못된 것을 가르치고 있으니, 그곳에 머물며 그들이 그렇게 하지 못하도록 막아 주었으면 합니다.

4 그들이 사실이 아닌 이야기와 끝없이 이어지는 족보 이야기에 집착하지 않도록 그들을 타일러 주십시오. 그런 것들은 쓸데없는 말싸움이나 일으키며, 하나님의 일에는 전혀 유익을 주지 않습니다. 하나님의 일은 믿음으로 이루어지는 것입니다.

5 이렇게 내가 말하는 이유는 사람들이 사랑을 갖도록 하기 위해서입니다. 이러한 사랑은 깨끗한 마음으로 옳다고 생각되는 일들을 하며, 진실한 믿음을 가질 때에 생겨납니다.

6 그런데 몇몇 사람들은 이런 것들을 생각하지 않고 아무 쓸모없는 것들에 정신을 팔고 있습니다.

7 그들은 율법을 가르치는 선생이 되고 싶어 하지만 자신들이 무슨 말을 하고 있는지, 무엇을 주장하고 있는지도 알지 못합니다.

8 우리가 아는 대로 사람이 율법을 올바르게 사용한다면 그것은 좋은 것입니다.

9 사실, 착한 사람에게는 율법이 필요 없습니다. 율법은 법을 지키지 않고 어기는 사람을 위해 만들어진 것입니다. 하나님을 거역하고 죄짓는 사람, 경건치 않은 사람, 부모를 죽이고 살인하는 사람,

10 부도덕한 죄를 짓고 간음하는 사람, 동성연애자, 사람을 노예로 부리는 사람, 거짓

9-10 율법은 옳은 사람을 위하여 세운 것이 아니요 율법은 크게 하나님 사랑과 이웃 사랑의 두 부분으로 나뉜다. 본절에 따르면 율법은 불순종하는 자들을 위한 것으로, 사람 안에는 하나님과 사람을 사랑하지 못하는 모습이 있음을 알게 한다.

11 내게 맡기신 바 복되신 하나님의 영광의 복음 이 교훈은 10절에서 언급된 바른 교훈이며 거짓 교사들의 가르침과 반대되는 것으로 참된 진리요 영광의 복음이다.

> 말하는 사람, 거짓 증언하는 사람, 하나님의 진리 되는 가르침을 어기는 사람을 위해서 율법이 만들어졌습니다.
>
> 11 이러한 가르침은 복되신 하나님께로부터 나온 것이며, 하나님께서는 내게 이 영광의 복음을 전하도록 맡기셨습니다.

저자의 **묵상**

하나님께서 우리를 지금 이 장소에 남겨 두신 이유가 있다. 그 이유를 알 때 삶의 목표가 명확해지고, 절망 속에서도 믿음으로 살 수 있다. 하나님이 바울을 통해 디모데를 에베소 교회에 남겨 두신 이유는 거짓 교사들의 가르침을 막고 참된 복음을 전하기 위해서였다. 이 사명을 잊지 않는 것이 디모데가 사명자로 살아가기 위한 첫 단계였다. 말씀은 우리에게 중요한 질문을 던진다. 하나님이 지금 나를 이곳에 두신 이유는 무엇인가? 우연에 의해 지금의 장소에 있다고 생각한다면 하나님의 섭리를 잊고 사는 것이다. 상황에 밀려 지금의 장소에 있다고 생각하면 하나님의 능력을 경험하지 못하고 사는 것이다. 하나님이 나를 지금 이 장소에 두신 이유가 분명히 있다. 디모데는 바울의 편지를 통해 자신이 왜 에베소에 있는지 되새겼다. 오늘 우리도 정신없이 살아가는 것을 잠시 멈추고 말씀 앞에서 하나님이 나를 이곳에 두신 이유를 생각해야 한다. 우연은 없다. 지금 이곳에 두신 이유, 주어진 사명이 있음을 기억해야 한다.

> **무릎기도** 하나님, 내가 서 있는 이 자리가 우연이 아님을 알게 하소서. 나를 이곳에 두신 이유를 알게 하시고, 오늘도 맡겨진 사명을 믿음으로 잘 감당하게 하소서.

ESV - 1 Timothy 1

1 Paul, an apostle of Christ Jesus by command of God our Savior and of Christ Jesus our hope,
2 To Timothy, my true child in the faith: Grace, mercy, and peace from God the Father and Christ Jesus our Lord.
3 As I urged you when I was going to Macedonia, remain at Ephesus so that you may charge certain persons not to teach any different doctrine,
4 nor to devote themselves to myths and endless genealogies, which promote speculations rather than the stewardship* from God that is by faith.
5 The aim of our charge is love that issues from a pure heart and a good conscience and a sincere faith.
6 Certain persons, by swerving from these, have wandered away into vain discussion,
7 desiring to be teachers of the law, without understanding either what they are saying or the things about which they make confident assertions.
8 Now we know that the law is good, if one uses it lawfully,
9 understanding this, that the law is not laid down for the just but for the lawless and disobedient, for the ungodly and sinners, for the unholy and profane, for those who strike their fathers and mothers, for murderers,
10 the sexually immoral, men who practice homosexuality, enslavers,* liars, perjurers, and whatever else is contrary to sound* doctrine,
11 in accordance with the gospel of the glory of the blessed God with which I have been entrusted.

* 1:4 Or *good order*
* 1:10 That is, those who take someone captive in order to sell him into slavery
* 1:10 Or *healthy*

---

1 apostle 사도 command 명령   3 urge 촉구하다 charge 명령하다 doctrine 교훈   4 devote 전념하다 myth 신화 genealogy 족보 promote 촉진하다 speculation 추측   5 issue from …에서 나오다 conscience 양심   6 swerve 벗어나다
7 confident 확신하는 assertion 주장   9 lay down 정하다 disobedient 복종하지 않는 profane 신성 모독적인 murderer 살인자   10 immoral 음란한 perjurer 위증자   11 in accordance with …에 따라 entrust 맡기다

묵상 체크 ☐

02 어두운 과거를 지우는 은혜

디모데전서 1:12-20 • 새찬송 597장 | 통일 378장

월 일

• 말씀묵상 전에 성령님의 인도하심을 구하는 기도를 드리십시오.

본문요약 | 바울은 죄인 중에 괴수였던 자신이 어떻게 그리스도 예수의 넘치는 사랑과 은혜로 구원받았는지를 고백한다. 예수님은 바울을 끝까지 기다려 주시고 변화시켜 복음의 일꾼으로 세워 주셨다. 바울은 디모데에게 이런 예수님과 복음을 부인하는 거짓 교사들과 싸우라고 권면한다.

12 나를 능하게 하신 그리스도 예수 우리 주께 내가 감사함은 나를 충성되이 여겨 내게 직분을 맡기심이니
13 내가 전에는 비방자요 박해자요 폭행자였으나 도리어 긍휼을 입은 것은 내가 믿지 아니할 때에 알지 못하고 행하였음이라
14 우리 주의 은혜가 그리스도 예수 안에 있는 믿음과 사랑과 함께 넘치도록 풍성하였도다
15 미쁘다 모든 사람이 받을 만한 이 말이여 그리스도 예수께서 죄인을 구원하시려고 세상에 임하셨다 하였도다 죄인 중에 내가 괴수니라
16 그러나 내가 긍휼을 입은 까닭은 예수 그리스도께서 내게 먼저 일체 오래 참으심을 보이사 후에 주를 믿어 영생 얻는 자들에게 본이 되게 하려 하심이라
17 영원하신 왕 곧 썩지 아니하고 보이지 아니하고 홀로 하나이신 하나님께 존귀와 영광이 영원무궁하도록 있을지어다 아멘
18 아들 디모데야 내가 네게 이 교훈으로써 명하노니 전에 너를 지도한 예언을 따라 그것으로 선한 싸움을 싸우며
19 믿음과 착한 양심을 가지라 어떤 이들은 이 양심을 버렸고 그 믿음에 관하여는 파선하였느니라
20 그 가운데 후메내오와 알렉산더가 있으니 내가 사탄에게 내준 것은 그들로 훈계를 받아 신성을 모독하지 못하게 하려 함이라

1. 오늘 하나님께서 나에게 주신 깨달음은 무엇입니까?

2. 말씀을 어떻게 내 삶에 구체적으로 적용해야 합니까?

절별 해설

12 나를 능하게 하신 그리스도 예수 우리 주 바울은 자신의 능력 있는 사역의 근원을 이야기한다. 그것은 부족한 자신을 이끄시고 힘을 주시는 예수 그리스도로 인함이다.
나를 충성되이 여겨 내게 직분을 맡기심이니 예수님의 놀라운 예지와 섭리에 대한 바울의 고백이다. 바울은 과거 예수님을 부인하고 성도를 핍박하는 자였다. 그러나 예수님은 이런 바울이 복음의 일꾼이 될 것을 알고 계셨다. 예수님은 마침내 바울을 변화시켜 그에게 이방인 선교를 감당하는 직분을 맡기신다.
13 내가 전에는 비방자요 박해자요 폭행자였으나 "비방자"는 비난하고 헐뜯는 사람이다. 바울은 예수님을 공개적으로 반대하고 공격했다(행 26:9). 그러나 그는 비방으로 그치지 않고, 예수님을 따르는 사람들을 붙잡고 폭력을 가했다(행 8:1-3; 9:1; 갈 1:13).
믿지 아니할 때에 알지 못하고 행하였음이라 바울은 지금 과거의 행동을 변명하려는 것이 아니다. 그는 유대교의 학식을 갖추었고 자신이 믿는 바를 실천하는 열정도 가지고 있었다. 그럼에도 그리스도 예수를 전혀 알지 못했음을 시인하는 것이다.
15 죄인 중에 내가 괴수니라 "괴수"의 뜻은 '가장 높은 급의' 혹은 '가장 앞서 있는'이다. 이런 바울의 변화는 한 영혼을 구원하시는 그리스도의 사랑으로 이루어졌다(14절).
16 예수 그리스도께서 내게 먼저 일체 오래 참으심을 보이사 "긍휼"은 자비하심을 뜻한다. 바울이 경험한 예수님의 긍휼은 오래 참으심이다. "일체 오래 참으심"의 뜻은 완벽한 참으심이다. 예수님은 바울이 돌아올 때까지 끝까지 기다리는 긍휼을 베풀어 주셨다.
본이 되게 하려 하심이라 "본"은 실례 혹은 모범을 의미한다. 예수님의 사랑과 긍휼로 변화된 바울의 삶은 모든 사람이 변화되고 구원받을 수 있다는 실례와 모범이 된다.
18 내가 네게 이 교훈으로써 명하노니 "명"은 지시 혹은 명령을 의미하는데, 그 내용은 바울이 앞에서 말한 거짓 교사들을 물리치는 것을 말한다(1:3,5).
전에 너를 지도한 예언을 따라 디모데가 지도자로 위임될 때에 주어진 예언을 가리킨다(행 14:23; 딤전 4:14).
20 그 가운데 후메내오와 알렉산더가 있으니 바울은 대표적인 거짓 교사의 이름을 언급한다. 이들은 악성 종양과 대적자로 묘사된다(딤후 2:17; 4:15).
내가 사탄에게 내준 것은 출교시킴으로 구원받지 못한 자라는 것을 공표하는 것을 말한다.

쉬운성경

12 우리 주 예수 그리스도께 감사를 드립니다. 그분은 나를 충성된 자로 여기시고, 그분을 섬길 수 있도록 하셨으며, 필요한 힘까지 주셨습니다.

13 예수님을 만나기 전에 나는 그리스도를 욕하고 핍박하며 온갖 방법으로 믿는 자들을 괴롭혔습니다. 그러나 하나님께서는 내게 자비를 베푸시고 내가 한 일들을 용서해 주셨습니다. 왜냐하면 그것은 내가 믿지 않던 때에 모르고 저지른 일들이기 때문입니다.

14 주님의 은혜가 나의 마음 가운데 가득 차고 넘쳤습니다. 그 은혜와 함께 그리스도 예수 안에서 믿음과 사랑도 내 속에 솟아났습니다.

15 모든 사람들이 진심으로 받아들여야 할 말은, 예수 그리스도께서 죄인을 구하러 이 땅에 오셨다는 것입니다. 나는 그 죄인 중에서도 가장 큰 죄인이었습니다.

16 그러나 하나님께서는 내게 은혜를 베푸시고 이 못난 죄인을 오래 참고 기다려 주셨습니다. 그리스도 예수께서는 나를 통해, 구주를 믿고 영원한 생명을 얻게 될 사람들에게 본을 보여주시려 했던 것입니다.

17 죽지 않으며 보이지 않는 오직 한 분이신 하나님, 영원히 다스리시는 우리 왕께 영광과 존귀를 돌립니다. 아멘.

18 나의 아들과도 같은 디모데여, 이전에 그대에 대해 말했던 예언과 같은 명령을 지금 그대에게 전합니다. 그 예언들을 따라 믿음 안에서 선한 싸움을 하십시오.

19 믿음을 굳게 지키고 옳다고 판단되는 일들을 하십시오. 그렇게 하지 않은 사람들은 믿음을 잃어버리고 말았습니다.

20 후메내오와 알렉산더가 그런 경우였는데, 나는 그들을 사탄에게 넘겨주어 다시는 하나님을 욕되게 하지 못하도록 했습니다.

저자의 묵상

바울은 죄인 중에 죄인이었다. 그는 예수님을 부인하는 잘못된 지식과 신념을 가지고 있었다. 그뿐 아니라 거침없는 비방과 폭력으로 그리스도인들을 공격했다. 그런 바울이 예수님을 만나고 완전히 새로운 사람이 되었다. 예수님의 놀라운 은혜가 바울의 죄로 얼룩진 과거를 지웠다. 우리가 쌓은 죄와 어두운 시간을 어떻게 깨끗이 지울 수 있을까? 모른 척하며 잊는다고 되지 않는다. 괜찮고, 괜찮을 거라는 거짓된 긍정으로 지워지지 않는다. 오직 예수님을 만날 때에만 가능한 일이다. 바울의 고백처럼 예수님은 우리를 끝까지 기다려 주신다. 때가 되어 바울을 찾아오셨듯 우리에게 찾아오신다. 다메섹에서 말씀으로 바울의 삶을 뒤집으신 것처럼 여전히 말씀으로 우리의 잘못된 삶을 뒤집으신다. 회개하게 하시고 돌이키시는 일을 행하신다. 그 은혜가 임할 때 과거의 무서운 죄와 암흑의 시간은 사라진다. 성도는 예수님의 이 놀라운 은혜가 나와 우리 가족, 내 주변의 사람들에게 임하길 기도하며 기대해야 한다.

무릎기도 | 하나님, 바울이 경험한 넘치는 그리스도의 사랑과 은혜를 우리도 경험하게 하소서. 과거의 삶에 얽매이지 않고 은혜로 믿음의 복된 삶을 살게 하소서.

ESV - 1 Timothy 1

12 I thank him who has given me strength, Christ Jesus our Lord, because he judged me faithful, appointing me to his service,

13 though formerly I was a blasphemer, persecutor, and insolent opponent. But I received mercy because I had acted ignorantly in unbelief,

14 and the grace of our Lord overflowed for me with the faith and love that are in Christ Jesus.

15 The saying is trustworthy and deserving of full acceptance, that Christ Jesus came into the world to save sinners, of whom I am the foremost.

16 But I received mercy for this reason, that in me, as the foremost, Jesus Christ might display his perfect patience as an example to those who were to believe in him for eternal life.

17 To the King of the ages, immortal, invisible, the only God, be honor and glory forever and ever.* Amen.

18 This charge I entrust to you, Timothy, my child, in accordance with the prophecies previously made about you, that by them you may wage the good warfare,

19 holding faith and a good conscience. By rejecting this, some have made shipwreck of their faith,

20 among whom are Hymenaeus and Alexander, whom I have handed over to Satan that they may learn not to blaspheme.

*1:17 Greek *to the ages of ages*

12 appoint 임명하다   13 blaspheme 모독하다   persecutor 박해자   insolent 오만한   opponent 반대자   ignorantly 무지해서   15 trustworthy 신뢰할 수 있는   deserve …을 받을 만하다   acceptance 받아들임   foremost 맨 먼저의   16 display 보이다   patience 인내   17 immortal 불멸의   18 charge 명령   entrust 맡기다   in accordance with …에 따라   prophecy 예언   wage (전쟁을) 하다   19 conscience 양심   reject 거부하다   make shipwreck of …을 파멸시키다   20 hand over 넘기다

☐ 묵상 체크

03
월 일

기도할 때 보이는 것들
디모데전서 2:1-7 • 새찬송 393장 | 통일 447장

• 말씀묵상 전에 성령님의 인도하심을 구하는 기도를 드리십시오.

본문요약 | 바울은 디모데에게 사명을 감당하기 위해 기도와 간구에 힘쓰라고 권한다. 이 기도는 특정한 사람을 위한 것이 아니라, 잃어버린 영혼을 포함하여 모든 사람을 위한 기도다. 바울은 기도할 때 하나님의 마음을 알 수 있고, 자신의 소명을 다시 깨달을 수 있다고 말한다.

1 그러므로 내가 첫째로 권하노니 모든 사람을 위하여 간구와 기도와 도고와 감사를 하되
2 임금들과 높은 지위에 있는 모든 사람을 위하여 하라 이는 우리가 모든 경건과 단정함으로 고요하고 평안한 생활을 하려 함이라
3 이것이 우리 구주 하나님 앞에 선하고 받으실 만한 것이니
4 하나님은 모든 사람이 구원을 받으며 ¹⁾진리를 아는 데에 이르기를 원하시느니라
5 하나님은 한 분이시요 또 하나님과 사람 사이에 중보자도 한 분이시니 곧 사람이신 그리스도 예수라
6 그가 모든 사람을 위하여 자기를 대속물로 주셨으니 기약이 이르러 주신 증거니라
7 이를 위하여 내가 전파하는 자와 사도로 세움을 입은 것은 참말이요 거짓말이 아니니 믿음과 진리 안에서 내가 이방인의 스승이 되었노라

1. 오늘 하나님께서 나에게 주신 깨달음은 무엇입니까?

2. 말씀을 어떻게 내 삶에 구체적으로 적용해야 합니까?

1) 헬, 참

절별 해설

1 간구와 기도와 도고와 감사를 하되 바울은 맡겨진 사명을 감당할 때 가장 먼저 해야 할 것이 기도임을 강조한다. 이 기도는 모든 사람을 위한 기도다. 디모데가 맡고 있는 성도들뿐 아니라 아직 복음을 알지 못하고 방황하는 잃어버린 영혼들을 포함한다.

2 임금들과 높은 지위에 있는 모든 사람을 위하여 하되 왕들과 고위직의 지도자들을 위해 기도하라는 바울의 권면은 놀랍다. 당시 로마의 왕과 고위 관료들은 그리스도인을 핍박하는 사람들이었기 때문이다. 바울은 이들도 자신의 죄를 회개하고 구원의 길로 나와야 한다고 강조하고 있다.

경건과 단정함으로 기도는 경건의 핵심이다. 기도로 깊어진 경건은 단정함, 즉 영적으로 정리되고 구별된 모습으로 나타난다.

고요하고 평안한 생활을 하려 함이라 모든 사람을 위한 기도의 결과는 고요함과 평안이라는 삶의 열매로 나타난다.

4 모든 사람이 구원을 받으며 진리를 아는 데에 이르기를 하나님이 진정 원하시는 것이 무엇인지 짧지만 분명하게 나타난다. 바로 모든 사람의 구원이며, 진리로 인도하는 것이다.

5 하나님은 한 분이시요 하나님은 유일한 신이시다. 그렇기 때문에 하나님 한 분만이 구원하실 능력을 가지고 계신다.

또 하나님과 사람 사이에 중보자도 한 분이시니 중보자는 두 편 사이에 서서 분쟁을 해결하거나 언약을 체결하는 인물이다. 죄인인 인간은 감히 구원자이신 하나님께 나아갈 수 없다. 하나님과 인간을 중재할 신적 존재가 필요하다. 완전한 중재를 위해 그분은 완전한 신이며 동시에 인간이어야 한다. 바울은 이 완전하고 유일한 중재자가 바로 예수님이라고 고백한다.

6 그가 모든 사람을 위하여 자기를 대속물로 주셨으니 예수님의 중재는 대속의 죽음이라는 희생으로 이루어졌다. 예수님의 대속의 죽음은 모든 사람을 위한 것이다. 그러기에 바울과 같은 죄인 중의 괴수도 구원을 얻을 수 있었다.

7 이를 위하여 내가 전파하는 자와 사도로 세우심을 입은 것은 "전파하는 자"는 당시 문화에서 왕의 명령을 선포하는 자를 말한다. 사도는 예수님이 보내 세우신 자를 말한다. 바울은 자신이 왕 되신 예수님께 부름을 받아 복음의 선포자가 되었다고 고백한다.

이방인의 스승이 되었노라 바울에게 맡겨진 복음 전파의 영역에 대한 강조다. 이제 그는 유대인을 넘어 이방인들에게 그리스도를 전하는 사명을 받았다.

쉬운성경

1 첫째로 모든 사람을 위해 간구하며 기도하십시오. 다른 사람을 위해 중보 기도하는 것을 잊지 말고, 감사하는 마음을 가지십시오.

2 또한 왕과 높은 위치에 있는 모든 사람을 위해 기도함으로써 우리는 하나님을 예배하며 경외하며 조용하고 평화롭게 살 수 있습니다.

3 이것은 선한 일이며 우리의 구원자 하나님을 기쁘시게 해 드리는 일입니다.

4 하나님께서는 모든 사람이 구원받기를 원하십니다. 또한 모든 사람이 진리를 알기를 원하십니다.

5 하나님은 오직 한 분이십니다. 하나님께 나아갈 수 있는 방법도 한 가지뿐으로 오직 예수 그리스도*를 통해서만 가능합니다. 이것을 위하여 예수 그리스도께서는 사람의 몸으로 이 땅에 오셨습니다.

6 예수님께서는 모든 사람의 죄를 용서하기 위해서 자신을 바치셨습니다. 모든 사람을 구원하고 싶어 하시는 하나님께서는 그 증거로 예수님을 십자가에 못 박혀 죽게 하셨는데, 이는 때가 되어 이루신 하나님의 뜻입니다.

7 이러한 뜻에 따라 나는 복음을 전하는 사도로 부름을 받았습니다. 이것은 사실이며 거짓말이 아닙니다. 나는 이방인들에게 진리를 가르치며 믿음을 심어 주라는 하나님의 뜻을 따르고 있습니다.

---

* 2:5 오직 유일한 중보자이신 예수 그리스도

저자의 묵상

맡겨진 일이 많고 버거울 때 몸은 지치고 마음은 두려움에 휩싸이기 쉽다. 무엇을 가장 먼저 해야 할까? 바울은 기도라고 말한다. 바울은 디모데에게 분주하게 무엇을 하기 전에 먼저 기도하라고 권한다. 기도할 때 하나님의 마음을 느낄 수 있기 때문이다. 하나님의 마음을 알면 자연스럽게 무엇을 해야 할지 알 수 있게 된다. 하나님은 모든 사람이 구원받고 영생을 얻기를 원하신다. 기도를 통해 이런 하나님의 마음을 느낀다면 오늘 영혼 구원을 위해 무엇을 해야 할지 알 수 있다. 동시에 기도는 소명이 무엇인지를 깨닫게 한다. 바울은 기도하며 자신이 이방 선교를 위해 부름받은 사실을 깨달았다. 하나님께서 나를 현재 가정, 교회, 학교, 직장에 두신 이유가 분명히 있다. 그 이유를 발견할 수 있는 길이 기도다. 분주한 삶을 잠시 멈추고 조용히 기도의 자리로 나간다면, 하나님께서 내가 지금 이곳에 있는 이유와 해야 할 일을 가르쳐 주실 것이다.

> **무릎기도** 하나님, 주님의 마음을 느끼고 주어진 소명을 다시 깨닫기 위해 기도로 하루를 시작합니다. 우리의 영적 눈을 열어 주시고 오늘 하루를 축복하소서.

ESV - 1 Timothy 2

1 First of all, then, I urge that supplications, prayers, intercessions, and thanksgivings be made for all people,
2 for kings and all who are in high positions, that we may lead a peaceful and quiet life, godly and dignified in every way.
3 This is good, and it is pleasing in the sight of God our Savior,
4 who desires all people to be saved and to come to the knowledge of the truth.
5 For there is one God, and there is one mediator between God and men, the man* Christ Jesus,
6 who gave himself as a ransom for all, which is the testimony given at the proper time.
7 For this I was appointed a preacher and an apostle (I am telling the truth, I am not lying), a teacher of the Gentiles in faith and truth.

*2:5 *men* and *man* render the same Greek word that is translated *people* in verses 1 and 4

1 urge 권고하다 supplication 간청 intercession 중재   2 dignified 품위 있는   5 mediator 중재자   6 ransom 속전 testimony 증거 proper 적절한   7 appointed 정해진 preach 전하다 apostle 사도 gentile 이방인

묵상 체크 ☐

04

월 일

보석보다 빛나는 인격과 영성

디모데전서 2:8-15 • 새찬송 288장 | 통일 204장

• 말씀묵상 전에 성령님의 인도하심을 구하는 기도를 드리십시오.

본문요약 | 바울은 예배와 같이 공적인 모임에서 남성과 여성이 해야 할 일을 이야기한다. 남성은 공적 모임의 대표로서 분노와 다툼을 그치고 하나님의 뜻을 구하며 기도해야 한다. 여성은 외적인 치장으로 자신을 드러내기보다 고요하고 잘 준비된 인격과 영성을 갖추어야 한다.

8 그러므로 각처에서 남자들이 분노와 다툼이 없이 거룩한 손을 들어 기도하기를 원하노라
9 또 이와 같이 여자들도 단정하게 옷을 입으며 소박함과 정절로써 자기를 단장하고 땋은 머리와 금이나 진주나 값진 옷으로 하지 말고
10 오직 선행으로 하기를 원하노라 이것이 하나님을 경외한다 하는 자들에게 마땅한 것이니라
11 여자는 일체 순종함으로 조용히 배우라
12 여자가 가르치는 것과 남자를 주관하는 것을 허락하지 아니하노니 오직 조용할지니라
13 이는 아담이 먼저 지음을 받고 하와가 그 후며
14 아담이 속은 것이 아니고 여자가 속아 죄에 빠졌음이라
15 그러나 여자들이 만일 정숙함으로써 믿음과 사랑과 거룩함에 거하면 그의 해산함으로 구원을 얻으리라

1. 오늘 하나님께서 나에게 주신 깨달음은 무엇입니까?

2. 말씀을 어떻게 내 삶에 구체적으로 적용해야 합니까?

절별 해설

8 각처에서 예배와 같은 공적인 교회 모임을 말한다. **거룩한 손을 들어 기도하기를 원하노라** 공적 모임의 대표인 남성의 일차적 책임은 기도하는 것이다. 기도할 때 남성의 손은 거룩한 손, 정결한 손이 된다. 그러나 기도가 없다면 삶에 분노와 다툼을 일으키는 손이 된다.

9 바울은 이제 남성에 이어서 여성이 공적인 모임에서 지켜야 할 점을 가르친다.
단정하게 옷을 입으며 "단정하다"의 뜻은 '적절한', '질서가 잡힌'이다.
소박함과 정절로써 자기를 단장하고 "소박함"은 겸손과 정숙함을 말한다. "정절"은 성적인 욕구에 대한 자기 절제의 의미다. **땋은 머리와 금이나 진주나 값진 옷으로 하지 말고** 바울은 여성들이 화려한 옷, 머리, 각종 장식으로 자신을 드러내기보다는 절제하되 인격적 아름다움을 보이라고 말한다.

11 일체 순종함으로 조용히 배우라 여성들이 공적인 모임에서 해야 할 일은 겸손하게 조용히 배우는 것이다. 바울의 이 말은 여성을 비하하는 것이 아니다. 1세기 문화는 여성에게 배움의 기회가 제공되지 않아 중요한 배움의 자리에서 거의 배제되었다. 바울은 교회의 공적인 모임에서 여성이 배울 수 있게 하라고 말한다.

12 여자가 가르치는 것과 남자를 주관하는 것을 허락하지 아니하노니 바울은 여성에게 배움의 기회를 허락하되 주의할 점도 이야기한다. 여성은 자신이 어떤 것을 배웠다고 공적인 모임에서 질서 없이, 정해진 과정을 거치지 않고 가르쳐서는 안 된다. 또한 남편을 무시하거나 자신의 마음대로 주관해서는 안 된다.

13 이는 아담이 먼저 지음을 받고 하와가 그 후며 바울은 아담이 먼저 창조되고 하와가 조력자가 되도록 지어진 사실을 언급한다. 남성과 여성은 갈등과 배척을 위해 지어진 것이 아니다. 서로 사랑하며 서로를 도움으로 온전한 모습으로 살아가도록 창조되었다.

14 여자가 속아 죄에 빠졌음이라 하와가 뱀의 유혹에 빠져 죄를 지었다. 그러나 타락의 책임은 여전히 아담에게도 있다. 그가 언약 관계에서 인류의 대표였기 때문이다(롬 5:12).

15 그의 해산함으로 구원을 얻으리라 "구원을 얻다"는 원래의 모습을 회복하거나 생명을 유지한다는 뜻이다. 여성은 자녀를 낳고 그들을 바르게 양육함으로써 하나님이 계획하신 창조의 아름다운 질서를 유지하는 귀한 역할을 감당한다.

쉬운성경

8 나는 남자들이 모일 때에 화를 내거나 다투지 않고, 손을 들어 경건하게 기도하기를 바랍니다.

9 마찬가지로 여자들도 옷을 단정하게 입고, 정숙한 몸가짐과 생각을 하기를 바랍니다. 아름답게 보이려고 머리에 요란한 장식을 달거나 보석과 값비싼 옷으로 치장하지 마십시오.

10 오히려 선한 일을 해서 아름다움을 가꾸어 가십시오. 하나님을 경외하는 여자는 선한 행실로 자신을 아름답게 꾸며야 합니다.

11 여자들은 조용히 듣고, 겸손하게 순종하며 배우십시오.

12 나는 여자가 가르치거나 남자를 지배하는 것을 허락하지 않습니다. 여자는 조용히 있어야 합니다.

13 왜냐하면 하나님께서 아담을 먼저 만드시고, 이브를 나중에 만드셨기 때문입니다.

14 또한 사탄에게 속아 죄를 지은 것도 아담이 아니라 여자였습니다.

15 그러나 만일 여자들이 자신을 절제하며 믿음과 사랑과 거룩함 가운데 계속 살아간다면, 자녀를 낳고 기르는 가운데 구원함을 받을 것입니다.

저자의 묵상

성도는 모든 생활의 영역 속에서 바른 믿음의 모습을 보여야 한다. 모든 삶의 영역이 중요하지만, 공적인 모임에서는 더 높은 기준과 성숙한 모습이 성도에게 요구된다. 교회의 공적 모임에서 남성들이 가장 먼저 해야 할 일은 지속적으로 기도하는 일이다. 기도하지 않으면 분노를 다스리기 어렵고 공동체에 다툼이 일어난다. 남성이 기도할 때 그의 손은 하나님이 기뻐하시는 거룩한 손이 된다. 공적인 모임뿐 아니라 가정에서도 기도하는 남편과 아빠의 손은 가정을 영적으로 세우고 보호하는 거룩한 손이 된다. 한편 공적인 모임에서 여성들이 해야 하는 일은 아름다운 인격과 깊은 영성을 보이는 것이다. 외적인 화려함을 추구하여 사람들의 시선을 끌면서 자신을 드러내지 않도록 해야 한다. 오히려 준비된 인격과 영성을 통해 자신의 삶을 인도하시고 공동체를 이끌어 가시는 주님을 드러내고 높여야 한다. 하나님은 깊이 기도하는 남성, 아름다운 인격과 영성을 갖춘 여성이 있는 교회와 가정을 기뻐하며 축복하신다.

> **무릎 기도** 하나님, 분노와 다툼을 멈추고 먼저 기도의 자리에 서기 원합니다. 외적인 화려함보다는 인격과 영성이 빛나는 인생 되게 하소서.

ESV - 1 Timothy 2

8 I desire then that in every place the men should pray, lifting holy hands without anger or quarreling;
9 likewise also that women should adorn themselves in respectable apparel, with modesty and self-control, not with braided hair and gold or pearls or costly attire,
10 but with what is proper for women who profess godliness—with good works.
11 Let a woman learn quietly with all submissiveness.
12 I do not permit a woman to teach or to exercise authority over a man; rather, she is to remain quiet.
13 For Adam was formed first, then Eve;
14 and Adam was not deceived, but the woman was deceived and became a transgressor.
15 Yet she will be saved through childbearing—if they continue in faith and love and holiness, with self-control.

8 quarrel 다투다　9 adorn 꾸미다　respectable 존경할 만한　apparel 옷　modesty 겸손　braided 땋은　attire 옷　10 proper 적절한　profess 고백하다　11 submissive 순종하는　12 permit 허락하다　exercise authority over …에 대해 권력을 휘두르다　13 form 만들다　14 deceive 속이다　transgressor 죄인　15 childbearing 출산

☐ 묵상 체크

05
월 일

지도자로 부르시는 하나님
디모데전서 3:1-7 • 새찬송 575장 | 통일 302장

• 말씀묵상 전에 성령님의 인도하심을 구하는 기도를 드리십시오.

본문요약 | 본장은 교회의 리더십이 갖추어야 할 조건에 대한 내용이다. 바울은 교회의 지도자가 어떤 모습을 갖추어야 하는지 가르친다. 크게 보면 지도자는 책망할 것이 없는 모범적인 사람이어야 한다. 그는 가정과 교회, 세상 모두에서 모범을 보이며 선한 영향력을 끼치는 사람이 되어야 한다.

1 미쁘다 이 말이여, 곧 사람이 감독의 직분을 얻으려 함은 선한 일을 사모하는 것이라 함이로다
2 그러므로 감독은 책망할 것이 없으며 한 아내의 남편이 되며 절제하며 신중하며 단정하며 나그네를 대접하며 가르치기를 잘하며
3 술을 즐기지 아니하며 구타하지 아니하며 오직 관용하며 다투지 아니하며 돈을 사랑하지 아니하며
4 자기 집을 잘 다스려 자녀들로 모든 공손함으로 복종하게 하는 자라야 할지며
5 (사람이 자기 집을 다스릴 줄 알지 못하면 어찌 하나님의 교회를 돌보리요)
6 새로 입교한 자도 말지니 교만하여져서 마귀를 정죄하는 그 정죄에 빠질까 함이요
7 또한 외인에게서도 선한 증거를 얻은 자라야 할지니 비방과 마귀의 올무에 빠질까 염려하라

1. 오늘 하나님께서 나에게 주신 깨달음은 무엇입니까?

2. 말씀을 어떻게 내 삶에 구체적으로 적용해야 합니까?

절별 해설

1 사람이 감독의 직분을 얻으려 함은 "감독"의 뜻은 감독자다. 이 단어는 목사, 장로 등 교회 안에서 감독의 의무를 지닌 사람을 말한다.
선한 일을 사모하는 것이라 교회의 지도자가 되는 것은 나쁜 일이 아니라 오히려 선한 일을 사모하는 것이다. 지도자에게는 곧 살펴볼 높은 기준이 요구된다.

2 감독은 책망할 것이 없으며 지도자의 조건을 포괄적으로 말한다. 지도자는 사람들 앞에 서서 모범이 되어야 하므로 책잡힐 것이 없어야 한다. 이후로는 그것이 구체적으로 무엇을 의미하는지 세부 사항이 제시된다.
한 아내의 남편이 되며 독신인 사람이 지도자가 될 수 없다는 말이 아니다. 그랬다면 이 글을 쓴 바울이 지도자가 되지 못했을 것이다. 이 구절은 지도자가 성적인 순결을 지켜야 한다는 뜻이다.
나그네를 대접하며 지도자는 자신의 가정을 잘 다스려야 한다. 동시에 다른 사람을 대접하고 섬길 줄 알아야 한다.

3 술을 즐기지 아니하며 지도자는 바른 판단을 내려야 하는 사람이다. 술을 마셔서 정신이 혼미해지고 육체의 쾌락에 빠져 있어서는 안 된다.
오직 관용하며 다투지 아니하며 지도자는 넓은 마음으로 다른 사람을 품고 용서할 수 있어야 한다. 그래야 교회에 싸움이 일어나지 않는다.
돈을 사랑하지 아니하며 지도자가 사랑해야 할 것은 결코 돈이 아니다. 자신을 지도자로 세워 주신 하나님과 자신이 맡은 영혼이다.

4 자기 집을 잘 다스려 교회 지도자의 지도력은 가정에서 시작되어야 한다. 가정에서의 모범이 교회에서의 모범으로 이어진다. 즉 개인적 영역과 공적 영역에 차이가 없는 섬김과 모범이 있어야 함을 강조하고 있다.

6 새로 입교한 자도 말지니 교회의 필요가 절박해 새로 입교한 사람을 세우는 것은 위험한 일이다. 그가 교만해져서 여러 문제를 일으킬 수 있기 때문이다. 새로 입교한 사람을 바르게 가르치고 훈련하여 일정 기간 동안 검증을 한 후 지도자로 세워야 한다.

7 또한 외인에게서도 선한 증거를 얻은 자라야 할지니 외인은 신앙이 없는 교회 밖의 사람들을 말한다. 교회의 지도자는 일반 사람들에게도 인정을 받는 사람이어야 한다. 그렇지 않으면 교회가 세상 사람들로부터 비방을 받으며 선한 영향력을 발휘할 수 없기 때문이다.

쉬운성경

1 누구든지 감독이 되기를 원하거든 선한 일을 사모해야 한다는 말은 진실입니다.

2 감독은 사람들의 손가락질을 받아서는 안 됩니다. 따라서 한 아내의 남편이 되며, 절제할 줄 알고, 지혜로우며, 사람들로부터 존경을 받고, 남을 잘 대접하며, 잘 가르쳐야 합니다.

3 술을 많이 마시지 않으며, 싸움을 좋아하지 않고, 신사답고 평온하게 행하며, 돈을 사랑하지 말아야 합니다.

4 또한 자녀들이 아버지를 존경하고 신뢰할 수 있도록* 자기 가정을 잘 다스려야 합니다.

5 (한 가정을 제대로 이끌어 가지 못하는 사람이 어떻게 하나님의 교회를 잘 이끌 수 있겠습니까?)

6 믿은 지 얼마 안 되는 사람을 감독으로 세우지 마십시오. 너무 교만해져서 마귀가 그랬던 것처럼 벌을 받게 될지도 모릅니다.

7 또한 감독은 교회 밖의 사람들에게서도 존경을 받아야 합니다. 그래야 남에게 비난받지 않고, 마귀의 꾀임에도 빠지지 않을 수 있습니다.

* 3:4 존경하고 순종할 수 있도록

저자의 묵상

교회에서 지도자의 역할은 결정적이다. 지도자가 바로 설 때 교회가 건강하게 성장한다. 바른 지도자가 있으면 교회가 여러 어려움과 위기를 만날 때도 믿음으로 이길 수 있다. 그러나 지도자가 잘못된 모습을 보일 때 교회는 시험에 들고 작은 위기 속에서도 다툼과 분열을 겪는다. 바른 지도자가 되어 교회와 사람들을 섬기는 것은 우리가 가져야 할 거룩한 열망이다. 중요한 것은 그 열망을 이룰 수 있는 모범적 삶이다. 크게 보면 지도자는 교회와 사회에서 선한 영향력을 발휘하기 위해 책망받을 것이 없어야 한다. 구체적으로 보면 먼저 가정에서부터 좋은 배우자와 부모로 살아야 한다. 그리고 교회에서 관용과 절제와 사랑으로 영혼을 섬겨야 한다. 이런 지도자가 하룻밤에 탄생하지는 않는다. 그렇기 때문에 매일 하나님 앞에 겸손히 기도하며 맡겨 주신 사람들을 진심으로 섬겨야 한다. 지도자로 서는 것이 힘들지만 포기하지 말아야 한다. 부족한 것은 하나님께서 채워 주실 것이라는 믿음으로 오늘도 최선을 다하면 된다.

무릎기도 하나님, 주님이 기뻐하시는 지도자가 되기 원합니다. 준비되고 훈련되어 하나님 나라를 확장하고, 쓰러진 영혼을 세우는 일꾼이 되게 하소서.

ESV - 1 Timothy 3

1 The saying is trustworthy: If anyone aspires to the office of overseer, he desires a noble task.
2 Therefore an overseer* must be above reproach, the husband of one wife,* sober-minded, self-controlled, respectable, hospitable, able to teach,
3 not a drunkard, not violent but gentle, not quarrelsome, not a lover of money.
4 He must manage his own household well, with all dignity keeping his children submissive,
5 for if someone does not know how to manage his own household, how will he care for God's church?
6 He must not be a recent convert, or he may become puffed up with conceit and fall into the condemnation of the devil.
7 Moreover, he must be well thought of by outsiders, so that he may not fall into disgrace, into a snare of the devil.

* 3:2 Or *bishop*; Greek *episkopos*; a similar term occurs in verse 1
* 3:2 Or *a man of one woman*; also verse 12

1 trustworthy 신뢰할 수 있는 aspire 갈망하다 overseer 감독 noble 고결한 2 above reproach 나무랄 데 없는 sober-minded 분별 있는 hospitable 환대하는 3 drunkard 주정뱅이 violent 폭력적인 quarrelsome 싸우기 좋아하는 4 household 가정 dignity 위엄 submissive 순종적인 6 convert 개종자 puffed up 의기양양한 conceit 자만 condemnation 유죄 판결 7 well thought of 존경받는 snare 올가미

묵상 체크 ☐

06
월 일

우직하게 섬기고 충성하여 인정받고
디모데전서 3:8-13 • 새찬송 384장 | 통일 434장

• 말씀묵상 전에 성령님의 인도하심을 구하는 기도를 드리십시오.

> **본문요약** | 바울은 감독에 이어 집사가 갖추어야 할 모습에 대해 말한다. 집사는 교회의 여러 일을 섬기는 일꾼으로 교회가 직분을 바르게 세워야 한다. 집사는 진지하고 질실하며 여러 말을 하지 않는 충성된 일꾼이 되어야 한다. 하나님은 이런 집사에게 믿음의 담대함과 확신을 주신다.

8 이와 같이 집사들도 정중하고 일구이언을 하지 아니하고 술에 인박히지 아니하고 더러운 이를 탐하지 아니하고
9 깨끗한 양심에 믿음의 비밀을 가진 자라야 할지니
10 이에 이 사람들을 먼저 시험하여 보고 그 후에 책망할 것이 없으면 집사의 직분을 맡게 할 것이요
11 여자들도 이와 같이 정숙하고 모함하지 아니하며 절제하며 모든 일에 충성된 자라야 할지니라
12 집사들은 한 아내의 남편이 되어 자녀와 자기 집을 잘 다스리는 자일지니
13 집사의 직분을 잘한 자들은 아름다운 지위와 그리스도 예수 안에 있는 믿음에 큰 담력을 얻느니라

1. 오늘 하나님께서 나에게 주신 깨달음은 무엇입니까?

2. 말씀을 어떻게 내 삶에 구체적으로 적용해야 합니까?

절별 해설

8 이와 같이 집사들도 앞서 감독이 갖추어야 할 모습에 대해 말한 바울은 이제 참된 집사의 모습에 대해 말한다. "집사"의 의미는 섬기는 자이다. 초대 교회 때 사도들은 일곱 집사를 세워 가난하고 힘든 사람을 돌보는 등의 일을 감당하게 했다(행 6:1-4). 집사는 장로의 지도하에 교회의 실질적인 일을 감당하는 섬김의 직책이자 꼭 필요한 일꾼이었다.
정중하고 일구이언을 하지 아니하고 "정중하다"의 뜻은 '진지한' 혹은 '존중할 만한'이다. 집사는 언어생활을 올바르게 해야 한다. 상황에 따라 이런저런 말을 해서는 안 된다.
더러운 이를 탐하지 아니하고 장로와 마찬가지로 집사 또한 돈에 욕심이 없어야 하며, 교회의 일을 통해 사적인 이익을 추구하지 말아야 한다.

9 믿음의 비밀을 가진 자라야 할지니 비밀이라는 단어는 바울 서신에 자주 등장한다. 이것은 구약 시대에는 감추어졌으나 그리스도를 통해 완전히 드러난 구원 사역의 계획을 말한다.

10 이에 이 사람들을 먼저 시험하여 보고 감독의 경우처럼 집사의 직분 또한 신중하고 지속적인 검증 과정을 통해 세워야 한다. 교회는 지속적이고 세밀한 관찰과 평가를 통해 집사 직분에 적격한 사람을 세워야 한다.

11 여자들도 이와 같이 여기서 여자들은 문맥상 집사들의 아내들을 말한다. 바울은 그들의 아내들에게 집사들과 마찬가지로 높은 기준을 제시하고 있다.
모함하지 아니하며 "모함하다"의 의미는 사단처럼 거짓으로 비방하며 분열을 일으키는 것을 말한다.

12 한 아내의 남편이 되어 자녀와 자기 집을 잘 다스리는 자일지니 집사에게 요구되는 기준이 결코 감독보다 낮지 않음을 알 수 있다. 집사 또한 감독처럼 성적인 정결을 지키며 가정에서 모범이 되어야 한다.

13 집사의 직분을 잘한 자들은 아름다운 지위와 "아름다운 지위"는 교회의 이런저런 일을 감당하며 섬기는 집사에 대한 교회의 존경과 인정을 가리킨다. 하나님은 집사의 직분을 귀하게 평가하신다. 귀한 섬김을 감당하는 집사들은 하나님 앞에 아름다운 지위를 얻는다.
그리스도 예수 안에 있는 믿음에 큰 담력을 얻느니라 "담력"은 담대함 혹은 확신을 의미한다. 집사 직분을 충성되게 감당하는 사람은 담대한 믿음을 가진 사람으로 성장한다. 또한 주님이 자신을 인정하고 기뻐하신다는 확신을 갖게 된다.

쉬운성경

8 감독과 마찬가지로 집사도 사람들에게 존경받는 사람이어야 합니다. 한 입으로 두 말을 하지 않으며, 술 마시고 흥청대지 아니하고, 남을 속여 자신의 이익을 챙기는 사람이어서는 안 됩니다.

9 집사들은 깨끗한 양심과 믿음의 깊은 진리를 간직한 사람이어야 합니다.

10 이런 사람이라도 먼저 시험해 보고 책망할 일이 없으면 집사로 섬기게 하십시오.

11 이와 같이 여자들도 다른 이들의 존경을 받으며, 남의 흉을 보지 않고, 절제하며, 모든 일에 충성해야 합니다.

12 집사는 한 아내의 남편이 되어 자녀들과 자기 가정을 잘 다스려야 합니다.

13 집사의 직분을 잘 행한 사람은 영광스런 자리를 차지하고, 예수 그리스도에 대한 믿음도 더 확고히 서게 될 것입니다.

저자의 묵상

교회는 다양한 사람들의 필요를 가진 공동체이며, 누군가는 섬김으로 이런 필요를 채워야 한다. 교회의 실제적인 필요를 채우기 위해 생긴 섬김의 직분이 바로 집사다. 우리는 흔히 직분을 서열로 생각하는 경우가 있다. 그래서 감독, 즉 목사와 장로의 직분이 집사보다 높다고 생각한다. 그러나 오늘 본문은 그렇게 이야기하지 않는다. 바울은 집사들도 장로와 같이 높은 도덕적, 영적 기준을 갖추어야 한다고 말한다. 감독은 교회의 전반적인 상황과 사역을 살피고 결정을 내린다. 집사는 교회의 여러 실제적인 일을 감당하며 사람들의 필요를 채움으로 섬긴다. 분명 둘 다 귀한 직분이다. 그렇다면 우리는 직분을 서열의 차이로 생각하기보다 역할의 차이로 이해해야 한다. 내게 주신 집사의 직분이 귀하다. 집사의 아내로서 남편을 돕고 충성스럽게 교회를 섬기는 것 또한 귀하다. 하나님은 이런 집사와 그의 아내에게 아름다운 지위와 믿음의 담대함을 선물로 주신다고 약속하신다.

무릎기도 하나님, 내게 귀한 집사의 직분을 주셔서 감사합니다. 오늘도 조용히 그러나 충성스럽게 섬겨 주님이 인정하고 기뻐하시는 믿음의 일꾼 되게 하소서.

ESV - 1 Timothy 3

8 Deacons likewise must be dignified, not double-tongued,* not addicted to much wine, not greedy for dishonest gain.
9 They must hold the mystery of the faith with a clear conscience.
10 And let them also be tested first; then let them serve as deacons if they prove themselves blameless.
11 Their wives likewise* must be dignified, not slanderers, but sober-minded, faithful in all things.
12 Let deacons each be the husband of one wife, managing their children and their own households well.
13 For those who serve well as deacons gain a good standing for themselves and also great confidence in the faith that is in Christ Jesus.

* 3:8 Or *devious in speech*
* 3:11 Or *Wives likewise*, or *Women likewise*

8 deacon 집사　dignified 위엄 있는　addicted 중독된　9 conscience 양심　10 serve 섬기다　prove 드러나다　blameless 떳떳한　11 slanderer 비방자　sober-minded 분별 있는　12 household 가정　13 confidence 신뢰

☐ 묵상 체크

07
월   일

세밀히 가르치고 거짓을 드러내고
디모데전서 3:14-4:5 • 새찬송 95장 | 통일 82장

• 말씀묵상 전에 성령님의 인도하심을 구하는 기도를 드리십시오.

본문요약 | 바울은 디모데를 속히 보기 원했지만 그럴 수 없었다. 그래서 편지로 에베소 교회를 어떻게 지켜야 할지 그에게 알려 준다. 에베소 교회에는 금욕주의적인 잘못된 가르침이 들어오고 있었다. 디모데는 예수 그리스도의 복음을 부인하는 거짓 교사들의 가르침이 교회 안에 퍼지지 못하게 해야 한다.

14 내가 속히 네게 가기를 바라나 이것을 네게 쓰는 것은
15 만일 내가 지체하면 너로 하여금 하나님의 집에서 어떻게 행하여야 할지를 알게 하려 함이니 이 집은 살아 계신 하나님의 교회요 진리의 기둥과 터니라
16 크도다 경건의 비밀이여, 그렇지 않다 하는 이 없도다 그는 육신으로 나타난 바 되시고 영으로 의롭다 하심을 받으시고 천사들에게 보이시고 만국에서 전파되시고 세상에서 믿은 바 되시고 영광 가운데서 올려지셨느니라
1 그러나 성령이 밝히 말씀하시기를 후일에 어떤 사람들이 믿음에서 떠나 미혹하는 영과 귀신의 가르침을 따르리라 하셨으니
2 자기 양심이 화인을 맞아서 외식함으로 거짓말하는 자들이라
3 혼인을 금하고 어떤 음식물은 먹지 말라고 할 터이나 음식물은 하나님이 지으신 바니 믿는 자들과 진리를 아는 자들이 감사함으로 받을 것이니라
4 하나님께서 지으신 모든 것이 선하매 감사함으로 받으면 버릴 것이 없나니
5 하나님의 말씀과 기도로 거룩하여짐이라

1. 오늘 하나님께서 나에게 주신 깨달음은 무엇입니까?

2. 말씀을 어떻게 내 삶에 구체적으로 적용해야 합니까?

절별 해설

14 내가 속히 네게 가기를 바라나 바울은 빨리 에베소로 가서 믿음의 아들 디모데를 만나길 원했다. 그러나 현실은 그럴 수 없는 상황이었기 때문에 편지로 디모데에게 중요한 사명을 상기시키고 사역을 위한 실제적인 가르침을 전한다.

15 하나님의 집에서 어떻게 행하여야 할지를 알게 하려 함이니 "하나님의 집"은 교회를 말한다. 바울이 이 편지를 쓴 목적은 디모데가 교회에서 어떤 일을, 어떻게 감당해야 하는지 실제적이고 세부적으로 알려 주기 위함이다.

16 그는 육신으로 나타난 바 되시고 … 영광 가운데서 올려지셨느니라 바울은 경건의 비밀을 짧지만 심오한 찬송으로 밝히고 있다. 이 찬송에는 예수 그리스도를 통한 하나님의 구원 계획이 핵심적으로 요약되어 있다.

1 그러나 성령이 밝히 말씀하시기를 후일에 어떤 사람들이 믿음에서 떠나 성령은 바울이 로마에 오기 전 믿음을 변질시키는 사람들이 나타날 것이라고 이미 말씀하셨다. 이에 바울은 에베소 장로들에게 앞으로 벌어질 이 상황을 미리 경고했다(행 20:29-30). 바울의 예상대로 얼마 후 에베소 교회를 어렵게 하는 거짓 교사들이 성도를 미혹하기 시작한다.

미혹하는 영과 귀신의 가르침을 따르리라 하셨으니 바울은 거짓 교사들의 가르침의 근원을 말한다. 그들의 가르침은 마귀로부터 온 것이다. 그렇기 때문에 그들의 가르침은 영혼을 속이며 사람들을 잘못된 길로 인도한다.

2 양심이 화인을 맞아서 외식함으로 거짓말하는 자들이라 거짓 교사들의 마음은 화인을 맞은 것처럼 선에 대해 무감각하고 양심이 마비되어 있다. 그들의 모든 말과 행동은 거짓이다.

3 혼인을 금하고 어떤 음식물은 먹지 말라고 할 터이나 거짓 교사들의 잘못된 가르침의 구체적인 실례가 나타난다. 그들은 결혼을 금하고 특정 음식을 먹지 못하게 했다. 이들은 이런 금욕적 행동을 통해 하나님을 경험하고 구원에 이를 수 있다고 가르쳤다.

믿는 자들과 진리를 아는 자들이 감사함으로 받을 것이니라 바울은 하나님께서 사람들이 먹고 살 수 있도록 궁극적인 공급자가 되심을 인정하고 감사하라고 말한다. 이것을 인정할 때 모든 음식을 감사로 먹을 수 있다(막 7:19; 롬 14:6).

4 하나님께서 지으신 모든 것이 선하매 바울은 음식의 문제를 하나님이 창조하신 모든 것으로 확대한다. 하나님이 지으신 모든 것이 선하다면 결혼 제도는 당연히 선하다. 이 선한 것을 금지할 이유가 없다.

쉬운성경

14 그대에게 서둘러 가기를 원하면서도 이 글을 쓰는 것은

15 혹시 내가 빨리 가지 못할 경우에 그대가 하나님의 집에서 해야 할 일을 알려 주기 위해서입니다. 이 집은 살아계신 하나님의 교회이며, 진리의 터요, 기둥입니다.

16 경건의 비밀은 놀라운 것입니다. 이것은 너무도 분명한 진리입니다.
　주님께서는 사람의 몸으로 이 땅에 보이셨고, 성령께서 주님의 의로움을 입증하셨습니다. 그리고 천사들에게 나타나셨다가 모든 민족에게 전파되어, 세상 사람들이 그를 믿었고 영광 중에 하늘로 올라가셨습니다.

1 이후에 성령님께서는 참 믿음을 버리는 자들이 있을 것이라고 분명히 말씀하십니다. 그들은 거짓의 영을 따르고, 마귀의 가르침에 순종할 것입니다.

2 그런 가르침은 옳은 것과 옳지 않은 것을 구별하지 못하는 위선자들에게서 나온 것입니다. 그들의 양심은 마치 달구어진 철에 맞아 아무 소용없게 된 것과 같습니다.

3 그들은 결혼하는 것이 나쁘다고 말합니다. 또한 어떤 음식은 절대로 먹어서는 안 된다고 말합니다. 그러나 이 모든 음식은 하나님께서 진리를 알고 믿는 사람들이 감사하는 마음으로 먹게 하시려고 만드신 것입니다.

4 하나님께서 만드신 것은 모두 좋은 것입니다. 감사하는 마음으로 받으면, 버릴 것이 하나도 없습니다.

5 왜냐하면 하나님의 말씀과 기도로 이 모든 것이 다 거룩해지기 때문입니다.

저자의 묵상

우리는 본문을 통해 사람이 어떻게 성장하는지를 본다. 바울은 디모데를 믿음의 아들이라고 부르며 사랑했다. 성장은 사랑에서 시작된다. 한걸음 더 나아가 그 사랑이 중요한 것을 세밀하게 가르쳐 주는 것으로 표현될 때 더 깊은 성장으로 이어진다. 바울은 디모데를 볼 수 없지만 편지를 통해 그가 교회를 위해 무엇을 해야 할지 자세히 말해 준다. 우리도 우리의 자녀, 제자, 주변 사람들에게 성경의 진리와 믿음의 삶에 대해 친절하고 세밀하게 가르쳐 주어야 한다. 그때 깊은 성장이 일어난다. 한편 성장이 지속되기 위해서는 거짓된 가르침의 위협이 있다는 것도 알려 주어야 한다. 에베소 교회를 흔들었던 거짓 교사들처럼 오늘도 우리의 믿음을 흔드는 사람들이 있다. 바로 세상의 가치와 지식을 주입하는 세상 사람들과 거짓 교리를 가르치는 이단이다. 그들의 말과 행동에 속지 않기 위해 내가 먼저 복음에 견고히 서 있어야 한다. 또한 그것을 사람들에게 가르쳐 주어야 한다. 사랑과 세밀한 가르침과 거짓을 이길 수 있는 복음이 우리 삶에 있다면 성장은 계속될 것이다.

무릎 기도 | 하나님, 나에게 맡겨진 사람을 사랑하며 성장시키게 하소서. 그들에게 진리를 세밀하게 가르쳐서 거짓을 분별하고 물리칠 수 있도록 돕는 지혜와 용기를 주소서.

ESV - 1 Timothy 3-4

14 I hope to come to you soon, but I am writing these things to you so that,
15 if I delay, you may know how one ought to behave in the household of God, which is the church of the living God, a pillar and buttress of the truth.
16 Great indeed, we confess, is the mystery of godliness: He* was manifested in the flesh, vindicated* by the Spirit,* seen by angels, proclaimed among the nations, believed on in the world, taken up in glory.
1 Now the Spirit expressly says that in later times some will depart from the faith by devoting themselves to deceitful spirits and teachings of demons,
2 through the insincerity of liars whose consciences are seared,
3 who forbid marriage and require abstinence from foods that God created to be received with thanksgiving by those who believe and know the truth.
4 For everything created by God is good, and nothing is to be rejected if it is received with thanksgiving,
5 for it is made holy by the word of God and prayer.

* 3:16 Greek *Who*; some manuscripts *God*; others *Which*
* 3:16 Or *justified*
* 3:16 Or *vindicated in spirit*

15 behave 행동하다 household 가정 buttress 부벽 16 confess 고백하다 manifest 나타내다 flesh 육체 vindicate 무죄를 입증하다 proclaim 선포하다 1 expressly 명백히 depart from …에서 벗어나다 devote 전념하다 deceitful 거짓의 demon 귀신 2 insincerity 위선 conscience 양심 sear 그슬리다 3 forbid 금지하다 abstinence 절제 4 reject 버리다

묵상 체크 ☐

08 주저함 없이 가르침의 길을 가라

월   일

디모데전서 4:6-16 • 새찬송 86장 | 통일 86장

• 말씀묵상 전에 성령님의 인도하심을 구하는 기도를 드리십시오.

본문요약 | 바울은 젊고 아직은 경험이 부족한 디모데에게 어떻게 하면 사역자로서 모범이 되고 성도를 바르게 가르칠 수 있는지 알려 준다. 그 방법은 자신에게 주어진 은사를 귀히 여기며 끊임없이 훈련하고, 배운 대로 가르치는 것이다. 그럴 때 하나님의 큰 구원의 역사가 디모데 자신과 성도에게 일어날 것이다.

6 네가 이것으로 형제를 깨우치면 그리스도 예수의 좋은 일꾼이 되어 믿음의 말씀과 네가 따르는 좋은 교훈으로 양육을 받으리라
7 망령되고 허탄한 신화를 버리고 경건에 이르도록 네 자신을 연단하라
8 육체의 연단은 약간의 유익이 있으나 경건은 범사에 유익하니 금생과 내생에 약속이 있느니라
9 미쁘다 이 말이여 모든 사람들이 받을 만하도다
10 이를 위하여 우리가 수고하고 힘쓰는 것은 우리 소망을 살아 계신 하나님께 둠이니 곧 모든 사람 특히 믿는 자들의 구주시라
11 너는 이것들을 명하고 가르치라
12 누구든지 네 연소함을 업신여기지 못하게 하고 오직 말과 행실과 사랑과 믿음과 정절에 있어서 믿는 자에게 본이 되어
13 내가 이를 때까지 읽는 것과 권하는 것과 가르치는 것에 전념하라
14 네 속에 있는 은사 곧 장로의 회에서 안수 받을 때에 예언을 통하여 받은 것을 가볍게 여기지 말며
15 이 모든 일에 전심 전력하여 너의 성숙함을 모든 사람에게 나타나게 하라
16 네가 네 자신과 가르침을 살펴 이 일을 계속하라 이것을 행함으로 네 자신과 네게 듣는 자를 구원하리라

1. 오늘 하나님께서 나에게 주신 깨달음은 무엇입니까?

2. 말씀을 어떻게 내 삶에 구체적으로 적용해야 합니까?

절별 해설

6 네가 이것으로 형제를 깨우치면 그리스도 예수의 좋은 일꾼이 되어 "이것"은 바울이 앞에서 말한 복음의 핵심과, 거짓 교사들의 금욕주의를 뛰어넘는 신앙의 자유다. 디모데는 예수 그리스도의 사역자로서 미혹하는 자들로부터 성도를 지켜야 한다. 바울은 디모데에게 이 귀한 진리를 가르치는 좋은 일꾼이 되라고 격려한다.

7 망령되고 허탄한 신화를 버리고 참된 하나님의 말씀에서 벗어나 인간의 상상이 첨가된 거짓 교사들의 가르침을 말한다. **경건에 이르도록 네 자신을 연단하라** "연단하다"는 운동선수들의 지속적이고 끈질긴 훈련을 의미한다. 바울은 운동선수가 시합을 위해 훈련하는 것처럼 경건에도 훈련이 필요함을 강조한다.

8 육체의 연단은 약간의 유익이 있으나 바울이 지금 육체의 훈련을 무시하는 것이 아니다. 그랬다면 이것을 예로 들지 않았을 것이다. 헬라 문화는 강한 육체를 갖기 위한 훈련을 중요시 여겼다. 그러나 그 유익보다 경건의 훈련이 주는 유익이 큼을 강조하고 있다. **경건은 범사에 유익하니 금생과 내생에 약속이 있느니라** 육체의 훈련은 현세의 어떤 부분에서 유익함을 준다. 그러나 경건의 훈련은 현세와 내세의 모든 부분에서 유익하다.

12 누구든지 네 연소함을 업신여기지 못하게 하고 이 편지를 받는 디모데의 나이는 30대다. 헬라 문화는 연장자를 존중하고 그들의 경험에 큰 가치를 두었다. 또한 에베소 교회를 지도했던 바울에 비하면 디모데가 아직 젊고 경험이 부족한 것도 사실이었다. 그러나 바울은 결코 그런 것 때문에 업신여김을 당하거나 위축되지 말라고 격려한다. **오직 … 믿는 자에게 본이 되어** 젊은 나이와 경험의 부족에도 불구하고 교회를 잘 이끌고 성도에게 인정받을 수 있는 길은 신앙과 생활에서 본이 되는 것이다.

14 네 속에 있는 은사 "은사"는 교회의 사역을 감당하기 위해 하나님께서 주신 영적인 능력을 말한다. 바울은 하나님께서 디모데에게 주신 좋은 은사를 기억하고 가볍게 여기지 말라고 말한다. **안수 받을 때에 예언을 통하여 받은 것** 이 은사는 디모데가 지도자로 위임될 때에 예언을 통해 주어졌다(행 14:23; 딤전 1:18).

15 전심 전력하여 너의 성숙함을 모든 사람에게 나타나게 하라 "이 모든 일"은 행동과 가르침을 포함하여 바울이 명한 일들이다(12–13절). 바울은 디모데에게 최선을 다하여 그의 성장을 사람들이 볼 수 있게 하라고 격려한다.

쉬운성경

6 이 모든 것을 형제들에게 잘 말하십시오. 그러면 그대가 예수 그리스도의 선한 일꾼임을 모두가 알게 될 것입니다. 그대가 따르는 믿음의 말씀과 선한 가르침을 통해 자신이 잘 양육되었음을 사람들에게 나타낼 수 있습니다.

7 하나님의 진리와는 다른 어리석은 이야기를 하는 사람들도 있을 것입니다. 그러한 가르침에 솔깃하지 말고, 오직 하나님을 섬기는 경건한 일에 스스로를 훈련시키십시오.

8 육체의 훈련은 약간의 도움을 주지만 하나님을 섬기는 경건의 훈련은 모든 일에 유익합니다. 경건은 이 세상에서의 생명뿐 아니라, 앞으로 올 세상에서의 생명도 약속해 줍니다.

9 지금 내가 하는 말을 잘 듣고 믿음을 가지고 받아들이십시오.

10 우리는 이것을 위해 지금까지 열심히 일해 왔습니다. 우리의 소망은 살아계신 하나님께 있습니다. 그분은 우리 모두를 구원하실 분이며, 특별히 믿는 자들에게 구원자가 되십니다.

11 그대는 이러한 사실들을 가르치고 명령하십시오.

12 그대가 젊다는 이유로 사람들이 그대를 업신여기지 않게 하고, 믿는 사람으로서 어떻게 살아가야 하는지 모범을 보이십시오. 말과 행동, 사랑과 믿음, 그리고 순결하고 깨끗한 삶을 통해 사람들에게 본을 보여주기 바랍니다.

13 내가 갈 때까지 열심히 성경을 읽고 사람들을 권면하며 잘 가르치십시오.

14 그대가 받은 은사를 잊지 말고 잘 사용하십시오. 그것은 교회의 장로들이 그대의 머리에 손을 얹고 기도할 때, 예언을 통해 그대에게 주어진 것입니다.

15 온 맘을 다해 충성하여, 그대가 발전하는 모습을 사람들에게 보여주십시오.

16 그대는 그대의 삶과 가르침에 주의해서, 늘 올바르게 살고 가르치기에 힘쓰십시오. 그러면 그대 자신뿐 아니라 그대의 말에 귀 기울이는 모든 사람이 구원을 받을 것입니다.

16 **이것을 행함으로 네 자신과 네게 듣는 자를 구원하리라** 디모데의 훈련과 노력이 계속될 때 먼저 자신에게 큰 유익이 될 것이다. 이는 그를 믿음 안에서 인내하게 하며 구원을 확증하게 한다. 그뿐 아니라 올바른 삶과 가르침을 통해 성도들의 구원이라는 하나님의 놀라운 역사를 경험하게 될 것이다.

저자의 묵상

어느 순간 우리에게는 자녀와 친구와 주변 사람을 가르치며 도와야 할 때가 온다. 그때 내게 그런 자격이 없다고, 너무 젊다고, 아직 가르칠 지식과 경험이 없다고 느끼며 두려움에 빠지기도 한다. 이런 상황과 두려움 가운데 있다면 바울이 젊고 경험이 부족한 디모데에게 말했던 것을 기억하며 실천하는 것이 도움이 된다. 먼저 바울의 말처럼 우리에게 주신 은사가 무엇인지를 진지하게 생각하고 그것을 귀하게 여겨야 한다. 다른 사람의 은사를 부러워할 필요가 없다. 하나님이 내게 주신 은사에 집중하면 된다. 그 은사를 가지고 먼저 하나님의 말씀을 배우고 실천하는 경건의 삶을 지속적으로 훈련해야 한다. 중요한 것은 적절한 때에 내게 맡겨 주신 영혼을 가르치며 섬기는 것이다. 디모데는 아직 젊고 경험이 부족했지만 영혼을 섬기는 일을 통해 믿음이 성장하고 강해졌다. 우리 또한 은사를 소중히 여기고 경건에 힘쓰면서 영혼을 섬길 때 믿음의 진보와 영적 견고함을 얻는다. 오늘이 주저하고 두려워하는 데서 벗어나 섬김과 성장을 향해 첫걸음을 내디딜 때다.

무릎기도 하나님, 주신 은사를 깨닫고 경건의 삶을 훈련하기 원합니다. 때가 되면 내게 맡겨진 영혼을 말씀으로 양육하며 진리의 길로 인도하게 하소서.

ESV - 1 Timothy 4

6 If you put these things before the brothers,* you will be a good servant of Christ Jesus, being trained in the words of the faith and of the good doctrine that you have followed.
7 Have nothing to do with irreverent, silly myths. Rather train yourself for godliness;
8 for while bodily training is of some value, godliness is of value in every way, as it holds promise for the present life and also for the life to come.
9 The saying is trustworthy and deserving of full acceptance.
10 For to this end we toil and strive,* because we have our hope set on the living God, who is the Savior of all people, especially of those who believe.
11 Command and teach these things.
12 Let no one despise you for your youth, but set the believers an example in speech, in conduct, in love, in faith, in purity.
13 Until I come, devote yourself to the public reading of Scripture, to exhortation, to teaching.
14 Do not neglect the gift you have, which was given you by prophecy when the council of elders laid their hands on you.
15 Practice these things, immerse yourself in them,* so that all may see your progress.
16 Keep a close watch on yourself and on the teaching. Persist in this, for by so doing you will save both yourself and your hearers.

* 4:6 Or *brothers and sisters*. In New Testament usage, depending on the context, the plural Greek word *adelphoi* (translated "brothers") may refer either to *brothers* or to *brothers and sisters*
* 4:10 Some manuscripts *and suffer reproach*
* 4:15 Greek *be in them*

6 servant 종 doctrine 교훈 7 have nothing to do with …과 아무런 관계도 없다 irreverent 불경한 myth 신화 8 of value 가치 있는 9 trustworthy 신뢰할 수 있는 deserving of …을 받을 만한 acceptance 받아들임 10 strive 애쓰다 11 command 명령하다 12 despise 멸시하다 13 devote 전념하다 exhortation 권고 14 neglect 무시하다 prophecy 예언 council 회의 elder 장로 15 immerse …에 몰두하게 하다 progress 발전 16 persist 계속하다

☐ 묵상 체크

09
월   일

삶에 뿌리내리고 열매 맺는 영성
디모데전서 5:1-7 • 새찬송 312장 | 통일 341장

• 말씀묵상 전에 성령님의 인도하심을 구하는 기도를 드리십시오.

본문요약 | 바울은 디모데에게 구체적으로 어떻게 성도를 대하고 도와야 하는지 가르친다. 늙은 남자와 여자를 부모처럼 대해야 하며, 젊은 남자와 여자는 형제와 자매처럼 대해야 한다. 또한 교회 안에 의지할 가족이 없는 참 과부를 분별하며 찾아 돌보는 섬김을 행해야 한다.

1 늙은이를 꾸짖지 말고 권하되 아버지에게 하듯 하며 젊은이에게는 형제에게 하듯 하고
2 늙은 여자에게는 어머니에게 하듯 하며 젊은 여자에게는 온전히 깨끗함으로 자매에게 하듯 하라
3 참 과부인 과부를 존대하라
4 만일 어떤 과부에게 자녀나 손자들이 있거든 그들로 먼저 자기 집에서 효를 행하여 부모에게 보답하기를 배우게 하라 이것이 하나님 앞에 받으실 만한 것이니라
5 참 과부로서 외로운 자는 하나님께 소망을 두어 주야로 항상 간구와 기도를 하거니와
6 향락을 좋아하는 자는 살았으나 죽었느니라
7 네가 또한 이것을 명하여 그들로 책망 받을 것이 없게 하라

1. 오늘 하나님께서 나에게 주신 깨달음은 무엇입니까?

2. 말씀을 어떻게 내 삶에 구체적으로 적용해야 합니까?

절별 해설

1 늙은이를 꾸짖지 말고 권하되 아버지에게 하듯 하며 "늙은이" 는 문자적으로 나이 많은 사람을 말하는데, 여기서는 문맥상 장로가 아니라 나이 든 남자를 가리킨다. "꾸짖다"는 언어적 공격이나 거친 말로 인격을 무시하는 것을 의미한다.
젊은이에게는 형제에게 하듯 하고 늙은이를 아버지처럼 대해야 한다면 젊은이에게는 형제에게 하듯 해야 한다. 바울은 성도를 가족처럼 대하라고 조언하고 있다. 성도는 믿음 안에서 영적 가족임을 깨닫는다.

2 늙은 여자에게는 어머니에게 하듯 하며 바울은 그의 편지에서 계속 여성에 대해 언급한다. 여성의 존재를 낮게 보았던 헬라 문화와는 대조적인 모습이다.
젊은 여자에게는 온전히 깨끗함으로 자매에게 하듯 하라 젊은 여성을 자매로 보고 깨끗한 마음과 자세로 대해야 한다. 여성을 남성의 소유물이나 성적인 대상으로 보는 세상의 문화와는 다른 가족적인 시각과 환대가 필요하다.

3 참 과부인 과부를 존대하라 "참 과부"는 부양받을 가족이 없는 과부를 말한다. 과부가 되었지만 자녀 혹은 손주들에게 돌봄을 받거나 재력이 있는 경우도 있었다. 이어지는 4절에서 말하는 것처럼 이런 과부들은 교회가 돌볼 의무가 없다. 당연히 그의 자녀와 손주들이 돌보아야 한다.

5 참 과부로서 외로운 자는 … 주야로 항상 간구와 기도를 하거니와 교회는 참 과부, 즉 홀로 남겨져 도와줄 사람이 아무도 없고 고독과 고통 속에 있는 과부를 특별히 돌보아야 한다. 이들을 위해 교회는 지속적인 관심과 실제적인 도움을 주어야 한다. 참 과부 본인도 하나님을 바라보며 소망을 품고 경건한 삶을 이어 가야 한다.

6 향락을 좋아하는 자는 살았으나 죽었느니라 과부의 위치를 이용해 편안 또는 쾌락을 추구하는 사람에 대한 경고다. 당시 자신이 과부라는 이유로 교회의 지원을 당연한 것으로 받아들이는 사람이 있었던 듯하다. 또한 자신에게 남겨진 재산으로 향락을 즐기며 산 과부도 있었던 것 같다. 편안함과 쾌락을 즐기는 이들의 삶이 언제까지 이어질 수 있을지 모르나 영적으로는 이미 죽은 것이다.

7 이것을 명하여 그들로 책망 받을 것이 없게 하라 "이것"은 참 과부에 대한 교회의 책임과 그렇지 않은 과부에 대한 가족들의 책임, 그리고 과부의 바른 삶의 태도를 가리킨다. 바울은 이런 내용을 에베소 교인들에게 가르쳐 책망받는 일이 생기지 않게 하라고 당부한다.

쉬운성경

1 나이 많은 사람에게 화를 내며 말하지 말고, 아버지를 대하듯이 하십시오. 나이 어린 사람을 대할 때는 형제에게 하는 것처럼 하십시오.

2 나이 많은 여자에게는 어머니를 대하듯, 나이 어린 여자는 여동생을 대하듯, 순수하고 깨끗한 마음으로 그들을 대하십시오.

3 외로운 과부를 잘 돌보아 주십시오.

4 만일 그 과부에게 자녀나 손자가 있거든, 그들이 먼저 집에서 효도하는 법을 배우게 하십시오. 그렇게 하는 것이 부모님의 은혜에 보답하는 것이며, 하나님을 기쁘게 해 드리는 일입니다.

5 아무 의지할 곳 없이 홀로 사는 과부는 하나님께 소망을 두고, 밤낮으로 하나님의 도우심을 간구합니다.

6 그러나 세상의 즐거움에 빠져 시간을 보내는 과부는 몸은 살아 있지만 죽은 것과 다름없는 사람입니다.

7 그와 같은 사람들에게 이 모든 것을 가르쳐서 그들이 잘못하는 일이 없도록 지도하십시오.

저자의 묵상

경건은 하나님 앞에서의 참된 모습이다. 동시에 경건은 다른 사람을 향한 올바른 시각과 태도이기도 하다. 바울은 경건한 디모데에게 나이 든 성도와 젊은 형제자매를 가족처럼 대하라고 말한다. 성도는 우리의 영적인 가족이다. 그런 그들에게 말로 상처를 주고 비판하며 차갑게 대하고 성적인 눈으로 바라보는 것은 잘못된 모습이다. 영적인 가족인 성도에게 필요한 것은 사랑과 배려다. 오늘 내가 따뜻한 말과 위로로 품어야 할 사람은 누구인지 생각해 보아야 한다. 젊은 세대를 무시하거나 잘못된 동기로 이용하기보다는, 그들을 귀히 여기고 작지만 소중한 도움을 주어야 한다. 또한 참 과부와 같이 홀로 남겨져 외로움과 고난 중에 있는 사람이 누군지 살펴보아야 한다. 그들을 위해 기도하고 위로할 뿐 아니라 실제적으로 도울 수 있어야 한다. 우리의 영성이 깊을수록 삶에서 구체적이고 아름답게 표현되어야 한다. 진정한 영성은 삶 속에 뿌리박고 자라나 실천의 열매로 나타나기 때문이다.

무릎기도 | 하나님, 우리의 영성이 삶에서 구체적인 사랑의 실천으로 표현되기 원합니다. 성도를 내 가족처럼 대하고 함께 울고 웃는 진정한 영성의 사람 되게 하소서.

ESV - 1 Timothy 5

1 Do not rebuke an older man but encourage him as you would a father, younger men as brothers,
2 older women as mothers, younger women as sisters, in all purity.
3 Honor widows who are truly widows.
4 But if a widow has children or grandchildren, let them first learn to show godliness to their own household and to make some return to their parents, for this is pleasing in the sight of God.
5 She who is truly a widow, left all alone, has set her hope on God and continues in supplications and prayers night and day,
6 but she who is self-indulgent is dead even while she lives.
7 Command these things as well, so that they may be without reproach.

1 rebuke 꾸짖다 encourage 권하다   2 purity 깨끗함   3 widow 과부   4 household 가정   5 supplication 애원   6 self-indulgent 제멋대로 하는   7 command 명령하다   without reproach 비난할 점이 없다

10 세밀하게 살피고 지혜롭게 돕고

디모데전서 5:8-16 • 새찬송 441장 | 통일 498장

월 일

• 말씀묵상 전에 성령님의 인도하심을 구하는 기도를 드리십시오.

본문요약 | 바울은 교회 명부에 올려 돌보고 함께 사역할 참 과부의 기준에 대해 말한다. 또한 명부에 올릴 수 없는 젊은 과부와 그들이 일으킬 수 있는 문제에 대해서도 다룬다. 이 가르침을 통해 에베소 교회가 어떻게 과부와 같이 어려운 사람을 지혜롭게 도울 수 있을지 알려 준다.

8 누구든지 자기 친족 특히 자기 가족을 돌보지 아니하면 믿음을 배반한 자요 불신자보다 더 악한 자니라
9 과부로 명부에 올릴 자는 나이가 육십이 덜 되지 아니하고 한 남편의 아내였던 자로서
10 선한 행실의 증거가 있어 혹은 자녀를 양육하며 혹은 나그네를 대접하며 혹은 성도들의 발을 씻으며 혹은 환난 당한 자들을 구제하며 혹은 모든 선한 일을 행한 자라야 할 것이요
11 젊은 과부는 올리지 말지니 이는 정욕으로 그리스도를 배반할 때에 시집 가고자 함이니
12 처음 믿음을 저버렸으므로 정죄를 받느니라
13 또 그들은 게으름을 익혀 집집으로 돌아다니고 게으를 뿐 아니라 쓸데없는 말을 하며 일을 만들며 마땅히 아니할 말을 하나니
14 그러므로 젊은이는 시집 가서 아이를 낳고 집을 다스리고 대적에게 비방할 기회를 조금도 주지 말기를 원하노라
15 이미 사탄에게 돌아간 자들도 있도다
16 만일 믿는 여자에게 과부 친척이 있거든 자기가 도와 주고 교회가 짐지지 않게 하라 이는 참 과부를 도와 주게 하려 함이라

1. 오늘 하나님께서 나에게 주신 깨달음은 무엇입니까?

2. 말씀을 어떻게 내 삶에 구체적으로 적용해야 합니까?

절별 해설

8 자기 친족 특히 자기 가족을 돌보지 아니하면 믿음을 배반한 자요 이 구절은 에베소 교회 안에 친척과 가족을 돌보지 않는 성도가 있음을 암시한다. 바울은 이런 사람들이 믿음을 배반한 사람이며 불신자보다 더 악하다고 말한다. 하나님을 믿지 않는 사람도 가족을 돌보는 것이 당연하다고 생각해서 그 책임을 다하기 때문이다.

9 과부로 명부에 올릴 자는 "명부"는 교회가 참 과부로 인정하고 지원해야 할 대상을 기록한 책이다(5:3,5). 명부에 기록된 이들은 교회의 지원을 받으면서 사역에의 헌신을 서약한 사람들인 듯하다. 이들의 서약에는 재혼을 하지 않고 주님과 교회를 섬기겠다는 내용이 포함되었다(11절).
나이가 육십이 덜 되지 아니하고 한 남편의 아내였던 자로서 명부에 올릴 사람의 구체적인 조건이 나타난다. 먼저 적어도 60세는 되어야 한다. 또한 한 남자의 아내로 충실했던 사람이어야 한다.

10 선한 행실의 증거가 있어 명부에 올릴 사람의 또 다른 조건은 가정에서 자녀를 바르게 양육하고 나그네와 주변 사람을 섬기는 사람이어야 한다.

12 처음 믿음을 저버렸으므로 정죄를 받느니라 "처음 믿음을 저버린 자"는 명부에 기록될 당시에는 재혼을 하지 않고 나머지 생을 주님을 섬기며 살겠다고 결심했다가 이를 저버린 사람을 말한다. 과부가 재혼하는 것은 전혀 문제가 되지 않는다. 그러나 이들은 참 과부로서 한 서약을 깨 버림으로 비난을 받는다. 11절에서 보듯이 몇몇 과부들은 정욕에 이끌려 교회와의 약속을 깨고 재혼을 결정한 듯하다.

13 또 그들은 게으름을 익혀 집집으로 돌아 다니고 젊은 과부를 명부에 올리지 말아야 할 또 다른 이유는 이들이 교회의 지원을 받으면서 게을러지고, 남는 시간에 불필요하게 이곳저곳을 돌아다니기 때문이다.
쓸데없는 말을 하며 일을 만들며 마땅히 아니할 말을 하나니 게을러진 과부들은 이곳저곳 돌아다니면서 불필요한 말과 문제가 되는 일을 만들 수 있는 위험을 가지고 있었다.

14 그러므로 젊은이는 시집 가서 아이를 낳고 집을 다스리고 젊은 과부는 기회를 따라 재혼할 수 있었다. 다시 가정을 이루어 아이를 낳고 삶을 꾸려 가는 것은 바람직한 일이다.
대적에게 비방할 기회를 조금도 주지 말기를 원하노라 젊은 과부가 재혼을 통해 다시 가정을 이어 갈 때 사단의 영향에서 벗어날 수 있다.

쉬운성경

8 믿는 사람은 자기 친척, 특히 가족부터 잘 돌보아야 합니다. 그렇게 하지 않는 사람은 믿음을 저버린 사람이며, 하나님을 믿지 않는 사람보다 더 나쁜 사람입니다.

9 과부의 명단에는 적어도 육십 세가 넘고, 남편을 진실하게 잘 섬겼던 사람이 오를 수 있습니다.

10 또한 착한 일을 해서 칭찬받는 사람이어야 합니다. 즉 자녀를 잘 기르고, 나그네를 잘 대접하며, 성도들을 위해 봉사하고, 어려움을 당한 사람들을 도우며, 이 모든 선한 일에 몸 바쳐 일한 사람을 말합니다.

11 그러나 젊은 과부들은 그 명단에 올리지 마십시오. 그것은 그들이 그리스도께 헌신한 후, 간혹 재혼하기 위해 그리스도를 저버리는 일이 있기 때문입니다.

12 그러면 처음의 약속을 지키지 못한 죄로 사람들에게 비난을 받게 될 것입니다.

13 뿐만 아니라 젊은 과부들은 이 집 저 집 드나들며 남의 험담을 하고, 다른 사람의 일에 간섭하고, 해서는 안 될 말을 하며 시간을 보냅니다.

14 그러므로 젊은 과부들은 재혼을 하여 아이를 낳고 집안을 돌보게 하십시오. 그러면 비난받을 일도 없을 것입니다.

15 어떤 과부들은 이미 믿음을 버리고 사탄을 따라갔습니다.

16 만일 믿는 여자에게 과부 친척이 있거든, 그 여자가 직접 과부를 도와주어서 교회에 짐을 지우지 않도록 하십시오. 그래야 교회가 정말 의지할 데 없는 과부들을 돌볼 수 있습니다.

저자의 묵상

사람을 도울 때 성도에게 세밀함과 지혜가 필요하다. 세밀하게 살피지 않고 지혜롭지 못하게 무조건 돕다가 예상치 못한 문제를 만날 수 있기 때문이다. 바울은 명부에 올려 교회가 보살피고 함께 사역할 동역자로 삼을 참 과부의 기준을 구체적으로 제시한다. 에베소 교회는 이 기준으로 세밀하게 과부들을 살피고 지혜롭게 그들을 도와야 한다. 그렇지 않을 경우 교회의 도움이 어떤 젊은 과부에게는 게으름, 인간적인 만남, 불필요한 소문, 분란과 같은 문제를 만들 수 있기 때문이다. 그동안 선한 마음으로 사람을 도왔지만 정작 좋지 못한 결과를 얻을 때가 얼마나 많았는가? 본문의 말씀처럼 사람을 도울 때 성경적이고 상식적인 기준으로 그가 정말 도움이 필요한지 세밀히 살펴야 한다. 그 후 기준에 합당한 사람이라면 지혜로운 방법으로 그를 도와야 한다. 하나님은 오늘도 우리가 주위 사람을 세밀히 살피고 지혜롭게 돕기를 기대하신다.

무릎기도 | 하나님, 저에게 사람들을 돕고 싶은 마음을 주셔서 감사합니다. 세밀하게 살필 눈을 주시고, 적절한 시기와 방법으로 도울 지혜를 주소서.

ESV - 1 Timothy 5

8 But if anyone does not provide for his relatives, and especially for members of his household, he has denied the faith and is worse than an unbeliever.

9 Let a widow be enrolled if she is not less than sixty years of age, having been the wife of one husband,*

10 and having a reputation for good works: if she has brought up children, has shown hospitality, has washed the feet of the saints, has cared for the afflicted, and has devoted herself to every good work.

11 But refuse to enroll younger widows, for when their passions draw them away from Christ, they desire to marry

12 and so incur condemnation for having abandoned their former faith.

13 Besides that, they learn to be idlers, going about from house to house, and not only idlers, but also gossips and busybodies, saying what they should not.

14 So I would have younger widows marry, bear children, manage their households, and give the adversary no occasion for slander.

15 For some have already strayed after Satan.

16 If any believing woman has relatives who are widows, let her care for them. Let the church not be burdened, so that it may care for those who are truly widows.

* 5:9 Or *a woman of one man*

8 provide for …을 부양하다 relative 친척 household 가정 deny 부인하다   9 widow 과부 enroll 명부에 올리다   10 reputation 평판 show hospitality 환대하다 afflict 괴롭히다 devote 전념하다   11 refuse 거절하다   12 incur 초래하다 condemnation 비난 abandon 버리다   13 idler 게으름뱅이 busybody 참견하기 좋아하는 사람   14 adversary 적 occasion 기회 slander 비방   15 stray 벗어나다   16 burden 짐을 지우다

☐ 묵상 체크

11
월   일

지도자를 귀히 여기고 지키는 길
디모데전서 5:17-25 • 새찬송 154장 | 통일 139장

• 말씀묵상 전에 성령님의 인도하심을 구하는 기도를 드리십시오.

> **본문요약** | 바울은 교회의 지도자를 존경하라고 말한다. 그들은 수고의 대가를 받는 것이 마땅하다. 지도자의 범죄는 신중하되 편견 없이 공정하게 다루어야 한다. 지도자를 세울 때 주의를 기울이고 자격 없는 자에게 안수해서는 안 된다. 또한 지도자는 자신의 건강을 돌보고 선한 일을 행해야 한다.

17 잘 다스리는 장로들은 배나 존경할 자로 알되 말씀과 가르침에 수고하는 이들에게는 더욱 그리할 것이니라
18 성경에 일렀으되 ㄱ곡식을 밟아 떠는 소의 입에 망을 씌우지 말라 하였고 또 일꾼이 그 삯을 받는 것은 마땅하다 하였느니라
19 장로에 대한 고발은 두세 증인이 없으면 받지 말 것이요
20 범죄한 자들을 모든 사람 앞에서 꾸짖어 나머지 사람들로 두려워하게 하라
21 하나님과 그리스도 예수와 택하심을 받은 천사들 앞에서 내가 엄히 명하노니 너는 편견이 없이 이것들을 지켜 아무 일도 불공평하게 하지 말며
22 아무에게나 경솔히 안수하지 말고 다른 사람의 죄에 간섭하지 말며 네 자신을 지켜 정결하게 하라
23 이제부터는 물만 마시지 말고 네 위장과 자주 나는 병을 위하여는 포도주를 조금씩 쓰라
24 어떤 사람들의 죄는 밝히 드러나 먼저 심판에 나아가고 어떤 사람들의 죄는 그 뒤를 따르나니
25 이와 같이 선행도 밝히 드러나고 그렇지 아니한 것도 숨길 수 없느니라

1. 오늘 하나님께서 나에게 주신 깨달음은 무엇입니까?

2. 말씀을 어떻게 내 삶에 구체적으로 적용해야 합니까?

ㄱ. 신 25:4

절별 해설

17 잘 다스리는 장로들은 배나 존경할 자로 알되 "장로"는 나이 많은 남자를 말한다. 여기서는 목사, 장로와 같이 교회를 돌보고 지도하는 교회의 지도자를 말한다.
말씀과 가르침 정확한 뜻은 설교와 가르침이다.

18 성경에 일렀으되 신명기 25장 4절과 예수님의 말씀인 마태복음 10장 10절을 말한다.
일꾼이 그 삯을 받는 것은 마땅하다 하였느니라 열심히 일하는 소의 입에 망을 씌우지 않아서 먹을 수 있는 것처럼 열심히 사역하며 애쓰는 사역자는 당연히 사역비를 받아야 한다.

19 장로에 대한 고발은 두세 증인이 없으면 받지 말 것이요 교회 지도자는 많은 사람을 만나고 일하면서 여러 오해와 공격을 받을 수 있다. 이런 이유로 그를 고발할 때는 매우 신중해야 한다. 그 방법 중 하나가 바울의 말처럼 두세 증인이 있을 경우에만 장로에 대한 사건 접수를 받음으로 악의적인 고발자로부터 지도자를 보호하는 것이다.

20 범죄한 자들을 모든 사람 앞에서 꾸짖어 "범죄한 자들"은 두세 증인의 고발을 받고 조사하여 죄가 확인된 교회 지도자를 말한다. 신중한 조사를 통해 지도자의 죄가 밝혀졌을 때는 공개적으로 그 죄를 드러내고 책망해야 한다.

21 너는 편견이 없이 이것들을 지켜 교회 지도자에 대한 문제는 신중하게 다루되 어떤 편견도 없이 공정하게 다루어야 한다.

22 아무에게나 경솔히 안수하지 말고 여기서 "안수"는 교회 지도자를 세울 때 행하는 위임의 안수를 말한다. 교회 지도자의 문제를 막을 가장 첫 번째 방법은 자격 없는 자를 경솔히 세우지 않는 것이다. 교회는 일꾼을 훈련시킬 때 신중하게 살펴서 자격이 있는 자에게 안수하여 지도자로 세워야 한다.
다른 사람의 죄에 간섭하지 말며 네 자신을 지켜 정결하게 하라 여기서 말하는 죄는 자격 없는 사람을 교회의 지도자로 세우는 안수에 참여한 것을 말한다. 자격 없는 자를 안수한 일에 참여한 자는 이후 발생하는 문제에 책임을 져야 한다.

24 어떤 사람들의 죄는 밝히 드러나 먼저 심판에 나아가고 어떤 사람의 죄는 모든 사람 앞에 분명하게 드러나 징계를 받게 된다. 그 결과 교회 지도자의 길을 가지 못하게 된다.
어떤 사람들의 죄는 그 뒤를 따르나니 어떤 사람의 죄는 그가 교회 지도자가 된 이후에 드러날 것이다.

25 숨길 수 없느니라 바울은 지도자의 옳고 그른 행실은 시기의 문제지 반드시 드러나게 되어 있다고 말한다.

쉬운성경

17 교회를 잘 다스리는 장로들은 높은 존경을 받아야 합니다. 말씀을 전하고 가르치는 일에 열심인 장로들은 더 그렇습니다.

18 성경에도 "곡식을 타작하는 소가 먹지 못하도록 그 입에 망을 씌우지 마라" 하였고, "일꾼이 품삯을 받는 것은 당연하다"고 하였습니다.

19 두세 사람의 증인이 없거든 장로를 고소하는 말에 귀를 기울이지 마십시오.

20 계속해서 죄를 짓는 사람은 모든 사람 앞에서 꾸짖어 다른 사람들에게 경고가 되게 하십시오.

21 나는 이 모든 것을 하나님과 그리스도 예수와 선택된 천사들 앞에서 그대에게 명령합니다. 어느 누구에게도 편견을 갖지 말고 공정히 이 모든 일을 하기 바랍니다.

22 아무에게나 함부로 손을 얹고 기도하지 마십시오. 다른 사람들과 함께 죄를 짓지 않도록 하고, 자신을 깨끗이 지키십시오.

23 디모데여, 이제부터는 물만 마시지 말고 포도주도 약간 마시도록 하십시오. 포도주는 소화 기능을 도와주어 지금처럼 자주 아프지 않게 될 것입니다.

24 어떤 사람의 죄는 심판받기도 전에 환하게 드러나지만, 그렇지 않은 경우도 있습니다.

25 선한 일도 마찬가지로 쉽게 드러날 때도 있지만, 그렇게 되지 않더라도 나중에 결국 모든 사람이 알게 됩니다.

저자의 묵상

교회에서 지도자의 위치는 너무도 중요하다. 지도자가 어떻게 서 있느냐에 따라 교회의 현재와 미래가 좌우될 때가 많다. 바울은 지도자를 존중하고, 보호하고, 징계하고, 신중히 선택하라고 가르친다. 먼저 바울의 가르침처럼 지도자를 존중해야 한다. 우리는 그들의 수고에 존경을 표해야 하며, 합당한 경제적 대가를 지불해야 한다. 지도자를 보호하는 것도 매우 중요하다. 지도자는 많은 사람과 접촉하며 다양한 사역을 하기에 오해와 공격을 받는 위치에 있다. 이런 이유에서 지도자의 문제를 접수받을 때 신중한 태도가 필요하다. 문제를 조사할 때는 편견을 배제하고 공정하게 다루어야 한다. 만약 지도자의 문제가 발견되었을 때는 교회 앞에 사실대로 상황을 밝히고 그를 징계해야 한다. 이 과정을 통해 교회의 질서가 바로 서고 성도는 죄를 드러내시는 살아계신 하나님을 체험하게 된다. 교회의 지도자를 세우는 일은 신중하고 투명하게 진행되어야 한다. 바울의 때나 지금이나 바르고 신실한 지도자를 세우고 보호하는 일은 공동체의 가장 중요한 임무 중 하나다.

> **무릎기도** 하나님, 우리에게 귀한 지도자를 보내 주소서. 지도자를 존중하고 보호하면서 하나님 나라를 함께 세워 가는 복을 경험하게 하소서.

ESV - 1 Timothy 5

17 Let the elders who rule well be considered worthy of double honor, especially those who labor in preaching and teaching.
18 For the Scripture says, "You shall not muzzle an ox when it treads out the grain," and, "The laborer deserves his wages."
19 Do not admit a charge against an elder except on the evidence of two or three witnesses.
20 As for those who persist in sin, rebuke them in the presence of all, so that the rest may stand in fear.
21 In the presence of God and of Christ Jesus and of the elect angels I charge you to keep these rules without prejudging, doing nothing from partiality.
22 Do not be hasty in the laying on of hands, nor take part in the sins of others; keep yourself pure.
23 (No longer drink only water, but use a little wine for the sake of your stomach and your frequent ailments.)
24 The sins of some people are conspicuous, going before them to judgment, but the sins of others appear later.
25 So also good works are conspicuous, and even those that are not cannot remain hidden.

17 consider 생각하다　labor 애쓰다　18 muzzle 재갈을 물리다　tread out 밟아서 탈곡하다　deserve …을 받을 만하다　wage 삯　19 admit 인정하다　charge 고발　elder 장로　evidence 증언　witness 목격자　20 persist 고집하다　rebuke 꾸짖다　in the presence of …가 있는 데서　21 elect 선택된　prejudge 예단하다　partiality 편파　22 hasty 성급한　take part in …에 참여하다　23 for the sake of …을 위해서　ailment 질병　24 conspicuous 눈에 잘 띄는

12 잘 섬기고 자족하는 삶

디모데전서 6:1-6 • 새찬송 433장 | 통일 490장

• 말씀묵상 전에 성령님의 인도하심을 구하는 기도를 드리십시오.

본문요약 | 바울은 믿음을 가진 종이 그들의 상전을 더욱 귀히 여기며 성실히 섬겨야 한다고 말한다. 또한 거짓 교사들의 잘못된 가르침과 교만과 분열에 빠지지 않도록 주의를 준다. 동시에 성도들에게 돈에 대한 욕심을 버리고 참된 경건으로 자족하는 삶을 살라고 당부한다.

1 무릇 멍에 아래에 있는 종들은 자기 상전들을 범사에 마땅히 공경할 자로 알지니 이는 하나님의 이름과 교훈으로 비방을 받지 않게 하려 함이라
2 믿는 상전이 있는 자들은 그 상전을 형제라고 가볍게 여기지 말고 더 잘 섬기게 하라 이는 유익을 받는 자들이 믿는 자요 사랑을 받는 자임이라 너는 이것들을 가르치고 권하라
3 누구든지 다른 교훈을 하며 1)바른 말 곧 우리 주 예수 그리스도의 말씀과 경건에 관한 교훈을 따르지 아니하면
4 그는 교만하여 아무 것도 알지 못하고 변론과 언쟁을 좋아하는 자니 이로써 투기와 분쟁과 비방과 악한 생각이 나며
5 마음이 부패하여지고 진리를 잃어 버려 경건을 이익의 방도로 생각하는 자들의 다툼이 일어나느니라
6 그러나 자족하는 마음이 있으면 경건은 큰 이익이 되느니라

1. 오늘 하나님께서 나에게 주신 깨달음은 무엇입니까?

2. 말씀을 어떻게 내 삶에 구체적으로 적용해야 합니까?

1) 헬, 건전한

절별 해설

1 종들은 자기 상전들을 범사에 마땅히 공경할 자로 알지니 주인과 종이 그리스도인인 경우 교회 안에서는 같은 믿음의 형제로 여겨졌다. 그럼에도 불구하고 종은 교회 밖에서 자신의 주인을 존경하고 잘 섬겨야 한다.
하나님의 이름과 교훈으로 비방을 받지 않게 하려 함이라 믿음을 가진 종이 주인을 공경하지 않을 경우 신앙과 교회의 가르침이 사회 질서를 무너뜨린다는 비판과 공격을 받을 수 있었다.

2 믿는 상전이 있는 자들은 … 더 잘 섬기게 하라 신앙을 가진 종은 주인이 그리스도 안에서 같은 형제라고 해서 그를 가볍게 여기고 섬기는 일에 소홀해서는 안 된다.
이는 유익을 받는 자들이 믿는 자요 사랑을 받는 자임이라 성실한 종의 섬김으로 그리스도 안에서 형제인 주인이 유익을 얻는 것은 바람직한 일이다.

3 누구든지 다른 교훈을 하며 바울은 거짓 교사들의 특징에 대해 말한다. 그들은 성경의 가르침과는 다른 교훈, 즉 사도의 가르침에서 벗어난 다른 교리를 가르친다.
예수 그리스도의 말씀과 경건에 관한 교훈을 따르지 아니하면 거짓 교사들의 또 다른 특징은 예수님의 말씀과 경건의 교훈을 따르지 않는다는 것이다.

4 교만하여 아무 것도 알지 못하고 거짓 교사들은 자신들이 모든 것을 알고 있다고 생각한다. 그러나 실상은 아무것도 알지 못하는 영적 무지에 빠져 있다.
변론과 언쟁을 좋아하는 자니 거짓 교사들은 변론, 즉 무익한 사변(思辨)에 빠져 있으며 언쟁을 일으키길 좋아한다.
이로써 투기와 분쟁과 비방과 악한 생각이 나며 거짓 교사들의 가르침의 열매는 시기, 싸움, 서로에 대한 공격, 각종 악한 생각이다.

5 마음이 부패하여지고 진리를 잃어 버려 거짓 교사들의 영적 상태를 보여준다. 그들의 마음은 더러워져 타락했으며 진리를 버려 배교 상태에 있었다.
경건을 이익의 방도로 생각하는 자들의 다툼이 일어나느니라 거짓 교사들은 자신들이 참된 지식과 경건을 가졌다고 자랑하며 사람들을 현혹시켰다. 그러나 그들 행동의 진짜 이유는 돈을 벌기 위함이었다.

6 자족하는 마음이 있으면 경건은 큰 이익이 되느니라 거짓 교사들은 경건을 금전을 얻기 위한 수단으로 사용했다. 참된 경건은 돈을 추구하는 것이 아니라, 이미 주어진 상황에 자족하는 것을 배우게 한다. 이런 경건은 평안과 기쁨을 주기에 성도에게 큰 유익이 된다.

쉬운성경

1 종의 신분을 가진 사람들은 자기 주인을 존경해야 합니다. 그래야만 하나님의 이름과 우리의 가르침을 무시할 수 없게 됩니다.

2 믿는 자를 주인으로 섬기는 사람도 있을 것입니다. 물론 그리스도 안에서는 모두가 한 형제가 되지만, 그렇다고 주인을 공경하지 않아도 된다는 말은 결코 아닙니다. 오히려 그들을 더 잘 섬기고 존경해야 할 것입니다. 왜냐하면 그런 주인들은 믿음 안에서 사랑하는 형제들을 돕고 있기 때문입니다. 그대는 이것들을 가르치고 전하십시오.

3 만일 이것과 다른 가르침을 전하는 자가 있다면 그는 우리 주 예수 그리스도의 참된 가르침을 말하고 있는 것이 아닙니다. 우리 주님의 가르침은 하나님을 섬기는 바른길을 보여주는 것입니다.

4 그리스도의 가르침을 바로 전하지 않는 사람은 교만하며, 아무것도 알지 못하고 말싸움과 변론을 일삼는 사람입니다. 이런 일은 시기와 다툼과 모욕과 서로에 대한 의심만 가져올 따름입니다.

5 악한 마음을 품고 다투는 사람들은 이미 진리를 잃어버렸으며, 하나님을 섬기는 일을 돈 버는 수단으로 생각하고 있습니다.

6 지금 가지고 있는 것에 만족하는 것은 경건에 큰 도움이 됩니다.

저자의 묵상

복음 안에서 우리 모두는 신앙의 형제자매다. 교회에서 세상의 직책과 상하 관계는 사라지고 동등한 영적 가족이 된다. 그러나 이것이 우리가 가진 책임을 등한시하고 무례한 태도로 서로를 대해도 된다는 의미는 아니다. 복음 안에서 동등함을 누리면서 동시에 사회에서는 더 지혜롭고 부지런히 섬겨 서로를 유익하게 해야 한다. 사회생활을 하는 성도의 경우 자신의 상급자가 신앙의 형제자매라고 해서 그를 가볍게 대해서는 안 된다. 더 예의를 지키며 성실하게 일해 서로에게 유익이 되는 관계가 되어야 한다. 그리스도인 상급자가 자신에게 속한 직원을 대함에 있어도 동일한 원리가 적용된다. 자신이 맡은 직원이 믿음의 형제자매라고해서 너무 쉽게 대하거나 과도한 요구를 해서는 안 된다. 존중의 태도와 배려의 마음으로 일을 지시하고 감독해야 한다. 이런 참된 경건이 생활에서 배어 나올 때 관계의 평안과 성장을 경험할 수 있다. 동시에 참된 경건을 통해 돈에 대한 욕망을 버리고 주어진 삶에 자족할 때 잔잔하지만 깊은 행복을 누릴 수 있다.

무릎기도 하나님, 참된 경건을 통해 맡겨 주신 사람을 따뜻함과 성실함으로 섬기게 하소서. 최선을 다해 일하고 주신 것에 만족하며 믿음의 평안과 행복을 누리게 하소서.

ESV - 1 Timothy 6

1 Let all who are under a yoke as bondservants* regard their own masters as worthy of all honor, so that the name of God and the teaching may not be reviled.

2 Those who have believing masters must not be disrespectful on the ground that they are brothers; rather they must serve all the better since those who benefit by their good service are believers and beloved. Teach and urge these things.

3 If anyone teaches a different doctrine and does not agree with the sound* words of our Lord Jesus Christ and the teaching that accords with godliness,

4 he is puffed up with conceit and understands nothing. He has an unhealthy craving for controversy and for quarrels about words, which produce envy, dissension, slander, evil suspicions,

5 and constant friction among people who are depraved in mind and deprived of the truth, imagining that godliness is a means of gain.

6 But godliness with contentment is great gain,

* 6:1 For the contextual rendering of the Greek word *doulos*, see Preface
* 6:3 Or *healthy*

1 yoke 멍에 bond servant 종 regard 여기다 revile 욕하다 2 disrespectful 무례한 serve 섬기다 benefit 이익을 보다 urge 권고하다 3 doctrine 교훈 sound 바른 accord with …와 일치하다 4 puffed up 의기양양한 conceit 자만 controversy 논쟁 quarrel 말다툼 dissension 불화 slander 비방 suspicion 의심 5 constant 지속적인 friction 불화 deprave 타락시키다 deprive 빼앗다 6 contentment 만족

☐ 묵상 체크

13 전투와 같은 성도의 삶
월 일
디모데전서 6:7-14 • 새찬송 402장

• 말씀묵상 전에 성령님의 인도하심을 구하는 기도를 드리십시오.

> **본문요약** | 바울은 돈을 사랑하는 것이 모든 악의 뿌리라고 말한다. 돈에 집착할 때 믿음을 버리게 되고 시험과 고통과 멸망에 이르게 된다. 돈이 아닌 복음과 영생을 위해 살아가는 성도의 삶은 전투와 같다. 하나님은 이런 믿음의 선한 싸움에 동참한 성도를 기뻐하신다.

7 우리가 세상에 아무 것도 가지고 온 것이 없으매 또한 아무 것도 가지고 가지 못하리니
8 우리가 먹을 것과 입을 것이 있은즉 족한 줄로 알 것이니라
9 부하려 하는 자들은 시험과 올무와 여러 가지 어리석고 해로운 욕심에 떨어지나니 곧 사람으로 파멸과 멸망에 빠지게 하는 것이라
10 돈을 사랑함이 일만 악의 뿌리가 되나니 이것을 탐내는 자들은 미혹을 받아 믿음에서 떠나 많은 근심으로써 자기를 찔렀도다
11 오직 너 하나님의 사람아 이것들을 피하고 의와 경건과 믿음과 사랑과 인내와 온유를 따르며
12 믿음의 선한 싸움을 싸우라 영생을 취하라 이를 위하여 네가 부르심을 받았고 많은 증인 앞에서 선한 증언을 하였도다
13 만물을 살게 하신 하나님 앞과 본디오 빌라도를 향하여 선한 증언을 하신 그리스도 예수 앞에서 내가 너를 명하노니
14 우리 주 예수 그리스도께서 나타나실 때까지 흠도 없고 책망 받을 것도 없이 이 명령을 지키라

1. 오늘 하나님께서 나에게 주신 깨달음은 무엇입니까?

2. 말씀을 어떻게 내 삶에 구체적으로 적용해야 합니까?

절별 해설

7 세상에 아무 것도 가지고 온 것이 없으매 바울의 이 교훈은 솔로몬의 고백을 생각나게 한다. "그가 모태에서 벌거벗고 나왔은즉 그가 나온 대로 돌아가고 수고하여 얻은 것을 아무것도 자기 손에 가지고 가지 못하리니"(전 5:15).

8 먹을 것과 입을 것이 있은즉 족한 줄로 알 것이니라 이 가르침에 따르면 성도는 기본적인 욕구를 채울 수 있다면 자족할 줄 알아야 한다.

9 부하려 하는 자들은 … 어리석고 해로운 욕심에 떨어지나니 부를 추구하는 사람은 만족할 줄 모른다. 그 결과 잘못된 방식으로 죄를 범하는 것도 개의치 않고 돈을 벌려 한다.
곧 사람으로 파멸과 멸망에 빠지게 하는 것이라 돈에 대한 욕심으로 시험과 올무에 빠진 결과를 나타낸다. 인생이 망가지며 결국 실패한 삶이 된다.

10 돈을 사랑함이 일만 악의 뿌리가 되나니 돈 자체가 문제가 되는 것이 아니다. 돈을 사랑하는 것이 문제가 된다.
이것을 탐내는 자들은 미혹을 받아 믿음에서 떠나 돈만 추구하는 탐욕의 사람은 결국 믿음을 버리게 된다. 하나님의 자리에 돈을 두며, 하나님을 의지하기보다 돈을 의지하기 때문이다.
많은 근심으로써 자기를 찔렀도다 돈을 추구하는 사람은 돈에 대한 염려 때문에 끊임없이 고통을 당한다.

11 오직 너 하나님의 사람아 이것들을 피하고 바울은 돈의 유혹을 이기고 소명을 붙들며 하나님의 말씀을 따라 사는 디모데를 "하나님의 사람"이라고 부른다. "이것들"은 돈을 사랑하는 것 때문에 파생되는 여러 부정적 결과를 말한다.

12 믿음의 선한 싸움을 싸우라 바울은 돈에 마음을 빼앗기지 않고 소명과 말씀을 붙잡고 복음을 전파하는 삶을 "믿음의 선한 싸움"이라고 표현한다. 싸움이라는 단어는 원문에서 군사와 운동 용어로 사용되었다. 이는 전쟁과 같은 다툼이다. 또한 운동선수의 승리를 향한 피나는 노력이다. 이 단어가 믿음의 삶이 얼마나 치열한 것인지를 나타내고 있다.
영생을 취하라 이를 위하여 네가 부르심을 받았고 믿음의 치열한 싸움을 이기는 길은 주어진 소명을 기억하며 영혼을 구하는 일을 붙잡고 여기에 전념하는 것이다.

14 그리스도께서 나타나실 때까지 … 이 명령을 지키라 물질에 초연하고 복음 전파를 위해 자신의 삶을 온전히 쏟아부은 바울은 디모데에게 당부한 것을 반드시 지킬 것을 요청한다.

쉬운성경

7 우리가 세상에 올 때, 아무것도 가지고 오지 않았으므로, 세상을 떠날 때도 아무 것도 가져가지 못합니다.

8 그러므로 먹을 음식과 입을 옷이 있다면 만족할 줄 알아야 합니다.

9 부자가 되려고 애쓰는 사람은 시험에 들고 함정에 빠지게 됩니다. 어리석은 일을 하다가 결국 자신을 망치는 구덩이에 떨어지는 것입니다.

10 돈을 사랑하는 것이 모든 악의 뿌리입니다. 돈을 더 많이 얻으려다가 진실한 믿음에서 떠나고, 오히려 더 큰 근심과 고통만 당하게 됩니다.

11 그대는 하나님의 사람이니 이 모든 악을 멀리하십시오. 옳은 길에 서며, 하나님을 섬기고, 믿음과 사랑과 인내와 온유함을 가지십시오.

12 믿음을 지키는 것은 달리기 시합과도 같습니다. 영원한 생명을 얻게 되리라는 것을 확신하며, 할 수 있는 한, 승리할 때까지 열심히 뛰어가십시오. 이것을 위해 그대는 부르심을 받았고, 또한 많은 사람들 앞에서 그리스도를 향한 신앙을 고백한 것입니다.

13 예수 그리스도께서도 본디오 빌라도 앞에서 진리를 말씀하셨습니다. 모든 것에 생명을 주시는 하나님과 예수 그리스도 앞에서 그대에게 명령합니다.

14 우리 주 예수 그리스도가 다시 오시는 그날까지, 아무 흠과 잘못 없이 이 명령을 잘 지켜 나가십시오.

저자의 묵상

우리는 돈이 모든 것을 좌우하는 황금만능주의 세상에 살고 있다. 그런 세상을 살아가는 우리에게 말씀은 돈을 사랑하는 것이 일만 악의 뿌리라고 말한다. 돈 자체가 문제가 되는 것은 아니다. 돈을 사랑하는 것이 문제다. 돈을 사랑하면 하나님을 멀리하고 믿음을 버리게 된다. 세상의 유혹과 시험에 돈에 대한 염려가 밀려오며 고통받는 삶, 가치를 잃어버린 삶이 된다. 그렇다면 하나님께서 성도에게 바라시는 것은 무엇인가? 먼저 자족하는 삶을 살라고 말씀하신다. 최선을 다하고 주어진 것에 자족하며 평화롭고 행복하게 사는 삶이다. 동시에 영혼을 위해 살아가라고 말씀하신다. 돈 대신 영혼에 가치를 두라는 것이다. 돈을 추구하지 않고 자족하며 영혼을 위해 살아가는 성도의 삶은 결코 쉽지 않다. 그래서 바울은 이러한 삶을 '믿음의 선한 싸움'이라고 표현한다. 전쟁 같은 삶이다. 끊임없이 승리를 향해 훈련하는 운동선수와 같은 삶이다. 그러나 이런 삶이 진짜다. 하나님은 이런 삶을 귀하다 하시며 '하나님의 사람'이라고 불러 주신다. 오늘도 자족하며 영혼을 위해 살아가는 하나님의 사람이 되어야 한다.

> **무릎기도** 하나님, 내게 주신 모든 것에 자족하길 원합니다. 돈을 사랑하지 않고, 하나님과 영혼을 사랑하면서 오늘도 믿음의 싸움에서 승리하게 하소서.

ESV - 1 Timothy 6

7 for we brought nothing into the world, and* we cannot take anything out of the world.

8 But if we have food and clothing, with these we will be content.

9 But those who desire to be rich fall into temptation, into a snare, into many senseless and harmful desires that plunge people into ruin and destruction.

10 For the love of money is a root of all kinds of evils. It is through this craving that some have wandered away from the faith and pierced themselves with many pangs.

11 But as for you, O man of God, flee these things. Pursue righteousness, godliness, faith, love, steadfastness, gentleness.

12 Fight the good fight of the faith. Take hold of the eternal life to which you were called and about which you made the good confession in the presence of many witnesses.

13 I charge you in the presence of God, who gives life to all things, and of Christ Jesus, who in his testimony before* Pontius Pilate made the good confession,

14 to keep the commandment unstained and free from reproach until the appearing of our Lord Jesus Christ,

* 6:7 Greek for; some manuscripts insert [it is] certain [that]
* 6:13 Or in the time of

8 be content with ···에 만족하다 9 fall into temptation 유혹에 빠지다 snare 올무 senseless 어리석은 plunge··· into ···를 빠뜨리다 destruction 멸망 10 craving 갈망 wander away 훌쩍 떠나다 pierce 찌르다 pang 고통 11 pursue 추구하다 12 take hold of ···을 잡다 confession 고백 in the presence of ···가 있는 데서 witness 증인 13 charge 명령하다 testimony 증언 14 commandment 명령 unstained 흠 없는 reproach 책망

묵상 체크 ☐

14
월   일

진정한 부요함을 추구하는 삶
디모데전서 6:15-21 • 새찬송 411장 | 통일 473장

• 말씀묵상 전에 성령님의 인도하심을 구하는 기도를 드리십시오.

본문요약 | 바울은 디모데에게 부한 성도들에게 무엇을 가르쳐야 할지 알려 준다. 부자는 사라질 재물이 아니라 영원하신 하나님께 소망을 두어야 한다. 또한 자신들이 가진 재물로 선한 사업에 힘쓰며 이를 어려운 자들에게 나누어 주어야 한다. 부자의 선행은 하늘의 보화로 쌓이게 될 것이다.

15 기약이 이르면 하나님이 그의 나타나심을 보이시리니 하나님은 복되시고 유일하신 주권자이시며 만왕의 왕이시며 만주의 주시요

16 오직 그에게만 죽지 아니함이 있고 가까이 가지 못할 빛에 거하시고 어떤 사람도 보지 못하였고 또 볼 수 없는 이시니 그에게 존귀와 영원한 권능을 돌릴지어다 아멘

17 네가 이 세대에서 부한 자들을 명하여 마음을 높이지 말고 정함이 없는 재물에 소망을 두지 말고 오직 우리에게 모든 것을 후히 주사 누리게 하시는 하나님께 두며

18 선을 행하고 선한 사업을 많이 하고 나누어 주기를 좋아하며 너그러운 자가 되게 하라

19 이것이 장래에 자기를 위하여 좋은 터를 쌓아 참된 생명을 취하는 것이니라

20 디모데야 망령되고 헛된 말과 거짓된 지식의 반론을 피함으로 네게 부탁한 것을 지키라

21 이것을 따르는 사람들이 있어 믿음에서 벗어났느니라 은혜가 너희와 함께 있을지어다

1. 오늘 하나님께서 나에게 주신 깨달음은 무엇입니까?

2. 말씀을 어떻게 내 삶에 구체적으로 적용해야 합니까?

절별 해설

15 기약이 이르면 하나님만 아시는 예수 그리스도의 재림의 때를 말한다.

16 오직 그에게만 죽지 아니함이 있고 가까이 가지 못할 빛에 거하시고 바울의 송영 찬송이다. 하나님을 주권자, 만왕의 왕, 만주의 주(15절)로 고백한 바울은 이제 하나님의 영원하신 속성을 찬송한다. 그는 불멸하는 분이며, 영원히 빛나는 진리의 빛이시고, 인간의 감각으로 파악하거나 접근할 수 없는 영원하고 절대적인 존재다.

17 부한 자들을 명하여 바울은 디모데가 부요한 자들에게 가르쳐야 할 것을 말해 준다.
마음을 높이지 말고 마음을 높이는 것은 자신에 대해 높이 평가하면서 다른 사람에게 우월감을 갖는 것을 말한다. 부자는 재물이 많다는 이유로 자신이 다른 사람보다 우월하다고 생각해서는 안 된다.
정함이 없는 재물에 소망을 두지 말고 정함이 없는 재물은 확실하지 않고, 영원하지 않은 재물을 의미한다.
모든 것을 후히 주사 누리게 하시는 하나님께 두며 부자는 확실하지 않고 사라질 재물에 소망을 두지 말고 영원하신 하나님께 소망을 두며 그분을 의지해야 한다.

18 선을 행하고 … 나누어 주기를 좋아하며 부자는 자신만을 위해 재물을 이기적으로 써서는 안 된다. 선한 일을 통해 어려움에 처한 사람들을 도우며 나누어야 한다.
너그러운 자가 되게 하라 너그럽다는 것은 기꺼이 나누는 태도를 말한다. 부자는 자신의 재물을 자원해서 기꺼이 나누어야 한다.

19 이것이 장래에 자기를 위하여 좋은 터를 쌓아 부자의 이런 선행은 예수님께서 말씀하신 것처럼 천국에 보물을 쌓아 두는 것이다(마 6:19-21; 눅 12:33; 18:22).
참된 생명을 취하는 것이니라 부자의 이런 선행은 영혼을 구원하는 귀한 일이기도 하다.

20 망령되고 헛된 말과 거짓된 지식 거짓 교사들의 잘못된 가르침을 말한다.
네게 부탁한 것을 지키라 바울은 마지막으로 디모데에게 거짓 가르침을 피하며 참된 성경의 진리를 가르침으로써 에베소 교회를 지켜야 할 임무가 있음을 상기시킨다.

21 은혜가 너희와 함께 있을지어다 바울의 마지막 인사의 대상이 너희다. 이 편지의 교훈은 디모데뿐 아니라 에베소 교인 모두를 대상으로 함을 알 수 있다.

쉬운성경

15 때가 되면 하나님께서 그리스도를 다시 보내실 것입니다. 하나님은 복의 근원이시며, 우리를 다스리는 분이십니다. 모든 왕의 왕이 되시며, 모든 주의 주가 되십니다.

16 하나님은 영원히 살아계시고 빛 가운데 계셔서 가까이 갈 수도, 볼 수도 없습니다. 영광과 능력이 하나님께 영원히 있습니다. 아멘.

17 이 세상의 부자들에게 이 말을 전하십시오. 교만하지 말며, 돈을 의지하지 말고, 하나님께 소망을 두라고 가르치십시오. 하나님은 우리가 필요로 하는 모든 것을 주시며, 또 그것을 누리게 하시는 분이십니다.

18 선한 일을 하도록 노력하며, 베푸는 가운데 부유함을 누리도록 그들을 가르치십시오. 나눠 주고 베풀 때에 맛볼 수 있는 참 기쁨을 말해 주십시오.

19 그렇게 할 때, 그들은 하늘 창고에 보물을 쌓게 될 것입니다. 이것이 그들의 미래를 위한 든든한 터가 되고, 참 생명을 얻게 해 줄 것입니다.

20 디모데여, 하나님께서는 그대에게 많은 것을 맡기셨습니다. 그것을 잘 간직하고, 하나님을 대적하며 어리석은 말을 하는 사람을 멀리하십시오. 진리를 떠나 변론하는 사람들은 그들의 지식을 '참된 지식'이라고 말하지만, 그것은 결코 지식이 아닙니다.

21 오히려 그들은 참된 믿음을 떠난 자들입니다. 하나님의 은혜가 그대와 함께하기를 빕니다.

저자의 묵상

어느 사회에나 가난한 자와 부한 자가 있다. 교회 안에도 가난한 성도와 부자 성도가 있기 마련이다. 바울은 부한 성도를 이유 없이 무조건 정죄하지 않는다. 오히려 디모데에게 부자가 재물을 어떻게 바르고 의미 있게 사용할 수 있는지 가르치라고 말한다. 부자는 재물 때문에 다른 사람을 낮게 보며 자신을 높이는 태도를 취해서는 안 된다. 또한 영원하지 않은 물질에 소망을 두기보다 우리의 생사화복을 주관하시는 영원하신 하나님을 의지해야 한다. 그뿐 아니라 재물을 사용해 선한 사업을 하며, 어렵고 힘든 사람을 돕는 일을 기쁨으로 감당해야 한다. 부자의 이런 선행은 하늘에 보화를 쌓는 복된 일이며 영혼을 구원하는 일에 귀히 사용된다. 우리의 모든 것은 하나님께로부터 왔고 그분이 친히 주관하신다. 따라서 우리에게 물질이 넉넉하지 않을 때 자족할 줄 알아야 하며, 물질이 있을 때 나누고 섬길 줄 알아야 한다. 그럴 때 우리가 속한 공동체에 하나님의 사랑이 넘치며 그분의 이름이 찬송받는다.

무릎기도 하나님, 주님께서 우리에게 물질을 허락하심을 알고 감사드립니다. 내게 있는 물질을 다른 사람과 나눔으로 천국에 보화를 쌓는 인생 되게 하소서.

ESV - 1 Timothy 6

15 which he will display at the proper time—he who is the blessed and only Sovereign, the King of kings and Lord of lords,
16 who alone has immortality, who dwells in unapproachable light, whom no one has ever seen or can see. To him be honor and eternal dominion. Amen.
17 As for the rich in this present age, charge them not to be haughty, nor to set their hopes on the uncertainty of riches, but on God, who richly provides us with everything to enjoy.
18 They are to do good, to be rich in good works, to be generous and ready to share,
19 thus storing up treasure for themselves as a good foundation for the future, so that they may take hold of that which is truly life.
20 O Timothy, guard the deposit entrusted to you. Avoid the irreverent babble and contradictions of what is falsely called "knowledge,"
21 for by professing it some have swerved from the faith. Grace be with you.*

* 6:21 The Greek for *you* is plural

15 display 내보이다 proper 적절한 sovereign 국왕   16 immortality 불후 dwell 머무르다 unapproachable 접근하기 어려운 dominion 통치권   17 charge 명령하다 haughty 오만한 uncertainty 불확실   18 generous 너그러운   19 foundation 토대 take hold of 붙잡다   20 deposit 기탁물 entrust 맡기다 irreverent 불경한 babble 허튼소리 contradiction 반대   21 profess 고백하다 swerve 빗나가다

☐ 묵상 체크

15
월 일

무엇도 막을 수 없는 동역자 사랑
디모데후서 1:1-12 • 새찬송 361장 | 통일 480장

• 말씀묵상 전에 성령님의 인도하심을 구하는 기도를 드리십시오.

본문요약 | 바울은 투옥되어 육체적 고통과 정서적 외로움을 겪는 과정 중에도 믿음의 아들 디모데를 생각하며 기도한다. 바울은 하나님께서 주신 복음 전파자의 소명을 붙들고 부어 주신 은사를 생각할 때 다시 힘을 낼 수 있다고 강조한다.

1 하나님의 뜻으로 말미암아 그리스도 예수 안에 있는 생명의 약속대로 그리스도 예수의 사도 된 바울은
2 사랑하는 아들 디모데에게 편지하노니 하나님 아버지와 그리스도 예수 우리 주께로부터 은혜와 긍휼과 평강이 네게 있을지어다
3 내가 밤낮 간구하는 가운데 쉬지 않고 너를 생각하여 청결한 양심으로 조상적부터 섬겨 오는 하나님께 감사하고
4 네 눈물을 생각하여 너 보기를 원함은 내 기쁨이 가득하게 하려 함이니
5 이는 네 속에 거짓이 없는 믿음이 있음을 생각함이라 이 믿음은 먼저 네 외조모 로이스와 네 어머니 유니게 속에 있더니 네 속에도 있는 줄을 확신하노라
6 그러므로 내가 나의 안수함으로 네 속에 있는 하나님의 은사를 다시 불일듯 하게 하기 위하여 너로 생각하게 하노니
7 하나님이 우리에게 주신 것은 두려워하는 ¹⁾마음이 아니요 오직 능력과 사랑과 절제하는 ¹⁾마음이니
8 그러므로 너는 내가 우리 주를 증언함과 또는 주를 위하여 갇힌 자 된 나를 부끄러워하지 말고 오직 하나님의 능력을 따라 복음과 함께 고난을 받으라
9 하나님이 우리를 구원하사 거룩하신 소명으로 부르심은 우리의 행위대로 하심이 아니요 오직 자기의 뜻과 영원 전부터 그리스도 예수 안에서 우리에게 주신 은혜대로 하심이라
10 이제는 우리 구주 그리스도 예수의 나타나심으로 말미암아 나타났으니 그는 사망을 폐하시고 복음으로써 생명과 썩지 아니할 것을 드러내신지라
11 내가 이 복음을 위하여 선포자와 사도와 교사로 세우심을 입었노라
12 이로 말미암아 내가 또 이 고난을 받되 부끄러워하지 아니함은 내가 믿는 자를 내가 알고 또한 내가 의탁한 것을 그 날까지 그가 능히 지키실 줄을 확신함이라

1. 오늘 하나님께서 나에게 주신 깨달음은 무엇입니까?

2. 말씀을 어떻게 내 삶에 구체적으로 적용해야 합니까?

1) 헬, 영

절별 해설

2 사랑하는 아들 바울은 디모데를 복음으로 낳은(고전 4:17) 사랑하는 아들로 부르고 있다. 바울이 얼마나 그를 사랑하는지를 보여주는 표현이다.

3 내가 밤낮 간구하는 가운데 쉬지 않고 너를 생각하여 "생각하다"의 뜻은 '기억하다'다. 비록 멀리 떨어져 있지만 바울은 디모데를 늘 기억하고 있다. 주목할 것은 바울이 기도를 통하여 기억한다는 사실이다. 막연히 추억을 떠올리는 것이 아니라 끊임없는 기도를 통해 디모데를 떠올리며 영적으로 지원한다.

4 네 눈물을 생각하여 너 보기를 원함은 바울은 지금 투옥되어 육체적 고통과 정서적 외로움을 겪고 있다(1:16; 2:9). 그는 디모데가 에베소 사역을 위해 얼마나 많은 땀과 눈물을 흘리고 있는지 잘 안다. 그렇기 때문에 이런 상황에서도 디모데를 만나 위로하고 믿음이 굳건해지도록 격려하기 원한다.

5 이 믿음은 먼저 네 외조모 로이스와 네 어머니 유니게 속에 있더니 디모데의 믿음은 그의 어머니 유니게와 외할머니 로이스에게 물려받은 것이다. 이들은 신실한 유대인으로 1차 전도 여행 때 복음을 받아들이고 바울의 동역자가 되었다(행 16:1).

6 나의 안수함으로 네 속에 있는 하나님의 은사를 "하나님의 은사"는 디모데가 지도자로 위임될 때 바울과 동역자들이 행한 안수를 통해 주어졌다(행 14:23; 딤전 1:18).

다시 불일듯 하게 하기 위하여 바울은 에베소 교회 사역으로 애쓰고 있는 디모데에게 위축되지 말고, 오히려 하나님께서 주신 은사를 불일 듯 적극적으로 사용하라고 격려한다.

7 하나님이 우리에게 주신 것은 두려워하는 마음이 아니요 "두려워하는 마음"은 위축되어 무력감을 느끼는 상태를 말한다. 디모데는 자신의 연소함, 경험의 부족, 거짓 교사들의 비판과 공격에 두려움을 느낀 듯하다.

8 주를 위하여 갇힌 자 된 나를 부끄러워하지 말고 바울은 로마의 가택 연금에서 잠시 벗어나 사역하면서 디모데전서와 디도서를 썼다. 그러나 로마 정부가 그리스도인을 핍박하는 정도가 심해지면서 다시 감옥에 감금된다.

9 우리의 행위대로 하심이 아니요 … 예수 안에서 우리에게 주신 은혜대로 하심이라 바울은 복음의 핵심을 다시 한번 강조한다. 구원은 인간의 행위로 얻을 수 있는 것이 아니다. 오직 하나님의 주권하에서 그의 뜻에 의한 그리스도의 대속 사역으로만 가능한 전적인 은혜의 결과이다.

쉬운성경

1 그리스도 예수 안에 있는 생명의 약속을 전하라는 하나님의 뜻에 따라 예수 그리스도의 사도가 된 나 바울은

2 나의 사랑하는 아들 디모데에게 편지를 씁니다. 하나님 아버지와 우리 주 예수 그리스도께서 은혜와 자비와 평안을 내려 주시기를 빕니다.

3 나는 밤낮으로 기도할 때마다 그대를 기억하면서 하나님께 감사드립니다. 하나님은 우리 조상의 하나님이시며, 또한 나의 하나님이십니다. 그분을 섬기는 것은 진정 나의 기쁨입니다.

4 나는 그대가 떠날 때에 흘렸던 눈물을 기억하고 있으며, 어서 빨리 그대를 만나고 싶습니다. 다시 만난다면 얼마나 기쁘겠습니까?

5 나는 그대의 진실한 믿음을 기억하고 있습니다. 그 믿음은 그대의 할머니 로이스와 어머니 유니게에게 있었던 것인데, 이제 그대가 그 믿음을 물려받았습니다.

6 내가 왜 하나님께서 그대에게 주신 은사를 사용하라고 말하는지 아시겠습니까? 하나님께서는 내가 그대에게 손을 얹고 기도할 때 은사를 주셨습니다. 작은 불꽃이 큰 불을 일으키듯 그대가 받은 은사를 자라게 하십시오.

7 하나님께서는 우리에게 두려워하는 마음을 주신 것이 아니라, 능력과 사랑과 절제하는 마음을 주셨습니다.

8 그러므로 우리 주 예수님을 증거하는 것을 부끄러워하지 마십시오. 또한 주님을 위해 감옥에 갇힌 나에 대해서도 부끄러워하지 말기 바랍니다. 오히려 복음을 위해 함께 고난을 받으십시오. 하나님께서 이 모든 것을 할 수 있는 능력을 주실 것입니다.

9 하나님께서는 우리를 구원해 주시고 그분의 거룩한 백성으로 삼으셨습니다. 이것은 우리가 무언가 큰일을 해서가 아

절별 해설

10 그는 사망을 폐하시고 복음으로써 생명과 썩지 아니할 것을 드러내신지라 "폐하다"는 '무력하게 하다' 혹은 '작동하지 못하게 하다'라는 뜻이다. 예수님은 사망의 권세를 파하셨고 그로 인해 성도는 천국에 들어가 영생을 누린다. 이 놀라운 영생은 복음의 생명과 영원히 썩지 않는 것으로 묘사된다.

12 내가 의탁한 것 바울이 하나님께 의탁한 것을 말한다. 바울은 감옥에 갇혀 있음을 부끄러워하지 않고 모든 것을 하나님께 맡긴다. 그리고 하나님께서 선하게 인도하실 것을 확신한다.

니라. 그분이 원하셔서 그분의 은혜로 된 것입니다. 그 은혜는 세상이 시작되기 전에 예수 그리스도를 통해 우리에게 이미 주어졌습니다.

10 그리고 우리 구주 예수 그리스도가 오시고 나서야 비로소 우리에게 보여졌습니다. 예수님께서는 죽음의 권세를 깨뜨리시고, 복음을 통해 영원한 생명의 길을 보여주셨습니다.

11 나는 이 복음을 전하는 사람으로 선택받았고, 또 사도와 교사의 직무를 맡았습니다.

12 내가 복음을 전하는 일 때문에 고난을 받지만, 이에 대해 조금도 부끄러워하지 않습니다. 그것은 내가 지금까지 믿어온 한 분, 예수 그리스도를 잘 알고 있기 때문입니다. 또 주님은 내게 맡기신 것을 세상 끝날까지 안전하게 지키실 것이라고 확실히 믿기 때문입니다.

저자의 묵상

하나님께서 우리에게 허락하신 동역자는 인생의 보석과 같다. 동역자와 함께 같은 장소에서 하나님의 일을 하면 좋겠지만 현실적으로 그렇게 하지 못할 때가 더 많다. 바울은 그럴 때도 동역자를 사랑하며 끝까지 함께할 방법이 무엇인지 보여준다. 바로 끊임없이 동역자를 떠올리면서 간절히 기도하는 것이다. 함께 있지 못해도 그를 위해 기도할 때 동역은 계속된다. 멀리 있지만, 변함없이 동역하는 또 하나의 방법은 격려하는 것이다. 한편 바울은 디모데에게 본질, 즉 하나님과 그분이 주신 은혜에 집중하라고 조언한다. 지금 우리가 해야 할 일은 하나님을 바라보며 그분이 주신 은혜를 붙잡고 담대히 일어서는 것이다. 복음을 위해 부끄러움 없이 나의 삶을 드리는 것이다. 바울도 디모데도 복음을 위해 고난받았다. 그런 그들의 삶을 하나님이 받으셨고 당신의 신실한 종으로 칭찬하고 높여 주셨다. 끝까지 견디며 믿음의 길을 갈 때 하나님은 우리의 고난이 영광이 되게 하시고 눈물이 찬송이 되게 하신다.

무릎기도 하나님, 저에게 귀한 믿음의 동역자를 주셔서 감사합니다. 오늘도 그를 위해 변함없이 기도하고 격려하며 아름다운 동역이 계속되게 하소서.

ESV - 2 Timothy 1

1 Paul, an apostle of Christ Jesus by the will of God according to the promise of the life that is in Christ Jesus,

2 To Timothy, my beloved child: Grace, mercy, and peace from God the Father and Christ Jesus our Lord.

3 I thank God whom I serve, as did my ancestors, with a clear conscience, as I remember you constantly in my prayers night and day.

4 As I remember your tears, I long to see you, that I may be filled with joy.

5 I am reminded of your sincere faith, a faith that dwelt first in your grandmother Lois and your mother Eunice and now, I am sure, dwells in you as well.

6 For this reason I remind you to fan into flame the gift of God, which is in you through the laying on of my hands,

7 for God gave us a spirit not of fear but of power and love and self-control.

8 Therefore do not be ashamed of the testimony about our Lord, nor of me his prisoner, but share in suffering for the gospel by the power of God,

9 who saved us and called us to* a holy calling, not because of our works but because of his own purpose and grace, which he gave us in Christ Jesus before the ages began,*

10 and which now has been manifested through the appearing of our Savior Christ Jesus, who abolished death and brought life and immortality to light through the gospel,

11 for which I was appointed a preacher and apostle and teacher,

12 which is why I suffer as I do. But I am not ashamed, for I know whom I have believed, and I am convinced that he is able to guard until that day what has been entrusted to me.*

* 1:9 Or with
* 1:9 Greek before times eternal
* 1:12 Or what I have entrusted to him; Greek my deposit

---

1 apostle 사도   2 beloved 사랑하는   3 serve 섬기다   ancestor 조상   conscience 양심   constantly 계속   4 long to do …하고 싶은 생각이 간절하다   5 remind 상기시키다   sincere 진실된   dwell 있다   6 fan 부채질하다   flame 불꽃   8 ashamed 부끄러운   testimony 증언   suffering 고통   10 manifest 나타내다   appear 나타나다   abolish 폐지하다   bring… to light 드러내다   immortality 불멸   11 appoint 정하다   preacher 복음을 전도하는 사람   12 be convinced that …라고 확신하다   entrust 맡기다

□ 묵상 체크

16
월   일

배신자인가, 돕는 자인가
디모데후서 1:13-18 · 새찬송 212장 | 통일 347장

• 말씀묵상 전에 성령님의 인도하심을 구하는 기도를 드리십시오.

> **본문요약** | 감옥에 있는 바울은 소아시아의 사람들에게 배신을 당한 일을 이야기한다. 그러나 절망하지 않고 오히려 디모데를 격려하며 자신이 부탁한 임무를 완수하라고 권면한다. 배신의 아픔 속에서도 하나님이 바울과 함께하셨고 그를 돕는 사람들이 있었기 때문에 가능한 일이었다.

13 너는 그리스도 예수 안에 있는 믿음과 사랑으로써 내게 들은 바 ¹⁾바른 말을 본받아 지키고
14 우리 안에 거하시는 성령으로 말미암아 네게 부탁한 아름다운 것을 지키라
15 아시아에 있는 모든 사람이 나를 버린 이 일을 네가 아나니 그 중에는 부겔로와 허모게네도 있느니라
16 원하건대 주께서 오네시보로의 집에 긍휼을 베푸시옵소서 그가 나를 자주 격려해 주고 내가 사슬에 매인 것을 부끄러워하지 아니하고
17 로마에 있을 때에 나를 부지런히 찾아와 만났음이라
18 (원하건대 주께서 그로 하여금 그 날에 주의 긍휼을 입게 하여 주옵소서) 또 그가 에베소에서 많이 봉사한 것을 네가 잘 아느니라

1. 오늘 하나님께서 나에게 주신 깨달음은 무엇입니까?

2. 말씀을 어떻게 내 삶에 구체적으로 적용해야 합니까?

1) 헬, 건전한

절별 해설

13 내게 들은 바 바른 말을 "바른 말"은 디모데가 바울에게 배운 것으로 성경의 진리와 그에 따른 사역의 방향이다.
본받아 지키고 바울은 디모데에게 자신이 보인 모범을 따르라고 말한다. 그 후 디모데는 자신이 듣고 본 바를 지켜야 한다. 바른 믿음과 사역의 전수는 바른 내용의 가르침, 본이 되는 삶, 배우고 느낀 것을 지키는 과정을 통해서 이루어진다는 것을 알 수 있다.

14 우리 안에 거하시는 성령으로 말미암아 '우리 안에 거하시는 성령의 도움으로'라는 의미. 바울이 디모데에게 부탁한 사명은 인간의 힘으로 할 수 없는 일이다. 그러나 성령께서 도와주시면 능히 감당할 수 있다.
네게 부탁한 아름다운 것을 지키라 바울이 디모데에게 부탁한 것은 아름다운 보석과 같다. 그것은 거짓 교사들의 가르침을 물리치고 사람들에게 복음의 비밀을 전하는 일이다.

15 아시아에 있는 모든 사람이 나를 버린 이 일을 네가 아나니 아시아는 에베소와 그 주변 지역을 말한다. 바울은 이곳에 있는 사람들이 자신을 배신했다고 말한다. 정확한 상황은 알 수 없으나 감옥에 있는 바울을 돕지 않았거나 혹은 재판 중에 그를 변호하는 일을 거절한 듯하다. 이 일로 바울은 마음에 상당한 상처를 받았던 것 같다.
그 중에는 부겔로와 허모게네도 있느니라 이들이 누구인지는 알려져 있지 않다. 이들은 에베소 혹은 그 주변 지역의 지도자였는데 바울의 권위와 가르침을 반대하고 공격했던 것으로 보인다.

16 주께서 오네시보로의 집에 긍휼을 베푸시옵소서 바울은 자신을 배신한 앞 절의 두 사람과 대조적인 인물로 오네시보로를 언급하며 축복한다.
내가 사슬에 매인 것을 부끄러워하지 아니하고 오네시보로는 바울이 감옥에 있을 때도 그를 부끄러워하거나 로마 당국의 위험을 두려워하지 않았다.

17 로마에 있을 때에 나를 부지런히 찾아와 만났음이라 오네시보로는 바울을 계속 찾아와 필요한 것을 제공하고 실제적인 도움을 주었다. 로마 감옥은 식사와 필요한 물품을 외부로부터 조달받아야 했는데, 오네시보로의 지속적인 방문은 바울에게 큰 위로가 되었을 것이다.

18 그로 하여금 그 날에 주의 긍휼을 입게 하여 주옵소서 바울은 오네시보로가 주님의 재림, 즉 마지막 심판의 날이 이를 때 긍휼을 입게 해 달라고 기도하며 축복한다.
또 그가 에베소에서 많이 봉사한 것을 네가 잘 아느니라 오네시보로는 감옥에 있는 바울을 도왔을 뿐 아니라 처음부터 에베소 교회를 돕고 섬겼던 좋은 일꾼이었다.

쉬운성경

13 내게서 들은 진리의 가르침을 잘 따르십시오. 그래서 예수 그리스도 안에서 우리가 가지게 될 믿음과 사랑의 본으로 삼으십시오.

14 우리 안에 계신 성령께 도우심을 구하며, 그대에게 맡겨진 진리를 소중히 간직하십시오.

15 그대도 알다시피 아시아에 있는 모든 사람들이 나를 버렸습니다. 심지어 부겔로와 허모게네마저도 나를 떠났습니다.

16 주님께서 오네시보로의 가족에게 은혜를 베푸시기를 기도합니다. 그는 여러 번 나를 찾아와 격려해 주었으며, 내가 감옥에 갇힌 것도 부끄러워하지 않았습니다.

17 그는 로마에 왔을 때, 사방으로 나를 찾아다닌 끝에 나와 만날 수 있었습니다.

18 주님께서 다시 오실 그날에 오네시보로에게 자비를 베푸시기를 진심으로 기도합니다. 에베소에 있을 때에도 그가 나를 얼마나 잘 돌보아 주었는지는 그대도 알고 있을 것입니다.

저자의 묵상

신앙생활을 하면서 겪는 아픔 중에 하나가 믿었던 사람에게 배신을 당하는 일이다. 바울은 자신이 사역한 아시아에 있는 사람들에게 배신을 당한다. 얼마나 그 기억이 아프고 생생했는지 대표적으로 배신한 사람의 이름까지 언급한다. 바울은 배신으로 상처를 입었음에도 불구하고 여전히 당당하다. 오히려 자신을 염려할 디모데를 격려한다. 그렇게 할 수 있었던 가장 중요한 이유는 물론 바울과 함께하시는 하나님의 은혜 때문이었다. 동시에 감옥에 있던 바울을 부끄러워하지 않고 계속 찾아와 도왔던 오네시보로와 같은 사람이 있었기 때문이다. 바울이 배신당했다면 우리도 당연히 배신당할 수 있다. 믿음의 길을 가면서 사명을 감당할 때 사람의 배신은 어쩌면 피할 수 없는 고난이다. 그때 하나님께서는 끝까지 함께하며 돕는 오네시보로를 보내 주신다. 배신한 사람만 보고 절망하지 말고 오네시보로와 같이 돕는 자를 보며 다시 일어서야 한다. 그리고 우리 또한 배신으로 아파하는 사람들에게 오네시보로와 같은 존재가 되어야 한다.

> **무릎기도** 하나님, 신앙생활 중에 크고 작은 배신을 겪으면서 절망하는 사람이 많습니다. 그들에게 오네시보로가 되어 도와주고 위로함으로 회복이 일어나게 하소서.

ESV - 2 Timothy 1

13 Follow the pattern of the sound* words that you have heard from me, in the faith and love that are in Christ Jesus.
14 By the Holy Spirit who dwells within us, guard the good deposit entrusted to you.
15 You are aware that all who are in Asia turned away from me, among whom are Phygelus and Hermogenes.
16 May the Lord grant mercy to the household of Onesiphorus, for he often refreshed me and was not ashamed of my chains,
17 but when he arrived in Rome he searched for me earnestly and found me—
18 may the Lord grant him to find mercy from the Lord on that day!—and you well know all the service he rendered at Ephesus.

* 1:13 Or *healthy*

13 sound 바른　14 dwell 있다　guard 지키다　deposit 기탁물　entrust 맡기다　15 aware 알고 있는　16 grant 주다　mercy 자비　household 가정　ashamed 부끄러운　17 earnestly 간곡히　18 render 하다

17

월 일

자기 연민과 두려움에서 빠져나오라

디모데후서 2:1-10 • 새찬송 300장 | 통일 406장

• 말씀묵상 전에 성령님의 인도하심을 구하는 기도를 드리십시오.

> **본문요약** | 바울은 디모데에게 은혜 안에서 영적으로 강한 사람이 되라고 말한다. 그리스도의 좋은 군사로서 사사로운 생활에 마음을 쏟지 않으며, 법을 지키며 경기하는 운동선수처럼 말씀을 지키고, 농부처럼 땀 흘려 주어진 사역을 성실히 감당하라고 당부한다. 복음 때문에 고난을 받아도 하나님의 말씀은 매이지 않는다.

1 내 아들아 그러므로 너는 그리스도 예수 안에 있는 은혜 가운데서 강하고
2 또 네가 많은 증인 앞에서 내게 들은 바를 충성된 사람들에게 부탁하라 그들이 또 다른 사람들을 가르칠 수 있으리라
3 너는 그리스도 예수의 좋은 병사로 나와 함께 고난을 받으라
4 병사로 복무하는 자는 자기 생활에 얽매이는 자가 하나도 없나니 이는 병사로 모집한 자를 기쁘게 하려 함이라
5 경기하는 자가 법대로 경기하지 아니하면 승리자의 관을 얻지 못할 것이며
6 수고하는 농부가 곡식을 먼저 받는 것이 마땅하니라
7 내가 말하는 것을 생각해 보라 주께서 범사에 네게 총명을 주시리라
8 내가 전한 복음대로 다윗의 씨로 죽은 자 가운데서 다시 살아나신 예수 그리스도를 기억하라
9 복음으로 말미암아 내가 죄인과 같이 매이는 데까지 고난을 받았으나 하나님의 말씀은 매이지 아니하니라
10 그러므로 내가 택함 받은 자들을 위하여 모든 것을 참음은 그들도 그리스도 예수 안에 있는 구원을 영원한 영광과 함께 받게 하려 함이라

1. 오늘 하나님께서 나에게 주신 깨달음은 무엇입니까?

2. 말씀을 어떻게 내 삶에 구체적으로 적용해야 합니까?

절별 해설

1 너는 그리스도 예수 안에 있는 은혜 가운데서 강하고 바울은 디모데에게 영적으로 강해지라고 말한다. 이는 인간의 능력이 아닌 하나님이 주시는 능력 안에서, 은혜를 통한 강함이다.

2 내게 들은 바를 충성된 사람들에게 부탁하라 디모데는 바울이 많은 사람 앞에서 복음에 대해 가르치는 것을 들었다. 이제 디모데가 그것을 충성스러운 사람들에게 가르치고 전하도록 해야 한다.

그들이 또 다른 사람들을 가르칠 수 있으리라 디모데에게 교육을 받은 이들은 또 다른 사람들에게 복음을 전할 것이다. 이런 영적 재생산 방식은 참된 제자도의 핵심 요소 중 하나다.

3 그리스도 예수의 좋은 병사로 나와 함께 고난을 받으라 바울은 디모데가 영적인 긴장과 훈련 없이 나약해지기보다는 병사로 강하게 훈련되고 쓰이기를 원한다. 그 과정에 반드시 포함되어야 할 요소가 그리스도를 위해 고난을 받는 것이다.

4 병사로 복무하는 자는 자기 생활에 얽매이는 자가 하나도 없나니 "얽매이다"의 의미는 '말려들다' 또는 '집중하다'이다. 군사로 부름받은 자는 사적인 생활로부터 단절된다. 이처럼 그리스도의 군사로 부름받은 사람은 개인적인 생활과 세상의 것에 마음을 두어서는 안 된다.

이는 병사로 모집한 자를 기쁘게 하려 함이라 군사로 부름받은 사람은 상관의 명령을 따르며 주어진 임무를 완수함으로 그를 기쁘게 해야 한다. 그리스도의 군사로 부름받은 성도도 이와 같이 행해서 예수님을 기쁘시게 해야 한다.

5 법대로 경기하지 아니하면 승리자의 관을 얻지 못할 것이며 운동선수가 규칙을 따라 경기하지 않으면 결코 승리를 얻을 수 없다. 이와 같이 영적인 승리를 추구하는 성도들은 하나님의 말씀을 반드시 따라야 한다.

6 수고하는 농부가 곡식을 먼저 받는 것이 마땅하니라 농부가 추수를 기다리며 열심히 일하듯 성도는 자신에게 맡겨진 일에 최선을 다해야 한다. 그럴 때 하나님께서 그 수고를 갚아 주실 것이다.

9 하나님의 말씀은 매이지 아니하니라 바울은 감옥에 매인 자신과 매이지 않는 하나님의 말씀을 대조한다. 그의 고백처럼 하나님의 말씀은 결국 세상의 모든 지역을 향해 지금도 막힘없이 흘러가고 있다.

쉬운성경

1 나의 사랑하는 아들 디모데여, 예수 그리스도의 은혜로 인해 강하고 담대하십시오.

2 내게서 들은 가르침을 충성된 사람들에게 가르치십시오. 그러면 그들이 또다시 다른 사람에게 말씀을 가르칠 것입니다.

3 예수 그리스도의 훌륭한 군사답게 지금 우리가 받는 고난을 함께 겪으십시오.

4 군사는 자신의 지휘관을 따라 그를 기쁘게 해야 하기 때문에 이 세상의 작은 일에는 신경을 쓸 수가 없습니다.

5 경기하는 사람이 규칙을 어기면 상을 받을 수가 없습니다.

6 열심히 일한 농부가 수확되는 곡식을 먼저 얻는 것이 당연합니다.

7 내가 말하는 것을 귀담아들으십시오. 주님께서 이 모든 것을 이해할 수 있는 지혜를 주실 것입니다.

8 예수 그리스도를 깊이 묵상하십시오. 그분은 다윗의 후손으로 태어나시고, 죽은 자 가운데서 부활하셨습니다. 내가 전하는 말씀이 바로 이것이며

9 이 복음 때문에 내가 고난을 받는 것입니다. 나는 비록 죄인처럼 쇠사슬에 매여 있지만, 하나님의 말씀은 결코 묶일 수 없습니다.

10 그러므로 나는 이 모든 괴로움을 기쁘게 참을 수 있습니다. 하나님께서 선택하신 사람에게는 예수 그리스도 안에 있는 구원을 베푸시고, 영원한 영광도 함께 주실 것입니다.

저자의 묵상

바울은 감옥에 갇혀 자유롭게 복음을 전하지 못하는 처지가 되었다. 그러나 그는 자기 연민이나 두려움에 빠지지 않는다. 오히려 자신을 걱정하는 디모데를 격려하는 영적 강함을 보인다. 똑같은 상황 속에서 바울처럼 영적으로 강하여 믿음이 꺾이지 않는 사람이 있다. 반면 너무 쉽게 겁을 먹고 주어진 일을 포기하는 영적으로 약한 사람이 있다. 하나님은 본문을 통해서 은혜 안에서 강해지라고 말씀하신다. 그리스도께 부름받은 군사가 되었으니 사사로운 일에 마음을 쏟지 말라 하신다. 규칙을 따라 훈련하고 경기하는 운동선수처럼 하나님의 말씀에 순종하라고 하신다. 땀 흘려 일해 추수의 기쁨을 얻는 농부처럼 삶과 사역의 현장에서 땀을 흘리라 하신다. 나머지는 하나님께서 책임지겠다고 약속하신다. 우리 모두는 하나님께 부름받은 사람들이다. 오늘도 하나님이 주시는 은혜로 자기 연민과 두려움을 떨쳐 버리고 충성스러운 일꾼으로 살아가야 한다.

무릎기도 하나님, 강한 믿음의 사람이 되기를 원합니다. 하나님이 주시는 은혜를 붙잡고 군사처럼, 경기하는 자처럼, 농부처럼 충성스러운 당신의 일꾼이 되게 하소서.

ESV - 2 Timothy 2

1 You then, my child, be strengthened by the grace that is in Christ Jesus,
2 and what you have heard from me in the presence of many witnesses entrust to faithful men,* who will be able to teach others also.
3 Share in suffering as a good soldier of Christ Jesus.
4 No soldier gets entangled in civilian pursuits, since his aim is to please the one who enlisted him.
5 An athlete is not crowned unless he competes according to the rules.
6 It is the hard-working farmer who ought to have the first share of the crops.
7 Think over what I say, for the Lord will give you understanding in everything.
8 Remember Jesus Christ, risen from the dead, the offspring of David, as preached in my gospel,
9 for which I am suffering, bound with chains as a criminal. But the word of God is not bound!
10 Therefore I endure everything for the sake of the elect, that they also may obtain the salvation that is in Christ Jesus with eternal glory.

* 2:2 The Greek word *anthropoi* can refer to both men and women, depending on the context

2 in the presence of …가 있는 데서　witness 증인　entrust 맡기다　3 suffering 고난　4 get entangled in …에 말려들다　civilian 민간의　pursuit 일　aim 목적　enlist 입대시키다　5 athlete 운동선수　compete 경쟁하다　6 crop 작물　8 offspring 자손　preach 전하다　9 bind 묶다　criminal 범죄자　10 endure 견디다　for the sake of …을 위해서　elect 선택된　obtain 얻다　salvation 구원

☐ 묵상 체크

18
월   일

악성 종양 같은 말과 다툼
디모데후서 2:11-19 • 새찬송 32장 | 통일 48장

• 말씀묵상 전에 성령님의 인도하심을 구하는 기도를 드리십시오.

본문요약 | 바울은 성도가 예수님과 함께 고난받고 인내하며 믿음을 지킬 때 천국에서 그와 함께 통치할 것이라고 말한다. 또한 신앙이 흔들리고 미혹되지 않기 위해 말씀을 분별하며 자신을 하나님께 드려야 한다. 악성 종양과 같은 거짓 교사들과 논쟁하지 말고 그들의 가르침을 멀리해야 한다.

11 미쁘다 이 말이여 우리가 주와 함께 죽었으면 또한 함께 살 것이요
12 참으면 또한 함께 왕 노릇 할 것이요 우리가 주를 부인하면 주도 우리를 부인하실 것이라
13 우리는 미쁨이 없을지라도 주는 항상 미쁘시니 자기를 부인하실 수 없으시리라
14 너는 그들로 이 일을 기억하게 하여 말다툼을 하지 말라고 하나님 앞에서 엄히 명하라 이는 유익이 하나도 없고 도리어 듣는 자들을 망하게 함이라
15 너는 진리의 말씀을 옳게 분별하며 부끄러울 것이 없는 일꾼으로 인정된 자로 자신을 하나님 앞에 드리기를 힘쓰라
16 망령되고 헛된 말을 버리라 그들은 경건하지 아니함에 점점 나아가나니
17 그들의 말은 악성 종양이 퍼져나감과 같은데 그 중에 후메내오와 빌레도가 있느니라
18 진리에 관하여는 그들이 그릇되었도다 부활이 이미 지나갔다 함으로 어떤 사람들의 믿음을 무너뜨리느니라
19 그러나 하나님의 견고한 터는 섰으니 인침이 있어 일렀으되 ㄱ주께서 자기 백성을 아신다 하며 또 ㄴ주의 이름을 부르는 자마다 불의에서 떠날지어다 하였느니라

1. 오늘 하나님께서 나에게 주신 깨달음은 무엇입니까?

2. 말씀을 어떻게 내 삶에 구체적으로 적용해야 합니까?

ㄱ. 민 16:5
ㄴ. 사 26:13

절별 해설

11 미쁘다 이 말이여 곧 이어질 바울의 찬송의 내용을 말한다(11-13절).
우리가 주와 함께 죽었으면 또한 함께 살 것이요 성도는 그리스도와 함께 죄에 대해서는 죽으나 부활하여 영원히 사는 존재다.

12 참으면 또한 함께 왕 노릇 할 것이요 성도가 신앙을 지키기 위해 끝까지 인내할 때 하나님의 나라에서 예수님과 함께 통치하게 될 것이다(계 3:21; 20:4).
우리가 주를 부인하면 주도 우리를 부인하실 것이라 박해가 심해지면서 예수님을 부인하며 신앙을 버리는 사람들이 많아졌다. 바울은 끝까지 인내하는 자에게 주어지는 보상을 말한 후 배교에 대해서는 심판이 있음을 엄중히 경고한다.

13 주는 항상 미쁘시니 자기를 부인하실 수 없으시리라 인간은 연약해 종종 실패한다. 그러나 주님은 실패하지 않으신다. 신실하신 주님은 성도를 영원히 기억하시며 천국으로 인도하신다.

14 말다툼을 하지 말라고 하나님 앞에서 엄히 명하라 "말다툼"은 거짓 교사들과의 논쟁을 말한다. 거짓 교사들의 언쟁에 휘말리는 것은 어리석고 무익하며 때론 위험한 일이다. 바울은 계속 이들과의 논쟁을 피하라고 경고한다.

15 너는 진리의 말씀을 옳게 분별하며 "옳게 분별하며"의 의미는 '똑바로 자르다'이며 주로 무엇을 '바르게 다루는 것'을 가리킨다. 바울은 디모데가 해야 할 여러 일 중에 말씀을 바르게 해석하고 적절히 가르치는 일이 우선됨을 강조한다.
부끄러울 것이 없는 일꾼으로 인정된 자 말씀을 바르게 배우고 가르치는 자는 하나님께 부끄러움이 없는 일꾼으로 인정을 받는다.

16 그들은 경건하지 아니함에 점점 나아가나니 거짓 교사들의 특징은 경건을 잃어버리고 점점 심한 영적 타락으로 빠지는 것이다.

17 그들의 말은 악성 종양이 퍼져나감과 같은데 악성 종양은 당시 매우 치명적인 질병이었다. 온몸으로 빠르게 퍼지고 피부를 괴사시켰다. 거짓 교사들의 가르침은 영혼의 악성 종양처럼 매우 위험하다.
그 중에 후메내오와 빌레도가 있느니라 대표적인 거짓 교사들이다. 후메내오는 디모데전서 1장 20절에서 알렉산더와 함께 언급되었다.

19 불의에서 떠날지어다 참 복음을 아는 에베소 성도들은 악한 거짓 교사들의 가르침에서 즉시 떠나야 한다.

쉬운성경

11 진리의 말씀이 여기 있습니다. 우리가 주님과 함께 죽으면, 주님과 함께 다시 살아나게 될 것입니다.

12 우리가 계속 참으면, 주님과 함께 왕 노릇 할 것입니다. 우리가 주님을 모른다고 하면, 주님 역시 우리를 모른다고 하실 것입니다.

13 그러나 우리가 신실하지 못할 때에도, 주님은 우리에게 신실하게 대하십니다. 왜냐하면 그분은 자기를 부인할 수 없으시기 때문입니다.

14 그대는 성도들을 가르칠 때에 하나님 앞에서 말다툼을 하지 않도록 주의를 주십시오. 말로 하는 논쟁은 아무에게도 도움이 안 될뿐더러, 그것을 듣는 사람들도 망하게 합니다.

15 그대 스스로 하나님께 인정받는 선한 사람이 되도록 힘쓰고, 하나님을 열심히 섬기십시오. 진리의 말씀을 올바르게 가르쳐서 부끄러움이 없는 일꾼이 되도록 노력하십시오.

16 쓸모없는 세상적인 것들을 이야기하는 사람들을 피하십시오. 그런 이야기들은 경건에서 점점 더 멀어지게 할 뿐입니다.

17 그들의 거짓된 가르침은 암처럼 퍼지게 되는데, 후메내오와 빌레도가 그런 가르침을 전한 사람입니다.

18 그들은 진리의 말씀을 떠났습니다. 부활이 이미 옛날에 일어났다고 말하며 믿음이 약한 자들을 넘어뜨리고 있습니다.

19 그러나 하나님의 든든한 터는 결코 무너지지 않습니다. 그 터 위에 "주님은 주님께 속한 자를 다 알고 계신다"*라는 말씀과 "주님을 믿는다고 말하는 자는 악을 행해서는 안 된다"*라는 말씀이 기록되어 있습니다.

* 2:19 민 16:5과 사 52:11에 기록되어 있다.

저자의 묵상

성경의 진리를 담고 있어 아름답고 유익함으로 영혼을 살리는 말이 있다. 본문에서 바울이 전하는 복음과 그가 부르는 찬송의 가사가 바로 그런 말이다. 바울처럼 우리의 입술로 복음을 전하고, 입을 열어 그분을 찬송할 때 영혼이 살아난다. 반면 영혼을 죽이는 말도 있다는 것을 기억해야 한다. 이 말은 악성 종양과 같아서 영혼에 빠르게 퍼지고 피부를 괴사시키는 것처럼 삶을 파괴시킨다. 그것은 성경을 왜곡하고 인간의 생각과 세상의 가치를 심어 주는 말이다. 그런 말에 노출되면 성경을 잘못 이해하고 점점 경건을 잃어버리면서 신앙까지 버리게 된다. 이런 악성 종양 같은 말을 전하는 이단을 주의해야 한다. 그들과 말을 섞거나 언쟁하는 일은 유익하지 않다. 악성 종양을 처음부터 주의하고 차단하듯 이단을 멀리해야 한다. 또한 인간의 생각과 세상의 가치로 가득한 말도 멀리해야 한다. 오늘 내 마음에 주님의 말씀이 있고, 내 입에 찬송이 있는 복된 인생이 되어야 한다.

> **무릎 기도** 하나님, 삶에서 악성 종양 같은 잘못된 가르침은 사라지고, 입에는 당신의 진리의 말씀과 찬양이 있게 하소서.

ESV - 2 Timothy 2

11 The saying is trustworthy, for: If we have died with him, we will also live with him;
12 if we endure, we will also reign with him; if we deny him, he also will deny us;
13 if we are faithless, he remains faithful— for he cannot deny himself.
14 Remind them of these things, and charge them before God* not to quarrel about words, which does no good, but only ruins the hearers.
15 Do your best to present yourself to God as one approved,* a worker who has no need to be ashamed, rightly handling the word of truth.
16 But avoid irreverent babble, for it will lead people into more and more ungodliness,
17 and their talk will spread like gangrene. Among them are Hymenaeus and Philetus,
18 who have swerved from the truth, saying that the resurrection has already happened. They are upsetting the faith of some.
19 But God's firm foundation stands, bearing this seal: "The Lord knows those who are his," and, "Let everyone who names the name of the Lord depart from iniquity."

* 2:14 Some manuscripts *the Lord*
* 2:15 That is, one approved after being tested

11 trustworthy 신뢰할 수 있는   12 endure 견디다   reign 통치하다   deny 부인하다   13 remain 변함없이 …이다   14 remind 상기시키다   charge 명령하다   quarrel about …에 대해 언쟁하다   ruin 망치다   15 approve 인정하다   ashamed 부끄러운   16 avoid 피하다   irreverent 무례한   babble 허튼소리   ungodliness 신앙이 없음   17 gangrene 괴저   18 swerve 벗어나다   resurrection 부활   upset 뒤엎다   19 firm 견고한   foundation 토대   iniquity 죄

19 쓰임 받는 깨끗한 그릇

디모데후서 2:20-26 • 새찬송 310장 | 통일 410장

• 말씀묵상 전에 성령님의 인도하심을 구하는 기도를 드리십시오.

본문요약 | 바울은 하나님께 쓰임을 받는 기준이 모양이나 재질이 아니라 깨끗함에 있음을 구체적으로 가르친다. 하나님께 쓰임 받는 사람은 깨끗한 그릇처럼 그분 앞에 정결함을 유지해야 한다. 또한 다툼을 피하고 거역하는 자를 온유함으로 가르치며 그 영혼이 하나님께 돌아오기를 소망해야 한다.

20 큰 집에는 금 그릇과 은 그릇뿐 아니라 나무 그릇과 질그릇도 있어 귀하게 쓰는 것도 있고 천하게 쓰는 것도 있나니
21 그러므로 누구든지 이런 것에서 자기를 깨끗하게 하면 귀히 쓰는 그릇이 되어 거룩하고 주인의 쓰심에 합당하며 모든 선한 일에 준비함이 되리라
22 또한 너는 청년의 정욕을 피하고 주를 깨끗한 마음으로 부르는 자들과 함께 의와 믿음과 사랑과 화평을 따르라
23 어리석고 무식한 변론을 버리라 이에서 다툼이 나는 줄 앎이라
24 주의 종은 마땅히 다투지 아니하고 모든 사람에 대하여 온유하며 가르치기를 잘하며 참으며
25 거역하는 자를 온유함으로 훈계할지니 혹 하나님이 그들에게 회개함을 주사 진리를 알게 하실까 하며
26 그들로 깨어 마귀의 올무에서 벗어나 하나님께 사로잡힌 바 되어 그 뜻을 따르게 하실까 함이라

1. 오늘 하나님께서 나에게 주신 깨달음은 무엇입니까?

2. 말씀을 어떻게 내 삶에 구체적으로 적용해야 합니까?

절별 해설

20 큰 집에는 금 그릇과 은 그릇뿐 아니라 바울은 그릇의 비유를 통해 하나님의 일꾼에 대해 설명한다. 금, 은그릇은 귀히 쓰는 것인데 부자가 귀한 손님을 대접할 때 사용되었다.
나무 그릇과 질그릇도 있어 나무 그릇과 질그릇은 평범한 그릇으로 주로 평민이 일상에서 쓰는 것들이었다. 바울은 어떤 그릇이든 음식을 담거나 보관하는 등의 동일한 목적으로 쓰였다는 점을 강조한다.

21 그러므로 누구든지 그리스도께 부름받고 거룩한 일에 쓰이기를 원하는 모든 사람을 말한다.
이런 것에서 자기를 깨끗하게 하면 귀히 쓰는 그릇이 되어 "이런 것"은 거짓 교사들의 망령되고 허탄한 말을 가리킨다. 거짓되고 악한 가르침에서 떠나 정결하고 말씀을 지키는 자는 모두 하나님께 쓰임 받을 수 있다.

22 또한 너는 청년의 정욕을 피하고 바울은 젊은 디모데에게 정욕을 피하라고 말한다. 정욕은 일차적으로 통제되지 않고 부적절한 성욕을 말한다. 그러나 동시에 청년들이 가지는 특성인 권력욕, 조급함, 논쟁적 태도 등을 포함한다.
의와 믿음과 사랑과 화평을 따르라 정욕을 피하기 위해 해야 할 일이 있다. 바로 정결한 마음을 가진 동역자들과 함께 믿음, 사랑, 화평을 추구하는 것이다. 바울은 항상 피해야 할 것과 적극적으로 해야 할 것을 함께 말함으로써 영적인 경고와 동시에 실제적 대안을 제시한다.

23 어리석고 무식한 변론을 버리라 바울은 계속해서 디모데에게 거짓 교사들과의 논쟁을 멀리하라고 조언한다(2:14). 그들과의 논쟁은 무익하며 심각한 다툼으로 이어져 좋지 않은 결과로 나타날 수 있기 때문이다.

24 주의 종은 마땅히 다투지 아니하고 주의 종은 디모데와 교회의 지도자를 말한다. 지도자는 다툼을 피해야 한다.
모든 사람에 대하여 온유하며 가르치기를 잘하며 참으며 다툼을 피하고 해야 할 일이 제시된다. 지도자는 온유해야 하는데 이는 불필요한 다툼을 막을 수 있기 때문이다. 동시에 성도를 잘 가르치고 이해하며 배운 것을 실천할 때까지 인내해야 한다.

25 거역하는 자를 온유함으로 훈계할지니 지도자에게 순종하지 않고 진리를 벗어나는 사람은 온유하게 가르치며 훈계해야 한다.
하나님이 그들에게 회개함을 주사 진리를 알게 하실까 하며 지도자는 거역하는 자를 지도하면서 하나님이 바른길로 인도하실 것을 소망해야 한다.

쉬운성경

20 큰 집에는 금그릇과 은그릇이 있습니다. 그러나 나무 그릇과 흙으로 빚은 그릇 또한 있습니다. 그 그릇 가운데 특별히 귀하게 쓰이는 그릇도 있지만 평범하게 쓰이는 그릇도 있을 것입니다.

21 만약 누구든지 악을 멀리하고 자신을 깨끗하게 하면, 주인이신 주님이 쓰기에 귀하고 거룩한 그릇이 될 것입니다. 그런 사람은 언제나 좋은 일에 쓰일 수 있는 준비된 사람입니다.

22 젊은 사람들이 빠지기 쉬운 정욕을 멀리하십시오. 깨끗한 마음을 가지고 주님을 신뢰하는 사람들과 함께 의와 믿음과 사랑과 평안을 추구하기 바랍니다.

23 어리석고 무식한 논쟁을 피하십시오. 그런 논쟁은 더 큰 싸움만 일으킬 뿐입니다.

24 주님의 종은 다투지 말고, 모든 사람에게 친절히 대하고 잘 가르치며, 오래 참아야 합니다.

25 또한 진리를 거역하는 자들에게도 온유한 마음으로 가르쳐야 합니다. 그러면 하나님께서 그들의 마음을 변화시켜 진리를 따르도록 만드실 지도 모르기 때문입니다.

26 마귀는 그들을 올무에 묶어 두고 제 멋대로 하려고 했지만, 결국 그들은 하나님의 뜻을 따라 살게 될 것입니다.

저자의 묵상

우리는 하나님께 쓰임 받길 원하지만 구체적으로 어떻게 쓰임 받는 일꾼이 될 수 있는지 잘 모를 때가 많다. 바울은 본문을 통해 그 방법에 대해 명확하게 이야기한다. 먼저 하나님 앞에 정결한 사람이 되어야 한다. 바울은 이것을 그릇의 비유를 통해 설명한다. 그릇의 종류가 무엇이든 깨끗해야 쓸 수 있다. 금, 은과 같은 고급 그릇도 더러우면 쓸 수 없다. 반대로 나무 그릇, 질그릇도 깨끗하면 음식을 담거나 보관할 때 유용하게 쓰인다. 하나님은 우리가 귀한 그릇인가 보통 그릇인가를 따지지 않으신다. 오히려 하나님 앞에서 정결한 모습을 가지고 있는지를 보신다. 정결한 삶이 되기 위해서는 우리의 영혼을 깨끗하게 하는 말씀을 붙들어야 한다. 그리고 삶을 더럽히는 정욕, 다툼, 욕심을 버려야 한다. 상대를 온유하게 대하며 지혜롭고 바르게 나누고 가르칠 수 있어야 한다. 이제 내가 어떤 그릇인가를 따지기보다 깨끗한 삶을 살고 있는지 돌아보아야 한다. 정결한 마음으로 살아갈 때 하나님은 우리를 기쁘게 사용하신다.

무릎기도 | 하나님, 질그릇 같은 인생일지라도 중심을 보시는 주님을 바라봅니다. 깨끗한 그릇과 같이 정결한 마음으로 서니 저를 사용하소서.

ESV - 2 Timothy 2

20 Now in a great house there are not only vessels of gold and silver but also of wood and clay, some for honorable use, some for dishonorable.
21 Therefore, if anyone cleanses himself from what is dishonorable,* he will be a vessel for honorable use, set apart as holy, useful to the master of the house, ready for every good work.
22 So flee youthful passions and pursue righteousness, faith, love, and peace, along with those who call on the Lord from a pure heart.
23 Have nothing to do with foolish, ignorant controversies; you know that they breed quarrels.
24 And the Lord's servant* must not be quarrelsome but kind to everyone, able to teach, patiently enduring evil,
25 correcting his opponents with gentleness. God may perhaps grant them repentance leading to a knowledge of the truth,
26 and they may come to their senses and escape from the snare of the devil, after being captured by him to do his will.

* 2:21 Greek *from these things*
* 2:24 For the contextual rendering of the Greek word *doulos*, see Preface

20 vessel 그릇 honorable 고귀한   22 youthful 청년의 passion 정욕 pursue 추구하다 righteousness 의   23 ignorant 무지한 controversy 논쟁 breed 야기하다 quarrel 다툼   24 servant 종 endure 참다   25 opponent 대항자 repentance 회개   26 escape 벗어나다 snare 올가미 capture 사로잡다

☐ 묵상 체크

20 마지막 날에 일어날 일들

월   일

디모데후서 3:1-9 • 새찬송 417장 | 통일 476장

• 말씀묵상 전에 성령님의 인도하심을 구하는 기도를 드리십시오.

본문요약 | 바울은 디모데에게 말세에 일어날 현상에 대해서 말한다. 사람들은 하나님보다 자기 자신을 사랑하며 돈과 쾌락을 추구할 것이다. 서로를 냉정하게 대하고 용서하지 않으며 사납게 대할 것이다. 거짓 교사들은 여성들을 유인해 잘못된 가르침으로 그들의 신앙을 흔들 것이다.

1 너는 이것을 알라 말세에 고통하는 때가 이르러
2 사람들이 자기를 사랑하며 돈을 사랑하며 자랑하며 교만하며 비방하며 부모를 거역하며 감사하지 아니하며 거룩하지 아니하며
3 무정하며 원통함을 풀지 아니하며 모함하며 절제하지 못하며 사나우며 선한 것을 좋아하지 아니하며
4 배신하며 조급하며 자만하며 쾌락을 사랑하기를 하나님 사랑하는 것보다 더하며
5 경건의 모양은 있으나 경건의 능력은 부인하니 이같은 자들에게서 네가 돌아서라
6 그들 중에 남의 집에 가만히 들어가 어리석은 여자를 유인하는 자들이 있으니 그 여자는 죄를 중히 지고 여러 가지 욕심에 끌린 바 되어
7 항상 배우나 끝내 진리의 지식에 이를 수 없느니라
8 얀네와 얌브레가 모세를 대적한 것 같이 그들도 진리를 대적하니 이 사람들은 그 마음이 부패한 자요 믿음에 관하여는 버림 받은 자들이라
9 그러나 그들이 더 나아가지 못할 것은 저 두 사람이 된 것과 같이 그들의 어리석음이 드러날 것임이라

1. 오늘 하나님께서 나에게 주신 깨달음은 무엇입니까?

2. 말씀을 어떻게 내 삶에 구체적으로 적용해야 합니까?

절별 해설

1 말세에 고통하는 때가 이르러 "말세"는 마지막 때를 말하는데 예수님의 부활 이후부터 재림 사이의 시간을 의미한다. 바울은 디모데에게 마지막 때에 벌어질 일들에 대해 주지시킨다.

2 사람들이 자기를 사랑하며 돈을 사랑하며 말세에 사람들은 더 이상 하나님과 이웃을 사랑하지 않는다. 자기 자신과 돈을 사랑하는 것이 마지막 때의 가장 분명한 현상이다.
자랑하며 교만하며 비방하며 교만은 자신에 대한 자랑과 다른 사람에 대한 비판으로 나타난다.

3 무정하며 '인정이 없는' 혹은 '비인간적인'이라는 뜻이다.
원통함을 풀지 아니하며 말세의 특징 중 하나는 타인의 실수를 이해하거나 용서하지 않는 것이다. 서로에 대한 원한을 계속 쌓으며 어떤 순간 서로를 공격한다.
모함하며 이 단어의 어근은 '사탄'의 어근과 같다. 모함은 사탄처럼 사실이 아닌 악의적 험담을 하는 것을 말한다.
절제하지 못하며 무엇에 중독되어 절제하지 못하는 것은 단지 개인적 의지 결여의 문제가 아니다. 말세에 보편적으로 나타나는 사람들의 타락한 모습 중 하나다.

4 조급하며 어리석고 부주의하게 서두르는 것을 말한다.
쾌락을 사랑하기를 하나님 사랑하는 것보다 더하며 믿음을 버린 사람은 하나님의 자리에 쾌락을 두고 사랑한다.

5 경건의 모양은 있으나 경건의 능력은 부인하니 "경건의 모양"은 성경의 참된 진리에 기초하지 않고 겉으로 드러나는 종교적 행위를 말한다. 이들은 자신을 거룩으로 포장하고 사람들의 존경을 받길 원하지만 아무런 능력이 나타나지 않는다.

6 어리석은 여자를 유인하는 자들이 있으니 거짓 교사들은 에베소 교회의 여성도를 그들의 가르침으로 유인했다. 당시 여성들은 남성처럼 밖에서 일하지 않았기 때문에 주로 집에 머물렀다. 거짓 교사들은 영적으로 깨어 있지 않고 경계심이 흐트러진 여성에게 접근해 자신들의 편으로 끌어들였다.
그 여자는 죄를 중히 지고 여러 가지 욕심에 끌린 바 되어 거짓 교사의 가르침에 빠진 여성은 여러 옳지 못한 상황에 빠지고, 거짓 교사들의 헛된 욕망에 끌려 다니게 되었다.

7 항상 배우나 끝내 진리의 지식에 이를 수 없느니라 거짓 교사들의 가르침에 걸려든 여성은 잘못된 가르침을 계속 배우지만 참된 지식에는 이를 수 없다.

8 얀네와 얌브레가 모세를 대적한 것 같이 구약성경에는 등장하지 않지만 이 두 사람은 모세를 대적한 마술사였다.

쉬운성경

1 마지막 날에 많은 고난이 있다는 것을 기억하십시오.

2 그때에는 사람들이 자기 자신과 돈만 사랑하며, 뽐내고 교만하며, 다른 사람들을 헐뜯고, 부모에게 순종하지 않을 것입니다. 또한 감사하지 않고, 하나님께서 원하시는 사람이 되려고도 하지 않을 것입니다.

3 다른 사람에 대한 사랑도 없고 용서도 없으며, 나쁜 말을 일삼으며, 절제하지도 못하고 잔인하며, 선한 것을 싫어할 것입니다.

4 가까운 친구를 배반하고 성급하게 행동하며, 교만하고 쾌락을 즐기며, 하나님을 사랑하지 않고,

5 겉으로는 하나님을 섬기는 체하나 실제로는 하나님을 경외하지 않을 것입니다. 여러분은 이런 사람들을 멀리하기 바랍니다.

6 그들 중에 어떤 이들은 남의 집에 들어가 어리석은 여자를 유혹하기도 합니다. 그런 여자들은 악한 욕심에 이끌려 죄에 빠져 있고,

7 항상 새로운 말씀을 배우지만, 진리를 깨닫지 못합니다.

8 얀네와 얌브레가 모세를 배반한 것처럼 그들도 진리를 미워하고 반대하니, 생각이 바르지 못하고 혼란스러워 진리를 바로 따라갈 수도 없습니다.

9 그들의 행위는 오래가지 못하고 결국 얀네와 얌브레가 그랬던 것처럼, 그들의 어리석음이 모든 사람 앞에 드러나고 말 것입니다.

저자의 묵상

우리는 지금 바울이 예측했던 마지막 날의 일들을 생생히 보고 있다. 사람들은 하나님과 이웃이 아닌 자기 자신과 돈을 사랑의 대상으로 삼는다. 하나님 대신 자신을 사랑하는 것은 다른 사람에 대한 악한 말과 행동으로 나타난다. 자랑, 교만, 비방, 무정, 용서하지 않음, 사납고 공격적인 자세가 그것이다. 돈에 대한 사랑은 선한 것을 좋아하지 않는 태도로 표현된다. 돈을 벌기 위해 기꺼이 배신하며 축적된 돈으로 쾌락을 추구한다. 자신에 대한 사랑과 돈에 대한 집착은 결국 자신과 사회를 망친다. 자신을 넘지 못하는 사랑은 이기적인 인간을 만들어 낸다. 돈을 최고의 가치로 추구하는 사회는 무한 경쟁의 분위기가 형성되면서 다툼과 갈등을 일으키기 마련이다. 우리는 다시 사랑의 자리에 하나님과 이웃을 두어야 한다. 하나님을 사랑하고 이웃을 사랑하는 그리스도인은 말세의 빛이며 복음을 행동으로 전하는 귀한 존재다. 오늘 세상 속에서 깨지고 고통받는 영혼이 하나님과 이웃을 진실하게 사랑하는 성도를 통해 진리를 볼 수 있길 소망해야 한다.

> **무릎기도** 하나님, 하나님과 이웃을 사랑하는 마음이 넘치길 원합니다. 그 사랑으로 세상 속에서 지치고 깨진 영혼을 빛과 진리로 인도하게 하소서.

ESV - 2 Timothy 3

1. But understand this, that in the last days there will come times of difficulty.
2. For people will be lovers of self, lovers of money, proud, arrogant, abusive, disobedient to their parents, ungrateful, unholy,
3. heartless, unappeasable, slanderous, without self-control, brutal, not loving good,
4. treacherous, reckless, swollen with conceit, lovers of pleasure rather than lovers of God,
5. having the appearance of godliness, but denying its power. Avoid such people.
6. For among them are those who creep into households and capture weak women, burdened with sins and led astray by various passions,
7. always learning and never able to arrive at a knowledge of the truth.
8. Just as Jannes and Jambres opposed Moses, so these men also oppose the truth, men corrupted in mind and disqualified regarding the faith.
9. But they will not get very far, for their folly will be plain to all, as was that of those two men.

2 arrogant 오만한 abusive 모욕적인 disobedient 복종하지 않는 3 unappeasable 달랠 수 없는 slanderous 비방적인 brutal 잔혹한 4 treacherous 반역하는 reckless 무모한 conceit 자만 5 appearance 모습 deny 부인하다 6 creep into …에 몰래 들어가다 household 가정 capture 사로잡다 burden 짐을 지우다 lead astray 타락시키다 8 oppose 반대하다 corrupt 타락시키다 disqualify 자격을 박탈하다 9 folly 어리석음

21 고난을 관통하는 은혜의 말씀

월 일

디모데후서 3:10-17 • 새찬송 400장 | 통일 463장

• 말씀묵상 전에 성령님의 인도하심을 구하는 기도를 드리십시오.

본문요약 | 바울은 자신이 복음을 위해 받은 고난에 대해 디모데에게 이야기한다. 타락한 세상에서 복음을 전하며 경건하게 살고자 하는 성도는 반드시 고난을 받는다. 그러나 말씀을 붙잡고 인내하며 진리의 길을 갈 때 승리할 수 있다. 성경은 하나님의 감동으로 기록된 것으로 구원의 지혜를 드러낸다.

10 나의 교훈과 행실과 의향과 믿음과 오래 참음과 사랑과 인내와
11 박해를 받음과 고난과 또한 안디옥과 이고니온과 루스드라에서 당한 일과 어떠한 박해를 받은 것을 네가 과연 보고 알았거니와 주께서 이 모든 것 가운데서 나를 건지셨느니라
12 무릇 그리스도 예수 안에서 경건하게 살고자 하는 자는 박해를 받으리라
13 악한 사람들과 속이는 자들은 더욱 악하여져서 속이기도 하고 속기도 하나니
14 그러나 너는 배우고 확신한 일에 거하라 너는 네가 누구에게서 배운 것을 알며
15 또 어려서부터 성경을 알았나니 성경은 능히 너로 하여금 그리스도 예수 안에 있는 믿음으로 말미암아 구원에 이르는 지혜가 있게 하느니라
16 모든 성경은 하나님의 ¹⁾감동으로 된 것으로 교훈과 책망과 바르게 함과 의로 ²⁾교육하기에 유익하니
17 이는 하나님의 사람으로 온전하게 하며 모든 선한 일을 행할 능력을 갖추게 하려 함이라

1. 오늘 하나님께서 나에게 주신 깨달음은 무엇입니까?

2. 말씀을 어떻게 내 삶에 구체적으로 적용해야 합니까?

1) 또는 영감
2) 또는 징계

절별 해설

10 나의 교훈과 행실과 의향 "행실"은 일반적인 삶의 방식과 구체적인 생활 내용을 말한다. "의향"은 삶의 목적을 의미한다. 디모데는 바울과 함께 있었기 때문에 복음을 위한 바울의 헌신적인 삶과 그가 추구하는 목적을 누구보다도 잘 알고 있다.

11 박해를 받음과 고난과 바울은 복음을 위한 자신의 고난과 헌신에 대해 말한다. 사적인 욕심과 물질적 탐욕을 가진 거짓 교사들과 비교되는 모습이다.

또한 안디옥과 이고니온과 루스드라에서 당한 일 바울과 바나바는 안디옥에서 복음을 전하다가 유대인들의 선동 때문에 쫓겨났다(행 13:50). 한편 이고니온에서는 유대인들과 관리들이 바울과 바나바를 모욕하며 돌로 치려고 달려들었다(행 14:4-6). 디모데의 고향 루스드라에서는 유대인들이 사람들을 충동해서 바울을 돌로 친 후 죽은 줄 알고 시외로 끌고 갔다.

12 그리스도 예수 안에서 경건하게 살고자 하는 자는 박해를 받으리라 바울은 예수님을 따르는 삶에 하나님의 놀라운 역사와 기쁨도 있지만 고난이 필수적으로 따른다고 말한다(1:8; 2:3). 복음을 위해 이미 많은 고난을 받은 바울은 박해의 상황 속에서도 두려움 없이 사역을 감당하라고 디모데를 격려한다.

14 그러나 너는 바울은 디모데에게 악하고 속이는 거짓 교사들(13절)과 대조되는 참된 경건과 바른 사역자의 삶을 강조한다.
배우고 확신한 일에 거하라 디모데는 거짓 교사들과 싸우기 위해 어떤 상황 가운데서도 흔들리지 말고 자신이 배운 성경의 진리를 확고히 붙들고 실천해야 한다.

15 또 어려서부터 성경을 알았나니 디모데는 어렸을 때부터 어머니와 외할머니로부터 구약성경을 충실히 배웠다.
그리스도 예수 안에 있는 믿음으로 말미암아 구원에 이르는 지혜가 있게 하느니라 젊은 디모데는 바울이 복음을 전했을 때 구약에 약속된 복음이 그리스도를 통해 어떻게 성취되었는지 깨닫고 예수님을 영접했다.

16 모든 성경은 하나님의 감동으로 된 것으로 "하나님의 감동"의 의미는 하나님의 숨결이다. 이것은 성경이 정확한 하나님의 말씀으로 기록되기 위해 역사하는 성령의 영감을 말한다. 즉 성경은 성령의 감동을 받은 사람들이 하나님께 받아 말한 것이다(벧후 1:21).

17 모든 선한 일을 행할 능력을 갖추게 하려 함이라 말씀은 하나님의 사람을 온전하게 하며 의를 지키고 선한 사역을 계속할 수 있는 영적인 능력을 준다.

쉬운성경

10 그대는 나의 모든 것을 잘 알고 있습니다. 내가 가르치는 것과 살아가는 방식과 삶의 목적, 그리고 나의 믿음과 인내와 사랑, 끊임없이 노력하는 나의 마음도 알고 있습니다.

11 내가 당한 고난과, 안디옥과 이고니온과 루스드라를 지나며 겪었던 일들, 그곳에서 받은 핍박도 알고 있을 것입니다. 그러나 주님께서는 그 모든 어려움 가운데서 나를 구해 주셨습니다.

12 예수 그리스도 안에서 하나님의 뜻대로 살고자 하는 사람들은 고난을 겪게 될 것입니다.

13 그러나 악한 마음을 품고 다른 사람을 속이는 자들은 더 악해져서, 결국 자기 꾀에 속아 넘어가고 말 것입니다.

14 그대는 지금까지 배워 온 가르침을 계속 좇아가십시오. 이 가르침들이 진실이라는 것은 그대 스스로 알 것입니다. 그리고 그대가 믿을 만한 사람들이 그대에게 이것을 가르쳤습니다.

15 그대는 어려서부터 성경을 알았는데, 이 성경은 그대를 지혜롭게 하여 그리스도 예수를 믿는 믿음을 통해 구원을 얻게 하였습니다.

16 모든 성경 말씀은 하나님께서 감동을 주셔서 기록되었기 때문에 진리를 가르쳐 주며, 삶 가운데 무엇이 잘못되었는지 알게 해 줍니다. 또한 그 잘못을 바르게 잡아 주고 의롭게 사는 법을 가르쳐 줍니다.

17 말씀을 통해 하나님을 바르게 섬기는 자로 준비하게 되고, 모든 좋은 일을 할 수 있는 사람으로 자라게 됩니다.

저자의 묵상

대부분의 사람은 고난을 싫어한다. 그래서 자신뿐 아니라 사랑하는 사람들이 고난을 받지 않길 원한다. 그런데 바울은 자신이 사랑하는 믿음의 아들 디모데에게 고난을 받으라고 한다. 예수님을 따르고 경건하게 살려고 할 때 받는 고난을 자연스럽게 여기라고 말한다. 예수님께서는 영혼을 구원하기 위해 십자가 고난의 길을 가셨다. 바울도 복음을 전하기 위해 돌에 맞고 죽을 고비를 여러 번 넘겼다. 복음을 전하고 생명을 살리는 일은 대가를 지불해야 하고 종종 고난을 감수하게 한다. 지금 내 삶에 예수님을 따르며 받는 고난이 있는가? 바울은 그것이 바른길을 가고 있는 증거이며 장래에 빛나는 영광이 될 것이라고 격려한다. 고난 중에 있다면 바울의 말처럼 말씀을 견고히 붙잡아야 한다. 그 말씀이 나를 세우고 인도하고 다시 능력을 줄 것이다. 고난받을 때만 경험하는 말씀의 깊은 은혜가 있다. 주님을 위해 고난도 받겠다고 결심할 때 하나님의 말씀이 내게 깊이 들어오고, 내 안에서 꿈틀거리고, 놀라운 능력으로 나타날 것이다.

무릎기도 | 하나님, 제가 걸어가는 이 믿음의 길에 눈물과 땀과 고통이 있습니다. 말씀의 은혜를 부어 주셔서 깊이 깨닫고 흔들리지 않는 믿음으로 살아가게 하소서.

ESV - 2 Timothy 3

10 You, however, have followed my teaching, my conduct, my aim in life, my faith, my patience, my love, my steadfastness,
11 my persecutions and sufferings that happened to me at Antioch, at Iconium, and at Lystra—which persecutions I endured; yet from them all the Lord rescued me.
12 Indeed, all who desire to live a godly life in Christ Jesus will be persecuted,
13 while evil people and impostors will go on from bad to worse, deceiving and being deceived.
14 But as for you, continue in what you have learned and have firmly believed, knowing from whom* you learned it
15 and how from childhood you have been acquainted with the sacred writings, which are able to make you wise for salvation through faith in Christ Jesus.
16 All Scripture is breathed out by God and profitable for teaching, for reproof, for correction, and for training in righteousness,
17 that the man of God* may be complete, equipped for every good work.

* 3:14 The Greek for *whom* is plural
* 3:17 That is, a messenger of God (the phrase echoes a common Old Testament expression

10 conduct 처신 aim 목적 patience 인내 steadfastness 확고함   11 persecution 박해 suffering 고난 endure 견디다 rescue 구하다   12 desire 바라다   13 impostor 사기꾼 deceive 속이다   15 acquainted with …을 알고 있는 sacred 신성한 salvation 구원   16 Scripture 성경 breathe out …을 내뿜다 profitable 유익한 reproof 책망 correction 정정 righteousness 의   17 complete 완전한 equip 갖추다

☐ 묵상 체크

22

월   일

포도주처럼 부어지는 삶

디모데후서 4:1-8 • 새찬송 213장 | 통일 348장

• 말씀묵상 전에 성령님의 인도하심을 구하는 기도를 드리십시오.

> **본문요약 |** 말세에는 많은 사람들이 자기 욕심을 채울 거짓 스승의 가르침에 빠질 것이다. 바울은 디모데에게 이런 상황에서 때를 얻든지 못 얻든지 진리의 말씀을 힘써 전하라고 권면한다. 그리고 인내와 사랑으로 성도를 보살피라고 말한다. 선한 싸움을 싸우며 믿음을 지킨 자에게 의의 면류관이 예비되어 있다.

1 하나님 앞과 살아 있는 자와 죽은 자를 심판하실 그리스도 예수 앞에서 그가 나타나실 것과 그의 나라를 두고 엄히 명하노니
2 너는 말씀을 전파하라 때를 얻든지 못 얻든지 항상 힘쓰라 범사에 오래 참음과 가르침으로 경책하며 경계하며 권하라
3 때가 이르리니 사람이 ¹⁾바른 교훈을 받지 아니하며 귀가 가려워서 자기의 사욕을 따를 스승을 많이 두고
4 또 그 귀를 진리에서 돌이켜 허탄한 이야기를 따르리라
5 그러나 너는 모든 일에 신중하여 고난을 받으며 전도자의 일을 하며 네 직무를 다하라
6 전제와 같이 내가 벌써 부어지고 나의 떠날 시각이 가까웠도다
7 나는 선한 싸움을 싸우고 나의 달려갈 길을 마치고 믿음을 지켰으니
8 이제 후로는 나를 위하여 의의 면류관이 예비되었으므로 주 곧 의로우신 재판장이 그 날에 내게 주실 것이며 내게만 아니라 주의 나타나심을 사모하는 모든 자에게도 니라

1. 오늘 하나님께서 나에게 주신 깨달음은 무엇입니까?

2. 말씀을 어떻게 내 삶에 구체적으로 적용해야 합니까?

1) 헬, 건전한

절별 해설

1 살아 있는 자와 죽은 자를 심판하실 그리스도 예수 재림 때 예수님은 심판자로 오신다. 모든 사람은 그분 앞에서 심판을 받을 것이다. 그때 성도를 미혹한 거짓 교사들의 죄가 밝히 드러나고 심판을 받게 될 것이다.

2 말씀을 전파하라 때를 얻든지 못 얻든지 항상 힘쓰라 바울이 다가오는 그리스도의 재림과 심판을 상기시키며 디모데에게 가장 먼저 당부한 것은 말씀을 전하는 것이다. 디모데는 바른 말씀으로 거짓 교사들로부터 성도를 보호해야 할 임무가 있다. **범사에 오래 참음과 가르침으로 경책하며 경계하며 권하라** 바울은 이제 디모데에게 어떻게 실제적으로 말씀 사역을 감당해야 하는지 조언한다. 먼저 경책해야 하는데 이것은 바른 말씀으로 깨우치고 바로잡는 것을 말한다. 다음은 경계하는 것인데 잘못된 것을 꾸짖고 돌이키는 것을 의미한다. 또한 권하는 것은 가르친 것을 기억하고 실천하도록 지속적으로 지도하는 것을 가리킨다. 디모데는 이 모든 일을 사랑과 인내로 수행해야 한다.

3 귀가 가려워서 귀가 가려워지는 것은 호기심을 만족시키는 새로운 가르침, 혹은 죄나 심판에 대한 이야기보다 듣고 싶은 내용만을 들으려고 하는 잘못된 영적 상태를 말한다. **자기의 사욕을 따를 스승을 많이 두고** 경건을 버리고 욕심을 추구하는 사람은 자기의 사욕을 정당화해 줄 거짓 스승을 찾고 따를 것이다.

4 허탄한 이야기를 따르리라 허탄한 이야기는 바른 교훈(3절)과 반대되는 거짓 교사들의 가르침이다. 이들의 잘못된 가르침은 세상의 철학과 신화 또는 근거 없는 율법적 강조였다(딤전 1:4).

5 그러나 너는 모든 일에 신중하여 바울은 디모데가 거짓 교사들의 성급하고 무모한 가르침과 대조되는 삶을 살아야 한다고 말한다. 디모데는 말씀을 기준으로 성급하지 않게 판단하고 행동하는 신중함을 보여야 한다.

6 전제와 같이 내가 벌써 부어지고 "전제"는 제단에 포도주를 붓는 제사로 희생 제물과 함께 드린다(출 29:40-41; 민 15:5). 바울은 지금 자신이 사명을 다하고 죽음에 가까이 있다고 말한다.

8 의의 면류관이 예비되었으므로 "의의 면류관"은 선한 싸움을 싸우고 믿음을 지킨 자들이 종말의 때에 받게 될 상이다. 바울은 자신과 성도들의 헌신을 주님께서 기뻐 받으시고 귀한 상급을 예비하신다고 확신한다.

쉬운성경

1 나는 하나님과 그리스도 예수 앞에서 그대에게 명령합니다. 예수 그리스도께서는 산 자와 죽은 자를 심판하실 분이십니다. 그분은 이 땅에 다시 오셔서 그의 나라를 세우실 것입니다.

2 언제 어디서나 항상 하나님의 말씀을 전하십시오. 사람들에게 마땅히 해야 할 일을 가르치고, 잘못을 바로잡아 주며, 격려해 주십시오. 끝까지 참고 그들을 잘 가르쳐야 합니다.

3 사람들이 참된 진리는 들으려고 하지 않고, 오히려 자기들을 즐겁게 해 주며 마음에 드는 말만 하는 선생들을 찾으려는 때가 올 것입니다.

4 그들은 진리에 귀 기울이기보다는 거짓된 이야기와 가르침을 따를 것입니다.

5 그러나 그대는 항상 자신을 돌아보며, 고난받는 것을 두려워하지 마십시오. 복음을 전하는 일에 힘쓰며, 하나님의 종으로서 해야 할 일을 꿋꿋이 하십시오.

6 나는 이미 하나님께 내 삶을 바쳤고, 이제는 이 땅을 떠날 때가 되었습니다.

7 나는 선한 싸움을 싸웠고, 내가 달려가야 할 길도 끝냈으며, 믿음도 지켰습니다.

8 결국 내게는 의의 면류관이 예비되어 있습니다. 그 면류관은 의의 재판관이신 주님께서 그날에 내게, 나뿐만 아니라 주님의 나타나심을 사모하는 모든 사람들에게, 상으로 주실 것입니다.

저자의 묵상

진실한 마음과 변함없는 태도로 한길을 걸어온 사람이 가진 힘이 있다. 바울은 복음을 전하는 일에 자신의 모든 삶을 바쳤다. 그는 포도주가 제단에 부어지듯 자신의 마지막 삶을 하나님께 부어 드릴 때가 다가온다고 말한다. 바울의 이 말은 엄숙한 분위기의 고백이지만 그 속에 두려움이 느껴지지 않는다. 오히려 자신의 삶을 기쁘게 받으실 하나님과 그분이 예비하신 의의 면류관에 대한 확신이 느껴진다. 바울의 이런 모습은 우리가 믿음의 길을 가면서 어려움을 만날 때 큰 도전과 위로를 준다. 그리스도인인 우리는 힘들어도 포기할 수 없는 믿음의 길, 눈물 나도 저버릴 수 없는 사명의 길을 걷고 있다. 바울은 말씀을 통해 디모데뿐 아니라 우리 모두를 격려한다. 포기하지 말라고, 믿음의 선한 싸움을 계속하라고, 빛나는 면류관이 준비되어 있다고 말한다. 오늘 하루 바울처럼 하나님을 바라보며 믿음의 길을 걷고, 내게 주신 디모데를 찾아 격려하는 멋진 삶을 살아야 한다.

무릎기도 하나님, 믿음의 길을 갈 때 끝까지 완주할 수 있는 힘을 주소서. 지쳐있는 사람을 만날 때 격려할 줄 아는 바울의 마음을 주소서.

ESV - 2 Timothy 4

1 I charge you in the presence of God and of Christ Jesus, who is to judge the living and the dead, and by his appearing and his kingdom:
2 preach the word; be ready in season and out of season; reprove, rebuke, and exhort, with complete patience and teaching.
3 For the time is coming when people will not endure sound* teaching, but having itching ears they will accumulate for themselves teachers to suit their own passions,
4 and will turn away from listening to the truth and wander off into myths.
5 As for you, always be sober-minded, endure suffering, do the work of an evangelist, fulfill your ministry.
6 For I am already being poured out as a drink offering, and the time of my departure has come.
7 I have fought the good fight, I have finished the race, I have kept the faith.
8 Henceforth there is laid up for me the crown of righteousness, which the Lord, the righteous judge, will award to me on that day, and not only to me but also to all who have loved his appearing.

* 4:3 Or *healthy*

1 charge 명령하다 in the presence of …가 있는 데서   2 preach 전하다 reprove 책망하다 rebuke 꾸짖다 exhort 열심히 권하다 complete 온전한 patience 인내   3 endure 견디다 sound 바른 itching 가려운 accumulate 모으다 suit 마음에 들다   5 sober-minded 분별 있는 suffering 고난 evangelist 복음 전도자 fulfill 이행하다 ministry 직무   6 departure 떠남   8 henceforth 이제부터는 award 주다

23 참된 믿음의 동역자

디모데후서 4:9-15 • 새찬송 20장 | 통일 41장

월 일

• 말씀묵상 전에 성령님의 인도하심을 구하는 기도를 드리십시오.

> **본문요약** | 바울은 감옥에서 인생의 마지막 시간을 보내고 있다. 그는 대부분의 동역자들이 떠난 상황에서 사랑하는 디모데에게 속히 오라고 재촉한다. 필요한 것들을 가지고 올 것을 부탁하며 또한 과거의 모든 일을 용서하고 다시 동역자로 생각하는 마가를 데리고 오라고 당부한다.

9 너는 어서 속히 내게로 오라
10 데마는 이 세상을 사랑하여 나를 버리고 데살로니가로 갔고 그레스게는 갈라디아로, 디도는 달마디아로 갔고
11 누가만 나와 함께 있느니라 네가 올 때에 마가를 데리고 오라 그가 나의 일에 유익하니라
12 두기고는 에베소로 보내었노라
13 네가 올 때에 내가 드로아 가보의 집에 둔 겉옷을 가지고 오고 또 책은 특별히 가죽 종이에 쓴 것을 가져오라
14 구리 세공업자 알렉산더가 내게 해를 많이 입혔으매 주께서 그 행한 대로 그에게 갚으시리니
15 너도 그를 주의하라 그가 우리 말을 심히 대적하였느니라

1. 오늘 하나님께서 나에게 주신 깨달음은 무엇입니까?

2. 말씀을 어떻게 내 삶에 구체적으로 적용해야 합니까?

절별 해설

9 너는 어서 속히 내게로 오라 바울이 지금 홀로 있는 것은 아니다. 곁에서 그를 돕는 소수의 사람들이 있었다(4:21). 그러나 바울은 대부분의 동역자들과는 분리된 상태에서 감옥에 갇혀 마지막 사역을 하고 있으며 죽음이 다가오는 것을 알고 있다. 그래서 사랑하는 디모데에게 빨리 오라고 재촉한다. 여기서 바울의 영적인 외로움과 동역자에 대한 그리움이 나타난다.

10 데마는 이 세상을 사랑하여 나를 버리고 데살로니가로 갔고 "버리고"의 뜻은 '완전히 포기하다' 혹은 '완전히 떠나다'이다. 데마는 누가, 에바브라와 함께 가까운 동역자로 언급되었다(골 4:14; 몬 1:23-24). 그런 데마가 어떤 시점에 감옥에 갇힌 바울을 부끄러워했고, 세상의 가치를 추구하며 그에게도 닥칠 수 있는 위험 때문에 바울을 떠났던 것 같다.

그레스게는 갈라디아로, 디도는 달마디아로 갔고 바울은 자신의 곁에 없는 그레스게와 디도를 비난하지 않는다. 그들은 신실한 동역자였고 사역을 위해 각각의 장소로 파송되었다.

11 누가만 나와 함께 있느니라 누가는 바울의 선교 여행의 동역자요, 누가복음과 사도행전의 저자이다. 그는 2, 3차 전도여행과 로마로 가는 길 내내 바울과 함께 동행했다. 누가는 의사로서 바울의 건강을 돌보며 그가 정서적인 외로움에 빠지지 않도록 끝까지 바울의 곁을 지킨다.

네가 올 때에 마가를 데리고 오라 마가는 1차 선교 여행 때 바울과 바나바를 떠났다. 바나바는 마가에게 다시 선교의 기회를 주기 원했지만 바울은 이를 거부했다. 그러나 바울은 어떤 시점에 그를 용서하고 귀한 하나님의 일꾼으로 인정했다. 마가는 베드로의 조력자로서 일하며 마가복음을 기록했다(벧전 5:13).

12 두기고는 에베소로 보내었노라 두기고는 디모데와 함께 신실한 바울의 동역자였는데, 바울의 편지를 전달하는 역할을 담당했다(행 20:4). 지금 두기고는 바울의 편지를 디모데에게 전달하기 위해 에베소로 갔다.

13 가보의 집에 둔 겉옷을 가지고 오고 "겉옷"은 추운 날씨에 외투와 담요로 쓰이는 통으로 된 옷을 가리킨다. 바울은 차갑고 습한 감옥에서 추위를 피하기 위해 이것이 필요했다.

또 책은 특별히 가죽 종이에 쓴 것을 가져오라 "가죽 종이에 쓴 것"은 양피지로 된 것인데 구약성경 혹은 바울이 써 두었던 편지와 글일 수도 있다.

14 구리 세공업자 알렉산더가 내게 해를 많이 입혔으매 바울은 디모데가 자신을 괴롭힌 알렉산더에게 해를 입지 않도록 미리 주의를 준다.

쉬운성경

9 되도록 빨리 내게 와 주었으면 합니다.

10 데마는 이 세상을 너무 사랑하여 나를 버리고 데살로니가로 갔습니다. 그레스게는 갈라디아로 떠나고, 디도도 달마디아로 가 버렸습니다.

11 누가만이 내 곁에 남아 있는 유일한 사람입니다. 그대가 올 때, 마가도 같이 데려왔으면 좋겠습니다. 지금 그의 도움이 필요합니다.

12 두기고는 내가 에베소로 보냈습니다.

13 드로아에 있을 때, 가보의 집에 두고 온 외투를 가져다 주십시오. 그리고 책, 특히 양피지에 쓴 것들을 잊지 말고 가져다 주십시오.

14 구리 세공을 하는 알렉산더가 나를 많이 괴롭혔습니다. 주님께서 그가 한 일에 대해 벌을 주실 것입니다.

15 그대 역시 그를 조심하도록 하십시오. 그는 우리가 전하는 말씀에 대해 매우 반대하는 사람입니다.

저자의 묵상

우리가 누릴 수 있는 가장 큰 축복 중에 하나가 바로 끝까지 함께할 수 있는 동역자다. 바울은 인생의 마지막 순간에 자신의 동역자 디모데를 그리워하며 만나길 원했다. 동역자는 사역의 영광뿐 아니라 고난도 함께 받는 사람이다. 주어진 사명을 감당하기 위해 기꺼이 어려움도 함께 감수하는 자세가 있을 때 동역자가 탄생한다. 세상을 사랑하고 바울을 떠난 데마처럼 세상의 가치를 추구하고 내게 주신 사람을 버려서는 안 된다. 한편 동역자는 용서와 인정을 통해 세워지기도 한다. 바울은 선교 여행 도중 자신을 떠난 마가를 용서하고 그를 하나님의 귀한 일꾼으로 인정한다. 우리는 약하기에 언제나 서로 오해하고 다투며 떠날 수 있다. 그러나 시간이 지나 믿음이 성숙해졌을 때 나를 힘들게 했던 사람을 용서하고 귀하게 인정해서 다시 동역을 시작할 수 있다. 하나님은 우리가 동역하길 원하신다. 기쁨도 고난도 함께하며 서로를 인정하고 격려해 아름다운 동역이 이루어지는 축복을 경험해야 한다.

> **무릎 기도** 하나님, 내게 귀한 사람들을 주셔서 감사합니다. 그들과 기쁨도 고통도 함께 나누며 주신 사명을 감당함으로 귀한 동역이 이루어지게 하소서.

ESV - 2 Timothy 4

9 Do your best to come to me soon.
10 For Demas, in love with this present world, has deserted me and gone to Thessalonica. Crescens has gone to Galatia,* Titus to Dalmatia.
11 Luke alone is with me. Get Mark and bring him with you, for he is very useful to me for ministry.
12 Tychicus I have sent to Ephesus.
13 When you come, bring the cloak that I left with Carpus at Troas, also the books, and above all the parchments.
14 Alexander the coppersmith did me great harm; the Lord will repay him according to his deeds.
15 Beware of him yourself, for he strongly opposed our message.

* 4:10 Some manuscripts *Gaul*

10 desert 버리다 11 ministry 직무 13 cloak 외투 parchment 양피지 14 coppersmith 구리 세공사 repay 갚다 deed 행위 15 beware 경계하다 oppose 반대하다

☐ 묵상 체크

24
월   일

여전히 주님을 바라볼 때

디모데후서 4:16-22 • 새찬송 93장 | 통일 93장

• 말씀묵상 전에 성령님의 인도하심을 구하는 기도를 드리십시오.

> **본문요약** | 바울이 로마 법정에서 첫 변호를 할 때 그를 돕는 사람은 아무도 없었다. 바울은 그리스도인에 대한 로마의 위협 때문에 자신을 돕지 못한 사람들을 탓하지 않는다. 오직 곁에 계신 예수님을 의지하며 마지막까지 복음을 전한다. 그리고 나서 모두에게 인사를 전함으로 편지를 맺는다.

16 내가 처음 변명할 때에 나와 함께 한 자가 하나도 없고 다 나를 버렸으나 그들에게 허물을 돌리지 않기를 원하노라
17 주께서 내 곁에 서서 나에게 힘을 주심은 나로 말미암아 선포된 말씀이 온전히 전파되어 모든 이방인이 듣게 하려 하심이니 내가 사자의 입에서 건짐을 받았느니라
18 주께서 나를 모든 악한 일에서 건져내시고 또 그의 천국에 들어가도록 구원하시리니 그에게 영광이 세세무궁토록 있을지어다 아멘
19 브리스가와 아굴라와 및 오네시보로의 집에 문안하라
20 에라스도는 고린도에 머물러 있고 드로비모는 병들어서 밀레도에 두었노니
21 너는 겨울 전에 어서 오라 으불로와 부데와 리노와 글라우디아와 모든 형제가 다 네게 문안하느니라
22 나는 주께서 네 심령에 함께 계시기를 바라노니 은혜가 너희와 함께 있을지어다

1. 오늘 하나님께서 나에게 주신 깨달음은 무엇입니까?

2. 말씀을 어떻게 내 삶에 구체적으로 적용해야 합니까?

절별 해설

16 내가 처음 변명할 때에 "변명"은 법정에서의 변론을 가리킨다. 로마의 법률 체계는 고발당한 자에게 두 번의 변론 과정을 거치게 했다. 첫째 변론은 죄의 진상을 파악하기 위한 것이고, 둘째 변론은 피고의 유죄와 무죄를 결정하기 위한 것이었다.
나와 함께 한 자가 하나도 없고 다 나를 버렸으나 바울이 변론을 할 때 그를 돕는 사람은 아무도 없었다. 당시 로마의 기독교에 대한 핍박의 수위가 높아지고 있었기 때문이다. 사람들은 바울을 변호하다가 자신이 그리스도인인 것이 드러나길 원하지 않았다. 결국 바울은 홀로 자신을 변호해야 했다.
그들에게 허물을 돌리지 않기를 원하노라 바울은 변론을 도와주지 않은 사람들을 비난하거나 탓하지 않는다. 그들의 상황과 두려움을 이해하고 품는다.

17 주께서 내 곁에 서서 나에게 힘을 주심은 첫 변호 때 바울을 돕는 사람은 아무도 없었다. 그러나 주님이 바울의 곁에 계셔서 그에게 힘을 주셨다.
선포된 말씀이 온전히 전파되어 모든 이방인이 듣게 하려 하심이니 첫 변호 당시 자신이 그리스도인임을 밝히고 바울을 도울 수 있을 정도의 담대한 신앙을 가진 사람은 없었다. 그러나 바울은 끝까지 주님을 의지하며 담대하게 믿음을 지킨다. 그는 과거에도 그랬듯이 죽음을 각오하고 또다시 로마 법정 앞에서 사람들에게 복음을 전한다(행 26:2-29).
내가 사자의 입에서 건짐을 받았느니라 바울은 하나님께서 자신을 여러 위험에서 구원하셨음을 고백한다. 그러나 그는 이제 자신이 사명을 마무리하고 이 세상을 떠날 것도 알고 있다.

19 브리스가와 아굴라와 및 오네시보로의 집에 문안하라 브리스가와 아굴라는 바울의 동역자였다. 이들은 바울과 함께 장막을 만들었고 순회 선교자로 활동했다(행 18:2-3). 또한 바울은 편지의 서두에서 자신을 배신한 사람들과 대조적인 인물로 오네시보로를 언급하며 축복했다(1:16).

20 에라스도는 고린도에 머물러 있고 에라스도는 바울의 동역자이자 디모데의 친구였다(행 19:22).
드로비모는 병들어서 밀레도에 두었노니 드로비모는 에베소 출신으로 그리스에서 드로아까지 바울과 동행했다(행 20:4; 21:29).

21 너는 겨울 전에 어서 오라 바울은 겨울 전에 디모데를 빨리 보기를 간절히 원한다.

22 주께서 네 심령에 함께 계시기를 바라노니 마지막으로 바울은 디모데를 축복하고 난 후 너희, 즉 모든 성도를 축복함으로 편지를 마친다.

쉬운성경

16 내가 처음 재판관 앞에 끌려갔을 때, 나를 도와준 사람이 한 명도 없었습니다. 모두 나를 버리고 떠났지만, 그들이 비난받지 않기를 바랍니다.

17 주님께서는 그 순간에 나와 함께하셔서 이방인들에게 용기 있게 복음을 전할 수 있게 해 주셨습니다. 주님께서는 모든 이방인들까지 주님의 말씀을 듣기를 바라셨던 것입니다. 또한 나를 사자의 입에서 구해 주셨습니다.

18 주님은 내게 해를 입히려는 모든 사람들에게서 나를 구해 주시고, 하늘 나라에 안전히 들어가게 하실 것입니다. 우리 주님께 영원토록 영광을 올려 드립니다. 아멘.

19 브리스가와 아굴라, 그리고 오네시보로의 가족에게도 안부를 전해 주십시오.

20 에라스도는 고린도에 머물러 있고, 드로비모는 병이 나서 밀레도에 남겨 두었습니다.

21 겨울이 오기 전에 그대가 이곳으로 왔으면 좋겠습니다. 으불로가 그대에게 안부를 전합니다. 부데, 리노, 글라우디아, 그리고 그 외 다른 사람들도 그대에게 안부를 전합니다.

22 주님께서 그대와* 함께 계시기를 바라며, 하나님의 은혜가 가득하기를 기도합니다.

* 4:22 그대의 영과

저자의 묵상

위기의 순간 나를 도울 사람이 아무도 없다는 것을 알게 되면 절망하기 쉽다. 그러나 바울은 달랐다. 바울이 로마 법정에서 첫 변호를 할 때 그를 돕는 사람은 아무도 없었다. 기독교에 대한 로마의 핍박 수위가 높아지고 있었고, 이런 상황에서 바울의 변호를 돕는다면 그리스도인임이 드러나 위험에 처할 수 있었기 때문이다. 놀랍게도 바울은 자신을 돕지 못한 사람들을 탓하지 않고 이해한다. 바울이 그렇게 할 수 있었던 것은 끝까지 그의 곁에 계셔서 힘이 되어 주시는 예수님을 바라보았기 때문이다. 사람들이 나를 돕지 않고 오히려 떠날 때도 주님은 우리 곁에 계신다. 더 강하게 우리를 붙들어 주시고 능력을 부어 주신다. 바울과 함께하시고 그를 붙들어 주신 예수님이 우리의 주님이시다. 주님을 바라보며 연약한 사람들을 이해하고 오히려 격려할 때 내 안에 계신 예수님이 드러나고 그분의 능력이 나타난다. 오늘 하루 사람도 상황도 아닌 주님만 바라볼 때 그분이 넉넉히 이길 수 있는 은혜를 부어 주실 것이다.

> **무릎기도** 하나님, 돕는 사람이 없다고 외로워하거나 좌절하지 않게 하소서. 내 곁에 서서 나를 붙잡아 주시는 예수님을 의지하며 오늘 하루 승리하게 하소서.

ESV - 2 Timothy 4

16 At my first defense no one came to stand by me, but all deserted me. May it not be charged against them!

17 But the Lord stood by me and strengthened me, so that through me the message might be fully proclaimed and all the Gentiles might hear it. So I was rescued from the lion's mouth.

18 The Lord will rescue me from every evil deed and bring me safely into his heavenly kingdom. To him be the glory forever and ever. Amen.

19 Greet Prisca and Aquila, and the household of Onesiphorus.

20 Erastus remained at Corinth, and I left Trophimus, who was ill, at Miletus.

21 Do your best to come before winter. Eubulus sends greetings to you, as do Pudens and Linus and Claudia and all the brothers.*

22 The Lord be with your spirit. Grace be with you.*

* 4:21 Or *brothers and sisters*. In New Testament usage, depending on the context, the plural Greek word *adelphoi* (translated "brothers") may refer either to *brothers* or to *brothers and sisters*
* 4:22 The Greek for *you* is plural

16 defense 변호 desert 버리다 charge …의 탓으로 돌리다 17 strengthen 격려하다 proclaim 선포하다 gentile 이방인 rescue 구하다 18 deed 행위 19 household 가정 20 remain 머무르다 21 greeting 인사

디도서를 묵상하기 전에

제목과 수신자

서신의 이름은 이 편지를 수신하는 바울의 사랑하는 믿음의 동역자 디도의 이름에서 유래되었다. 디도는 헬라 출신으로 바울의 가장 충성스러운 동역자 중 한 명이었다. 본 서신의 수신자 디도는 1차 전도여행 이전 혹은 도중에 바울의 복음 선포를 듣고 그리스도를 믿어 복음의 일꾼이 되었다. 바울은 디도를 디모데와 같이 아들로 부르며 그에 대한 깊은 사랑과 신뢰를 나타낸다. 이 서신의 수신자는 일차적으로 디도이나 그가 목회하고 있는 그레데와 그 주변 교회의 성도까지 포함한다.

저자와 저작 연대

디도서는 디모데전서가 기록된 직후인 주후 63-65년경 쓰였다. 바울은 로마 일차 투옥과 이차 투옥 사이에 마케도니아의 교회들에서 사역하던 중 고린도 혹은 니고볼리에서 본 책을 기록했다.

기록 배경

그레데섬은 길이가 257km이고 가장 넓은 폭은 56km나 되는 지중해에서 가장 큰 섬 중에 하나다. 바울은 로마 여행을 하면서 에게해 남쪽에 있는 이 섬에 들러 사역했다(행 27:7-21). 그 결과 새로운 교회가 생겨났고, 바울은 그 교회들을 돌보기 위해 그레데로 왔다. 바울은 사역을 마치고 떠나면서 디도를 그곳에 남겨 두어 거짓 교사들의 가르침을 차단하고 성도들 돌봄으로 새로운 교회들을 안정시키고자 했다. 바울은 이 서신을 통해 디도에게 교회의 무질서를 바로잡고 거짓 교사들의 잘못된 가르침을 어떻게 막아야 하는지 구체적으로 가르친다. 또한 새로운 교회에서 어떻게 사람을 돌보고 훈련시켜 지도자로 세워야 하는지도 조언한다. 본 서신에는 동역자에 대한 사랑과 더불어 바울의 깊은 영성과 풍부한 경험에서 나오는 가르침과 실제적 조언이 나타난다.

주요 관점과 신학

로마서와 같은 바울의 다른 서신과는 다르게 디도서는 교리를 설명하는데 초점을 맞추고 있지 않다. 주로 할례파라고 불리는 율법 중심의 거짓 교사들의 잘못된 가르침과 그들에 대해 어떻게 대항하고 교회를 보호해야 하는지가 이 서신에 나타난다. 그럼에도 불구하고 다음의 몇 가지 중요한 신학적 내용이 나타난다. 먼저 하나님의 주권에 대한 강조가 나타난다. 하나님은 주권적으로 자신의 백성을 택하셨다(1:1,2). 또한 하나님의 구원의 은혜가 강조된다(2:11; 3:5). 하나님은 자신의 택하신 백성을 구원하시며 끝까지 보호하신다. 한편 그리스도의 신성, 대속, 재림에 대해서도 강조한다(2:13,14). 마지막으로 성령께서 행하시는 중생(重生)의 역사와 새롭게 하심이 나타난다(3:5). 이런 신학적 교리 외에 바울이 말하는 참된 경건과 복음 전파의 필요성 또한 이 서신서의 중요한 내용이다.

단락구분
I. 바울의 인사(1:1-4)
II. 복음 전도를 위한 필수 요소(1:5-16)
   1. 교회 지도자의 임명(1:5-9)
   2. 거짓 교사들을 배격함(1:10-16)
III. 거룩한 교회의 필수 요소(2:1-15)
   1. 바른 교훈을 실천함(2:1-10)
   2. 건전한 교리(2:11-15)
IV. 세상 속에서 성도의 필수 요소(3:1-11)
   1. 성도의 거룩한 생활(3:1-4)
   2. 바른 성경적 교훈(3:5-11)
V. 맺음말과 축도(3:12-15)

25 사람을 세우는 기쁨

월 일

디도서 1:1-9 • 새찬송 515장 | 통일 256장

• 말씀묵상 전에 성령님의 인도하심을 구하는 기도를 드리십시오.

본문요약 | 바울은 그레데에 남겨 둔 믿음의 동역자 디도에게 편지를 보내 맡겨진 사명을 신실하게 수행하도록 격려한다. 디도는 그레데에 새로 세워진 교회의 성도들을 돌보며 지도자를 세워 교회를 안정시키고 성장하도록 해야 한다. 장로는 교회의 지도자로서 말씀을 따르며 가정과 교회에서 모범이 되어야 한다.

1 하나님의 종이요 예수 그리스도의 사도인 나 바울이 사도 된 것은 하나님이 택하신 자들의 믿음과 경건함에 속한 진리의 지식과
2 영생의 소망을 위함이라 이 영생은 거짓이 없으신 하나님이 영원 전부터 약속하신 것인데
3 자기 때에 자기의 말씀을 전도로 나타내셨으니 이 전도는 우리 구주 하나님이 명하신 대로 내게 맡기신 것이라
4 같은 믿음을 따라 나의 참 아들 된 디도에게 편지하노니 하나님 아버지와 그리스도 예수 우리 구주로부터 은혜와 평강이 네게 있을지어다
5 내가 너를 그레데에 남겨 둔 이유는 남은 일을 정리하고 내가 명한 대로 각 성에 장로들을 세우게 하려 함이니
6 책망할 것이 없고 한 아내의 남편이며 방탕하다는 비난을 받거나 불순종하는 일이 없는 믿는 자녀를 둔 자라야 할지라
7 감독은 하나님의 청지기로서 책망할 것이 없고 제 고집대로 하지 아니하며 급히 분내지 아니하며 술을 즐기지 아니하며 구타하지 아니하며 더러운 이득을 탐하지 아니하며
8 오직 나그네를 대접하며 선행을 좋아하며 신중하며 의로우며 거룩하며 절제하며
9 미쁜 말씀의 가르침을 그대로 지켜야 하리니 이는 능히 ¹⁾바른 교훈으로 권면하고 거슬러 말하는 자들을 책망하게 하려 함이라

1) 헬, 건전한

1. 오늘 하나님께서 나에게 주신 깨달음은 무엇입니까?

2. 말씀을 어떻게 내 삶에 구체적으로 적용해야 합니까?

절별 해설

1 하나님의 종이요 예수 그리스도의 사도인 나 바울 바울은 자신을 당시의 가장 낮은 직분인 종으로 소개한다. 그는 자신을 "하나님의 종"으로 보는데 여기에는 하나님의 사역을 위해 전적으로 헌신하길 원하는 바울의 마음이 드러난다. 동시에 바울은 자신을 예수 그리스도의 "사도"로 소개한다. 보내심을 받은 자라는 뜻을 가진 사도라는 단어를 사용함으로써 바울은 자신이 이방인 선교를 위해 선택된 사람이라는 사실을 확신하고 있다.

3 자기 때에 자기의 말씀을 전도로 나타내셨으니 "전도"의 의미는 선포 혹은 설교다. 하나님의 말씀은 그분의 약속대로 바르게 선포되면서 세상에 분명하게 알려지고 끊임없이 전파된다. 바울은 자신이 이 사명을 위해 부름받았다고 확신한다.

4 같은 믿음을 따라 나의 참 아들 된 디도에게 편지하노니 헬라 출신의 디도는 바울의 가장 충성스러운 동역자 중 한명이었다. 디도는 1차 전도여행 이전 혹은 도중에 바울의 복음 선포를 듣고 그리스도를 믿고 복음의 일꾼이 되었다. 바울은 디도를 디모데와 같이 아들로 부르며 그에 대한 깊은 사랑과 신뢰를 나타낸다. 참고로 바울은 디도를 '내 형제', '나의 동료요 너희를 위한 나의 동역자'라고 부르고 있다(고후 2:13; 8:23).

5 내가 너를 그레데에 남겨 둔 이유는 바울과 디도는 일정 기간 그레데섬에서 사역했다(갈 2:3). 지중해에서 가장 큰 섬 중 하나인 그레데는 에게해 남쪽에 위치한다. 바울은 그레데섬의 새로 세워진 교회를 안정시키고 성도를 지도하도록 그곳에 디도를 남겨 둔다.

각 성에 장로들을 세우게 하려 함이니 디도가 해야 할 중요한 임무 중 하나는 각 성에 새로 세워진 교회의 지도자인 장로를 세우는 것이다.

6 책망할 것이 없고 이어지는 장로의 자격은 디모데전서 3장 1-7절과 거의 유사하다. 장로는 교회의 지도자로서 책망할 것이 없고 모범을 보이며, 가정과 교회와 세상에서 선한 영향력을 끼치는 사람이어야 한다.

7 감독은 하나님의 청지기로서 바울은 장로의 직분을 "감독"이라는 단어로 바꿔 표현하는데 이는 장로가 성도를 돌보고 지도해야 할 역할을 강조하기 위해서다.

제 고집대로 하지 아니하며 "고집대로"는 교만하여 자신의 생각대로 판단하고 행하는 것을 말한다.

더러운 이득을 탐하지 아니하며 지도자는 자신이 가진 위치를 이용해 교회에서 사적인 이득을 취해서는 안 된다.

9 미쁜 말씀의 가르침을 그대로 지켜야 하리니 교회 지도자는

쉬운성경

1 하나님의 종이며 예수 그리스도의 사도인 나 바울은, 하나님께서 선택하신 백성의 믿음을 굳게 하며, 하나님의 진리를 깨닫는 일을 돕기 위해 보내졌습니다.

2 이 믿음과 지식은 영원한 생명을 바라는 마음에서 생겨난 것입니다. 이 생명은 거짓이 없으신 하나님께서 세상이 시작되기 전부터 약속하신 것입니다.

3 하나님께서는 하나님이 정하신 때에 전도를 통해 사람들이 이 생명에 관해 알도록 하셨습니다. 나는 우리 구주이신 하나님의 명령대로 전도의 임무를 맡아 이 말씀을 전합니다.

4 나는 같은 믿음 안에서 내게 친아들과도 같은 디도에게 이 편지를 씁니다. 하나님 아버지와 우리 구주 예수 그리스도의 은혜와 평안이 함께하기를 빕니다.

5 내가 그대를 크레타섬에 두고 온 것은 미처 못다 한 일들을 정리하고 각 마을에 장로들을 세우는 일을 돕게 하기 위해서입니다.

6 장로는 다른 사람들에게 책망받을 것이 없어야 하고, 한 명의 아내만 두어야 하며, 자녀들도 믿는 사람이어야 합니다. 자녀들이 거칠거나 불순종해서는 안 됩니다.

7 감독은 하나님을 섬기는 일을 맡은 사람이기 때문에 흠이 없는 사람이어야 하며, 교만하고 이기적이거나 화를 잘 내서는 안 됩니다. 술을 좋아하고 싸우기를 잘하며, 남을 속여 자신의 이익을 챙기는 사람이어서도 안 됩니다.

8 손님을 집으로 초대해 그들을 대접하기를 잘하고, 선한 일을 하기 좋아하며, 지혜롭고 바르게 살며, 경건하고 절제할 줄 아는 사람이어야 합니다.

9 믿음으로 우리가 가르치는 진리의 말씀에 순종하며, 참되고 바른 교훈으로 다른 사람을 도울 줄 아는 사람이어야 합니다. 또한 바른 교훈으로 진리를 거스르는 사람들의 잘못을 바로잡아 줄 줄도 알아야 합니다.

분명 지식적으로 진리를 잘 가르쳐야 한다. 그러나 바울은 지도자가 먼저 삶으로 실천할 때 진정한 가르침이 된다는 점을 강조한다. 이를 통해 성도를 바른 교훈으로 권하고, 잘못된 가르침을 퍼뜨리는 자들을 단호하게 끊어 내야 한다.

저자의 묵상

우리가 인생의 마지막까지 힘써야 할 것 중 하나가 하나님의 사람을 세우는 일이다. 내가 하나님 앞에 평생 헌신하며 사역하는 것만큼 내 뒤를 이어 사역을 충성스럽게 감당할 사람을 세우는 일이 귀하다. 바울은 그레데에 남겨진 사랑하는 동역자 디도를 생각하며 편지를 쓴다. 편지를 통해 디도가 맡은 사명을 기억하게 하고 해야 할 사역을 세밀하게 지도한다. 그레데에 새롭게 세워진 교회에서 성도를 돌보고 새로운 지도자를 세워야 하는 디도에게 바울의 격려와 실제적인 가르침은 큰 힘이 되었을 것이다. 이와 같이 우리도 격려하고 세밀히 지도해서 충성스러운 하나님의 사람으로 세워야 할 나의 디도가 누구인지 생각해 보아야 한다. 내가 할 수 있는 방법으로 그를 격려하고 도와야 한다. 교회의 멋진 건물이 서는 것도 중요하지만 교회를 이끌어 나갈 사람을 세우는 것이 더 중요하다. 디도를 믿음으로 세우기 위해 우리가 지금 해야 할 것을 생각하고 실천할 때 하나님의 사역은 세대를 넘어 계속될 것이다.

무릎 기도 하나님, 계속해서 하나님의 충성스러운 사람들이 세워지기 원합니다. 이 소중한 일을 위해 기도하고 격려하며 실제적 도움을 베푸는 바울과 같은 사람이 되게 하소서.

ESV - Titus 1

1 Paul, a servant* of God and an apostle of Jesus Christ, for the sake of the faith of God's elect and their knowledge of the truth, which accords with godliness,

2 in hope of eternal life, which God, who never lies, promised before the ages began*

3 and at the proper time manifested in his word* through the preaching with which I have been entrusted by the command of God our Savior;

4 To Titus, my true child in a common faith: Grace and peace from God the Father and Christ Jesus our Savior.

5 This is why I left you in Crete, so that you might put what remained into order, and appoint elders in every town as I directed you—

6 if anyone is above reproach, the husband of one wife,* and his children are believers* and not open to the charge of debauchery or insubordination.

7 For an overseer,* as God's steward, must be above reproach. He must not be arrogant or quick-tempered or a drunkard or violent or greedy for gain,

8 but hospitable, a lover of good, self-controlled, upright, holy, and disciplined.

9 He must hold firm to the trustworthy word as taught, so that he may be able to give instruction in sound* doctrine and also to rebuke those who contradict it.

* 1:1 For the contextual rendering of the Greek word *doulos*, see Preface
* 1:2 Greek *before times eternal*
* 1:3 Or *manifested his word*
* 1:6 Or *a man of one woman*
* 1:6 Or *are faithful*
* 1:7 Or *bishop*; Greek *episkopos*
* 1:9 Or *healthy*; also verse 13

1 servant 종 apostle 사도 for the sake of ⋯ 때문에 elect 선택된 사람 3 manifest 나타내다 entrust 맡기다 command 명령 5 appoint 임명하다 6 above reproach 나무랄 데 없는 charge 책임 debauchery 방탕 insubordination 불복종 7 overseer 감독 steward 청지기 arrogant 오만한 quick-tempered 화를 잘 내는 violent 난폭한 8 hospitable 환대하는 disciplined 올바른 9 instruction 가르침 sound 바른 doctrine 교훈 rebuke 꾸짖다 contradict 부정하다

☐ 묵상 체크

26
월   일

율법주의와 형식주의에서 떠나라
디도서 1:10-16 • 새찬송 22장 | 통일 26장

• 말씀묵상 전에 성령님의 인도하심을 구하는 기도를 드리십시오.

> **본문요약** | 바울은 디도에게 거짓 교사들의 특징에 대해 말한다. 그레데에 있는 거짓 교사 중 많은 사람은 할례파로 구약의 율법을 지켜야 구원을 얻을 수 있다고 가르쳤다. 디도는 이러한 거짓 교사들의 가르침이 퍼지지 않도록 주의하고 성도를 진리의 말씀으로 가르쳐야 한다.

10 불순종하고 헛된 말을 하며 속이는 자가 많은 중 할례파 가운데 특히 그러하니
11 그들의 입을 막을 것이라 이런 자들이 더러운 이득을 취하려고 마땅하지 아니한 것을 가르쳐 가정들을 온통 무너뜨리는도다
12 그레데인 중의 어떤 선지자가 말하되 그레데인들은 항상 거짓말쟁이며 악한 짐승이며 배만 위하는 게으름뱅이라 하니
13 이 증언이 참되도다 그러므로 네가 그들을 엄히 꾸짖으라 이는 그들로 하여금 믿음을 ¹⁾온전하게 하고
14 유대인의 허탄한 이야기와 진리를 배반하는 사람들의 명령을 따르지 않게 하려 함이라
15 깨끗한 자들에게는 모든 것이 깨끗하나 더럽고 믿지 아니하는 자들에게는 아무 것도 깨끗한 것이 없고 오직 그들의 마음과 양심이 더러운지라
16 그들이 하나님을 시인하나 행위로는 부인하니 가증한 자요 복종하지 아니하는 자요 모든 선한 일을 버리는 자니라

1. 오늘 하나님께서 나에게 주신 깨달음은 무엇입니까?

2. 말씀을 어떻게 내 삶에 구체적으로 적용해야 합니까?

1) 헬, 건전하게

절별 해설

10 속이는 자가 많은 중 할례파 가운데 특히 그러하니 지금 디도가 직면하고 있는 거짓 선생의 문제 중에 가장 많은 부분이 할례파가 발생시킨 것이다. 이들은 이방인들이 그리스도인이 되기 위해서 할례와 같은 구약의 율법과 의식을 지켜야 한다고 주장했다.

11 그들의 입을 막을 것이라 "입을 막다"의 뜻은 '재갈 물리다'이다. 구원받는 조건으로 구약의 율법과 의식을 지켜야 한다는 거짓 교사들의 가르침은 이제 막 신앙생활을 시작한 이방인 출신 성도들에게 많은 혼란을 주었다. 바울은 디도에게 이런 거짓 가르침이 퍼지지 않도록 즉시 차단하라고 말한다.

더러운 이득을 취하려고 마땅하지 아니한 것을 가르쳐 거짓 교사들이 가르친 것은 진리의 바른 말씀이 아니었다. 그들은 자신들의 사상을 가르쳤으며 이를 통해 돈을 벌기까지 했다.

가정들을 온통 무너뜨리는도다 거짓 교사들의 가르침은 개인의 신앙뿐 아니라 가정까지 무너뜨리면서 교회에 큰 혼란을 주었다.

12 그레데인 중의 어떤 선지자가 말하되 "어떤 선지자"는 BC 6세기에 시인이자 철학자로 이름을 널리 알린 에피메니데스를 말한다. 바울은 그를 선지자로 소개하며 자신의 주장을 펼치기 위해 그의 말을 인용한다.

거짓말쟁이며 악한 짐승이며 배만 위하는 게으름뱅이라 바울은 에피메니데스가 자기 민족의 특징을 비하한 그의 시를 인용한다. 이 인용을 통해 바울은 그레데인들에게 진리를 통한 교육과 훈계가 필요함을 강조한다.

14 유대인의 허탄한 이야기와 진리를 배반하는 사람들의 명령 바울은 다시 거짓 교사들의 잘못된 가르침의 특징을 요약적으로 드러낸다. 거짓 교사 중 다수가 유대주의자들이었다. 이들은 율법주의, 외형주의를 강조했으며 진리의 말씀이 요구하지 않는 각종 조항을 만들어 지킬 것을 강요했다.

15 깨끗한 자들에게는 모든 것이 깨끗하나 진리의 말씀을 바르게 배우고 받아들인 사람들은 정결함을 얻는다. 그들은 음식, 의식과 같은 각종 규율의 구속에서 자유하다. 더 이상 율법이 금지하는 음식을 먹거나 불필요한 종교적 행위를 하지 않는다고 해서 부정하다는 판결을 받지 않는다(딤전 4:1-5).

16 그들이 하나님을 시인하나 행위로는 부인하니 거짓 교사들은 입으로 하나님을 시인하고 말씀을 바르게 알고 있다고 주장했다. 그러나 그들의 행동은 자신들을 위한 것이었으며, 더러운 이득을 취했고, 결과적으로 하나님의 진리를 부정하는 모습으로 나타난다.

쉬운성경

10 복종하지 않고 터무니없는 말을 하며, 사람들을 잘못된 길로 이끄는 사람들이 많이 있는데, 특히 이방인들도 할례를 받아야 한다고 주장하는 사람들 중에 많이 있습니다.

11 그들이 더 이상 헛된 말을 하지 못하도록 막으십시오. 그들은 거짓된 가르침으로 모든 가정을 망가뜨리고 있습니다. 사람들의 마음을 속여 돈을 벌려는 속셈으로 떠들어 대는 그들을 막으시기 바랍니다.

12 크레타의 예언자조차도 이렇게 말했습니다. "크레타인은 다들 거짓말쟁이다. 그들은 자기 배만 채우는 악한 짐승이며 게으름뱅이들이다."

13 예언자의 말이 옳습니다. 잘못된 것을 바로잡아 그 사람들에게 말해 주고, 엄격하게 대하십시오. 그러면 믿음 안에 굳게 서게 되기 때문에

14 그들이 유대인의 지어낸 이야기들에 더 이상 귀 기울이지 않고, 진리를 따르지 않는 사람들의 명령에도 마음이 흔들리지 않게 될 것입니다.

15 깨끗한 자에게는 모든 것이 깨끗하지만, 죄에 빠져 믿지 않는 자들에게는 깨끗한 것이 아무것도 없고 생각도 악해져서 옳은 것조차도 잘못된 것처럼 보입니다.

16 그들은 하나님을 안다고 말하지만, 그들의 악한 행동을 보면 하나님을 아는 사람들 같지 않습니다. 그들은 복종하지도 않고 선한 일을 전혀 하지 않습니다.

저자의 묵상

신앙인이 누리는 가장 큰 복 중에 하나가 진리를 통해 얻는 자유다. 우리는 더 이상 구원을 받기 위해 율법이 요구하는 것을 지킬 필요가 없다. 오직 그리스도께서 성취하신 것을 믿음으로 구원을 얻는다. 그런데 거짓 교사들은 구원을 얻기 위해 율법이 규정한 것을 지켜야 한다고 가르친다. 바울은 디도에게 이 복음이 주는 자유를 부인하는 거짓 교사들의 입을 막으라고 말한다. 율법에 기록된 모든 종교적 행위는 그리스도의 십자가 사역으로 폐기되었다는 점을 기억해야 한다. 성도는 그리스도를 믿는 믿음으로 구원을 받고 하나님 앞에 직접 나아갈 수 있다. 또한 우리의 선행이 구원의 조건이 아님도 기억해야 한다. 선행으로 구원받는 것이 아니라 우리가 믿고 구원받았으므로 선한 삶을 살아야 한다. 때론 선을 행하는 것에 실패하고 죄를 지을지라도 우리의 구원은 취소되지 않는다. 진실한 회개로 회복될 수 있고 다시 믿음의 선한 길을 갈 수 있다. 이 놀라운 복음의 자유를 누리며 감사로 살아가는 하루가 되어야 한다.

> **무릎기도** 하나님, 진리가 주는 자유를 누리게 하심을 감사드립니다. 취소될 수 없는 구원의 은혜를 누리며 오늘도 자유롭고 신실한 믿음의 길을 가게 하소서.

ESV - Titus 1

10 For there are many who are insubordinate, empty talkers and deceivers, especially those of the circumcision party.*

11 They must be silenced, since they are upsetting whole families by teaching for shameful gain what they ought not to teach.

12 One of the Cretans,* a prophet of their own, said, "Cretans are always liars, evil beasts, lazy gluttons."*

13 This testimony is true. Therefore rebuke them sharply, that they may be sound in the faith,

14 not devoting themselves to Jewish myths and the commands of people who turn away from the truth.

15 To the pure, all things are pure, but to the defiled and unbelieving, nothing is pure; but both their minds and their consciences are defiled.

16 They profess to know God, but they deny him by their works. They are detestable, disobedient, unfit for any good work.

* 1:10 Or *especially those of the circumcision*
* 1:12 Greek *One of them*
* 1:12 Probably from Epimenides of Crete

---

10 insubordinate 반항하는 empty 무의미한 deceiver 사기꾼 circumcision 할례 party 단체   11 silence 조용하게 만들다 upset …을 뒤엎다   12 prophet 선지자 glutton 식충이   13 testimony 증언 rebuke 꾸짖다 sound 온전한   14 devote 전념하다 myth 신화 command 명령   15 defile 더럽히다 conscience 양심   16 profess …인 체하다 deny 부인하다 detestable 혐오스러운 disobedient 반항하는 unfit 부적합한

묵상 체크 ☐

27
월   일

삶을 잡아 주는 바른 교훈
디도서 2:1-8 • 새찬송 499장 | 통일 277장

• 말씀묵상 전에 성령님의 인도하심을 구하는 기도를 드리십시오.

본문요약 | 바울은 디도에게 늙은 남성과 여성, 젊은 여성과 남성에게 무엇을 가르쳐야 할지 구체적으로 알려 준다. 바울은 젊은 디도에게 모든 일에 신중하며 모범이 되라고 말한다. 바른 삶과 교훈으로 성도를 가르치며 거짓 교사들을 부끄럽게 하라고 당부한다.

1 오직 너는 ¹⁾바른 교훈에 합당한 것을 말하여
2 늙은 남자로는 절제하며 경건하며 신중하며 믿음과 사랑과 인내함에 ²⁾온전하게 하고
3 늙은 여자로는 이와 같이 행실이 거룩하며 모함하지 말며 많은 술의 종이 되지 아니하며 선한 것을 가르치는 자들이 되고
4 그들로 젊은 여자들을 교훈하되 그 남편과 자녀를 사랑하며
5 신중하며 순전하며 집안 일을 하며 선하며 자기 남편에게 복종하게 하라 이는 하나님의 말씀이 비방을 받지 않게 하려 함이라
6 너는 이와 같이 젊은 남자들을 신중하도록 권면하되
7 범사에 네 자신이 선한 일의 본을 보이며 교훈에 부패하지 아니함과 단정함과
8 책망할 것이 없는 ¹⁾바른 말을 하게 하라 이는 대적하는 자로 하여금 부끄러워 우리를 악하다 할 것이 없게 하려 함이라

1. 오늘 하나님께서 나에게 주신 깨달음은 무엇입니까?

2. 말씀을 어떻게 내 삶에 구체적으로 적용해야 합니까?

1) 헬, 건전한
2) 헬, 건전하게

절별 해설

1 오직 너는 바른 교훈에 합당한 것을 말하여 "바른 교훈"은 1장 9절의 미쁜 말씀과 같은 것으로 거짓 교사들의 잘못된 가르침과 대조되는 성경의 바른 진리다.

2 늙은 남자로는 여기서 "늙은 남자"는 장로를 가리키는 것이 아니라 노년에 접어든 성도를 말한다.
절제하며 경건하며 신중하며 "절제하며"의 의미는 '술 취하지 않은'이다. 온전한 정신으로 균형 잡힌 사고를 하며 잘못된 것으로부터 멀리한다는 의미를 내포한다. "경건하며"는 진지하게 사고하고 위엄이 있는 것을 말한다. "신중하며"는 서두르지 않으며 사려 깊고 분별력 있게 말하고 행동하는 것을 가리킨다.

3 늙은 여자로는 아이를 양육할 책임이 없는 대략 60세 이상의 여성을 말한다(딤전 5:3-7).
행실이 거룩하며 모함하지 말며 "모함"이라는 말은 '사탄'에서 기원했다. 모함하는 것은 사탄처럼 거짓을 꾸며 내고 그것으로 모든 것을 분열시키는 행위이다.

4-5 그들로 젊은 여자들을 교훈하되 나이 든 여성은 자신의 거룩하고 모범된 삶을 통해 젊은 여성을 가르쳐야 한다.
순전하며 성적으로 순결한 것을 의미한다.

6 너는 이와 같이 젊은 남자들을 신중하도록 권면하되 바울은 이제 젊은 남성에게 가르쳐야 할 내용을 디도에게 알려 준다. 젊은 남자는 주로 12살 이상의 청년을 말한다. 젊은 남성에게는 신중함이 요구되는데, 이는 분별력이 있다는 뜻이다.

7 범사에 네 자신이 선한 일의 본을 보이며 바울은 디도가 모든 일에 신중해야 할 뿐 아니라 교회의 지도자로서 선한 일을 행하는 데 모범이 되어야 한다고 말한다.
교훈에 부패하지 아니함과 단정함 바울은 디도의 행동뿐 아니라 그의 가르침에 대해서도 이야기한다. 디도의 가르침은 거짓 교사들과 대조적으로 부패되지 않은 진리로서 정결함과 진중함을 갖추어야 한다.

8 책망할 것이 없는 바른 말을 하게 하라 "책망할 것이 없는"은 '비난받을 것이 없는'이라는 뜻이다. 바울은 디도가 그의 삶과 가르침에서 책망의 말을 듣지 않도록 주의하라고 말한다.
이는 대적하는 자로 하여금 부끄러워 바울은 디도의 사역에 대적하는 자가 있을 것을 전제로 한다. 실제로 이미 디도는 대적자들의 공격에 처해 있었다. 바울은 디도가 삶과 가르침에서 모범이 되어 그들의 공격이 거짓임이 드러나 스스로 부끄럽게 하라고 말한다.

쉬운성경

1 그대는 사람들에게 참된 가르침을 따르도록 말하십시오.

2 나이 많은 남자들에게는 절제하며 신중하고 지혜롭게 행동하도록 가르치고, 그들이 믿음과 사랑과 인내로 굳게 설 수 있도록 하십시오.

3 나이 많은 여자들에게는 경건하게 살도록 가르치십시오. 다른 사람의 흉을 보지 말게 하며 술을 좋아하지도 말고, 선한 것을 가르치도록 해야 합니다.

4 그래야 젊은 여자들에게 본이 되어, 그들이 남편과 자녀를 사랑하고,

5 지혜롭고 깨끗하며, 집안을 잘 돌보고 친절하며, 남편에게 복종하도록 가르칠 수 있을 것입니다. 이렇게 할 때, 하나님께서 우리에게 주신 말씀이 비난받지 않고 온전하고 바르게 설 수 있습니다.

6 젊은 남자들에게도 지혜롭게 행동하라고 말하십시오.

7 그대는 선한 일을 하며 모든 면에서 그들에게 본을 보이고, 정직하고 진지하게 가르치십시오.

8 진실하게 말해서 비난받지 않도록 하십시오. 그러면 우리를 반대하려는 사람들이 더 이상 반대하지 못하고 흠을 찾을 수도 없게 되어, 오히려 그들 스스로가 부끄러워할 것입니다.

저자의 묵상

우리는 계절의 변화에 따라 적절히 옷을 맞추어 입는다. 바울은 계절의 변화 따라 입는 옷처럼 인생의 변화, 즉 나이에 따라 우리가 깨닫고 실천해야 할 바른 교훈이 있다고 말한다. 바울은 노년의 남성에게 절제, 경건, 신중, 온전한 믿음과 사랑과 인내를 가지라고 말한다. 인생의 후반기에 모든 것이 절제되어 있고, 경건함과 신중함으로 인내하며 끝까지 믿음과 사랑의 길을 가는 모습은 얼마나 아름다운가. 한편 바울은 노년의 여성에게 다른 사람을 모함하기보다 거룩한 행동이 있는 삶을 살라고 말한다. 이런 원숙한 여성의 삶은 젊은 여성들에게 모범이 되고 가르침이 된다. 젊은 여성에게는 사랑의 가치를 일깨운다. 남편과 자녀를 사랑하며 신중하고 순결하게 가정을 지킬 것을 당부한다. 젊은 남성은 모든 일에 신중하여 가정과 사역에서 자신에게 맡겨진 일을 감당해야 한다. 지금 하나님께서는 말씀을 통해 내 인생의 계절, 내 나이에 무엇이 필요하다고 말씀하시는지 귀를 기울여야 한다.

> **무릎기도** 하나님, 지금까지의 삶을 인도하심에 감사드립니다. 제 인생의 계절에 필요한 교훈을 깨닫고 실천해서 시간이 갈수록 아름다운 인생이 되게 하소서.

ESV - Titus 2

1. But as for you, teach what accords with sound* doctrine.
2. Older men are to be sober-minded, dignified, self-controlled, sound in faith, in love, and in steadfastness.
3. Older women likewise are to be reverent in behavior, not slanderers or slaves to much wine. They are to teach what is good,
4. and so train the young women to love their husbands and children,
5. to be self-controlled, pure, working at home, kind, and submissive to their own husbands, that the word of God may not be reviled.
6. Likewise, urge the younger men to be self-controlled.
7. Show yourself in all respects to be a model of good works, and in your teaching show integrity, dignity,
8. and sound speech that cannot be condemned, so that an opponent may be put to shame, having nothing evil to say about us.

* 2:1 Or *healthy*; also verses 2, 8

1 accord with …와 일치하다 sound 온전한 doctrine 교훈 2 sober-minded 분별 있는 dignified 위엄 있는 steadfastness 확고함 3 likewise 마찬가지로 reverent 경건한 behavior 행동 slander 비방 slave 노예 5 submissive 순종적인 revile 욕하다 6 urge 권고하다 7 integrity 정직 8 condemn 책망하다 opponent 반대자

☐ 묵상 체크

28
월   일

과감히 버리고 굳건히 지키는 신앙
디도서 2:9-15 • 새찬송 42장 | 통일 11장

• 말씀묵상 전에 성령님의 인도하심을 구하는 기도를 드리십시오.

본문요약 | 바울은 디도에게 종이 상전에게 순종하고 충성하도록 가르치라고 당부한다. 그런 종들의 선한 행동을 통해 진리의 말씀이 드러나도록 하기 위함이다. 또한 성도는 믿음을 지키기 위해 불경건함과 세상의 정욕을 버리고 신중함과 의로움과 경건함을 지키며 살아야 한다.

9 종들은 자기 상전들에게 범사에 순종하여 기쁘게 하고 거슬러 말하지 말며
10 훔치지 말고 오히려 모든 참된 신실성을 나타내게 하라 이는 범사에 우리 구주 하나님의 교훈을 ¹⁾빛나게 하려 함이라
11 모든 사람에게 구원을 주시는 하나님의 은혜가 나타나
12 우리를 양육하시되 경건하지 않은 것과 이 세상 정욕을 다 버리고 신중함과 의로움과 경건함으로 이 세상에 살고
13 복스러운 소망과 우리의 크신 하나님 구주 예수 그리스도의 영광이 나타나심을 기다리게 하셨으니
14 그가 우리를 대신하여 자신을 주심은 모든 불법에서 우리를 속량하시고 우리를 깨끗하게 하사 선한 일을 열심히 하는 자기 백성이 되게 하려 하심이라
15 너는 이것을 말하고 권면하며 모든 권위로 책망하여 누구에게서든지 업신여김을 받지 말라

1. 오늘 하나님께서 나에게 주신 깨달음은 무엇입니까?

2. 말씀을 어떻게 내 삶에 구체적으로 적용해야 합니까?

1) 헬, 단장하게

절별 해설

9 종들은 자기 상전들에게 범사에 순종하여 바울 당시 노예 제도가 보편화되어 있었다. 대부분의 노예는 가장 하층의 계급으로 분류되었다. 많은 노예가 예수 그리스도를 믿고 초대교회의 구성원이 되었으며, 이들은 교회에서 형제자매로 불리며 평등한 대우를 받았다. 그러나 바울은 믿음을 가진 종들이 교회 밖의 일상에서 흐트러지거나 질서를 흔들어서는 안 되며 상전에게 더 순종하길 당부한다.

10 하나님의 교훈을 빛나게 하려 함이라 믿음을 가진 종은 순종과 성실한 삶을 통해 하나님의 말씀이 진리이며 선한 것임을 드러나게 할 수 있다.

11 모든 사람에게 구원을 주시는 하나님의 은혜 구원은 모든 사람에게 임하는 하나님의 선물이다. 나이, 성별, 계급에 관계없이 하나님의 구원을 받을 수 있다. 그리스도인은 믿음 안에서 모두 하나님 아버지를 섬기며 신앙의 가족이 된다.

12 경건하지 않은 것과 이 세상 정욕을 다 버리고 바울은 성도가 참된 신앙인이 되기 위해 버리는 삶을 살아야 한다고 말한다. 구원은 완전한 변화를 가져다주는데 영혼을 파괴하고 죄에 빠지게 하는 것들을 버림으로써 이 변화가 일어난다. 바울은 성도가 버려야 할 두 가지를 요약적으로 말하는데, 첫째는 경건하지 않은 것이다. 이것은 하나님 앞에서 바른 신앙을 유지하는 것을 막는 모든 것을 포괄적으로 가리킨다. 둘째는 세상의 정욕, 즉 세상의 쾌락과 욕심을 추구하려는 마음이다.
신중함과 의로움과 경건함으로 이 세상에 살고 바울은 이제 성도가 힘써 지켜야 할 것을 말한다. 그것은 모든 것에 신중한 태도이며 의로움을 추구하는 경건한 삶이다.

13 구주 예수 그리스도의 영광이 나타나심을 기다리게 하셨으니 모든 성도는 복된 소망을 기다린다. 그것은 부활하신 그리스도께서 재림하시는 날이다. 예수님은 재림의 날에 성도의 눈물을 닦아 주시며 불의한 모든 자를 심판하실 것이다.

14 그가 우리를 대신하여 자신을 주심은 모든 불법에서 우리를 속량하시고 바울은 거짓 교사들의 주장처럼 구원이 율법을 지키는 것을 통해서가 아니라 그리스도의 구속 사역과 그것을 믿는 믿음에서 나옴을 다시 한번 강조한다.

15 누구에게서든지 업신여김을 받지 말라 디도 또한 디모데처럼 젊고 경험이 부족한 사역자였다. 바울은 디도에게 담대한 태도와 모범이 되는 삶으로 사람들에게 업신여김을 받지 말고 오히려 인정받으라고 말한다.

쉬운성경

9 종들에게는 항상 주인에게 복종하도록 가르치십시오. 주인을 기쁘게 하고 주인과 말다툼하지 말며,

10 주인의 물건을 훔치지 않도록 하십시오. 종들은 주인에게 자신이 믿을 만한 사람임을 보여주어야 합니다. 모든 일에 충성할 때, 우리 구주 하나님의 좋으신 가르침을 널리 빛내게 될 것입니다.

11 우리는 이제 하나님의 은혜를 받았습니다. 그 은혜는 모든 사람을 구원하시는 하나님의 사랑입니다.

12 은혜를 받은 사람은 하나님을 대적하거나 세상 사람들을 따라 악한 일을 해서는 안 되며, 하나님을 존경하고 따르며, 신중하고 바르게 살아가는 모습을 보여주어야 합니다.

13 우리의 크신 하나님과 구주 예수 그리스도가 오실 그날까지 충성스럽게 살아갈 때, 우리의 큰 소망되신 예수님께서 영광 가운데 나타나실 것입니다.

14 예수님께서는 우리를 위해 자기 자신을 주셨습니다. 우리를 모든 악에서 구원하시고 깨끗하게 하셔서, 선한 일을 하기에 힘쓰는 그의 백성이 되게 하시려고 우리를 대신해서 죽으셨던 것입니다.

15 사람들에게 이 모든 것을 널리 전하십시오. 그대는 그러한 권위를 가졌습니다. 그 권위로 사람들을 격려하고 가르쳐서 아무도 그대를 업신여기지 못하게 하십시오.

저자의 묵상

복음은 우리의 삶을 변화시킨다. 이 변화는 과감히 버리는 것과 굳건히 지키는 것을 통해 일어난다. 바울은 예수 그리스도를 따르는 성도에게 경건하지 않은 것과 세상의 정욕을 버리라고 말한다. 하나님 앞에서 신실한 삶을 가로막고 과거의 악한 삶으로 우리를 유혹하는 모든 경건하지 않은 것을 버려야 한다. 세상의 욕심과 쾌락을 추구하는 정욕 또한 버려야 한다. 바울은 돈을 사랑하는 마음, 재미와 쾌락을 추구하는 중독된 행동 등 우리가 지금 버려야 할 것이 무엇인지 살피고 삶에서 그것들을 제거하라고 한다. 변화된 성도의 삶을 살기 위해 우리가 지켜야 할 것도 있다. 바울이 가장 먼저 말하는 것은 신중함이다. 성급하고 절제되지 않은 생각과 행동을 피하고 말씀을 기준으로 차분하게 판단하고 행동하라고 말한다. 또한 선한 것을 추구하면서 경건한 삶을 추구하라고 말한다. 오늘 내 안에 잘못된 것을 비워 내고, 하나님과 이웃을 위해 선한 일을 실천할 때 아름다운 변화를 경험할 수 있다.

> **무릎기도** 하나님, 내 안에 잘못되고 악한 것을 깨끗이 버리게 도와주시고, 오늘도 주님의 은혜로 신중하며 선하고 경건한 삶을 살게 하소서.

ESV - Titus 2

9 Bondservants* are to be submissive to their own masters in everything; they are to be well-pleasing, not argumentative,
10 not pilfering, but showing all good faith, so that in everything they may adorn the doctrine of God our Savior.
11 For the grace of God has appeared, bringing salvation for all people,
12 training us to renounce ungodliness and worldly passions, and to live self-controlled, upright, and godly lives in the present age,
13 waiting for our blessed hope, the appearing of the glory of our great God and Savior Jesus Christ,
14 who gave himself for us to redeem us from all lawlessness and to purify for himself a people for his own possession who are zealous for good works.
15 Declare these things; exhort and rebuke with all authority. Let no one disregard you.

* 2:9 For the contextual rendering of the Greek word doulos, see Preface

9 bond servant 종 submissive 순종하는 argumentative 논쟁적인 10 pilfer 좀도둑질하다 adorn 광채를 더하다 doctrine 교훈 11 salvation 구원 12 renounce 버리다 upright 반듯한 14 redeem 구하다 lawlessness 무법 상태 purify 정화하다 possession 소유 zealous 열심인 15 declare 말하다 exhort 권하다 rebuke 질책하다 authority 권위 disregard 무시하다

29 삶이 메시지가 되게 하라

디도서 3:1-8 • 새찬송 268장 | 통일 202장

월 일

• 말씀묵상 전에 성령님의 인도하심을 구하는 기도를 드리십시오.

본문요약 | 성도는 천국에 속한 사람들이지만 세상의 지도자들이 만든 제도와 질서를 지켜야 한다. 특별히 불신자들 앞에서 다툼보다는 온유함과 관용하는 모습을 보임으로 그들의 마음의 문이 열려 복음 앞으로 나올 수 있도록 해야 한다. 하나님의 은혜로 말미암아 구원을 받았기 때문이다.

1 너는 그들로 하여금 통치자들과 권세 잡은 자들에게 복종하며 순종하며 모든 선한 일 행하기를 준비하게 하며
2 아무도 비방하지 말며 다투지 말며 관용하며 범사에 온유함을 모든 사람에게 나타낼 것을 기억하게 하라
3 우리도 전에는 어리석은 자요 순종하지 아니한 자요 속은 자요 여러 가지 정욕과 행락에 종 노릇 한 자요 악독과 투기를 일삼은 자요 가증스러운 자요 피차 미워한 자였으나
4 우리 구주 하나님의 자비와 사람 사랑하심이 나타날 때에
5 우리를 구원하시되 우리가 행한 바 의로운 행위로 말미암지 아니하고 오직 그의 긍휼하심을 따라 중생의 씻음과 성령의 새롭게 하심으로 하셨나니
6 우리 구주 예수 그리스도로 말미암아 우리에게 그 성령을 풍성히 부어 주사
7 우리로 그의 은혜를 힘입어 의롭다 하심을 얻어 영생의 소망을 따라 상속자가 되게 하려 하심이라
8 이 말이 미쁘도다 원하건대 너는 이 여러 것에 대하여 굳세게 말하라 이는 하나님을 믿는 자들로 하여금 조심하여 선한 일을 힘쓰게 하려 함이라 이것은 아름다우며 사람들에게 유익하니라

1. 오늘 하나님께서 나에게 주신 깨달음은 무엇입니까?

2. 말씀을 어떻게 내 삶에 구체적으로 적용해야 합니까?

절별 해설

1 통치자들과 권세 잡은 자들에게 복종하며 순종하며 바울은 성도들이 천국의 시민으로 살아가지만 이 땅의 지도자들이 만든 제도와 질서도 지키고 따르라고 말한다. 이는 성도가 국가와 평화로운 관계를 가짐으로 복음 전파의 기회가 막히지 않게 하려는 것이다. 바울의 이 권면은 일반적인 경우를 말한다. 만일 국가가 우상 숭배를 강요하거나 정의를 파괴하며 죄악에 빠질 때 성도는 불복종할 수 있다.

2 관용하며 범사에 온유함을 모든 사람에게 나타낼 것을 기억하게 하라 "모든 사람"은 성도뿐 아니라 믿지 않는 사람들까지 전부 포함한다. 성도는 불신자들 앞에서 싸우지 않고 오히려 관용과 범사에 온유한 모습을 보여야 한다. 그리하여 그들의 마음을 열고 효과적으로 복음을 전할 수 있는 토대를 마련해야 한다.

3 우리도 전에는 어리석은 자요 순종하지 아니한 자요 바울은 성도들에게 구원받기 이전의 어두웠던 삶을 돌아보라고 말한다. 자신의 과거를 생각하며 죄악에 빠져 있는 불신자들을 불쌍히 여기고 겸손과 온유로 대하라고 당부한다.

4 하나님의 자비와 사람 사랑하심이 나타날 때에 하나님의 구원 계획에 따라 이 땅에 오신 예수 그리스도의 성육신을 가리킨다.

5 우리를 구원하시되 … 의로운 행위로 말미암지 아니하고 바울은 거짓 교사들의 가르침처럼 우리의 구원이 행위로 얻은 것이 결코 아님을 다시 강조한다.
중생의 씻음과 성령의 새롭게 하심으로 하셨나니 "중생의 씻음"은 회개를 통해 주어지는 죄 사함과 영생을 말한다. 물로 씻어 말씀으로 깨끗하게 하는 세례의 진정한 의미기도 하다(엡 5:26). 이는 성령의 새롭게 하시는 역사를 통해 성도에게 임한다.

6 예수 그리스도로 말미암아 우리에게 그 성령을 풍성히 부어 주사 예수님은 대속의 사역을 마치시고 아버지께 돌아가시며 성령이 오실 것이라 약속하셨다(요 16:7). 오순절 사건을 통해 이제 모든 성도에게 성령이 충만히 부어졌다.

7 우리로 그의 은혜를 힘입어 의롭다 하심을 얻어 그리스도의 십자가 대속 사역으로 회개하는 모든 사람의 죄는 사함을 얻고 하나님 앞에 의롭다 칭함을 받는 칭의의 복을 누린다.

8 이것은 아름다우며 사람들에게 유익하니라 여기서 "사람들"은 신앙을 갖지 않은 일반인을 말한다. 성도는 구원의 증

쉬운성경

1 그대는 성도들이 다스리는 자와 정부 지도자들의 권위에 순종하고 늘 선한 일에 힘쓰도록 그들을 가르치십시오.

2 또한 남을 헐뜯거나 욕하지 않고, 모든 사람과 사이좋게 지내며 부드럽고 공손하게 대하도록 가르치십시오.

3 이전에는 우리 역시 어리석은 사람이었습니다. 순종하지 않고 잘못된 행동을 하며 육체의 즐거움을 따라 세상일의 노예가 되었고, 악한 일을 하며 남을 미워하고 질투하며 살았던 사람들이었습니다.

4 그러나 우리 구주 하나님의 자비와 사랑이 우리에게 나타났습니다.

5 우리는 우리의 올바른 행동을 통해서가 아니라 하나님의 은혜로 구원을 받았습니다. 그분은 우리를 깨끗하게 씻어 새로운 사람이 되게 하시고 성령으로 새롭게 하셨습니다.

6 하나님께서는 우리 구주 예수 그리스도를 통해 우리에게 이 성령을 풍성히 부어 주셔서,

7 우리가 하나님과 올바른 관계를 맺게 하셨습니다. 이 모든 것이 하나님의 은혜입니다. 하나님께서 우리에게 성령을 주심으로 이제 우리가 그토록 소원하던 영원한 생명을 누리게 된 것입니다.

8 이 모든 말이 참된 말이니 그대가 사람들에게 잘 이해시켜 주기를 부탁합니다. 하나님을 믿는 사람은 선한 일을 하는 데 힘써야 합니다. 이것은 아름다우며 사람들에게 도움이 되는 일입니다.

거인 선한 행실을 통해 믿지 않는 자들에게 복음을 전한다. 경건과 절제로 신실한 삶을 사는 이들은 영혼 구원을 위해 사는 아름다운 사람들이다.

저자의 묵상

예수님께서 당신의 제자들에게 당부하신 것은 영혼 구원이다. 바울도 디도도 이 사명을 가슴에 새기며 살았다. 영혼 구원은 그리스도께서 행하신 일을 말로 들려주는 것이다. 동시에 구원받은 자가 어떤 사람인지 삶으로 보여주는 것이기도 하다. 우리의 말뿐 아니라 우리의 삶이 복음의 메시지이다. 한편 성도는 본문의 말씀처럼 하늘에 속해 있지만 이 땅의 지도자들을 위해 기도하고 그들을 존중하며 따르는 사람이다. 또한 다툼보다는 온유함과 관용으로 사람을 대하는 사람들이다. 이런 선한 삶은 복음의 메시지가 되어 불신자의 마음이 열리게 하며 복음 앞으로 나아올 수 있는 기회를 만든다. 성도는 다툼 많은 이 세상에서 질서와 법을 존중하며 평화와 관용의 사람으로 살아야 한다. 복음을 몰라 어둠 속에서 죄악을 행하며 살았던 우리의 모습을 기억하며 불신자들을 불쌍히 여기고 사랑으로 대해야 한다. 그들 또한 구원받고 믿음의 형제자매가 되기를 소망하며 오늘도 우리의 입술과 선한 행동으로 복음을 전해야 한다.

> **무릎기도** 하나님, 아직 주님을 몰라 죄악에 빠진 사람을 불쌍히 여기게 하시고, 용기와 지혜를 주셔서 오늘도 따뜻한 말과 선한 삶으로 복음을 전하게 하소서.

ESV - Titus 3

1 Remind them to be submissive to rulers and authorities, to be obedient, to be ready for every good work,
2 to speak evil of no one, to avoid quarreling, to be gentle, and to show perfect courtesy toward all people.
3 For we ourselves were once foolish, disobedient, led astray, slaves to various passions and pleasures, passing our days in malice and envy, hated by others and hating one another.
4 But when the goodness and loving kindness of God our Savior appeared,
5 he saved us, not because of works done by us in righteousness, but according to his own mercy, by the washing of regeneration and renewal of the Holy Spirit,
6 whom he poured out on us richly through Jesus Christ our Savior,
7 so that being justified by his grace we might become heirs according to the hope of eternal life.
8 The saying is trustworthy, and I want you to insist on these things, so that those who have believed in God may be careful to devote themselves to good works. These things are excellent and profitable for people.

1 remind 알려 주다 submissive 순종하는 authority 권위 obedient 순종하는   2 quarrel 싸우다 gentle 온화한 courtesy 공손 3 lead astray 미혹시키다 malice 악의   5 righteousness 의 regeneration 갱생 renewal 소생   7 justify 정당화하다 heir 상속인   8 trustworthy 신뢰할 수 있는 insist 주장하다 devote 전념하다 profitable 유익한

☐ 묵상 체크

30
월   일

넓은 시각과 세밀한 살핌
디도서 3:9-15 • 새찬송 180장 | 통일 168장

• 말씀묵상 전에 성령님의 인도하심을 구하는 기도를 드리십시오.

본문요약 | 바울은 디도에게 마지막 권면과 인사를 한다. 디도는 잘못된 율법주의로 변론과 다툼을 일으키는 거짓 교사들을 멀리하고, 이단이 교회에 들어오지 못하도록 막아야 한다. 또한 성도가 선한 일을 하되 이 모든 일을 하나님의 은혜 안에서 충성스럽게 감당하도록 격려한다.

9 그러나 어리석은 변론과 족보 이야기와 분쟁과 율법에 대한 다툼은 피하라 이것은 무익한 것이요 헛된 것이니라
10 이단에 속한 사람을 한두 번 훈계한 후에 멀리하라
11 이러한 사람은 네가 아는 바와 같이 부패하여 스스로 정죄한 자로서 죄를 짓느니라
12 내가 아데마나 두기고를 네게 보내리니 그 때에 네가 급히 니고볼리로 내게 오라 내가 거기서 겨울을 지내기로 작정하였노라
13 율법교사 세나와 및 아볼로를 급히 먼저 보내어 그들로 부족함이 없게 하고
14 또 우리 사람들도 열매 없는 자가 되지 않게 하기 위하여 필요한 것을 준비하는 좋은 일에 힘 쓰기를 배우게 하라
15 나와 함께 있는 자가 다 네게 문안하니 믿음 안에서 우리를 사랑하는 자들에게 너도 문안하라 은혜가 너희 무리에게 있을지어다

1. 오늘 하나님께서 나에게 주신 깨달음은 무엇입니까?

2. 말씀을 어떻게 내 삶에 구체적으로 적용해야 합니까?

절별 해설

9 어리석은 변론과 족보 이야기와 분쟁과 율법에 대한 다툼 바울은 다시 거짓 교사들의 가르침과 그로 인해 발생되는 문제에 대해 말한다. 그들의 가르침은 주로 구약의 율법주의에 기초를 두고 있었다. 이들의 잘못된 가르침은 교회 안에 끊임없이 혈통과 율법 해석에 대한 변론과 다툼을 일으킨다.
이것은 무익한 것이요 헛된 것이니라 바울은 계속해서 거짓 교사들과의 논쟁과 다툼을 피해야 한다고 말한다(딤전 1:4; 6:4; 딤후 2:14,23). 거짓 교사들은 논쟁을 통해 더욱 잘못된 가르침을 확산시키고 교회의 안정을 흔들려고 하기 때문이다.

10 이단에 속한 사람을 한두 번 훈계한 후에 멀리하라 디도는 거짓 교사들뿐 아니라 이단에 속한 자들을 어떻게 대해야 할지 알려 준다. 돌이킬 기회를 주기 위해 그들에게도 한두 번의 훈계를 해야 한다. 그러나 그들이 돌아오지 않을 때 교회 밖으로 추방해야 한다.

11 부패하여 스스로 정죄한 자로서 죄를 짓느니라 거짓 교사들과 이단에 속한 자들은 죄를 짓고 스스로 정죄한다. 주님은 이런 자들을 때가 되면 심판하신다.

12 내가 아데마나 두기고를 네게 보내리니 바울의 신뢰를 받는 동역자 중 한 명이었던 아데마에 대해서는 알려진 것이 없다. 사랑받는 형제요 신실한 일꾼인 두기고는 디모데와 함께 바울의 신실한 동역자였다(행 20:4; 골 4:7). 그는 에베소서나 골로새서와 같은 바울의 편지를 전달하는 역할을 담당했다.
네가 급히 니고볼리로 내게 오라 바울이 이 편지를 쓸 때 어느 지역에 있었는지 모르나 그는 니고볼리에서 겨울을 지낼 것이라고 말한다.

13 율법교사 세나와 및 아볼로를 급히 먼저 보내어 세나에 대해서는 알려진 것이 없으나 그는 율법교사 혹은 로마법 전문가로 추정된다. 아볼로는 알렉산드리아 출신의 뛰어난 성경 교사였는데 세례 요한의 가르침만 알다가 이후 복음을 듣고 회심했다(행 18:24-28). 세나와 아볼로는 그레데 혹은 그 주변에서 사역을 하고 있었던 것 같다. 바울은 디도에게 이들이 불편함을 느끼지 않도록 잘 도울 것을 당부한다.

15 나와 함께 있는 자가 다 네게 문안하니 … 은혜가 너희 무리에게 있을지어다 바울이 지금 누구와 함께 있으면서 이 편지를 쓰는지는 구체적으로 알 수 없다. 그러나 지역의 차이에도 불구하고 바울과 그의 동역자들은 디도와 그레데의 성도들을 축복하며 은혜로 승리할 것을 당부한다.

쉬운성경

9 어리석은 논쟁이나 쓸데없는 족보 이야기, 그리고 모세의 율법에 대한 말다툼을 피하십시오. 그런 것은 아무 가치도 없으며 아무에게도 도움이 되지 않습니다.

10 만일 누군가가 논쟁을 일으키거든 그에게 경고하십시오. 계속 듣지 않으면 다시 경고하고, 그래도 안 되면 그와의 관계를 끊어 버리십시오.

11 그런 이는 자기가 잘못하는 줄 알면서도 계속 죄를 짓는 악한 사람입니다.

12 내가 아데마나 두기고를 그대에게 보내리니 그들이 도착하면, 그대는 니고볼리에 있는 나에게 빨리 오십시오. 이번 겨울은 거기서 머물 계획입니다.

13 율법사 세나와 아볼로를 먼저 떠나 보내십시오. 여행길이 불편하지 않도록 될 수 있는 한 필요한 것들을 잘 챙겨 주시기 바랍니다.

14 우리 모두는 열심히 선한 일을 하고, 도움이 필요한 사람들에게 도움을 주는 습관을 길러야 합니다. 그래야 유익한 삶을 살았다고 할 수 있을 것입니다.

15 나와 함께 있는 모든 사람들이 그대에게 안부를 전합니다. 믿음 안에서 우리를 사랑하는 모든 사람들에게 안부를 전해 주십시오. 하나님의 은혜가 여러분에게 있기를 기도합니다.

저자의 묵상

주위 사람을 돕고 성장시키기 위해서는 넓은 시각과 세밀한 도움을 함께 갖추어야 한다. 바울은 디도서를 마치며 다시 한번 디도가 기억해야 할 것을 넓은 시각으로 안내한다. 교회를 어지럽게 하는 거짓 교사들과 이단을 어떻게 대해야 할지에 대한 보편적 원칙을 가르쳐 준다. 동시에 동역자들의 이름을 한 명씩 말하며 어떻게 그들을 세밀하게 도와야 하는지 안내한다. 우리는 가정, 교회, 학교, 일터에서 사람들을 돕기 위해 멀리 볼 수 있는 지혜를 갖도록 노력해야 한다. 사람은 종종 너무 좁은 시각에 갇혀서, 코앞에 닥친 사안에만 몰입하여 넓게 보지 못하고 불안해하고 좌절하는 경우가 많다. 그들을 믿음의 눈으로 멀리 보게 해서 하나님의 뜻을 발견하게 해야 한다. 동시에 내게 주신 사람들을 세밀히 살펴야 한다. 주변 사람에게 지금 구체적으로 무엇이 필요한지 살피고 실제적인 도움을 주어야 한다. 진정한 사랑은 모호한 말이 아니라 구체적 행동이다. 믿음의 넓은 시각과 필요를 채워 주는 세밀한 살핌을 통해 서로의 동역은 깊어지고 하나님의 사역은 풍성한 열매로 나타난다.

> **무릎기도** 하나님, 믿음의 눈을 열어 주셔서 하나님의 시각으로 넓게 보게 하소서. 지혜를 주셔서 사람들을 세밀히 살피고 돕게 하소서.

ESV - Titus 3

9 But avoid foolish controversies, genealogies, dissensions, and quarrels about the law, for they are unprofitable and worthless.
10 As for a person who stirs up division, after warning him once and then twice, have nothing more to do with him,
11 knowing that such a person is warped and sinful; he is self-condemned.
12 When I send Artemas or Tychicus to you, do your best to come to me at Nicopolis, for I have decided to spend the winter there.
13 Do your best to speed Zenas the lawyer and Apollos on their way; see that they lack nothing.
14 And let our people learn to devote themselves to good works, so as to help cases of urgent need, and not be unfruitful.
15 All who are with me send greetings to you. Greet those who love us in the faith. Grace be with you all.

9 avoid 피하다 controversy 논쟁 genealogy 족보 dissension 불화 quarrel 말다툼 unprofitable 무익한   10 stir 일으키다 division 분열 warn 경고하다   11 warped 뒤틀린 sinful 죄 많은 self-condemned 양심의 가책을 받는   13 see that 꼭 …하게 하다   14 devote 전념하다 urgent 절박한 unfruitful 헛된   15 greeting 인사

히브리서를 묵상하기 전에

저자 및 기록 시기

히브리서의 저자는 밝혀져 있지 않다. 본서의 저자가 바울, 바나바, 아볼로라는 주장이 있었지만 큰 지지를 받지 못했다. 히브리서는 구약의 희생 제사를 예루살렘 성전에서 행하는 것처럼 묘사하기 때문에 예루살렘이 멸망한 AD 70년 이전인 AD 60-70년경에 기록된 것으로 볼 수 있다.

저술 목적

히브리서는 목회상의 목적으로 기록된 경고 및 격려의 글이다. 이 편지를 받는 사람들은 로마의 통치 아래서 박해를 받으며 살아가던 유대인들이었을 것이다.

주요 메시지

하나님은 구약의 성도들에게 율법을 주셔서 믿음으로 그것을 받는 자에게 안식을 약속하셨다. 지금 우리에게는 예수님을 주셔서 예수님을 믿는 자에게 안식을 주실 것을 약속하셨다. 따라서 현실 가운데 고난과 시험이 있어도 믿음과 인내로 끝까지 예수님을 붙들어야 한다는 것이 본서의 주된 내용이다.

특징

1. 그리스도 중심의 성경 해석의 모델을 제시한다.

예수님은 구약성경 전체가 자신에 관하여 기록한 것이라고 말씀하셨다(요 5:39; 눅 24:27). 히브리서는 구약성경의 인물과 언약 그리고 언약의 조항인 율법을 전부 예수 그리스도 중심으로 어떻게 해석할 것인가에 대한 모델을 보여준다. 대표적인 예가 멜기세덱이다. 멜기세덱은 구약에 딱 한 번 등장한 신비한 인물이다. 저자는 그를 예수님의 제사장적 모형으로 해설하며 이를 이해하지 못하는 것이 미성숙한 자들의 반응이라고 지적한다. 이런 독특한 기독론적 해석은 구약을 예수 그리스도 중심으로 분석하고 이해하는 데 중요한 역할을 한다.

2. 구약의 언약과 율법의 궁극적 목적을 설명한다.

현대의 성도들 가운데도 구약의 언약과 그 조항인 율법의 의미에 대해서 오해를 하는 경우가 많다. 그래서 율법 가운데 몇 가지는 받아들이고 몇 가지는 폐기한 것으로 생각하는 경우도 있다. 히브리서 저자는 옛 언약이 불가능함으로 폐기되었고 이제는 예수 그리스도로 말미암아 새 언약이 이루어졌음을 명확하게 밝힌다. 그렇기 때문에 옛 언약의 조항이었던 율법 또한 폐기된 것이다. 저자는 율법 가운데 제사법이 예수님이 이루실 온전한 희생 제사를 보여주는 목적으로 존재했음을 설명한다. 또한 대제사장의 섬기는 예법도 예수님이 온전한 대제사장으로 오실 것임을 보여주는 모형이었다고 설명한다. 이를 통해 신약의 성도들은 구약의 언약과 율법을 예수 그리스도를 보여주는 모형으로 받아들여야 함을 알 수 있다. 그리고 이제 그 실체인 그리스도가 오셨기 때문에 더 이상 구약의 율법에 영향을 받을 필요가 없음을 명확하게 보여준다.

구조

1. 뛰어난 예수(1:1–10:25)
    1) 천사보다 뛰어나신 분(1:1–2:18)
    2) 모세보다 뛰어나신 분(3:1–4:13)
    3) 아론보다 뛰어나신 분(4:14–6:20)
    4) 율법과 규례보다 뛰어나신 분(7:1–10:25)

2. 뛰어난 예수를 붙드는 믿음(10:26–13:25)
    1) 담대함과 인내에 대한 격려(10:26–39)
    2) 믿음을 발휘한 성도들의 예(11:1–40)
    3) 성도들이 경험하는 훈육(12:1–29)
    4) 믿음의 권면과 결어의 말(13:1–25)

묵상 체크 ☐

31 천사보다 뛰어나신 예수

히브리서 1:1-14 • 새찬송 96장 | 통일 94장

월 일
• 말씀묵상 전에 성령님의 인도하심을 구하는 기도를 드리십시오.

본문요약 | 하나님이 구약 시대에는 선지자를 통해 계시하셨지만 신약 시대에는 예수님을 통해 계시하신다. 그 이유는 예수님이 하나님의 아들로서 온 세상의 주권자이며 창조주이기 때문이다. 예수님은 하나님의 영광을 나타내시며 경배의 대상이기에 섬기는 사역자인 천사들과 비교할 수 없이 위대한 분이시다.

1 옛적에 선지자들을 통하여 여러 부분과 여러 모양으로 우리 조상들에게 말씀하신 하나님이
2 이 모든 날 마지막에는 아들을 통하여 우리에게 말씀하셨으니 이 아들을 만유의 상속자로 세우시고 또 그로 말미암아 모든 세계를 지으셨느니라
3 이는 하나님의 영광의 광채시요 그 본체의 형상이시라 그의 능력의 말씀으로 만물을 붙드시며 죄를 정결하게 하는 일을 하시고 높은 곳에 계신 지극히 크신 이의 우편에 앉으셨느니라
4 그가 천사보다 훨씬 뛰어남은 그들보다 더욱 아름다운 이름을 기업으로 얻으심이니
5 하나님께서 어느 때에 천사 중 누구에게
ㄱ너는 내 아들이라 오늘 내가 너를 낳았다
하셨으며 또 다시
ㄴ나는 그에게 아버지가 되고 그는 내게 아들이 되리라
하셨느냐
6 또 그가 맏아들을 이끌어 세상에 다시 들어오게 하실 때에
ㄷ하나님의 모든 천사들은 그에게 경배할지어다
말씀하시며
7 또 천사들에 관하여는
ㄹ그는 그의 천사들을 1)바람으로, 그의 사역자들을 불꽃으로 삼으시느니라

하셨으되
8 아들에 관하여는
ㅁ하나님이여 주의 보좌는 영영하며 주의 나라의 규는 공평한 규이니이다
9 주께서 의를 사랑하시고 불법을 미워하셨으니 그러므로 하나님 곧 주의 하나님이 즐거움의 기름을 주께 부어 주를 동류들보다 뛰어나게 하셨도다
하였고
10 또
ㅂ주여 태초에 주께서 땅의 기초를 두셨으며 하늘도 주의 손으로 지으신 바라
11 그것들은 멸망할 것이나 오직 주는 영존할 것이요 그것들은 다 옷과 같이 낡아지리니
12 의복처럼 갈아입을 것이요 그것들은 옷과 같이 변할 것이나 주는 여전하여 연대가 다함이 없으리라
하였으나
13 어느 때에 천사 중 누구에게
ㅅ내가 네 원수로 네 발등상이 되게 하기까지 너는 내 우편에 앉아 있으라
하셨느냐
14 모든 천사들은 섬기는 영으로서 구원 받을 상속자들을 위하여 섬기라고 보내심이 아니냐

1) 또는 영들로 ㄱ. 시 2:7 ㄴ. 삼하 7:14 ㄷ. 시 97:7; 벧전 3:22
ㄹ. 시 104:4 ㅁ. 시 45:6 이하 ㅂ. 시 102:25 이하 ㅅ. 시 110:1

1. 오늘 하나님께서 나에게 주신 깨달음은 무엇입니까?

2. 말씀을 어떻게 내 삶에 구체적으로 적용해야 합니까?

절별 해설

1 여러 부분과 여러 모양으로 구약의 선지자가 말씀과 사역을 통해 하나님의 메시지를 다양한 형태로 전달했던 것을 의미한다.

2 아들을 통하여 우리에게 말씀하셨으니 신약 시대에는 하나님께서 예수님의 말씀과 사역을 통해 자신의 뜻을 온전히 계시하신다. 그렇기 때문에 더 이상 구약 시대의 선지자들이 사용했던 다양한 전달 방법이 필요 없다.
이 아들 예수님이 만물의 소유주이시며 창조주이심을 언급하는 이유는 예수님이 또한 모든 인간의 소유주이시며 창조주이시기 때문이다. 예수님이 우리에게 말씀하시는 것이 당연함을 보여주기 위함이다.

3 영광의 광채 "영광"은 하나님의 속성과 본질이 드러나는 아름다움을 의미하고 "광채"는 근원으로부터 드러나는 밝음이라는 뜻이다. 예수님은 하나님의 본질을 밝게 드러내는 분이시다(요 1:14).

4 천사보다 훨씬 뛰어남 천사 또한 선지자처럼 계시의 전달자로서 모세에게 율법을 전달하는 역할을 했다. 그러나 천사의 사역은 예수님과 비교하면 열등하며 불완전한 것이었다.
더욱 아름다운 이름 예수님은 천사들이 가질 수 없는 하나님의 아들로서의 지위를 가지셨기에 더욱 아름다운 이름으로 불린다.

5 너는 내 아들이라 이 구절은 시편 2:7의 인용으로 "내 아들"은 왕적 통치자로 세상에 임할 하나님의 아들 메시아를 의미한다.
그는 내게 아들이 되리라 이 구절은 사무엘하 7:14의 인용으로 "아들"은 일차적으로는 솔로몬을 의미하지만 궁극적으로는 다윗의 자손으로 오실 메시아를 의미한다.

6 맏아들 그리스도가 모든 존재 가운데 가장 탁월한 존재이며 온 세상에 대한 통치권을 상속받은 하나님의 아들임을 의미한다(시 89:27).

7 바람으로, 불꽃으로 본절은 시편 104:4에서 하나님이 세상 만물을 자신의 도구로 삼으셨음을 이야기하는 구절을 인용한다. 천사 또한 세상 만물처럼 하나님의 도구임을 의미한다.

8 주의 보좌는 영영하며 천사는 하나님의 통치의 도구이지만 그리스도는 영원히 세상을 통치하는 분이심을 대조

쉬운성경

1 옛날에는 하나님께서 예언자를 통해 우리 조상들에게 여러 가지 방법으로 수없이 말씀하셨습니다.

2 그러나 이제 마지막 때에는 하나님께서 그의 아들을 통하여 우리에게 말씀하십니다. 하나님께서는 그의 아들을 상속자로 삼으시고, 그를 통해 세상을 창조하셨습니다.

3 그 아들은 하나님의 영광을 나타내며 하나님의 본성을 그대로 보여줍니다. 능력 있는 말씀으로 만물을 붙드시고, 사람들의 죄를 깨끗이 하시는 그분은 하늘에 계시는 위대하신 하나님의 오른편에 앉아 계십니다.

4 그분은 그 어느 천사보다도 위대하시기 때문에 하나님께서는 그에게 천사들보다 더 뛰어난 이름을 주셨습니다.

5 하나님께서는 천사들 중 어느 누구에게도 다음과 같이 말씀하신 적이 없습니다.
"너는 내 아들이다. 오늘 내가 너를 낳았다."*
또 이렇게 말씀하시지도 않았습니다.
"나는 그의 아버지가 되며 그는 내 아들이 될 것이다."*

6 또 하나님께서 그의 맏아들을 세상으로 보내시며 이렇게 말씀하셨습니다.
"하나님의 모든 천사가 그를 경배해야 할 것이다."*

7 천사들에 대해서는 다음과 같이 말씀하셨습니다.
"하나님께서 그의 천사들을 바람으로 삼으시고, 그의 종들을 불꽃같이 만드셨다."*

8 그러나 아들에 대해서는
"하나님, 주님의 보좌는 영원할 것이며 주님의 나라를 공평으로 다스릴 것입니다.

9 주님께서 옳은 것을 사랑하시고 악한 것을 미워하시므로, 하나님께서 함께 다스릴 자로 주님을 선택해서 기름 부으셨습니다. 주님의 하나님께서 그 누구보다도 더 큰 기쁨을 주실 것입니다."*

* 1:5 시 2:7에 기록되어 있고, 삼하 7:14에 기록되어 있다.
* 1:6 시 97:7에 기록되어 있다.
* 1:7 시 104:4에 기록되어 있다.
* 1:8-9 시 45:6-7에 기록되어 있다.

절별 해설

적으로 보여준다(시 45:6).

9 의를 사랑하시고 이 구절은 기름 부음을 받은 메시아가 행하시는 정의로운 왕권에 대해서 설명한다(시 45:7).

10-12 시편 102:25-27의 인용으로 그리스도의 영원성과 세상의 유한성을 대조한다.

13 네 원수로 네 발등상이 되게 위대한 다윗보다 더 위대하신 메시아가 예수님임을 증명하기 위해 시편 110:1을 인용한다.

14 섬기는 영 천사는 통치자가 아니라 섬기는 자로서의 사역을 감당한다.

라고 하시고,

10 또 이렇게 말씀하셨습니다.
"주님, 이 세상이 처음 시작될 때에 주님께서 땅을 지으시고 주님의 손으로 하늘을 빚으셨습니다.

11 하늘과 땅은 멸망할 것이지만 주님은 영원할 것이며, 그것들은 옷과 같이 낡아지기 때문에.

12 당신께서 그것들을 겉옷처럼 말아 치우실 것입니다. 그것들이 옷처럼 변해도 주님은 결코 변함이 없으시며, 주님의 날도 끝나는 일이 없을 것입니다."*

13 하나님께서는 그의 천사들 중 누구에게도 이렇게 말씀하신 적이 없었습니다.
"내가 너의 원수들을 굴복시킬 때까지 내 오른편에 앉아 있어라."*

14 모든 천사들은 하나님을 섬기는 영이며, 구원받을 사람들을 돕기 위해 보내진 자들입니다.

* 1:10-12 시 102:25-27에 기록되어 있다.
* 1:13 시 110:1에 기록되어 있다.

저자의 묵상

히브리서 저자가 예수님이 천사보다 위대하심을 설명하는 이유는 초대 교회 당시 천사에 대한 사람들의 지나친 관심과 숭배 경향 때문이다. 저자는 천사는 섬기는 영으로 하나님이 부리시는 사역자에 불과하며, 예수님만이 영원한 통치자이심을 강조하고 있다.

천사 숭배는 인간의 감각적 경험을 중요시하는 신비주의에서 파생되었다. 영적 체험을 신앙생활의 최우선에 두는 사람은 새롭고 신비한 체험을 위해 열심히 종교 생활을 한다. 기적을 기대하며 여러 집회를 찾아다니고, 영적 체험을 했다는 사람들의 설교에 빠져들며, 예언을 할 수 있다는 사람들의 말을 신뢰한다. 이들은 무척 영적인 신앙생활을 하는 것처럼 보이지만 실제로는 오감에 의존하며 지극히 육적인 신앙생활을 할 뿐이다. 이런 사람은 거짓의 영인 마귀의 속임수에 속아 넘어갈 확률이 높다. 신비주의는 신앙의 중심에 예수님을 배제하고 자신의 감각적 체험을 우선시하는 행위이다.

무릎 기도 하나님, 신비한 체험을 통한 감각적 만족만을 추구하지 않고 오직 예수님을 통해 하나님을 예배하며 순종하는 온전한 신앙생활을 할 수 있도록 인도하소서.

ESV - Hebrews 1

1 Long ago, at many times and in many ways, God spoke to our fathers by the prophets,
2 but in these last days he has spoken to us by his Son, whom he appointed the heir of all things, through whom also he created the world.
3 He is the radiance of the glory of God and the exact imprint of his nature, and he upholds the universe by the word of his power. After making purification for sins, he sat down at the right hand of the Majesty on high,
4 having become as much superior to angels as the name he has inherited is more excellent than theirs.
5 For to which of the angels did God ever say, "You are my Son, today I have begotten you"? Or again, "I will be to him a father, and he shall be to me a son"?
6 And again, when he brings the firstborn into the world, he says, "Let all God's angels worship him."
7 Of the angels he says, "He makes his angels winds, and his ministers a flame of fire."
8 But of the Son he says, "Your throne, O God, is forever and ever, the scepter of uprightness is the scepter of your kingdom.
9 You have loved righteousness and hated wickedness; therefore God, your God, has anointed you with the oil of gladness beyond your companions."
10 And, "You, Lord, laid the foundation of the earth in the beginning, and the heavens are the work of your hands;
11 they will perish, but you remain; they will all wear out like a garment,
12 like a robe you will roll them up, like a garment they will be changed.* But you are the same, and your years will have no end."
13 And to which of the angels has he ever said, "Sit at my right hand until I make your enemies a footstool for your feet"?
14 Are they not all ministering spirits sent out to serve for the sake of those who are to inherit salvation?

* 1:12 Some manuscripts omit *like a garment*

---

1 prophet 선지자 2 appoint 정하다 heir 상속인 3 radiance 광채 imprint 모습 uphold 떠받치다 purification 정화 4 superior to …보다 뛰어난 inherit 상속하다 5 beget 자식을 보다 7 minister 사역자 8 throne 보좌 scepter 왕권 uprightness 강직함 9 anoint 기름 부어 성별하다 companion 동료 11 perish 멸망하다 wear out 떨어지다 garment 옷 12 robe 옷 14 for the sake of …을 위해서 salvation 구원

묵상 체크 ☐

32 하나님의 아들을 통해 전달된 복음

월 일

히브리서 2:1-9 • 새찬송 94장 | 통일 102장

• 말씀묵상 전에 성령님의 인도하심을 구하는 기도를 드리십시오.

> **본문요약** | 성도는 복음에 유념함으로 진리에서 떠나지 않아야 한다. 율법에 불순종한 자들도 심판을 받았는데 예수님을 통해 전달된 복음에 불순종한 자는 영원한 심판을 받게 된다. 예수님은 잠시 천사보다 못한 모습을 가지셨지만 그것은 죽음의 고난을 통해 모든 사람에게 하나님의 은혜를 전파하기 위한 계획이었다.

1 그러므로 우리는 들은 것에 더욱 유념함으로 우리가 흘러 떠내려가지 않도록 함이 마땅하니라
2 천사들을 통하여 하신 말씀이 견고하게 되어 모든 범죄함과 순종하지 아니함이 공정한 보응을 받았거든
3 우리가 이같이 큰 구원을 등한히 여기면 어찌 그 보응을 피하리요 이 구원은 처음에 주로 말씀하신 바요 들은 자들이 우리에게 확증한 바니
4 하나님도 １⁾표적들과 기사들과 여러 가지 능력과 및 자기의 뜻을 따라 성령이 나누어 주신 것으로써 그들과 함께 증언하셨느니라
5 하나님이 우리가 말하는 바 장차 올 세상을 천사들에게 복종하게 하심이 아니니라
6 그러나 누구인가가 어디에서 증언하여 이르되
　ㄱ사람이 무엇이기에 주께서 그를 생각하시며 인자가 무엇이기에 주께서 그를 돌보시나이까
7 그를 ２⁾잠시 동안 천사보다 못하게 하시며 영광과 존귀로 관을 씌우시며 ３⁾
8 만물을 그 발 아래에 복종하게 하셨느니라
　하였으니 만물로 그에게 복종하게 하셨은즉 복종하지 않은 것이 하나도 없어야 하겠으나 지금 우리가 만물이 아직 그에게 복종하고 있는 것을 보지 못하고
9 오직 우리가 천사들보다 ２⁾잠시 동안 못하게 하심을 입은 자 곧 죽음의 고난 받으심으로 말미암아 영광과 존귀로 관을 쓰신 예수를 보니 이를 행하심은 하나님의 은혜로 말미암아 모든 사람을 위하여 죽음을 맛보려 하심이라

1) 또는 이적 2) 또는 조금
3) 어떤 사본에, 7절 끝에 '또한 주의 손으로 만드신 것 위에 그를 세우시고'가 있음
ㄱ. 시 8:4 이하

1. 오늘 하나님께서 나에게 주신 깨달음은 무엇입니까?

2. 말씀을 어떻게 내 삶에 구체적으로 적용해야 합니까?

절별 해설

1 들은 것에 더욱 유념함으로 "들은 것"은 1장에서 설명한 천사보다 뛰어나신 예수님을 통해 전해진 계시이다. "유념하다"는 '집중하여 기억하다'라는 의미이다.
흘러 떠내려가지 않도록 부주의로 진리에서 떠나가는 것을 의미한다.

2 천사들을 통하여 하신 말씀 하나님이 시내산에서 모세에게 주신 율법을 의미한다(갈 3:19).
공정한 보응 천사들을 통해 주어진 구약의 율법을 지키지 않은 자들이 공정한 심판을 받은 사실은 이스라엘 역사를 통해 명확히 드러났다.

3 큰 구원 그리스도로 인한 구원은 천사들을 통해 주셨던 율법보다 크며 영원한 심판에서의 구원이다.
보응 예수님이 전하신 복음에 올바르게 반응하지 않은 자들이 받을 심판은 율법으로 인한 심판보다 더욱 엄중하다.
들은 자들 예수님을 통해 복음을 듣고 삶이 변화되었던 사도들을 의미한다.

4 표적들과 기사들과 여러 가지 능력 "표적"은 어떤 의미를 보여주는 사인(sign)을 말하며, "기사"는 특별한 능력으로 놀라게 하는 일이고, "능력"은 강력한 힘이다. 이 세 단어는 예수님이 행하신 일들을 묘사하기 위해 사용되었다(행 2:22). 예수님이 전하신 복음은 표적, 기사, 능력과 함께 전파되었으며 하나님이 예수님과 함께하신 증거다(행 10:38).

5 장차 올 세상 예수님이 만왕의 왕이자 만주의 주로 임하시며 하나님 나라가 완성될 새 하늘과 새 땅을 의미한다. 새 창조는 그리스도의 구속 사역을 통해 완성될 것이므로 새 세상은 천사들에게 복종하지 않을 것임을 말한다.

6 누구인가가 어디에서 증언하여 6-8절은 시편 8:4-6의 인용이다. 이 시편은 다윗의 시지만 고대의 인용 관습과 같이 출처를 명확히 밝히지 않는다. 히브리서 저자는 구약성경이 성령 하나님의 권위로 기록되었음을 강조하기 위해 저자와 출처를 모호하게 인용한다.
사람이 무엇이기에 원래 시편 8편은 세상 만물을 만드신 창조주 하나님을 높이면서 인간에게 피조물을 다스리는 권세를 부여하셨음을 찬양한다. 그런데 저자는 이곳의 "사람"을 사람의 모양으로 성육신하신 예수님에게 적용한다.

7 잠시 동안 천사보다 못하게 하시며 예수님이 성육신하여 이 땅에 오신 동안에는 영적 존재인 천사보다 못한 불완전한 육신의 모습을 취하셨음을 의미한다.

쉬운성경

1 그러므로 우리는 더욱 조심하며 배운 대로 행해야 합니다. 그러면 결코 진리에서 멀어지지 않을 것입니다.

2 하나님께서 천사들을 통하여 가르쳐 주신 것들 역시 진리입니다. 그것을 따라 살지 않거나 순종하지 않는 사람들은 벌을 받게 될 것입니다.

3 우리에게 베풀어 주신 구원은 매우 위대한 것입니다. 그렇기 때문에 구원이 중요하지 않은 것처럼 살아간다면, 그것 역시 벌을 받게 되는 행동입니다. 구원에 대해서 처음 말씀하신 분이 바로 주님이시며, 또한 그의 말씀을 들은 사람들이, 이것이 진실이라고 우리에게 증명해 주었습니다.

4 하나님께서도 기적과 큰 표적과 많은 놀라운 일들을 통하여 우리에게 구원을 가르쳐 주셨습니다. 특히 그의 뜻대로 우리에게 성령의 선물을 나누어 주셔서 구원을 증언해 주셨습니다.

5 하나님께서는 천사들에게 앞으로 맞이할 새 세상을 다스리라고 하지 않으셨습니다.

6 성경에도 누군가가 이렇게 말한 것이 기록되어 있습니다.
 "사람이 무엇이길래 이렇게 중요하게 생각하시며, 사람의 아들이 누구이길래 이렇게 귀하게 돌보십니까?

7 하나님께서는 잠시 동안 그를 천사보다 낮추셨으나, 영광과 존귀의 관을 그에게 다시 씌우시고,

8 모든 것을 그의 발아래 두셨습니다."*
하나님께서 모든 것을 그의 발아래 두시면, 그가 다스리지 못할 것이 하나도 없습니다. 하지만 우리는 아직도 그가 모든 것을 다스리는 것은 보지 못하고 있습니다.

* 2:6-8 시 8:4-6에 기록되어 있다.

절별 해설

8 복종하고 있는 것을 보지 못하고 온 세상은 만물의 통치자이신 그리스도께 복종해야 하나 아직 예수님의 주권이 완성되지 않았기에 현실에서는 온전한 복종을 보지 못한다.

9 모든 사람을 위하여 죽음을 맛보려 예수님이 천사들보다 낮아지셨던 이유는 죽음을 통해 모든 사람을 구원하시는 하나님의 은혜를 보이고자 하심이다.

9 그러나 우리는 예수님을 바라봅니다. 잠시 동안 예수님은 천사들보다 낮아지셨지만, 고난당하고 죽으심으로 영광과 존귀의 관을 쓰셨습니다. 예수님은 하나님의 은혜로 모든 사람을 대신하여 죽으신 것입니다.

저자의 묵상

구약 이스라엘의 역사는 하나님의 율법에 불순종한 자들이 당한 심판을 자세히 기록한다. 북이스라엘은 앗수르에, 남유다는 바벨론에 멸망당했다. 백성은 죽임을 당하고, 남은 자들은 이방 나라의 포로가 되었다. 그런데 예수님을 통해 전파된 복음에 불순종하면 세상에서의 멸망보다 심각한 영원한 심판을 받게 된다.

사람들은 이 세상에서의 복에 관심이 많다. 만일 예수님을 믿어서 세상의 축복이 가시적으로 주어진다면 훨씬 많은 이들이 예수님을 믿겠다고 몰려들 것이다. 그렇다면 교회에는 진짜 예수님을 믿는 사람보다 보상에만 관심을 가진 사람들이 훨씬 많아질 것이다. 하나님이 예수님을 이 세상에 보내 죽음의 고난을 당하게 하신 이유는 영원한 하나님 나라에서의 영생을 주시기 위함이다. 반면에 복음을 거부하는 자들은 이 땅의 짧은 인생과는 비교할 수 없는 영원한 심판을 받게 되어 있다. 영원한 생명과 영원한 심판의 갈림길이 지금 이곳에서 결정되는 것이다.

무릎 기도 하나님, 예수님을 이 세상에 보내 영원한 생명을 주심에 감사드립니다. 눈에 보이는 세상에 집착하기보다 영원한 하나님 나라를 바라보게 하소서.

ESV - Hebrews 2

1 Therefore we must pay much closer attention to what we have heard, lest we drift away from it.
2 For since the message declared by angels proved to be reliable, and every transgression or disobedience received a just retribution,
3 how shall we escape if we neglect such a great salvation? It was declared at first by the Lord, and it was attested to us by those who heard,
4 while God also bore witness by signs and wonders and various miracles and by gifts of the Holy Spirit distributed according to his will.
5 For it was not to angels that God subjected the world to come, of which we are speaking.
6 It has been testified somewhere, "What is man, that you are mindful of him, or the son of man, that you care for him?
7 You made him for a little while lower than the angels; you have crowned him with glory and honor,*
8 putting everything in subjection under his feet." Now in putting everything in subjection to him, he left nothing outside his control. At present, we do not yet see everything in subjection to him.
9 But we see him who for a little while was made lower than the angels, namely Jesus, crowned with glory and honor because of the suffering of death, so that by the grace of God he might taste death for everyone.

* 2:7 Some manuscripts insert *and set him over the works of your hands*

---

1 lest ···하지 않도록 drift away from ···에서 떠내려가다   2 reliable 믿을 만한 transgression 범죄 disobedience 불복종 retribution 응보   3 escape 피하다 neglect 무시하다 salvation 구원 attest 입증하다   4 bear witness 증언하다 distribute 나눠 주다   5 subject 복종시키다   6 mindful ···을 염두에 두는 care for ···을 돌보다   9 suffering 고난

33 마귀와 죽음으로부터 자유롭게 하신 예수님

히브리서 2:10-18 • 새찬송 267장 | 통일 201장

월 일

• 말씀묵상 전에 성령님의 인도하심을 구하는 기도를 드리십시오.

> **본문요약** ㅣ 예수님이 성육신하신 이유는 많은 성도를 하나님의 영광에 들어가게 할 구원의 창시자가 되시고 그들을 주의 형제로 만드시기 위함이다. 예수님은 마귀를 멸하시고 성도를 죽음으로부터 자유롭게 해 주셨다. 또한 자비하고 신실한 대제사장이 되어 백성의 죄를 속량하시고, 시험당하는 자들을 능히 도우신다.

10 그러므로 만물이 그를 위하고 또한 그로 말미암은 이가 많은 아들들을 이끌어 영광에 들어가게 하시는 일에 그들의 구원의 창시자를 고난을 통하여 온전하게 하심이 합당하도다
11 거룩하게 하시는 이와 거룩하게 함을 입은 자들이 다 한 근원에서 난지라 그러므로 형제라 부르시기를 부끄러워하지 아니하시고
12 이르시되
　ᄀ내가 주의 이름을 내 형제들에게 선포하고 내가 주를 교회 중에서 찬송하리라
　하셨으며
13 또 다시
　ᄂ내가 그를 의지하리라
　하시고 또 다시
　ᄃ볼지어다 나와 및 하나님께서 내게 주신 자녀라
　하셨으니
14 자녀들은 혈과 육에 속하였으매 그도 또한 같은 모양으로 혈과 육을 함께 지니심은 죽음을 통하여 죽음의 세력을 잡은 자 곧 마귀를 멸하시며
15 또 죽기를 무서워하므로 한평생 매여 종 노릇 하는 모든 자들을 놓아 주려 하심이니
16 이는 확실히 천사들을 붙들어 주려 하심이 아니요 오직 아브라함의 1)자손을 붙들어 주려 하심이라
17 그러므로 그가 범사에 형제들과 같이 되심이 마땅하도다 이는 하나님의 일에 자비하고 신실한 대제사장이 되어 백성의 죄를 속량하려 하심이라
18 그가 시험을 받아 고난을 당하셨은즉 시험 받는 자들을 능히 도우실 수 있느니라

1. 오늘 하나님께서 나에게 주신 깨달음은 무엇입니까?

2. 말씀을 어떻게 내 삶에 구체적으로 적용해야 합니까?

1) 헬, 씨
ㄱ. 시 22:22　ㄴ. 사 8:17　ㄷ. 사 8:18

절별 해설

10 그러므로 '죽음의 고난으로 모든 사람에게 하나님의 은혜가 임하도록 했으므로'라는 뜻이다(2:9).
만물이 그를 위하고 또한 그로 말미암은 이 만물을 창조하신 하나님 아버지를 의미한다. 예수님의 고난이 하나님의 섭리적 개입에 의한 것임을 보여준다.
많은 아들들을 이끌어 영광에 들어가게 하나님의 창조와 구원 사역의 목적을 보여준다.
구원의 창시자 "창시자"는 맨 먼저 시작하는 사람이다(12:2). 그리스도는 하나님의 맏아들로서 구원을 시작하심으로 그를 따라 구원받을 많은 아들들의 처음이 되신다.

11 한 근원에서 난지라 거룩하게 하시는 그리스도로 인해 거룩하게 된 성도는 그리스도와 연합된 존재로 여겨지며 영적으로는 한 근원에서 난 자처럼 여김을 받는다.
형제라 부르시기를 부끄러워하지 아니하시고 거룩하신 예수님과 죄인인 인간은 질적으로 전혀 달라서 같은 존재로 여김을 받을 수 없었다. 그러나 그리스도로 인해 하나님의 자녀로 입양된 성도들은 그리스도의 형제로 여김을 받는다.

12-13 저자는 예수님이 성도들을 형제로 부르신 근거를 구약에서 제시한다. 첫 번째로 메시아가 성도를 형제라 부르며 그들과 함께 하나님을 찬양한 것이다(시 22:22). 두 번째로 하나님의 아들이신 그리스도가 성도처럼 하나님을 겸손히 의지하신 것이다(사 8:17). 세 번째로 이사야가 자기 자녀를 언급하는 내용을 통해 그리스도와 성도의 영적 가족 관계를 보여준다(사 8:18).

14 혈과 육 성경에서 인간의 연약한 상태를 묘사하는 전형적인 표현이다(엡 6:12). 그리고 나서 예수님이 연약한 인간이 되셨던 이유를 설명한다.
죽음의 세력을 잡은 자 곧 마귀 마귀는 죄를 지어 죄의 종이 된 자들을 영적 죽음으로 이끌 수 있는 권세를 가지고 있었다(롬 6:16,23). 그러나 예수님이 죽음으로 인간의 죄악을 대속하심으로써 예수님을 믿는 자들을 죄에서부터, 죽음과 마귀의 지배로부터 자유롭게 하셨다.

15 죽기를 무서워하므로 사람들은 죽음에 대한 두려움으로 마귀의 속임수에 넘어가 영적 노예 상태에 빠지게 되었다. 그러나 예수님이 죽음을 이기고 부활하심으로 더 이상 죽음을 두려워하지 않고 자유를 얻게 되었다.

16 아브라함의 자손을 붙들어 주려 하심이라 이사야 41:8-10의 간접 인용으로 하나님이 그의 백성을 붙들어 구원하심을 설

쉬운성경

10 하나님은 모든 것을 창조한 분이시며, 그분의 영광을 위해 모든 것을 돌보십니다. 하나님께서는 많은 믿음의 자녀들이 그분의 영광을 함께 누리게 되길 바라셨습니다. 그래서 사람들을 구원하시기 위해 고난을 통해서 예수님을 완전한 구원자가 되게 하신 것입니다.

11 사람들을 거룩하게 하신 예수님과 거룩하게 된 사람들은 모두 한 가족입니다. 그렇기 때문에 그분은 그들을 한 형제라고 부르는 것을 부끄러워하지 않으셨습니다.

12 예수님께서 말씀하셨습니다.
"내가 내 형제들에게 주님의 이름을 알리고, 주님을 경배하러 모인 군중들 앞에서 주님을 찬양하겠습니다."*

13 또 말씀하셨습니다.
"내가 하나님을 신뢰합니다."*
그리고 다시 말씀하셨습니다.
"내가 여기 있습니다. 그리고 나와 함께 있는 사람들은 하나님께서 나에게 주신 자녀들입니다."*

14 이 자녀들은 모두 살과 피를 가진 사람이기 때문에, 예수님도 그들과 같은 모습으로 사람들이 겪는 것과 똑같은 것을 겪으셨습니다. 예수님께서는 죽음의 권세를 가진 마귀를 멸망시키기 위하여 죽으셨고

15 또한 죽음에 대한 두려움에 사로잡혀 사는 사람들을 자유롭게 하기 위해 사람과 같은 모습으로 죽으셨습니다.

16 예수님이 돕고자 했던 자들은 분명히 천사들이 아니라, 아브라함의 후손인 사람들입니다.

---

* 2:12 시 22:22에 기록되어 있다.
* 2:13 사 8:17에 기록되어 있고, 사 8:18에 기록되어 있다.

절별 해설

명한다. 예수님은 마귀와 죽음을 두려워하는 자들을 붙들어 구원하기 위해 성육신하셨다.

17-18 형제들과 같이 되심이 마땅하도다 예수님이 인간처럼 되셨기에 대제사장으로서 백성의 죄를 속량하시고(17절), 자신이 시험받으셨기 때문에 시험받는 자들을 도우실 수 있다(18절).

> 17 그러므로 예수님께서는 모든 면에서 사람과 똑같이 되셨습니다. 예수님께서는 하나님을 섬기는 자비롭고 신실한 대제사장이 되셔서 그들의 죄가 용서받을 수 있게 해 주셨습니다.
>
> 18 주님은 시험받는 자들도 도와주실 수 있습니다. 왜냐하면 예수님께서 직접 고난당하고 시험을 받으셨기 때문입니다.

저자의 묵상

인간은 불완전하고 약하기 때문에 완전하고 강력한 존재를 열망한다. 그래서 예수님도 자신이 원하는 대로 멋진 영웅으로 꿈꾸는 사람들이 있다. 강력한 힘으로 도와주고, 나쁜 사람을 벌주는 슈퍼 영웅쯤으로 예수님을 상상하는 것이다. 물론 예수님은 강력한 통치자의 영광과 권세를 가지고 언젠가 다시 오실 것이다. 그러나 예수님이 이 땅에 인간과 같은 몸으로 오셨던 이유는 우리의 사사로운 문제를 해결하시기 위함이 아니었다. 마귀의 세력을 멸망시키고, 인간의 궁극적 두려움의 근원인 죽음을 해결하기 위해 연약한 우리처럼 되셔서 시험을 당하시고 고난을 통과하셨다. 그 결과로 우리는 여전히 연약하지만 더 이상 마귀와 죽음을 두려워하지 않고 예수님을 따라 영적으로 승리하는 인생을 살아갈 수 있게 되었다. 성도는 예수님을 더 이상 우리의 사사로운 문제를 해결하는 분 정도가 아니라 궁극적이고 영원한 죄와 사망의 문제를 해결하신 하나님으로 경배해야 한다.

> **무릎기도** 하나님, 예수님을 이 땅에 보내셔서 마귀를 멸하시고, 죽음의 공포에서 자유를 주심에 감사드립니다. 더 이상 두려움에 매이지 않고 자유롭게 섬기게 하소서.

ESV - Hebrews 2

10 For it was fitting that he, for whom and by whom all things exist, in bringing many sons to glory, should make the founder of their salvation perfect through suffering.

11 For he who sanctifies and those who are sanctified all have one source.* That is why he is not ashamed to call them brothers,*

12 saying, "I will tell of your name to my brothers; in the midst of the congregation I will sing your praise."

13 And again, "I will put my trust in him." And again, "Behold, I and the children God has given me."

14 Since therefore the children share in flesh and blood, he himself likewise partook of the same things, that through death he might destroy the one who has the power of death, that is, the devil,

15 and deliver all those who through fear of death were subject to lifelong slavery.

16 For surely it is not angels that he helps, but he helps the offspring of Abraham.

17 Therefore he had to be made like his brothers in every respect, so that he might become a merciful and faithful high priest in the service of God, to make propitiation for the sins of the people.

18 For because he himself has suffered when tempted, he is able to help those who are being tempted.

* 2:11 Greek *all are of one*
* 2:11 Or *brothers and sisters*. In New Testament usage, depending on the context, the plural Greek word *adelphoi* (translated "brothers") may refer either to *brothers* or to *brothers and sisters*; also verse 12

---

10 exist 존재하다 salvation 구원 suffering 고난   11 sanctify 신성하게 하다   12 in the midst of ⋯중에 congregation 회중   13 put one's trust in ⋯을 신뢰하다 behold 보다   14 likewise 마찬가지로 partake of ⋯을 함께 하다   15 deliver 자유롭게 하다 be subject to ⋯의 지배를 받다 lifelong 평생의 slavery 노예   16 offspring 자손   17 in every respect 모든 점에서 high priest 대제사장 propitiation 속죄   18 tempt 시험하다

묵상 체크 ☐

34
월   일

모세보다 위대하신 예수님

히브리서 3:1-11 • 새찬송 85장 | 통일 85장

• 말씀묵상 전에 성령님의 인도하심을 구하는 기도를 드리십시오.

본문요약 | 예수님은 성도를 믿음의 길로 인도하시는 사도이며 대제사장이시다. 모세는 예수님에 대해 예언하기 위하여 하나님의 집에서 종으로서 신실하였지만 예수님은 하나님의 아들로서 충성하셨다. 그러므로 우리는 예수님이 이루실 구원에 대한 확신과 자랑을 굳게 붙잡고 끝까지 믿음으로 순종해야 한다.

1 그러므로 함께 하늘의 부르심을 받은 거룩한 형제들아 우리가 믿는 도리의 사도이시며 대제사장이신 예수를 깊이 생각하라
2 그는 자기를 세우신 이에게 신실하시기를 모세가 하나님의 온 집에서 한 것과 같이 하셨으니
3 그는 모세보다 더욱 영광을 받을 만한 것이 마치 집 지은 자가 그 집보다 더욱 존귀함 같으니라
4 집마다 지은 이가 있으니 만물을 지으신 이는 하나님이시라
5 또한 모세는 장래에 말할 것을 증언하기 위하여 하나님의 온 집에서 종으로서 신실하였고
6 그리스도는 하나님의 집을 맡은 아들로서 그와 같이 하셨으니 우리가 소망의 확신과 자랑을 끝까지 굳게 잡고 있으면 우리는 그의 집이라
7 그러므로 성령이 이르신 바와 같이 ㄱ오늘 너희가 그의 음성을 듣거든
8 광야에서 시험하던 날에 거역하던 것 같이 너희 마음을 완고하게 하지 말라
9 거기서 너희 열조가 나를 시험하여 증험하고 사십 년 동안 나의 행사를 보았느니라
10 그러므로 내가 이 세대에게 노하여 이르기를 그들이 항상 마음이 미혹되어 내 길을 알지 못하는도다 하였고
11 내가 노하여 맹세한 바와 같이 그들은 내 안식에 들어오지 못하리라 하였다 하였느니라

1. 오늘 하나님께서 나에게 주신 깨달음은 무엇입니까?

2. 말씀을 어떻게 내 삶에 구체적으로 적용해야 합니까?

ㄱ. 시 95:7 이하

절별 해설

1 그러므로 '고난당하신 예수님이 대제사장이 되어 죄를 속량하시고 시험받는 자들을 능히 도우실 수 있기 때문에'라는 의미이다(2:17-18).
함께 하늘의 부르심을 받은 거룩한 형제들 저자는 성도가 하나님의 소명과 그리스도의 속량으로 거룩하게 된 자들임을 상기시킨다.
사도이시며 대제사장 "우리가 믿는 도리의"는 사도와 대제사장을 동시에 수식하는데 이는 '성도가 예수님을 하나님의 아들이며 그리스도로 고백하는 것'(요 11:27)을 의미한다. 성경에서 예수님을 사도로 부르는 경우는 이곳이 유일하다. "사도"는 보냄을 받은 자로 예수님이 하나님의 보내심을 받아 이 세상에 오신 분임을 의미한다. "대제사장"은 예수님이 하나님과 백성 사이에서 죄 사함을 받게 하는 중보자 역할을 하심을 말한다.

2 모세가 하나님의 온 집에서 한 것과 같이 "하나님의 온 집"은 이스라엘 백성 전체를 의미한다(느 1:6). 하나님은 모세가 그들을 충성스럽게 섬기는 자였음을 인정하셨다(민 12:7). 예수님도 모세처럼 신실하게 하나님의 백성을 섬기셨음을 의미한다.

3 모세보다 더욱 영광을 받을 만한 것 앞 절에서 예수님과 모세가 신실하다는 유사성을 검토했다면 본절에서는 모세보다 탁월하신 예수님을 대조한다. 모세는 시내산에서 하나님과 대면한 후 얼굴에 광채가 나타났다(출 34:29). 그러나 그 영광도 일시적이고 부분적이었으며 예수님의 영광은 영원하며 온전하다(요 1:14).

5 종으로서 신실하였고 모세는 이스라엘 백성에게 율법을 전함으로 그리스도가 오실 길을 예비하는 역할에 충실했다. 구약의 가장 위대한 선지자였던 모세는 하나님의 종으로서 신실했고, 예수님은 하나님의 아들로서 신실하셨기 때문에 둘 사이에는 큰 차이가 있다.

6 소망의 확신과 자랑 "소망"은 예수님이 하나님께서 맡기신 구원 사역을 신실하게 감당하심으로 하나님의 약속이 확실히 이루어질 것을 기대하는 것이다. 이러한 구원의 성취에 대한 소망이 있다면 성도로서 담대함과 자랑스러움을 가지게 될 것이다.
우리는 그의 집이라 "하나님의 집"은 구약 시대에는 이스라엘 백성을 의미했는데 신약 시대에는 성도를 의미한다. 즉 성도가 그리스도께서 신실하게 구원 사역을 이루실 것을 믿고 소망하면 그가 그의 백성이라는 확실한 증거가 된다는 뜻이다.

7-11 시편 95:7-11을 인용한 구절로 이스라엘 백성이 광야에서 불순종하여 하나님이 약속하신 안식에 들어가지 못했던 예

쉬운성경

1 그러므로 거룩한 형제 여러분, 예수님에 대해서 깊이 생각하십시오. 여러분은 모두 하나님께서 부르신 사람들입니다. 하나님께서 우리에게 보내신 예수님은 우리 믿음의 사도이며 대제사장이 되십니다.

2 하나님의 집에서 모세가 그분이 바라시는 대로 충성을 다했던 것처럼, 예수님도 하나님께 충성하였습니다.

3 집을 지은 사람이 집 그 자체보다 더 존귀한 것처럼, 예수님 역시 모세보다 더 큰 영광을 받으실 분입니다.

4 어느 집이든 그 집의 주인이 있듯이 모든 것의 주인은 하나님이십니다.

5 모세는 하나님의 집에서 종으로 충성하였습니다. 또 그는 하나님께서 앞으로 말씀하시려는 것들을 전하였습니다.

6 그러나 그리스도는 하나님의 집을 맡은 아들로서 충성하였습니다. 우리가 만일 믿음 위에 굳게 서서 큰 소망을 가진 것을 자랑스럽게 생각한다면, 우리는 하나님의 가족입니다.

7 그러므로 성령님도 이렇게 말씀하셨습니다.

"오늘 그가 하시는 말씀에 귀를 기울여라.

8 이전에 광야에서 하나님을 시험하던 것처럼 고집을 부리지 마라.

9 너희 조상들은 광야에서 사십 년 동안 내가 한 일을 보았다. 그러나 그들은 나를 떠보고 나의 인내를 시험하였다.

10 내가 분노하여 그들에게 '그들이 내게 충성하지도 않고, 나의 길도 이해하지 못하는구나'라고 말했으며,

11 내가 노하여 맹세하기를 '그들은 안식처가 될 약속의 땅에 결코 들어오지 못할 것이다'라고 하였다."*

* 3:7-11 시 95:7-11에 기록되어 있다.

시이다. 구약의 예를 통해 신약의 성도들에게 지금 하나님이 예수님을 통해 안식을 주신다는 약속을 믿고 순종하라고 권고한다.

저자의 묵상

유대인들은 모세를 구약성경에서 가장 위대한 인물로 존경했다. 그런데 유대교적 배경을 가진 초대 기독교인 일부에게는 이 생각이 오히려 예수님을 온전히 믿지 못하게 하는 걸림돌이었다. 오늘날의 성도들 중에도 구약의 위대한 인물을 본받으려는 사람이 있다. 신실한 모세, 하나님의 꿈을 꾼 요셉, 하나님의 마음에 합한 다윗처럼 구약의 인물을 신앙의 모델로 삼아 본받고자 애쓰는 경우가 많다. 이런 태도는 그들을 통해 예수님을 보여주고자 한 성경의 의도를 오해한 것이다. 구약의 인물들의 훌륭한 모습은 앞으로 오실 예수님의 모형이다. 즉 모세는 중보자로 오실 예수님, 요셉은 무고히 고난을 받았으나 하나님의 백성의 구원자로 서실 예수님, 다윗은 하나님의 백성을 공의롭게 통치하실 왕으로 오실 예수님의 모형이다. 히브리서 저자가 구약을 해석하는 방식대로 예수 그리스도 중심으로 성경을 바르게 읽는 법을 배워 성경을 읽을 때마다 더욱 예수님을 깊이 의지하는 성도가 되어야 한다.

무릎기도 하나님, 약속하신 대로 우리 죄를 해결하기 위해 예수님을 보내심에 감사를 드립니다. 신실하신 예수님을 끝까지 의지하여 약속하신 안식을 누리게 하소서.

ESV - Hebrews 3

1 Therefore, holy brothers,* you who share in a heavenly calling, consider Jesus, the apostle and high priest of our confession,
2 who was faithful to him who appointed him, just as Moses also was faithful in all God's* house.
3 For Jesus has been counted worthy of more glory than Moses—as much more glory as the builder of a house has more honor than the house itself.
4 (For every house is built by someone, but the builder of all things is God.)
5 Now Moses was faithful in all God's house as a servant, to testify to the things that were to be spoken later,
6 but Christ is faithful over God's house as a son. And we are his house, if indeed we hold fast our confidence and our boasting in our hope.*
7 Therefore, as the Holy Spirit says, "Today, if you hear his voice,
8 do not harden your hearts as in the rebellion, on the day of testing in the wilderness,
9 where your fathers put me to the test and saw my works for forty years.
10 Therefore I was provoked with that generation, and said, 'They always go astray in their heart; they have not known my ways.'
11 As I swore in my wrath, 'They shall not enter my rest.'"

* 3:1 Or *brothers and sisters*; also verse 12
* 3:2 Greek *his*; also verses 5, 6
* 3:6 Some manuscripts insert *firm to the end*

1 share in …을 서로 나누다   consider 생각하다   apostle 사도   high priest 대제사장   confession 신앙   2 faithful 충실한   appoint 임명하다   3 count 여기다   worthy of …할 만한   5 servant 종   testify 증언하다   6 confidence 확신   boasting 자랑   8 harden one's heart 마음을 완고히 하다   rebellion 반항   wilderness 광야   9 put… to the test …를 시험하다   10 provoke 노하게 하다   go astray 잘못된 방향으로 가다   11 wrath 분노

☐ 묵상 체크

35 끝까지 믿음을 지켜 안식에 들어가라

월   일

히브리서 3:12–19 • 새찬송 272장 | 통일 330장

• 말씀묵상 전에 성령님의 인도하심을 구하는 기도를 드리십시오.

본문요약 | 이스라엘 백성은 하나님의 말씀을 믿지 않아서 하나님이 주시는 안식에 들어가지 못했다. 이를 토대로 성도는 믿지 않는 악한 마음으로 하나님께로부터 떨어지지 않도록 주의해야 한다. 믿는 자만이 하나님의 안식에 들어갈 수 있음을 기억하고 죄의 유혹으로 완고해지지 않아야 한다.

12 형제들아 너희는 삼가 혹 너희 중에 누가 믿지 아니하는 악한 마음을 품고 살아 계신 하나님에게서 떨어질까 조심할 것이요
13 오직 오늘이라 일컫는 동안에 매일 피차 권면하여 너희 중에 누구든지 죄의 유혹으로 완고하게 되지 않도록 하라
14 우리가 시작할 때에 확신한 것을 끝까지 견고히 잡고 있으면 그리스도와 함께 참여한 자가 되리라
15 성경에 일렀으되
  ᄀ오늘 너희가 그의 음성을 듣거든 격노하시게 하던 것 같이 너희 마음을 완고하게 하지 말라
하였으니
16 듣고 격노하시게 하던 자가 누구냐 모세를 따라 애굽에서 나온 모든 사람이 아니냐
17 또 하나님이 사십 년 동안 누구에게 노하셨느냐 그들의 시체가 광야에 엎드러진 범죄한 자들에게가 아니냐
18 또 하나님이 누구에게 맹세하사 그의 안식에 들어오지 못하리라 하셨느냐 곧 순종하지 아니하던 자들에게가 아니냐
19 이로 보건대 그들이 믿지 아니하므로 능히 들어가지 못한 것이라

1. 오늘 하나님께서 나에게 주신 깨달음은 무엇입니까?

2. 말씀을 어떻게 내 삶에 구체적으로 적용해야 합니까?

ᄀ. 시 95:7

절별 해설

12 믿지 아니하는 악한 마음 저자는 믿지 않는 것을 "악한 마음"이라고 한다. 이는 이스라엘이 광야에서 하나님의 약속을 믿지 않고 거역했을 때 하나님이 그들을 악한 회중이라고 부르신 것에서 유래한다(민 14:27,35). 믿지 않는 것이 악인 이유는 이것이 하나님의 신실하심을 부정하며 하나님의 말씀을 거역하는 행위이기 때문이다.
살아 계신 하나님에게서 떨어질까 본서는 하나님을 살아계신 분으로 네 번 지칭한다(9:14; 10:31; 12:22). 구약성경은 신자의 기도에 응답하지 못하는 이방의 우상과 대조하기 위해 하나님을 살아계신 분으로 표현했다(왕하 19:16).

13 오늘이라 일컫는 동안 3:7의 "오늘"에서 유래한 구절(시 95:7)로 하나님의 음성을 들을 수 있는 오늘과 같은 날이 영원히 계속되지는 않을 것임을 의미한다.
매일 피차 권면하여 "권면"은 '옆에서 이야기하다'라는 뜻으로 성도들이 하나님의 말씀에 완고하게 반응하지 않도록 서로 도울 책임이 있음을 의미한다.
죄의 유혹으로 완고하게 되지 않도록 하라 "완고함"은 하나님의 말씀을 받아들이지 않는 강퍅한 마음 상태이다. 죄는 인간의 눈에 보이는 판단을 따라 자기 욕망을 만족시키는 선택을 하도록 유혹하여 하나님의 말씀을 거역하게 한다.

14 시작할 때에 확신한 것 처음 믿을 때 복음을 통해 얻은 구원의 확신을 말한다.
그리스도와 함께 참여한 자 그리스도와 더불어 하나님 나라를 상속하는 것이다(롬 8:17).

15 성경에 일렀으되 15-18절은 3:7-11에서 인용한 시편 95:7-11의 일부를 재인용하면서 수사학적 질문 세 가지를 던지고 그 답을 제시한다. 이는 민수기 14장에 나오는 이스라엘 백성의 반역과 그것에 대한 하나님의 심판의 선고에서 따온 것이다.

16-18 듣고 격노하시게 하던 자가 누구냐 첫 번째 질문은 출애굽 한 이스라엘 백성이 하나님의 구원을 경험하고 하나님의 기적을 보고도 믿지 못했음을 말한다(민 14:13,19,22).
누구에게 노하셨느냐 두 번째는 하나님의 진노로 출애굽 한 이스라엘 백성의 시체가 광야에 엎드러지는 결과를 얻게 되었음을 답한다(민 14:33).
누구에게 맹세하사 마지막으로 하나님의 안식에 들어오지 못하게 된 자들은 불순종한 자들이었음을 답한다(민 14:43).

19 믿지 아니하므로 하나님의 진노를 받아 하나님의 안식

쉬운성경

12 그러므로 형제 여러분, 그 어느 누구라도 악한 생각을 품거나 믿음을 소홀히 하지 마십시오. 그런 마음은 살아계신 하나님을 따르는 데 방해가 될 뿐입니다.

13 오히려 '오늘'이라고 부르는 이 시간에 서로를 더욱더 격려하십시오. 죄와 속임수로 마음이 완고해지는 사람이 없도록 서로 서로 돕기 바랍니다.

14 우리가 처음에 가졌던 굳은 믿음을 끝까지 지키면, 그리스도 안에서 모든 것을 함께 누리게 될 것입니다.

15 이것이 바로 성경에서 말하고 있는 것입니다.
> "오늘 그가 하시는 말씀에 귀를 기울여라. 이전에 광야에서 하나님을 시험하던 것처럼 고집을 부리지 마라."*

16 하나님의 음성을 듣고도 따르지 않았던 사람이 누구였습니까? 모세를 따라 이집트에서 나온 사람들이 아니었습니까?

17 또 하나님께서 사십 년 동안 누구에게 분노하셨습니까? 죄를 짓고 광야에서 죽어간 자들 아닙니까?

18 하나님께서 약속의 땅인 안식처에 결코 들어오지 못할 것이라고 누구에게 맹세하여 말씀하셨습니까? 그에게 순종하지 않은 사람들을 두고 하신 말씀이 아닙니까?

19 우리는 그들이 믿지 않았기 때문에 하나님께서 약속하신 안식처에 들어가지 못했다는 것을 알 수 있습니다.

* 3:15 시 95:7-8에 기록되어 있다.

에 들어가지 못하게 된 이유는 출애굽 한 이스라엘 백성이 하나님의 말씀을 믿지 못하고 불순종했기 때문임을 결론적으로 설명한다.

저자의 묵상

하나님은 그의 말씀을 믿고 순종하는 자에게 안식을 약속하셨다. 예수님도 안식을 주겠다고 약속하시며 수고하고 무거운 짐을 진 자들을 초대하셨다(마 11:28-30). 안식을 얻는 방법은 예수님의 멍에를 메고 배움으로 예수님과 같이 온유와 겸손을 갖는 것이다. "온유"는 하나님의 말씀에 순종하는 태도이며, "겸손"은 하나님만을 의지하는 태도이다. 인간이 안식을 잃어버린 이유는 하나님의 말씀에 불순종하고, 하나님 외에 다른 것을 의지하기 때문이다. 멍에는 소 두 마리가 함께 밭을 갈 때 사용하는 도구이다. 즉 예수님이 성도와 함께 영적으로 하나 되어 가르치고자 하시는 것이 온유와 겸손이다. 지금 수고하고 무거운 짐을 진 것처럼 쉼이 없는 삶을 살고 있다면 혹시 말씀에 불순종하며 하나님 아닌 다른 것을 의지하고 있지는 않은가 돌아보아야 한다. 예수님의 말씀에 순종하여 온유와 겸손을 배우면 무거운 짐을 벗고 안식을 얻을 수 있다.

> **무릎기도** 하나님, 저의 불순종과 하나님 대신 다른 것을 의지하는 죄악으로 인해 인생이 힘들고 고통스러움을 고백합니다. 예수님을 따라 온유와 겸손을 배우게 하소서.

ESV - Hebrews 3

12 Take care, brothers, lest there be in any of you an evil, unbelieving heart, leading you to fall away from the living God.
13 But exhort one another every day, as long as it is called "today," that none of you may be hardened by the deceitfulness of sin.
14 For we have come to share in Christ, if indeed we hold our original confidence firm to the end.
15 As it is said, "Today, if you hear his voice, do not harden your hearts as in the rebellion."
16 For who were those who heard and yet rebelled? Was it not all those who left Egypt led by Moses?
17 And with whom was he provoked for forty years? Was it not with those who sinned, whose bodies fell in the wilderness?
18 And to whom did he swear that they would not enter his rest, but to those who were disobedient?
19 So we see that they were unable to enter because of unbelief.

12 take care 조심하다　lest …하지 않도록　fall away from …을 저버리다　13 exhort 열심히 권하다　as long as …하는 동안에　deceitfulness 속임　14 confidence 확신　firm 견고한　15 harden one's heart 마음을 완고히 하다　rebellion 반역　17 provoke 성나게 하다　wilderness 광야　18 swear 맹세하다　disobedient 순종하지 않는

묵상 체크 ☐

36 믿는 자들에게 주어질 안식

히브리서 4:1-16 • 새찬송 357장 | 통일 397장

월 일

• 말씀묵상 전에 성령님의 인도하심을 구하는 기도를 드리십시오.

본문요약 | 저자는 안식에 들어갈 약속을 믿지 않아서 참여하지 못할 자들이 있을 것을 걱정한다. 출애굽한 이스라엘 백성은 불순종하여 하나님의 안식에 들어가지 못했다. 하지만 하나님은 태초부터 안식을 준비하셨기 때문에 믿는 자들은 여전히 안식에 들어갈 수 있다. 따라서 우리는 안식에 들어가기를 힘써야 한다.

1 그러므로 우리는 두려워할지니 그의 안식에 들어갈 약속이 남아 있을지라도 너희 중에는 혹 이르지 못할 자가 있을까 함이라
2 그들과 같이 우리도 복음 전함을 받은 자이나 들은 바 그 말씀이 그들에게 유익하지 못한 것은 듣는 자가 믿음과 결부시키지 아니함이라
3 이미 믿는 우리들은 저 안식에 들어가는도다 그가 말씀하신 바와 같으니
  ㄱ내가 노하여 맹세한 바와 같이 그들이 내 안식에 들어오지 못하리라 하셨다 하였으나 세상을 창조할 때부터 그 일이 이루어졌느니라
4 제칠일에 관하여는 어딘가에 이렇게 일렀으되 ㄴ하나님은 제칠일에 그의 모든 일을 쉬셨다 하였으며
5 또 다시 거기에 ㄱ그들이 내 안식에 들어오지 못하리라 하였으니
6 그러면 거기에 들어갈 자들이 남아 있거니와 복음 전함을 먼저 받은 자들은 순종하지 아니함으로 말미암아 들어가지 못하였으므로
7 오랜 후에 다윗의 글에 다시 어느 날을 정하여 오늘이라고 미리 이같이 일렀으되
  ㄷ오늘 너희가 그의 음성을 듣거든 너희 마음을 완고하게 하지 말라
  하였나니
8 만일 1)여호수아가 그들에게 안식을 주었더라면 그 후에 다른 날을 말씀하지 아니하셨으리라

9 그런즉 안식할 때가 하나님의 백성에게 남아 있도다
10 이미 그의 안식에 들어간 자는 하나님이 자기의 일을 쉬심과 같이 그도 자기의 일을 쉬느니라
11 그러므로 우리가 저 안식에 들어가기를 힘쓸지니 이는 누구든지 저 순종하지 아니하는 본에 빠지지 않게 하려 함이라
12 하나님의 말씀은 살아 있고 활력이 있어 좌우에 날선 어떤 검보다도 예리하여 혼과 영과 및 관절과 골수를 찔러 쪼개기까지 하며 또 마음의 생각과 뜻을 판단하나니
13 지으신 것이 하나도 그 앞에 나타나지 않음이 없고 우리의 결산을 받으실 이의 눈 앞에 만물이 벌거벗은 것 같이 드러나느니라
14 그러므로 우리에게 큰 대제사장이 계시니 승천하신 이 곧 하나님의 아들 예수시라 우리가 믿는 도리를 굳게 잡을지어다
15 우리에게 있는 대제사장은 우리의 연약함을 동정하지 못하실 이가 아니요 모든 일에 우리와 똑같이 시험을 받으신 이로되 죄는 없으시니라
16 그러므로 우리는 긍휼하심을 받고 때를 따라 돕는 은혜를 얻기 위하여 은혜의 보좌 앞에 담대히 나아갈 것이니라

1. 오늘 하나님께서 나에게 주신 깨달음은 무엇입니까?

2. 말씀을 어떻게 내 삶에 구체적으로 적용해야 합니까?

1) 헬, 예수 ㄱ. 시 95:11 ㄴ. 창 2:2 ㄷ. 시 95:7

절별 해설

1 두려워할지니 과거 이스라엘 백성은 하나님의 약속을 믿지 않아서 안식에 들어가지 못하고 광야에서 죽임을 당했다. 이와 같이 만일 지금도 하나님의 약속을 믿지 않으면 안식에 들어가지 못할 것을 두려워하라는 것이다.

3 저 안식에 들어가는도다 예수님을 믿음으로 하나님이 약속하신 안식을 이 땅에서 누리는 현재의 상태뿐 아니라 앞으로 완전한 안식을 누리게 될 미래까지도 포함한 내용이다.

4 제칠일에 관하여는 출애굽 한 자들이 안식을 얻지 못한 이유는 그들의 불순종 때문이며 하나님이 창조 때부터 준비해 놓으신 안식이 폐지되었기 때문이 아니다(창 2:2). 하나님께서는 창조 사역을 마치고 제7일에 안식하셨고 그 안식을 지금도 누리고 계신다.

7 다윗의 글에 저자가 인용하는 시편 95편 히브리어 원문에는 저자가 나오지 않지만 구약의 헬라어 번역본(70인역)에는 다윗을 저자로 기록하고 있다.

8 여호수아가 그들에게 안식을 주었더라면 여호수아가 이스라엘 백성을 데리고 들어간 가나안 땅은 하나님이 궁극적으로 약속하신 안식을 얻는 곳이 아니었음을 의미한다. 가나안은 참된 안식의 모형이기 때문에 시편 95편에서 하나님이 약속하신 안식과는 차이가 있다.

9 안식할 때 성경이 약속하는 안식은 예수님의 초림을 통해 시작되었고 예수님의 재림을 통해 완성될 것이다. 예수님을 믿는 성도들은 지금은 부분적으로 안식을 경험하지만 하나님 나라가 완성되면 온전한 안식을 누리게 된다.

10 자기의 일을 쉬느니라 "자기의 일"은 이 땅에서 인간이 생존을 위해 행하는 수고로운 일을 말한다. 하나님 나라가 완성되면 생존을 위한 수고에서 벗어나 하나님이 주시는 생명의 풍성함을 온전히 누리게 될 것이다(계 14:13).

12 하나님의 말씀은 살아 있고 저자가 갑자기 말씀의 능력을 언급하는 이유는 믿음으로 반응하는 자들은 이 능력의 말씀으로 하나님이 주시는 안식을 얻기 때문이다. 반대로 말씀에 불순종하면 그 말씀이 약속하는 무서운 심판을 받게 된다.
혼과 영 마음의 생각과 뜻에 영향을 미치는 인간의 영적인 영역을 의미한다.
관절과 골수 하나님의 말씀이 얼마나 예리한지 뼈가 단단하게 붙어 있는 힘줄을 자르고 그 안의 골수까지 드러낼 수 있을 정도라고 비유한다.

쉬운성경

1 이제 하나님의 안식처에 들어갈 수 있는 약속이 아직 우리에게 남아 있습니다. 그러므로 모두 조심하여 우리 중에서 그곳에 들어가지 못하는 사람이 없도록 해야 할 것입니다.

2 우리도 그들과 마찬가지로 복음을 들었습니다. 다만 그들은 복음을 들을 때에 그 말씀을 믿음으로 받지 않았기 때문에 유익을 얻지 못한 것입니다.

3 그러나 믿는 우리들은 하나님의 안식에 들어가서 쉴 수 있습니다. 이것은 하나님께서 말씀하신 것과 같습니다.
　"그러므로 내가 분노하여 맹세하기를, '그들은 결코 안식처가 될 내 약속의 땅에 들어오지 못할 것이다.'"*
하지만 세상이 창조될 때부터 이 일은 이미 이루어졌습니다.

4 일곱째 날에 대해서는 성경에 이렇게 기록되어 있습니다. "일곱째 날에 하나님께서 그의 모든 일을 끝내고 쉬셨다."

5 그리고 다시 하나님께서는 "그들이 결코 내 안식처에 들어오지 못할 것이다"라고 말씀하셨습니다.

6 하나님의 안식처에 들어가 안식을 누릴 사람들이 남아 있다는 것은 확실합니다. 그러나 구원의 소식을 처음 들었던 그 사람들은 불순종했기 때문에 그곳에 들어가지 못하였습니다.

7 하나님께서는 오랜 시간이 지난 후 다윗을 통하여 어떤 날, 즉 '오늘날'을 예비하시고 다음과 같이 말씀하셨습니다.
　"오늘날 그의 말씀에 귀를 기울이고 고집을 부리지 마라."*

8 이제 우리는 여호수아가 백성들을 하나님의 안식처로 인도하지 못했다는 것을 알 수 있습니다. 만일 그랬다면 하나님께서 후에 다른 어떤 날을 예비하실 필요가 없었을 것이기 때문입니다.

9 이것을 통해 우리는 아직 하나님의 백성들을 위한 안식이 남아 있다는 것을 알 수 있습니다.

* 4:3　시 95:11에 기록되어 있다.
* 4:7　시 95:7-8에 기록되어 있다.

절별 해설

14 우리가 믿는 도리 결국 안식에 들어갈 수 있는 길은 하나님과 우리 사이에 중보자가 되시는 예수님을 믿는 믿음 외에는 없다.

15 우리의 연약함을 동정 우리가 예수님을 믿을 수 있는 이유는 연약한 우리를 불쌍히 여기셔서 우리의 의가 아닌 예수님의 의로 안식에 들어갈 수 있게 도우시기 때문이다. 예수님은 인간으로서 육신의 연약함을 이해하시며 또한 죄가 없으신 하나님으로서 그분의 공의로 우리를 의롭게 하신다.

10 하나님께서 주시는 안식을 누릴 사람들은, 하나님께서 자기 일을 쉬셨던 것처럼 모든 일에서부터 자유롭게 편안히 쉬게 될 것입니다.

11 우리는 그 누구도 지난날 불순종했던 사람들처럼 되지 않으며, 그곳에 들어가지 못하는 일이 없도록 힘써야 할 것입니다.

12 하나님의 말씀은 살아 있고 힘이 있습니다. 양쪽에 날이 선 칼보다도 더 날카로워서 우리의 혼과 영과 관절과 골수를 쪼개며, 마음속에 있는 생각과 감정까지 알아냅니다.

13 하나님 앞에서 숨길 수 있는 것은 아무것도 없습니다. 모든 것이 다 드러나기 때문에 그분 앞에서 우리의 모든 것을 보여드려야 합니다.

14 우리에게는 하늘로 올라가신 대제사장이 계십니다. 그분은 바로 하나님의 아들 예수님이십니다. 그렇기 때문에 우리는 우리의 믿음을 굳게 지켜야 합니다.

15 우리의 대제사장은 우리의 연약한 부분을 알고 계십니다. 이 땅에 계실 때, 그분은 우리와 마찬가지로 시험을 받으셨습니다. 그러나 결코 죄를 짓지는 않으셨습니다.

16 그러므로 하나님의 보좌 앞에 담대하게 나아갑시다. 그곳에는 은혜가 있으며, 우리는 때에 따라 우리를 도우시는 자비와 은혜를 받을 수 있습니다.

저자의 묵상

예수님을 믿는 성도에게는 이 땅의 안식과 영원한 안식이 약속되어 있다. 그런데 예수님을 믿는데도 이 땅에서 안식을 누리지 못한다는 생각이 들 때가 있다. 그 첫 번째 이유는 온전한 안식을 가져오는 하나님 나라의 완성은 예수님의 재림에 성취되기 때문이다. 지금은 하나님 나라가 '이미(already)' 시작되었지만 '그러나 아직(but not yet)' 완성되지는 않은 현재 진행 상태이다. 두 번째는 성도가 이 땅에서 누리는 안식은 현실적인 부분보다 영적인 측면이 많기 때문이다. 예수님을 믿어 죄와 죽음과 마귀로부터 자유를 얻음으로 누리게 된 영적인 안식은 당장 현실의 삶에 드러나지 않을 수 있다. 세 번째는 성도가 여전히 죄에 물든 옛사람에서 벗어나지 못하고 있기 때문이다. 성도 안의 옛사람은 예수님의 말씀을 거부하고 자기 욕망을 따라 살라고 유혹한다. 이런 유혹 때문에 성도는 하나님의 안식이 아닌 고통과 수고로운 삶을 자꾸 선택하게 된다. 그러나 예수님을 깊이 믿을수록 이 땅에서 안식을 더 풍성히 맛볼 수 있다.

> **무릎기도** 하나님, 믿는 자에게 약속하신 안식을 이 땅에서도 풍성하게 맛봄으로 하나님 나라가 완성될 때 주어질 완전한 안식을 더욱 사모하길 원합니다.

ESV - Hebrews 4

1 Therefore, while the promise of entering his rest still stands, let us fear lest any of you should seem to have failed to reach it.

2 For good news came to us just as to them, but the message they heard did not benefit them, because they were not united by faith with those who listened.*

3 For we who have believed enter that rest, as he has said, "As I swore in my wrath, 'They shall not enter my rest,'" although his works were finished from the foundation of the world.

4 For he has somewhere spoken of the seventh day in this way: "And God rested on the seventh day from all his works."

5 And again in this passage he said, "They shall not enter my rest."

6 Since therefore it remains for some to enter it, and those who formerly received the good news failed to enter because of disobedience,

7 again he appoints a certain day, "Today," saying through David so long afterward, in the words already quoted, "Today, if you hear his voice, do not harden your hearts."

8 For if Joshua had given them rest, God* would not have spoken of another day later on.

9 So then, there remains a Sabbath rest for the people of God,

10 for whoever has entered God's rest has also rested from his works as God did from his.

11 Let us therefore strive to enter that rest, so that no one may fall by the same sort of disobedience.

12 For the word of God is living and active, sharper than any two-edged sword, piercing to the division of soul and of spirit, of joints and of marrow, and discerning the thoughts and intentions of the heart.

13 And no creature is hidden from his sight, but all are naked and exposed to the eyes of him to whom we must give account.

14 Since then we have a great high priest who has passed through the heavens, Jesus, the Son of God, let us hold fast our confession.

15 For we do not have a high priest who is unable to sympathize with our weaknesses, but one who in every respect has been tempted as we are, yet without sin.

16 Let us then with confidence draw near to the throne of grace, that we may receive mercy and find grace to help in time of need.

* 4:2 Some manuscripts *it did not meet with faith in the hearers*
* 4:8 Greek *he*

---

1 lest …하지 않을까   2 benefit …에 이익을 주다   unite 결속시키다   3 wrath 분노   6 disobedience 불복종   7 appoint 정하다 quote 말하다   harden one's heart 마음을 완고히 하다   9 Sabbath 안식   11 strive 애쓰다   12 two-edged 양날의   pierce 뚫고 들어가다   joint 관절   marrow 골수   discern 판별하다   intention 의도   13 be exposed to …에 노출되다   14 confession 신앙 15 sympathize 동정하다   16 with confidence 확신을 가지고   draw near 다가서다

묵상 체크 ☐

37 멜기세덱의 반차를 따르는 예수 그리스도

히브리서 5:1-14 · 새찬송 542장 | 통일 340장

월   일

• 말씀묵상 전에 성령님의 인도하심을 구하는 기도를 드리십시오.

> **본문요약** ㅣ 구약의 대제사장이 연약한 자들을 용납할 수 있었던 것은 그들 자신도 연약한 인간이었기 때문이다. 하나님의 부르심을 받았던 대제사장들처럼 예수님도 하나님이 직접 대제사장으로 삼으셨다. 예수님은 고난으로 순종함을 배워 온전하게 되셔서 그에게 순종하는 자에게 영원한 구원의 근원이 되신다.

1 대제사장마다 사람 가운데서 택한 자이므로 하나님께 속한 일에 사람을 위하여 예물과 속죄하는 제사를 드리게 하나니
2 그가 무식하고 미혹된 자를 능히 용납할 수 있는 것은 자기도 연약에 휩싸여 있음이라
3 그러므로 백성을 위하여 속죄제를 드림과 같이 또한 자신을 위하여도 드리는 것이 마땅하니라
4 이 존귀는 아무도 스스로 취하지 못하고 오직 아론과 같이 하나님의 부르심을 받은 자라야 할 것이니라
5 또한 이와 같이 그리스도께서 대제사장 되심도 스스로 영광을 취하심이 아니요 오직 말씀하신 이가 그에게 이르시되
  ᄀ너는 내 아들이니 내가 오늘 너를 낳았다
  하셨고
6 또한 이와 같이 다른 데서 말씀하시되
  ᄂ네가 영원히 멜기세덱의 반차를 따르는 제사장이라
  하셨으니
7 그는 육체에 계실 때에 자기를 죽음에서 능히 구원하실 이에게 심한 통곡과 눈물로 간구와 소원을 올렸고 그의 경건하심으로 말미암아 들으심을 얻었느니라
8 그가 아들이시면서도 받으신 고난으로 순종함을 배워서
9 온전하게 되셨은즉 자기에게 순종하는 모든 자에게 영원한 구원의 근원이 되시고
10 하나님께 멜기세덱의 반차를 따른 대제사장이라 칭하심을 받으셨느니라
11 멜기세덱에 관하여는 우리가 할 말이 많으나 너희가 듣는 것이 둔하므로 설명하기 어려우니라
12 때가 오래 되었으므로 너희가 마땅히 선생이 되었을 터인데 너희가 다시 하나님의 말씀의 초보에 대하여 누구에게서 가르침을 받아야 할 처지이니 단단한 음식은 못 먹고 젖이나 먹어야 할 자가 되었도다
13 이는 젖을 먹는 자마다 어린 아이니 의의 말씀을 경험하지 못한 자요
14 단단한 음식은 장성한 자의 것이니 그들은 지각을 사용함으로 연단을 받아 선악을 분별하는 자들이니라

1. 오늘 하나님께서 나에게 주신 깨달음은 무엇입니까?

2. 말씀을 어떻게 내 삶에 구체적으로 적용해야 합니까?

ᄀ. 시 2:7 ᄂ. 시 110:4

절별 해설

1 예물과 속죄하는 제사 대제사장은 매년 지성소에 들어가 백성을 위해 속죄하는 제사를 드렸다(레 16장). 이때 밀가루, 감람유, 유향 등을 바쳐 감사와 헌신을 표현했다(레 2장).

2 무식하고 미혹된 자 "무식하고"는 잘 알지 못하고 죄를 짓는 상태를, "미혹된"은 진리에서 떠나간 상태를 의미한다. 대제사장의 용납이 필요한 죄인들의 상태를 보여준다.
자기도 연약에 휩싸여 있음이라 대제사장도 사람들 가운데 택함을 받은 자이기 때문에 자신이 섬기는 사람들과 똑같이 인간적 연약함을 가지고 있었다.

3 자신을 위하여도 구약의 율법은 제사장이 죄를 지으면 속죄할 방법을 제시한다(레 4:3-12). 대제사장은 백성뿐 아니라 자기 자신과 가족을 위해서도 속죄의 기도를 드렸다.

4 이 존귀는 아무도 스스로 취하지 못하고 하나님은 첫 번째 대제사장으로 아론을 선택하셨고, 그 자손이 대제사장의 직분을 세습하도록 하셨다(출 28:1). 따라서 아론의 후손이 아닌 자는 아무리 원하더라도 대제사장이 될 수 없었다.

5 스스로 영광을 취하심이 아니요 이곳에서는 아론과 예수님을 비교한다. 예수님도 아론처럼 하나님에 의해 대제사장으로 선택되셨지만 그분은 하나님의 아들로 아론보다 탁월하시다.

6 멜기세덱의 반차 "반차"는 (어떤 것을 배열하는) 순서를 말한다. 예수님은 아론 자손처럼 순서에 따라 대제사장이 되신 분이 아니라 멜기세덱처럼 하나님의 특별한 선택을 받아 대제사장이 되셨다(시 110:4). 멜기세덱은 북쪽 연합군과의 전쟁에서 이기고 돌아온 아브라함에게 떡과 포도주를 주며 축복한 왕적 제사장이다(창 14:18-20). 예수님 또한 왕적 제사장으로 레위 지파 출신이 아니지만 하나님의 부르심으로 대제사장이 되셨다.

7 심한 통곡과 눈물로 간구와 소원을 올렸고 겟세마네 동산에서 기도하신 장면을 떠오르게 하는 표현이다(마 26:36-46). 예수님은 인간처럼 낮아지셔서 통곡과 눈물로 간구하셨다.
그의 경건하심 하나님에 대한 절대적 의존과 공경을 표현한다.

8 받으신 고난으로 순종함을 배워서 예수님이 철저히 인간처럼 되셨음을 보여준다. 인간이 고난으로 순종함을 배우듯이 예수님 또한 순종을 배우는 과정을 거치셨다.

9 온전하게 되셨은즉 예수님은 고난을 받기 전에도 온전하셨다. 그러나 약한 인간을 위한 중보자가 되시기 위해 고난을

쉬운성경

1 사람들 가운데서 뽑힌 대제사장은 그들을 위하여 하나님 앞에 서야 하는 일을 맡고 있습니다. 그는 죄를 씻기 위하여 예물과 희생 제물을 바칩니다.

2 대제사장 역시 약한 사람이기 때문에, 잘 알지 못하는 사람들과 잘못을 저지르는 사람들을 너그럽게 대할 수 있는 것입니다.

3 사람들의 죄를 위하여 희생 제물을 바치는 대제사장도 자신의 죄를 위하여 희생 제물을 바쳐야 합니다.

4 대제사장이 되는 것은 영광스러운 일이지만, 자기 마음대로 될 수 있는 것이 아닙니다. 아론처럼 하나님께 부르심을 받아야 합니다.

5 그리스도 역시 스스로 대제사장의 영광을 택한 것이 아니라, 하나님께서 그를 선택해 주신 것입니다. 하나님께서 그에게 말씀하셨습니다.
"너는 내 아들이다. 오늘 내가 너의 아버지가 되었다."*

6 또 이렇게 말씀하셨습니다.
"너는 멜기세덱의 계통을 따른 영원한 대제사장이다."*

7 예수님께서 사람으로 계실 때, 하나님께 기도하고 도움을 구하셨습니다. 그분은 자기를 죽음에서 구해 주실 수 있는 분에게 큰 소리로 부르짖으며 눈물로 기도하셨습니다. 그리고 모든 것을 하나님께 맡기고 순종하심으로 하나님의 응답을 받으셨습니다.

8 예수님께서는 하나님의 아들이셨지만 고난을 통해 순종하는 법을 배우셨습니다.

9 그래서 예수님은 우리의 완전한 대제사장이 되시고, 그에게 순종하는 모든 자에게 영원한 구원을 주셨습니다.

* 5:5 시 2:7에 기록되어 있다.
* 5:6 시 110:4에 기록되어 있다.

절별 해설

받으셨다. 그리하여 인간의 연약함을 불쌍히 여기는 대제사장의 역할을 온전히 감당할 수 있게 되셨다.

11 설명하기 어려우니라 성경에 대한 이해가 부족한 사람들에게 멜기세덱과 예수님의 대제사장으로서의 연결성에 대해서 설명하는 것이 쉽지 않다는 말이다.

12 젖이나 먹어야 할 자 신앙생활의 연륜은 길지만 하나님의 말씀을 이해하지 못하여 구약의 인물을 예수님과 연결시키지 못하는 사람들의 미성숙한 모습을 지적한다.

14 지각을 사용함으로 연단을 받아 훈련을 통해 분별할 수 있는 지적 능력을 가진 상태를 말한다.

> 10 그는 하나님에 의해 멜기세덱의 계통을 따른 영원한 대제사장이 되었습니다.
>
> 11 멜기세덱에 대해서는 할 말이 많지만, 여러분이 깨닫는 것이 둔하기 때문에 설명하기가 어렵습니다.
>
> 12 여러분은 믿은 지 오래되었기 때문에 마땅히 선생이 되어야 했습니다. 그러나 여러분은 아직 하나님의 말씀에 대한 기초를 누군가에게 다시 배워야 할 것 같습니다. 여러분은 단단한 음식을 먹을 준비가 되어 있지 않아서 아직은 젖을 먹어야 할 것 같습니다.
>
> 13 젖을 먹는 자는 아직 어린 아기이기 때문에 옳은 말씀에 대해서 알지 못합니다.
>
> 14 단단한 음식은 어른을 위한 것입니다. 그들은 훈련을 통해 선과 악을 구별할 줄 압니다.

저자의 묵상

히브리서 저자는 구약성경 전체를 철저하게 예수 그리스도 중심으로 해석하면서 멜기세덱 역시 대제사장으로서의 예수님을 보여주는 모형으로 인용한다. 그는 예수님을 멜기세덱의 반차를 따르는 대제사장으로 소개한다. 멜기세덱은 창세기에 한 번 아주 짧게 나오는 인물이기에 성경에 익숙하지 않은 사람들은 이해하기 어려운 것이 당연하다. 성경의 내용을 잘 알고 있더라도 성경을 '예수님을 통한 구원의 이야기'로 해석하지 않고 자기 입맛대로 해석한다면 단단한 식물은 먹지 못하고 젖만 먹는 영적 어린아이의 상태로 볼 수 있다. 성경에 짧게 등장한 멜기세덱도 예수님을 보여주기 위한 인물이라면 성경에 자주 등장하는 인물들을 통해서 예수님의 모습을 찾기 위해 애써야 한다. 영적으로 성숙해진다는 것은 단지 인격적으로 훌륭한 사람이 되는 것이 아니라 위대한 예수님을 더욱 의존하는 일이다.

> **무릎기도** 하나님, 성경을 통해 예수님에 대해 잘 배우고 받아들일 수 있도록 영적 지혜를 열어 주소서. 날마다 더욱 예수님을 의존하는 성숙한 믿음을 갖게 하소서.

ESV - Hebrews 5

1 For every high priest chosen from among men is appointed to act on behalf of men in relation to God, to offer gifts and sacrifices for sins.
2 He can deal gently with the ignorant and wayward, since he himself is beset with weakness.
3 Because of this he is obligated to offer sacrifice for his own sins just as he does for those of the people.
4 And no one takes this honor for himself, but only when called by God, just as Aaron was.
5 So also Christ did not exalt himself to be made a high priest, but was appointed by him who said to him, "You are my Son, today I have begotten you";
6 as he says also in another place, "You are a priest forever, after the order of Melchizedek."
7 In the days of his flesh, Jesus* offered up prayers and supplications, with loud cries and tears, to him who was able to save him from death, and he was heard because of his reverence.
8 Although he was a son, he learned obedience through what he suffered.
9 And being made perfect, he became the source of eternal salvation to all who obey him,
10 being designated by God a high priest after the order of Melchizedek.
11 About this we have much to say, and it is hard to explain, since you have become dull of hearing.
12 For though by this time you ought to be teachers, you need someone to teach you again the basic principles of the oracles of God. You need milk, not solid food,
13 for everyone who lives on milk is unskilled in the word of righteousness, since he is a child.
14 But solid food is for the mature, for those who have their powers of discernment trained by constant practice to distinguish good from evil.

*5:7 Greek *he*

1 high priest 대제사장 appoint 임명하다 on behalf of …을 위하여 sacrifice 제사   2 ignorant 무지한 wayward 제멋대로인 beset with …으로 괴로움을 당하는   3 obligated 의무가 있는   5 exalt 높이다 beget 낳다   7 offer up a prayer 기도하다 supplication 간청 reverence 경외   8 obedience 순종   9 salvation 구원   10 designate 지명하다   11 dull 둔한   12 oracle 하나님의 말씀 solid 단단한   13 righteousness 의   14 mature 성숙한 discernment 안목 distinguish 분별하다

묵상 체크 ☐

38
월   일

성숙한 신앙에 대한 독려와 배교에 대한 경고

히브리서 6:1-12 • 새찬송 314장 | 통일 511장

• 말씀묵상 전에 성령님의 인도하심을 구하는 기도를 드리십시오.

> **본문요약 |** 저자는 유대교에서 개종한 신자들이 그리스도 중심의 성숙한 신앙으로 나아가길 독려한다. 또한 하나님의 은혜를 다양하게 체험하고도 배교한 자들이 심판을 받게 될 것임을 경고한다. 그러므로 성도들에게 끝까지 믿음을 지키고 하나님이 약속하신 풍성한 기업을 상으로 얻게 될 때까지 인내하라고 격려한다.

1 그러므로 우리가 그리스도의 ¹⁾도의 초보를 버리고 죽은 행실을 회개함과 하나님께 대한 신앙과
2 ²⁾세례들과 안수와 죽은 자의 부활과 영원한 심판에 관한 교훈의 터를 다시 닦지 말고 완전한 데로 나아갈지니라
3 하나님께서 허락하시면 우리가 이것을 하리라
4 한 번 빛을 받고 하늘의 은사를 맛보고 성령에 참여한 바 되고
5 하나님의 ³⁾선한 말씀과 내세의 능력을 맛보고도
6 타락한 자들은 다시 새롭게 하여 회개하게 할 수 없나니 이는 그들이 하나님의 아들을 다시 십자가에 못 박아 드러내 놓고 욕되게 함이라
7 땅이 그 위에 자주 내리는 비를 흡수하여 밭 가는 자들이 쓰기에 합당한 채소를 내면 하나님께 복을 받고
8 만일 가시와 엉겅퀴를 내면 버림을 당하고 저주함에 가까워 그 마지막은 불사름이 되리라
9 사랑하는 자들아 우리가 이같이 말하나 너희에게는 이보다 더 좋은 것 곧 구원에 속한 것이 있음을 확신하노라
10 하나님은 불의하지 아니하사 너희 행위와 그의 이름을 위하여 나타낸 사랑으로 이미 성도를 섬긴 것과 이제도 섬기고 있는 것을 잊어버리지 아니하시느니라
11 우리가 간절히 원하는 것은 너희 각 사람이 동일한 부지런함을 나타내어 끝까지 소망의 풍성함에 이르러
12 게으르지 아니하고 믿음과 오래 참음으로 말미암아 약속들을 기업으로 받는 자들을 본받는 자 되게 하려는 것이니라

1) 또는 말씀 2) 헬, 또는 침례 3) 또는 말씀의 선하심과

1. 오늘 하나님께서 나에게 주신 깨달음은 무엇입니까?

2. 말씀을 어떻게 내 삶에 구체적으로 적용해야 합니까?

절별 해설

1 그리스도의 도의 초보 1-2절에 세 쌍으로 이루어진 6가지 항목이 나온다. 이는 유대교의 관습이나 가르침과 유사했기에 유대교에서 기독교로 개종한 사람들이 거부감 없이 신앙의 기초로 받아들일 수 있었다.

죽은 행실을 회개함 "죽은 행실"은 영적 죽음으로 이르게 되는 육신적인 악행을 의미하며 "회개"는 육신적 악행을 버리고 돌이키는 것을 말한다.

하나님께 대한 신앙 구약성경 전체가 이야기하는 하나님에 대한 절대적인 믿음을 말한다.

2 세례들과 안수 "세례"는 유대교의 정결 의례에서 유래한 것으로 신약 시대에 교회에서 행하던 정결 예식을 말한다. "안수"는 한 사람의 권위와 영적 능력을 전수할 때 사용하던 수단으로 신약 시대에는 개종자가 공동체의 일원이 되고 성령의 은사를 받을 때 사용되었다.

죽은 자의 부활과 영원한 심판 "부활"은 종말 때에 육체적으로 죽었던 자들이 다시 살아나게 되는 일을 말한다. "영원한 심판"은 믿지 않는 자들이 받게 될 최후의 심판이다.

완전한 데 유대교의 신앙과 유사한 것만 중요하게 여기는 태도에서 예수 그리스도 중심적인 신앙으로 나아가는 것이 성숙한 신앙의 태도라는 의미이다.

3 하나님께서 허락하시면 그리스도 중심의 성숙한 신앙을 가지는 것은 인간의 노력이 아니라 하나님의 주권과 개입에 의한 은혜의 결과라는 의미이다.

4-5 한 번 빛을 받으니 배교한 자들이 기독교 공동체에 속해 있었을 때의 상태를 다섯 가지로 설명한다. "한 번 빛을 받고"는 복음의 진리와 영적 영광을 한 번 경험한 상태이다.

하늘의 은사를 맛보고 구원의 은혜로 인한 기쁨과 감격을 감각적으로 경험한 것을 말한다.

성령에 참여한 바 성령이 임하실 때 동반되는 특별한 경험을 말한다.

선한 말씀 하나님의 말씀으로 은혜를 받은 경험을 말한다.

내세의 능력을 맛보고도 하늘의 신비한 능력을 경험한 것이다.

6 타락한 자들 이들은 많은 영적 체험과 은혜를 경험함으로 마치 구원받은 자처럼 보였지만 이러한 경험은 감각적이고 표면적이었기 때문에 진정한 영적 변화를 만들어 내지 못했다. 오히려 이들은 영적 체험으로 교만해져서 다시 회개할 수 없는 악한 상태가 되었다.

다시 십자가에 못 박아 타락한 자들은 과거에 예수님을 골고

쉬운성경

1 그러므로 훌륭하게 자란 어른이 됩시다. 처음 그리스도에 대해 배우던 때로 되돌아가서는 안 됩니다. 그때는 죽음에 이르게 하는 행위에서 막 돌아서서 회개하던 때이며, 하나님에 대한 신앙의 기초를 닦던 때였습니다.

2 세례와 안수와 죽은 자의 부활과 영원한 심판에 관한 기초를 다시 닦지는 마십시오.

3 하나님께서 허락하시면 우리는 어른으로 성장할 수 있습니다.

4 변화된 새 생활로 다시 돌아오지 못하는 사람들도 있습니다. 그들은 한때, 하나님의 빛 가운데 살았고, 하늘의 은사를 맛보며 성령을 경험한 사람들이었습니다.

5 하나님의 선한 말씀과 앞으로 올 새로운 세상의 능력도 받았습니다.

6 그런데 그들이 그리스도를 떠나 버렸습니다. 이들을 다시 돌이킬 수 있는 방법은 없습니다. 왜냐하면 그들은 하나님의 아들을 다시 십자가에 못 박고, 사람들 앞에서 욕되게 했기 때문입니다.

7 어떤 사람들은 많은 비를 흡수하는 땅과 같습니다. 그런 땅은 좋은 열매를 맺어 하나님께 복을 받습니다.

8 반면 가시와 엉겅퀴가 많이 자라나 쓸모없는 땅과 같은 사람들도 있습니다. 그런 땅은 저주를 받으며 불에 태워질 것입니다.

9 사랑하는 여러분, 우리가 비록 이렇게 말하고 있지만 여러분이 구원을 누리게 될 것을 확신합니다.

10 하나님께서는 공평하시기 때문에 여러분이 한 일들과, 성도들을 도우면서 보여준 사랑을 잊지 않으실 것입니다. 또한 여러분이 지금도 그들을 돕고 있다는 것을 기억하실 것입니다.

절별 해설

다 언덕에 못 박았던 악인들과 똑같이 악한 자들이라는 의미이다.

8 그 마지막은 불사름이 되리라 7-8절은 농사의 비유를 통해 하나님의 은혜를 체험한 자가 삶에서 마땅한 열매를 내놓지 않으면 결국 심판을 당하게 됨을 설명한다.

9 이보다 더 좋은 것 그리스도 중심의 신앙을 끝까지 지키는 자들은 하나님의 축복을 얻게 된다.

11 소망의 풍성함 하나님이 약속하신 것을 기업으로 받게 됨을 말한다(12절). 본절은 시험을 당할 때 소망을 붙들고 게으름을 물리칠 것을 권면한다.

> 11 우리가 바라는 것은 여러분이 앞으로도 이와 동일한 부지런함을 보여주어 여러분이 가지고 있는 소망을 끝까지 확신하는 것입니다.
>
> 12 게으름 피우지 마십시오. 믿음과 인내를 가지고 나아가면, 하나님께서 약속하신 것을 받게 될 것입니다.

저자의 묵상

만일 어떤 사람이 다양한 영적 은혜를 맛보고, 성령이 임재하시는 특별한 경험을 하며, 하나님의 신비한 능력을 체험한다면 본인의 신앙 수준이 아주 높다고 생각할 것이다. 그러나 히브리서 저자는 이런 체험적 신앙의 위험을 경계한다. 아무리 놀라운 영적 체험을 하더라도 자신의 죄인 됨과 연약함을 깊이 깨닫지 못한다면 아무 소용이 없기 때문이다. 예수님만을 온전히 의존하지 못한다면 그것은 오히려 영적으로 교만해져서 배교하는 지름길이 될 수 있다. 신비한 경험을 하고 은사를 받은 사람들이 교만해져서 자신을 하나님의 자리에 올려놓고 특별한 사람이 된 것처럼 행세하는 경우가 많다. 구약성경에서 발람이나 사울 등도 성령의 능력을 덧입고 예언을 했지만 결국 하나님의 심판을 받았다. 신비한 체험보다 중요한 것은 예수님을 더 깊이 사랑하고 의존하는 겸손함이다. 성도는 예수님을 통해 경험하는 어떤 것보다 예수님만을 더욱 사모해야 한다.

> **무릎기도** 하나님, 영적 교만의 씨앗이 되는 신비한 체험을 사모하기보다 예수님만을 더욱 의지하고 사랑하는 겸손한 영을 가지게 하소서.

ESV - Hebrews 6

1 Therefore let us leave the elementary doctrine of Christ and go on to maturity, not laying again a foundation of repentance from dead works and of faith toward God,
2 and of instruction about washings,* the laying on of hands, the resurrection of the dead, and eternal judgment.
3 And this we will do if God permits.
4 For it is impossible, in the case of those who have once been enlightened, who have tasted the heavenly gift, and have shared in the Holy Spirit,
5 and have tasted the goodness of the word of God and the powers of the age to come,
6 and then have fallen away, to restore them again to repentance, since they are crucifying once again the Son of God to their own harm and holding him up to contempt.
7 For land that has drunk the rain that often falls on it, and produces a crop useful to those for whose sake it is cultivated, receives a blessing from God.
8 But if it bears thorns and thistles, it is worthless and near to being cursed, and its end is to be burned.
9 Though we speak in this way, yet in your case, beloved, we feel sure of better things—things that belong to salvation.
10 For God is not unjust so as to overlook your work and the love that you have shown for his name in serving the saints, as you still do.
11 And we desire each one of you to show the same earnestness to have the full assurance of hope until the end,
12 so that you may not be sluggish, but imitators of those who through faith and patience inherit the promises.

* 6:2 Or *baptisms* (that is, cleansing rites)

---

1 elementary 초보의 doctrine 가르침 maturity 성숙 repentance 회개   2 instruction 교훈 resurrection 부활   3 permit 허락하다   4 enlighten 교화하다   6 crucify 십자가에 못 박다 hold… up …을 드러내다 contempt 모욕   7 for one's sake …를 위하여 cultivate 재배하다   8 thorn 가시 thistle 엉겅퀴 curse 저주하다   10 so as to do …하기 위해서 overlook 간과하다 serve 섬기다   11 earnestness 열심 assurance 확신   12 sluggish 게으른 inherit 상속받다

묵상 체크 ☐

39
월   일

하나님의 약속이 확실한 이유
히브리서 6:13-20 • 새찬송 216장 | 통일 356장
• 말씀묵상 전에 성령님의 인도하심을 구하는 기도를 드리십시오.

> **본문요약 |** 하나님이 아브라함에게 복을 주고 번성하게 하실 것이라는 약속을 이루셨듯이 하나님의 약속은 반드시 성취된다. 성도는 이 흔들리는 세상에서 하나님의 약속이 반드시 성취될 것이라는 믿음을 영혼의 닻으로 삼는다. 그리하여 예수님이 열어 놓으신 길을 따라 하나님 앞에 담대하게 나아갈 수 있게 된다.

13 하나님이 아브라함에게 약속하실 때에 가리켜 맹세할 자가 자기보다 더 큰 이가 없으므로 자기를 가리켜 맹세하여
14 이르시되 ㄱ내가 반드시 너에게 복 주고 복 주며 너를 번성하게 하고 번성하게 하리라 하셨더니
15 그가 이같이 오래 참아 약속을 받았느니라
16 사람들은 자기보다 더 큰 자를 가리켜 맹세하나니 맹세는 그들이 다투는 모든 일의 최후 확정이니라
17 하나님은 약속을 기업으로 받는 자들에게 그 뜻이 변하지 아니함을 충분히 나타내시려고 그 일을 맹세로 보증하셨나니
18 이는 하나님이 거짓말을 하실 수 없는 이 두 가지 변하지 못할 사실로 말미암아 앞에 있는 소망을 얻으려고 피난처를 찾은 우리에게 큰 안위를 받게 하려 하심이라
19 우리가 이 소망을 가지고 있는 것은 영혼의 닻 같아서 튼튼하고 견고하여 휘장 안에 들어 가나니
20 그리로 앞서 가신 예수께서 멜기세덱의 반차를 따라 영원히 대제사장이 되어 우리를 위하여 들어 가셨느니라

1. 오늘 하나님께서 나에게 주신 깨달음은 무엇입니까?

2. 말씀을 어떻게 내 삶에 구체적으로 적용해야 합니까?

ㄱ. 창 22:16

절별 해설

13 아브라함에게 약속하실 때 아브라함은 본서뿐 아니라 신약성경 전체에서 하나님의 약속이 신실하다는 증거를 들 때 가장 대표적으로 등장한다(롬 4:13).

자기를 가리켜 맹세하여 하나님의 이 약속은 당장 시행되는 것이 아니었기에 추후 약속의 실행 여부를 확정 지을 사람이 필요했는데 더 크신 분이 없어서 자신으로 맹세하셨다.

14 복 주며 너를 번성하게 하고 하나님의 약속의 핵심이다(창 22:17). 같은 말을 반복함으로써 하나님이 확실히 아브라함에게 복을 주시고, 번성하게 하실 것을 강조한다.

15 약속을 받았느니라 이 약속은 일차적으로 아브라함의 후손으로 많은 이스라엘 백성이 생긴 것을 말한다. 그러나 궁극적으로는 예수님을 통해 하나님의 복이 만민에게 흘러가게 된 것을 의미한다. 그렇기에 예수님은 "아브라함은 나의 때 볼 것을 즐거워하다가 보고 기뻐하였다"(요 8:56)고 말씀하셨다. 즉 아브라함에게 약속하신 복은 예수님을 통해 성취된 것이다.

16 모든 일의 최후 확정이니라 구약 시대 이스라엘은 위대하신 여호와의 이름으로 맹세함으로 하나님을 그들 사이의 증인이자 심판주로 세우고자 했다. 혹시 맹세를 깨뜨리면 하나님의 이름을 망령되이 일컫지 말라는 제3계명을 어기는 것으로 여겼다(출 20:7). 하나님은 자신의 이름으로 맹세하심으로 절대 약속이 깨어지지 않음을 확증하신다.

17 충분히 나타내시려고 하나님은 맹세하실 필요가 없으셨지만 약속을 반드시 지키실 것을 알리기 위해 아브라함에게 맹세를 하셨다. 이 맹세는 아브라함만이 아니라 약속을 받는 모든 성도에게 확신을 주는 말씀이다.

18 이 두 가지 변하지 못할 사실 두 가지는 하나님의 약속(13절)과 맹세(17절)다. 그리스도를 보내 모든 자에게 복을 주시겠다는 약속은 그리스도의 구속 사역을 통해 이루어졌다.

앞에 있는 소망 예수를 믿는 자들에게 주실 구원의 성취와 하나님 나라의 완성을 말한다.

19 영혼의 닻 같아서 저자는 인생을 파도가 요동하는 바다를 항해하는 배에 비유한다. 닻이 배가 바다 위에서 흔들리지 않도록 붙들듯 하나님의 약속의 성취를 소망하는 행위가 인생에서 흔들리지 않게 붙드는 견고한 도구가 됨을 말한다.

휘장 안에 들어 가나니 "휘장"은 성막 안에 있던 성소와 지성소를 구분하는 두꺼운 가림막이다. 예수님의 십자가로 휘장이 찢어져서 성도가 담대히 하나님의 존전에 나아가게 되었다.

쉬운성경

13 하나님께서는 아브라함에게 약속하셨습니다. 하나님보다 더 위대한 분은 없으므로, 하나님께서는 자기 이름으로 그에게 맹세하시며 말씀하셨습니다.

14 "내가 반드시 너에게 복을 주고, 네 자손을 번성하게 하겠다."*

15 아브라함은 인내를 가지고 이 약속을 기다렸고, 마침내 그 약속을 받았습니다.

16 사람들은 보통 자기보다 위대한 사람의 이름을 대며 맹세합니다. 그래서 자기가 말한 것이 사실임을 확증하고 더 이상 논쟁이 계속되지 않도록 합니다.

17 하나님께서도 자신의 약속이 사실임을 증명하고 싶으셨습니다. 하나님께서는 자신의 약속을 받을 자들에게 이것을 확실히 나타내셨습니다. 그리고 자신의 계획이 변하지 않는다는 것을 그들에게 알리시려고 맹세로 그것을 보증하셨습니다.

18 하나님께서는 결코 거짓으로 약속하지 않으시며, 거짓 맹세도 하지 않으십니다. 변하지 않는 이 두 사실은 하나님께 피난처를 구하는 우리들에게 용기를 주며, 우리가 받은 소망을 붙들 수 있는 힘을 줍니다.

19 우리가 가진 소망은 영혼의 닻처럼 안전하고 튼튼하여, 그 소망을 통해 하늘 지성소의 커튼*을 열고 그 안에 들어가게 합니다.

20 예수님께서 우리보다 앞서, 그리고 우리를 위하여 먼저 그곳에 들어가셨습니다. 예수님께서는 멜기세덱의 계통을 따른 영원한 대제사장이 되셨습니다.

* 6:14 창 22:17에 기록되어 있다.
* 6:19 휘장

20 **우리를 위하여 들어 가셨느니라** 예수님은 자신을 제물로 드리심으로 휘장을 찢고 우리가 하나님께 나아갈 길을 만들어 주셨다. 우리도 그를 따라 하나님 앞에 설 수 있게 되었다.

저자의 묵상

하나님은 아브라함에게 맹세까지 하시면서 복을 주겠다고 약속하셨다. 이 복은 단순히 아브라함이 부자가 되고, 장수하며, 자식을 많이 낳는 것이 아니었다. 이렇듯 세상에서 누리는 복이라면 하나님이 맹세까지 하실 필요가 없었다. 하나님이 맹세하실 정도의 복이라면 영원하고 궁극적인 것이어야 한다. 따라서 하나님이 약속하신 이 복은 예수님을 통해서만 주어지는 복임을 알 수 있다.

구약성경에 그렇게 많이 사용된 복이라는 단어는 예수님이 오신 뒤에는 더 이상 잘 사용되지 않는다. 왜냐하면 세상의 것을 비유로 들어 복을 설명할 필요가 없어졌기 때문이다. 그래서 신약성경은 복 대신에 생명 혹은 영생이라는 단어를 사용한다. 하나님이 자신을 걸고 맹세하시며 그의 백성에게 주시고자 했던 것이 바로 영적 생명이다. 예수님을 통해서만 얻을 수 있는 영생을 소유한 자는 하나님이 그토록 주시고자 했던 최고의 복을 받은 것이다.

> **무릎 기도** 하나님, 예수님을 통해 영생을 선물로 주심에 감사드립니다. 세상의 복에 관심을 두지 않고 하나님이 주신 최고의 복을 풍성히 누리게 하소서.

ESV - Hebrews 6

13 For when God made a promise to Abraham, since he had no one greater by whom to swear, he swore by himself,
14 saying, "Surely I will bless you and multiply you."
15 And thus Abraham,* having patiently waited, obtained the promise.
16 For people swear by something greater than themselves, and in all their disputes an oath is final for confirmation.
17 So when God desired to show more convincingly to the heirs of the promise the unchangeable character of his purpose, he guaranteed it with an oath,
18 so that by two unchangeable things, in which it is impossible for God to lie, we who have fled for refuge might have strong encouragement to hold fast to the hope set before us.
19 We have this as a sure and steadfast anchor of the soul, a hope that enters into the inner place behind the curtain,
20 where Jesus has gone as a forerunner on our behalf, having become a high priest forever after the order of Melchizedek.

*6:15 Greek *he*

13 swear 맹세하다 14 multiply 늘리다 15 patiently 끈기 있게 obtain 얻다 16 dispute 논쟁 oath 맹세 confirmation 확정 17 convincingly 납득이 가도록 heir 상속인 guarantee 보증하다 18 flee for refuge 피난하다 encouragement 격려 19 steadfast 변함없는 anchor 닻 curtain 휘장 20 forerunner 선구자 on one's behalf ···을 대신하여 high priest 대제사장

☐ 묵상 체크

40 멜기세덱의 위대함

월 일

히브리서 7:1-10 • 새찬송 446장 | 통일 500장

• 말씀묵상 전에 성령님의 인도하심을 구하는 기도를 드리십시오.

> **본문요약** | 저자는 기원과 죽음이 기록되어 있지 않은 살렘 왕 멜기세덱을 마치 신적 존재처럼 묘사하며 예수님의 제사장적 모형으로 등장시킨다. 멜기세덱이 아브라함에게 십일조를 받고 그를 축복한 것을 통해 그가 아브라함보다 높은 존재임을 설명한다. 따라서 아브라함의 자손인 레위 지파보다도 높은 존재이다.

1 이 멜기세덱은 살렘 왕이요 지극히 높으신 하나님의 제사장이라 여러 왕을 쳐서 죽이고 돌아오는 아브라함을 만나 복을 빈 자라
2 아브라함이 모든 것의 십분의 일을 그에게 나누어 주니라 그 이름을 해석하면 먼저는 의의 왕이요 그 다음은 살렘 왕이니 곧 평강의 왕이요
3 아버지도 없고 어머니도 없고 족보도 없고 시작한 날도 없고 생명의 끝도 없어 하나님의 아들과 닮아서 항상 제사장으로 있느니라
4 이 사람이 얼마나 높은가를 생각해 보라 조상 아브라함도 노략물 중 십분의 일을 그에게 주었느니라
5 레위의 아들들 가운데 제사장의 직분을 받은 자들은 율법을 따라 아브라함의 허리에서 난 자라도 자기 형제인 백성에게서 십분의 일을 취하라는 명령을 받았으나
6 레위 족보에 들지 아니한 멜기세덱은 아브라함에게서 십분의 일을 취하고 약속을 받은 그를 위하여 복을 빌었나니
7 논란의 여지 없이 낮은 자가 높은 자에게서 축복을 받느니라
8 또 여기는 죽을 자들이 십분의 일을 받으나 저기는 산다고 증거를 얻은 자가 받았느니라
9 또한 십분의 일을 받는 레위도 아브라함으로 말미암아 십분의 일을 바쳤다고 할 수 있나니
10 이는 멜기세덱이 아브라함을 만날 때에 레위는 이미 자기 조상의 허리에 있었음이라

1. 오늘 하나님께서 나에게 주신 깨달음은 무엇입니까?

2. 말씀을 어떻게 내 삶에 구체적으로 적용해야 합니까?

절별 해설

1 이 멜기세덱 5장에 언급되었던 멜기세덱에 대한 설명이 이어진다. 6장에 미성숙하여 배교하는 자들에 대한 염려와 끝까지 믿음을 지키라는 격려의 말 뒤 원래 주제로 돌아간다.
살렘 왕 "살렘"은 지금의 예루살렘으로 멜기세덱은 이곳의 왕이었다.
하나님의 제사장 고대에는 왕이 제사장직을 함께 맡는 제정일치의 경우가 많았다.
아브라함을 만나 복을 빈 자 창세기 14:17-20의 내용을 요약한 것으로 멜기세덱은 하나님의 복을 아브라함에게 전달하는 중보자의 역할을 했다.

2 의의 왕, 살렘 왕 "멜기세덱"은 문자적으로 '나의 왕은 의롭다'라는 의미. 이는 그리스도가 의로운 통치자로 오신다는 예표이다(사 32:1). "살렘"은 평화라는 뜻의 히브리어 '샬렘'과 같은 어근에서 나온 단어로 그리스도가 평강의 왕(사 9:6)으로 오신다는 예표이다.

3 아버지도 없고 어머니도 없고 아브라함을 만난 사건 외에는 멜기세덱에 관한 기록이 전무하다. 저자는 기원을 알 수 없는 멜기세덱을 신적 기원을 가진 예수님의 예표로 삼는다.
항상 제사장으로 있느니라 멜기세덱을 모형으로 한 메시아에 관한 예언이 담긴 시 110:4의 인용으로 메시아가 영원한 제사장이 될 것임을 의미한다.

4 얼마나 높은가 아브라함이 그에게 십일조를 바쳤다는 것은 멜기세덱이 아브라함보다 권위가 높음을 보여준다. 결국 아브라함의 후손인 이스라엘의 제사장들보다 높은 자임을 알 수 있다.

5 율법을 따라 율법에 따르면 이스라엘 백성의 십일조는 레위인에게, 레위인의 십일조는 제사장에게 바치도록 되어 있었다. 즉 같은 아브라함의 후손이라도 각각 율법에 따라 십일조를 내도록 한 것이다.

6 레위 족보에 들지 아니한 멜기세덱 멜기세덱은 아브라함과 혈연관계가 아니었지만 아브라함으로부터 십일조를 받았다. 이는 멜기세덱이 아브라함보다 높은 권위를 가졌음을 뜻한다.

7 축복을 받느니라 축복은 일반적으로 높은 자가 낮은 자에게 하게 되어 있다. 멜기세덱이 아브라함을 축복한 것은 멜기세덱의 권위가 아브라함보다 높다는 것을 증명한다.

8 산다고 증거를 얻은 자 백성으로부터 십일조를 받았던 레위인들은 죽을 수밖에 없는 인간이었다. 저자는 성경에 멜기세덱의 죽음이 기록되지 않았기 때문에 그를 마치 죽지 않는 존재

쉬운성경

1 멜기세덱은 살렘의 왕이며 지극히 높으신 하나님의 제사장이었습니다. 그는 아브라함이 여러 왕들을 무찌르고 돌아오는 길에 아브라함을 만나 축복해 주었습니다.

2 아브라함은 전쟁에서 빼앗아 온 물건 중에서 십분의 일을 멜기세덱에게 주었습니다. 멜기세덱은 '정의의 왕'이라는 뜻이며, 살렘 왕은 '평화의 왕'이라는 뜻입니다.

3 그의 아버지와 어머니가 누구인지는 아무도 모릅니다. 그의 고향이 어디인지 아는 사람도 없으며, 그가 태어난 날과 죽은 날이 언제인지도 알지 못합니다. 그는 마치 하나님의 아들같이 영원한 제사장으로 있는 자입니다.

4 그가 얼마나 위대한 사람이었는지 생각해 보십시오. 우리 조상 아브라함은 전쟁에서 이겨 얻은 물건들 중, 십분의 일을 그에게 주었습니다.

5 제사장이 된 레위 사람들은 율법에 따라 백성으로부터 십분의 일을 받을 수 있게 되어 있습니다. 제사장들과 백성 모두 아브라함의 자손이지만, 제사장은 자기 백성으로부터 십분의 일을 받았습니다.

6 멜기세덱은 레위 지파도 아니었는데 아브라함으로부터 십분의 일을 받았습니다. 그리고 하나님의 약속을 받은 아브라함을 축복해 주었습니다.

7 높은 사람이 낮은 사람을 축복해 줄 수 있다는 사실은 여러분도 알고 있을 것입니다.

8 제사장들도 십분의 일을 받지만, 그들도 결국 죽을 인간에 불과합니다. 그러나 아브라함으로부터 십분의 일을 받은 멜기세덱은 성경이 말한 대로 영원히 살아 있습니다.

절별 해설

처럼 가정한다. 그래서 멜기세덱이 레위인보다 높은 권위를 가졌음을 설명한다.

9 아브라함으로 말미암아 십분의 일을 바쳤다 아브라함이 멜기세덱에게 십일조를 바친 것은 그의 후손인 레위인들까지도 아브라함을 통해 멜기세덱에게 십일조를 바친 것과 같다.

10 자기 조상의 허리에 있었음이라 "허리"는 혈연관계의 뿌리를 비유한 것으로 아브라함이 레위인들의 혈연적 뿌리임을 의미한다.

> 9 또한 백성들로부터 십분의 일을 받았던 레위 지파도 아브라함을 통해 멜기세덱에게 십분의 일을 바쳤다고 말할 수 있습니다.
>
> 10 왜냐하면 아브라함이 멜기세덱을 만났을 때 레위는 아직 태어나지 않았고 아브라함의 몸속에 있었기 때문입니다.

저자의 묵상

히브리서 저자는 멜기세덱의 권위를 통해 예수님의 위대한 권위를 설명한다. 그 이유는 본서의 수신자들이 유대교의 대제사장직이 원래 예수님의 중보 사역의 모형임을 이해하지 못했기 때문이다. 지금도 사람들은 보이지 않는 예수님을 통해 하나님 앞에 나아가는 것을 어려워한다. 그래서 가톨릭은 성인이나 마리아를 통해 하나님을 찾는 성인 숭배 사상을 만들어 냈다. 기독교인도 자신을 도와줄 수 있을 것 같은 영적인 사람을 의존하는 것에 익숙하다. 자신보다 거룩하고 영적인 사람의 기도가 자신의 기도보다 잘 응답될 것이라고 생각하는 것이다. 그러나 그렇지 않다. 성경은 명확히 예수님이 우리의 중보자요 대제사장이 되신다고 설명한다. 아무리 위대해 보이는 사람도 예수님의 권위 앞에서는 아무것도 아니다. 아무리 긍휼이 많아 보이는 사람도 예수님의 무한하신 긍휼과 비교할 수 없다. 성도에게는 예수님만을 하나님과 우리 사이의 유일한 중보자로 믿는 믿음이 필요하다.

무릎기도 | 하나님, 눈에 보이는 사람을 의존하려 하는 불신앙을 용서하소서. 유일한 중보자이신 예수님을 믿음으로 하나님 앞에 담대히 나아가게 하소서.

ESV - Hebrews 7

1 For this Melchizedek, king of Salem, priest of the Most High God, met Abraham returning from the slaughter of the kings and blessed him,
2 and to him Abraham apportioned a tenth part of everything. He is first, by translation of his name, king of righteousness, and then he is also king of Salem, that is, king of peace.
3 He is without father or mother or genealogy, having neither beginning of days nor end of life, but resembling the Son of God he continues a priest forever.
4 See how great this man was to whom Abraham the patriarch gave a tenth of the spoils!
5 And those descendants of Levi who receive the priestly office have a commandment in the law to take tithes from the people, that is, from their brothers,* though these also are descended from Abraham.
6 But this man who does not have his descent from them received tithes from Abraham and blessed him who had the promises.
7 It is beyond dispute that the inferior is blessed by the superior.
8 In the one case tithes are received by mortal men, but in the other case, by one of whom it is testified that he lives.
9 One might even say that Levi himself, who receives tithes, paid tithes through Abraham,
10 for he was still in the loins of his ancestor when Melchizedek met him.

*7:5 Or *brothers and sisters*

1 priest 제사장 slaughter 학살   2 apportion 나누다 translation 해석 righteousness 의   3 genealogy 족보 resemble 닮다   4 patriarch 조상 spoil 약탈품   5 descendant 자손 commandment 명령 tithe 십일조 be descended from …의 후손이다   6 descent from …의 혈통   7 beyond dispute 논란의 여지 없이 inferior 낮은 superior 높은   8 mortal 죽을 운명의 testify 증명하다   10 loin 허리 ancestor 조상

☐ 묵상 체크

41
월   일

새 법으로 세워진 대제사장
히브리서 7:11-19 • 새찬송 197장 | 통일 178장

• 말씀묵상 전에 성령님의 인도하심을 구하는 기도를 드리십시오.

> **본문요약** ㅣ 레위 자손의 제사장직으로는 사람들의 죄를 씻어 온전하게 만들 수 없었기에 구약의 율법이 바뀌어야 했다. 이것이 바로 유다 지파 출신인 예수님이 대제사장이 되신 이유다. 연약하고 무익한 구약의 율법이 아닌 새 법으로 세워진 예수님을 통해 하나님께 나아갈 길이 열렸기에 더 좋은 소망을 가질 수 있다.

11 레위 계통의 제사 직분으로 말미암아 온전함을 얻을 수 있었으면 (백성이 그 아래에서 율법을 받았으니) 어찌하여 아론의 반차를 따르지 않고 멜기세덱의 반차를 따르는 다른 한 제사장을 세울 필요가 있느냐
12 제사 직분이 바꾸어졌은즉 율법도 반드시 바꾸어지리니
13 이것은 한 사람도 제단 일을 받들지 않는 다른 지파에 속한 자를 가리켜 말한 것이라
14 우리 주께서는 유다로부터 나신 것이 분명하도다 이 지파에는 모세가 제사장들에 관하여 말한 것이 하나도 없고
15 멜기세덱과 같은 별다른 한 제사장이 일어난 것을 보니 더욱 분명하도다
16 그는 육신에 속한 한 계명의 법을 따르지 아니하고 오직 불멸의 생명의 능력을 따라 되었으니
17 증언하기를 ㄱ네가 영원히 멜기세덱의 반차를 따르는 제사장이라 하였도다
18 전에 있던 계명은 연약하고 무익하므로 폐하고
19 (율법은 아무 것도 온전하게 못할지라) 이에 더 좋은 소망이 생기니 이것으로 우리가 하나님께 가까이 가느니라

1. 오늘 하나님께서 나에게 주신 깨달음은 무엇입니까?

2. 말씀을 어떻게 내 삶에 구체적으로 적용해야 합니까?

ㄱ. 시 110:4

절별 해설

11 온전함을 얻을 수 있었으면 율법을 통한 제사장직으로는 하나님과 온전한 관계를 맺을 수 없었다. 율법의 목적 자체가 사람을 온전하게 만드는 것이 아니라 사람의 죄악을 깨닫게 하는 것이기 때문이다(롬 3:20).
다른 한 제사장 "다른"은 전혀 다른 종류를 의미한다. 사람들 중에 세워진 제사장이 아니라 전혀 다른 신적 기원을 가진 제사장이 필요함을 말한다.

12 율법도 반드시 바꾸어지리니 제사 직분과 율법은 긴밀히 연관되어 있다. 사람의 연약함 때문에 제사 직분이 바뀌어야 한다면 그에 따라 율법도 변해야 한다.

13 제단 일을 받들지 않는 다른 지파 율법은 레위 지파만 성전과 관련된 일을 하도록 규정했다. 예수님은 레위 지파가 아닌 유다 지파 출신이므로 예수님이 대제사장이 되시기 위해서는 율법이 바뀌어야 한다.

14 유다로부터 나신 것이 분명하도다 성경은 예수님이 유다 지파 출신임을 여러 곳에서 이야기한다(마 1:2). 그 이유는 하나님의 백성에 대한 예수님의 왕권을 증명하기 위해서다.

15 멜기세덱과 같은 별다른 한 제사장 시편 110:4에서 메시아가 멜기세덱의 서열을 따라 이전과는 다른 종류의 제사장으로 임하게 될 것이라는 예언이 성취됨을 의미한다.

16 육신에 속한 한 계명의 법 모세의 율법을 가리키는 표현으로 레위 자손 가운데 제사장을 세우는 자격 조건 등이 담긴 법을 말한다.
불멸의 생명의 능력을 따라 육신에 속한 율법과 대조되는 하나님의 영원한 생명의 능력을 말한다. 예수님이 대제사장으로 세워지셨기 때문에 이 직분은 육신에 제한을 받지 않고 영구함을 강조한다.

18 연약하고 무익하므로 "연약하고"는 율법을 온전히 지킬 수 없는 사람들의 연약함을 가리키며, "무익하므로"는 율법으로는 사람의 죄악을 온전히 사할 수 없음을 의미한다. 따라서 구약의 율법은 폐기되고 예수 그리스도를 통한 새 법이 임하게 된다.

19 율법은 아무 것도 온전하게 못할지라 구약의 율법은 인간의 외적 행위를 깨끗하게 하는 방법을 제시할 뿐이지 죄악에 물든 인간의 영혼을 깨끗하게 할 수 없었다. 따라서 율법으로는 마음의 죄악을 깨끗이 씻어 하나님과의 관계를 온전하게 할 수 없었다. 이는 율법 자체는 온전하지만 인간의 불완전함과 연약함으로 말미암아 나타난 결과이다.

쉬운성경

11 이스라엘 백성들은 레위 지파의 제사장 직분을 통해 율법을 받았습니다. 그러나 제사장 직분을 받았다고 해서 그들이 영적으로 완전해질 수는 없었습니다. 따라서 또 다른 제사장, 즉 아론의 계통이 아닌 멜기세덱의 계통을 따른 제사장이 필요했던 것입니다.

12 제사장 제도가 바뀌어야 한다면 율법도 바뀌어야 할 것입니다.

13 우리는 지금 그리스도에 대해서 말하고 있습니다. 그리스도는 레위 지파가 아닌 다른 지파의 사람이었는데, 그 지파에서 나온 사람들 중 제단에서 제사장으로 섬긴 사람은 한 명도 없습니다.

14 우리 주님께서 유다 지파에 속했다는 사실은 분명합니다. 모세가 이 지파에 대해 말할 때에 제사장 직분이라는 것을 한 번도 말한 적이 없었습니다.

15 멜기세덱과 같은 또 다른 제사장이 오신 것을 보면 이제 더 분명해지는 것 같습니다.

16 그분은 인간의 법과 규칙에 따라 제사장이 되신 것이 아니고, 영원한 생명의 능력으로 제사장이 되셨습니다.

17 성경에 그분에 대해 이렇게 기록되어 있습니다.
　　"너는 멜기세덱의 계통을 따른 영
　　원한 제사장이다."*

18 옛 계명은 약하고 쓸모가 없으므로 이제 폐지되었습니다.

19 모세의 율법으로는 아무것도 완전하게 할 수 없습니다. 그러나 이제 우리는 더 나은 소망을 받았고, 이 소망을 통해 하나님께 가까이 나아갈 수 있습니다.

* 7:17 시 110:4에 기록되어 있다.

더 좋은 소망 이제는 율법 대신에 예수님을 통해 온전히 죄를 사함 받을 수 있다. 하나님 앞에 나아가 생명을 얻을 수 있는 길이 생겼기 때문에 이것을 더 좋은 소망이라고 말한다.

저자의 묵상

신약성경은 예수님이 오셨으니 율법이 더 이상 필요 없게 되었다고 반복해서 가르친다. 하지만 성도 가운데는 여전히 구약의 율법 중 일부를 지켜야 한다고 주장하는 사람들이 있었다. 이런 주장은 예수님이 이루신 완전한 구원을 받아들이지 않는 잘못된 태도이다. 구약의 율법은 하나님과 이스라엘 백성 사이의 언약을 유효하게 하기 위해 주어진 규정이었다. 그러나 이제 옛 언약은 폐기되고, 예수님을 통해 새 언약이 주어졌다. 따라서 옛 언약에 속한 모든 율법은 폐기되고 이제 성도에게는 새 언약에 속한 '사랑의 법'만이 주어졌다. 그래서 사랑이 율법의 완성이다(롬 13:10). 새 언약 아래 살아가는 성도는 외적인 율법이 아니라 사랑의 법에 따라 살아야 한다. 그러므로 성도는 어떤 음식을 먹느냐 먹지 않느냐, 주일에 일을 하느냐 하지 않느냐 등의 문제로 더 이상 고민할 필요가 없다. 하나님과 이웃에 대한 사랑을 기준으로 판단하며 행동한다면 우리의 삶은 훨씬 더 거룩하고 아름다워질 것이다.

> **무릎기도** 하나님, 예수님을 통해 새 언약을 주심에 감사드립니다. 더 이상 외적인 행위에 얽매이지 않고 사랑의 법을 따르는 결정을 하게 하소서.

ESV - Hebrews 7

11 Now if perfection had been attainable through the Levitical priesthood (for under it the people received the law), what further need would there have been for another priest to arise after the order of Melchizedek, rather than one named after the order of Aaron?

12 For when there is a change in the priesthood, there is necessarily a change in the law as well.

13 For the one of whom these things are spoken belonged to another tribe, from which no one has ever served at the altar.

14 For it is evident that our Lord was descended from Judah, and in connection with that tribe Moses said nothing about priests.

15 This becomes even more evident when another priest arises in the likeness of Melchizedek,

16 who has become a priest, not on the basis of a legal requirement concerning bodily descent, but by the power of an indestructible life.

17 For it is witnessed of him, "You are a priest forever, after the order of Melchizedek."

18 For on the one hand, a former commandment is set aside because of its weakness and uselessness

19 (for the law made nothing perfect); but on the other hand, a better hope is introduced, through which we draw near to God.

---

11 attainable 도달할 수 있는 Levitical 레위 지파의 priesthood 제사장직 rather than …보다는   12 necessarily 반드시   13 belong to …에 속하다 tribe 지파 serve 섬기다 altar 제단   14 evident 분명한 descended from …의 자손인 in connection with …과 관련되어   15 likeness 닮음   16 on the basis of …에 근거하여 legal 법적인 requirement 요건 indestructible 불멸의   17 witness 증언하다   18 commandment 계명 set aside 파기하다   19 draw near 가까워지다

묵상 체크 ☐

42 온전하고 영원한 대제사장 예수

월 일

히브리서 7:20-28 • 새찬송 521장 | 통일 253장

• 말씀묵상 전에 성령님의 인도하심을 구하는 기도를 드리십시오.

본문요약 | 예수님은 하나님의 맹세로 말미암아 대제사장이 되셨기 때문에 율법을 따라 대제사장이 된 레위인보다 더 좋은 언약의 보증이 되신다. 예수님은 영원히 계시기 때문에 제사장 직분을 감당할 다른 사람이 필요하지 않다. 또한 자기를 힘입어 하나님께 나아가는 자들을 온전히 구원하시며 그들을 위해 중보하신다.

20 또 예수께서 제사장이 되신 것은 맹세 없이 된 것이 아니니
21 (그들은 맹세 없이 제사장이 되었으되 오직 예수는 자기에게 말씀하신 이로 말미암아 맹세로 되신 것이라 ㄱ주께서 맹세하시고 뉘우치지 아니하시리니 네가 영원히 제사장이라 하셨도다)
22 이와 같이 예수는 더 좋은 언약의 보증이 되셨느니라
23 제사장 된 그들의 수효가 많은 것은 죽음으로 말미암아 항상 있지 못함이로되
24 예수는 영원히 계시므로 그 제사장 직분도 갈리지 아니하느니라
25 그러므로 자기를 힘입어 하나님께 나아가는 자들을 온전히 구원하실 수 있으니 이는 그가 항상 살아 계셔서 그들을 위하여 간구하심이라
26 이러한 대제사장은 우리에게 합당하니 거룩하고 악이 없고 더러움이 없고 죄인에게서 떠나 계시고 하늘보다 높이 되신 이라
27 그는 저 대제사장들이 먼저 자기 죄를 위하고 다음에 백성의 죄를 위하여 날마다 제사 드리는 것과 같이 할 필요가 없으니 이는 그가 단번에 자기를 드려 이루셨음이라
28 율법은 약점을 가진 사람들을 제사장으로 세웠거니와 율법 후에 하신 맹세의 말씀은 영원히 온전하게 되신 아들을 세우셨느니라

ㄱ. 시 110:4

1. 오늘 하나님께서 나에게 주신 깨달음은 무엇입니까?

2. 말씀을 어떻게 내 삶에 구체적으로 적용해야 합니까?

절별 해설

20 맹세 없이 된 것이 아니니 레위인들은 율법에 따라 제사장직을 받았지만 예수님은 하나님의 맹세를 통해 제사장직을 받으셨기 때문에 훨씬 더 확고하다.

21 네가 영원히 제사장이라 시편 110:4을 인용한다. 하나님이 메시아를 영원한 제사장으로 세우겠다고 맹세하셨기 때문에 예수님이 레위 자손이 아니어도 관계없다는 뜻이다.

22 더 좋은 언약의 보증 "더 좋은 언약"은 예수님이 그 피로 세우신 새 언약이다(눅 22:20). 옛 언약은 인간의 죽은 영혼과 내적 양심을 새롭게 할 수 없었기 때문에 구약 때부터 이어져 온 옛 언약을 폐하고 새 언약을 맺겠다고 약속하셨다(렘 31:31). 그 약속대로 예수님은 십자가에서 희생 제물이 되심으로 인간의 죄를 깨끗하게 하며 더 좋은 언약을 세우셨다(12:24). 따라서 예수님은 새 언약을 확실히 이루는 보증이시다.

23 그들의 수효가 많은 것 예수님은 한 분뿐이지만 레위 자손은 대제사장이 죽으면 그 뒤를 이어 다른 사람이 세워졌기 때문에 숫자가 많았다. 역사가 요세푸스에 의하면 아론부터 예루살렘 멸망(AD 70)까지 이스라엘에는 83명의 대제사장이 있었다고 한다.

24 그 제사장 직분도 갈리지 아니하느니라 예수님은 영원히 살아계신 하나님이시기 때문에 그분이 맡으신 대제사장의 직분을 이어서 감당할 다른 사람이 필요하지 않다. 이것은 예수님의 대제사장 직분이 완전함을 보여준다.

25 온전히 구원하실 수 있으니 레위 자손 가운데 세워진 대제사장들이 절대로 할 수 없었던 온전한 구원을 예수님만이 이루실 수 있음을 의미한다.
간구하심이라 "간구하다"는 단순한 기도의 의미가 아니라 하나님과 인간 사이에서 중보자의 역할을 행함을 말한다.

26 우리에게 합당하니 예수님이 합당한 대제사장이신 세 가지 조건은 영원하시고(24절), 자기를 힘입어 하나님께 나온 자들을 온전히 구원하시며, 항상 살아서 중보하심이다(25절).
거룩하고 … 하늘보다 높이 되신 이 온전한 대제사장으로서 예수님의 성품과 지위 다섯 가지가 나온다. 온전한 대제사장직을 불완전한 인간이 절대로 맡을 수 없음을 보여준다.

27 단번에 자기를 드려 이루셨음이라 예수님은 온전한 대제사장이실 뿐 아니라 흠이 없는 온전한 제물이기 때문에 자신을 제물로 드림으로 영원하고 완전한 속죄를 완성하셨다.

쉬운성경

20 예수님을 대제사장으로 세우실 때에 하나님께서 맹세하셨습니다. 다른 사람들이 제사장이 될 때에는 그런 맹세를 하지 않으셨습니다.

21 그러나 그리스도는 하나님의 맹세로 제사장이 되셨습니다. "주님께서 '너는 영원한 제사장이다'라고 약속하셨으니, 그 마음을 결코 바꾸지 않으실 것이다."*

22 예수님께서 하나님과 그의 백성 사이에 더 좋은 약속의 보증이 되셨다는 뜻입니다.

23 제사장들이 죽으면 제사장의 일을 더 이상 할 수 없기 때문에 제사장의 숫자가 많을 수밖에 없었습니다.

24 그러나 예수님께서는 영원히 살아계시기 때문에 결코 제사장의 일을 쉬지 않으실 것입니다.

25 그러므로 예수님은 자기를 통해 하나님께 나아오는 자들을 완전히 구원하실 수 있습니다. 예수님은 항상 살아계셔서, 하나님께 나아오는 자들을 돕고 계시기 때문입니다.

26 예수님이야말로 우리에게 진정으로 필요한 대제사장이십니다. 예수님께서는 거룩하고 죄가 없으시며, 흠이 없고 죄인들과 구별되는, 하늘보다 높은 곳에 계신 분입니다.

27 그분은 다른 제사장들과는 다릅니다. 그들은 매일 제사를 드려야 합니다. 먼저 자신의 죄를 위하여, 다음은 백성의 죄를 위하여 희생 제물을 바칩니다. 그러나 그리스도는 그럴 필요가 없으십니다. 예수님께서는 자기 자신을 희생 제물로 드려서 단 한 번에 그 일을 끝내셨기 때문입니다.

28 율법은 약점을 가진 사람들을 제사장으로 세웠습니다. 그러나 하나님의 아들이신 예수님께서는 하나님의 맹세하심을 통해 영원토록 완전한 대제사장이 되셨습니다.

* 7:21 시 110:4에 기록되어 있다.

28 영원히 온전하게 되신 아들 이 구절은 레위인 대제사장과 예수님의 차이 세 가지를 제시한다. 율법으로 세워진 자와 맹세로 세워진 자, 약점을 가진 자와 온전한 자, 그리고 사람과 하나님의 아들이라는 차이가 있다.

저자의 묵상

우상은 사람들이 하나님 대신 사랑하고 의존하는 대상을 말한다. 그렇다면 사람들은 어떤 우상을 사랑하고 의존할까? 사람들은 자기의 욕망을 이루어 줄 것 같은 대상을 우상으로 삼는다. 자기 욕망을 투영한 우상과 자신을 동일화해서 그 우상을 통해 대리 만족을 경험하는 것이다. 성경이 가르치는 예수님을 믿지 않고 자기 욕망이 만들어 낸 예수님을 우상화해서 숭배하는 사람들이 있다. 예수님은 자기를 희생 제물로 드려 모든 죄인을 살려 주셨다. 이는 높아지고 싶고, 영광 받고 싶은 인간의 욕망과 거리가 있다. 그런데 예수님을 우상화하는 사람들은 예수님의 낮아지심과 희생은 생각하지 않고 예수님이 능력을 행하시고, 사람들에게 칭송받으신 영광만을 바라본다. 그러나 성경은 우리가 본받고 기억해야 할 가장 중요한 예수님의 모습이 그분의 희생을 통한 구원이라고 말하고 있다. 우리 또한 자기희생을 통해 타인을 살리기를 간절히 원할 때 비로소 깊은 우상 숭배에서 벗어났음을 알게 될 것이다.

무릎기도 하나님, 이기적인 욕망으로 타인의 희생을 원하는 마음을 버리고 생명을 바쳐 저를 구원하신 예수님처럼 되길 원하는 마음을 주소서.

ESV - Hebrews 7

20 And it was not without an oath. For those who formerly became priests were made such without an oath,
21 but this one was made a priest with an oath by the one who said to him: "The Lord has sworn and will not change his mind, 'You are a priest forever.'"
22 This makes Jesus the guarantor of a better covenant.
23 The former priests were many in number, because they were prevented by death from continuing in office,
24 but he holds his priesthood permanently, because he continues forever.
25 Consequently, he is able to save to the uttermost* those who draw near to God through him, since he always lives to make intercession for them.
26 For it was indeed fitting that we should have such a high priest, holy, innocent, unstained, separated from sinners, and exalted above the heavens.
27 He has no need, like those high priests, to offer sacrifices daily, first for his own sins and then for those of the people, since he did this once for all when he offered up himself.
28 For the law appoints men in their weakness as high priests, but the word of the oath, which came later than the law, appoints a Son who has been made perfect forever.

* 7:25 That is, completely; or *at all times*

20 oath 맹세 priest 제사장   22 guarantor 보증인   covenant 언약   23 prevent from …할 수 없도록 만들다   continue in office 직무에 계속 머무르다   24 permanently 영원히   25 consequently 따라서   uttermost 최대한도   draw near 다가서다   intercession 탄원   26 innocent 순결하다   unstained 흠이 없는   separate 구별하다   exalt 높이다   27 sacrifice 제물   28 appoint 임명하다

□ 묵상 체크

43 옛 언약이 폐지되고 새 언약이 세워짐

월 일

히브리서 8:1-13 • 새찬송 235장 | 통일 222장

• 말씀묵상 전에 성령님의 인도하심을 구하는 기도를 드리십시오.

> **본문요약** | 이 땅에 있었던 장막은 하늘의 것의 모형이며 그림자였다. 그러나 예수님은 하늘 장막에서 대제사장의 직분을 행하시며 더 좋은 언약의 중보자가 되신다. 첫 언약은 불순종으로 깨졌기 때문에 하나님은 새 언약을 세우실 것을 약속하셨다. 그 약속대로 첫 언약은 폐지되고 새 언약이 세워진다.

1 지금 우리가 하는 말의 요점은 이러한 대제사장이 우리에게 있다는 것이라 그는 하늘에서 지극히 크신 이의 보좌 우편에 앉으셨으니
2 성소와 참 장막에서 섬기는 이시라 이 장막은 주께서 세우신 것이요 사람이 세운 것이 아니니라
3 대제사장마다 예물과 제사 드림을 위하여 세운 자니 그러므로 그도 무엇인가 드릴 것이 있어야 할지니라
4 예수께서 만일 땅에 계셨더라면 제사장이 되지 아니하셨을 것이니 이는 율법을 따라 예물을 드리는 제사장이 있음이라
5 그들이 섬기는 것은 하늘에 있는 것의 모형과 그림자라 모세가 장막을 지으려 할 때에 지시하심을 얻음과 같으니 이르시되 ㄱ삼가 모든 것을 산에서 네게 보이던 본을 따라 지으라 하셨느니라
6 그러나 이제 그는 더 아름다운 직분을 얻으셨으니 그는 더 좋은 약속으로 세우신 더 좋은 언약의 중보자시라
7 저 첫 언약이 무흠하였더라면 둘째 것을 요구할 일이 없었으려니와
8 그들의 잘못을 지적하여 말씀하시되 ㄴ주께서 이르시되 볼지어다 날이 이르리니 내가 이스라엘 집과 유다 집과 더불어 새 언약을 맺으리라
9 또 주께서 이르시기를 이 언약은 내가 그들의 열조의 손을 잡고 애굽 땅에서 인도하여 내던 날에 그들과 맺은 언약과 같지 아니하도다 그들은 내 언약 안에 머물러 있지 아니하므로 내가 그들을 돌보지 아니하였노라
10 또 주께서 이르시되 그 날 후에 내가 이스라엘 집과 맺을 언약은 이것이니 내 법을 그들의 생각에 두고 그들의 마음에 이것을 기록하리라 나는 그들에게 하나님이 되고 그들은 내게 백성이 되리라
11 또 각각 자기 나라 사람과 각각 자기 형제를 가르쳐 이르기를 주를 알라 하지 아니할 것은 그들이 작은 자로부터 큰 자까지 다 나를 앎이라
12 내가 그들의 불의를 긍휼히 여기고 그들의 죄를 다시 기억하지 아니하리라 하셨느니라
13 새 언약이라 말씀하셨으매 첫 것은 낡아지게 하신 것이니 낡아지고 쇠하는 것은 없어져 가는 것이니라

1. 오늘 하나님께서 나에게 주신 깨달음은 무엇입니까?

2. 말씀을 어떻게 내 삶에 구체적으로 적용해야 합니까?

ㄱ. 출 25:40 ㄴ. 렘 31:31 이하

절별 해설

1 보좌 우편에 앉으셨으니 지금 예수님은 하나님의 우편에서 대제사장직을 수행하신다.

2 성소와 참 장막 예수님이 대제사장으로 섬기는 장소는 하늘에 있는 성소로 그곳은 모형이었던 땅의 장막과 대조하여 "참 장막"으로 불린다. 모세를 통해 주어진 지상의 장막은 그리스도가 오시면 없어질 일시적인 것이지만, 참 장막은 영원하고 실재하며 영적이다.

3 그도 무엇인가 드릴 것이 있어야 할지니라 대제사장은 일 년에 한 번씩 대속죄일에 백성을 위하여 번제물과 소제물을 드렸다. 예수님이 대제사장이라면 바칠 제물이 있어야 한다는 말이다. 이곳에서는 이야기하지 않지만 본서 곳곳에서 예수님이 흠 없는 자기 자신을 제물로 드리셨음을 언급한다(7:27; 9:14).

5 하늘에 있는 것의 모형과 그림자 하나님은 시내산에서 모세에게 이 땅에 지을 성소의 모형을 주셨다(출 25:40). 이는 앞으로 오실 예수님과 그의 사역을 상징적으로 보여주신 것이다.

6 더 아름다운 직분 "아름다운"은 '탁월한'이란 뜻이다. 예수님의 대제사장으로서의 직분이 하늘에서 주어졌기 때문에 이 땅의 대제사장의 직분보다 더 탁월하다는 의미이다.

더 좋은 언약의 중보자 인간은 하나님과 맺은 언약을 온전히 지킬 수 없기 때문에 언약을 깨뜨린 인간의 죄악을 하나님 앞에서 중보할 존재가 반드시 필요하다. 예수님은 하나님과 그의 백성 사이에서 영원히 새 언약의 온전한 중보자 역할을 하신다.

7 첫 언약이 무흠하였더라면 이스라엘 백성은 시내산에서 하나님과 첫 언약을 맺었다. 그러나 그들은 첫 언약을 깨뜨렸고 언약의 규정대로 나라가 망하는 심판을 받았다. 결국 첫 언약이 깨졌기 때문에 새로운 둘째 언약이 반드시 필요했다.

8 주께서 이르시되 8-12절은 예레미야 31:31-34의 인용으로 옛 언약이 폐지되고 새 언약을 맺어야 할 당위성을 보여준다.

9 내 언약 안에 머물러 있지 아니하므로 옛 언약이 폐기될 수밖에 없었던 이유이다. 옛 언약 자체가 불완전하기 때문이 아니라 이스라엘 백성의 불순종 때문에 폐기되었다.

10 내 법을 그들의 생각에 두고 그들의 마음에 이것을 기록하리라 옛 언약이 돌판에 새겨 외적인 행위를 규정하는 율법이었다면, 새 언약은 마음에 새겨 인간 내면의 본질적 변화를 가져오는 법이다. 이것은 하나님의 법이 성령을 통해 인간의 마음에 영향을 미쳐 그로부터 참된 변화를 만들어 낼 것임을 의미한다.

쉬운성경

1 지금까지 우리가 말한 것의 요점은, 하늘에 계신 하나님의 오른쪽에 앉아 계신 대제사장이 우리와 함께 있다는 것입니다.

2 우리의 대제사장은 지극히 거룩한 곳인 성소에서 섬기고 계십니다. 그곳은 사람이 세운 곳이 아니라 하나님께서 세우신 거룩한 장막이요, 참 성막입니다.

3 모든 대제사장은 하나님께 예물과 제사를 드리는 일을 맡고 있습니다. 따라서 우리의 대제사장도 하나님께 무엇인가를 드려야 했습니다.

4 예수님께서 이 세상에 계셨다면 제사장이 되시지 못했을 것입니다. 그것은 이미 세상에는 율법을 따라 하나님께 예물을 드릴 제사장들이 있기 때문입니다.

5 그들이 섬기는 성소는 하늘에 있는 성소의 모형과 그림자에 불과합니다. 모세가 성막을 지을 때, 하나님께서는 "너는 모든 것을 내가 산에서 네게 보여준 대로 주의해서 짓도록 하여라" 하고 지시하셨습니다.

6 그러나 예수님께서 맡으신 제사장의 직분은 다른 제사장들의 일들보다 훨씬 더 큽니다. 마찬가지로 하나님께서 예수님을 통해 그의 백성에게 주신 언약도 옛 언약보다 훨씬 좋은 것입니다. 이 새 언약은 더 좋은 약속에 근거하고 있습니다.

7 만일 첫 번째 언약에 아무 문제가 없다면, 두 번째 언약이 필요 없을 것입니다.

8 그러나 하나님께서는 백성들의 잘못을 아시고 다음과 같이 말씀하셨습니다.
    "내가 이스라엘과 유다 백성으로 더불어 새 언약을 맺을 때가 되었다.

9 이것은 그들의 조상과 맺었던 언약과는 다른 것이다. 그때는 내가 그들을 내 손으로 붙들고 이집트에서 인도해 낼 때였다. 그러나 그들은 나와 맺은 언약을 깨뜨렸고 나도 그들을 저버렸다.

절별 해설

11 주를 알라 하지 아니할 것 새 언약 백성은 다른 사람의 경험이나 지식이 아니라 성령과 말씀을 통해 하나님과 개인적으로 깊은 관계를 맺을 수 있다.

12 그들의 죄를 다시 기억하지 아니하리라 예수님이 자기의 피로 완전한 속죄를 이루셨기 때문에 하나님은 더 이상 그의 백성의 죄를 기억하실 필요가 없게 되신다.

10 나중에 내가 다시 이스라엘 백성과 함께 새 언약을 맺을 것이다. 내가 나의 가르침을 그들의 마음속에 새기고 그들의 가슴에 기록할 것이다. 나는 그들의 하나님이 되고, 그들은 내 백성이 될 것이다.

11 그때는 사람들이 그들의 이웃과 친척들에게 주님을 알도록 가르칠 필요가 더 이상 없을 것이다. 그것은 가장 작은 자부터 가장 큰 자에 이르기까지 나를 모르는 사람이 한 사람도 없을 것이기 때문이다.

12 나는 그들이 저지른 악한 일을 다 용서하고, 그들의 죄를 더 이상 기억하지 않을 것이다."*

13 하나님께서는 이것을 새 언약이라 부르시고, 첫 번째 언약은 옛 언약으로 돌리셨습니다. 낡고 오래된 것은 사라지게 마련입니다.

* 8:8-12 렘 31:31-34에 기록되어 있다.

저자의 묵상

지금 우리는 새 언약 가운데 살아간다. 그러나 몇몇 성도는 여전히 옛 언약 가운데 속한 자처럼 신앙생활을 한다. 옛 언약은 행위에 관한 규정을 제시한다. 즉 어떤 일을 하거나 하지 않는 것이 하나님의 축복과 저주의 원인이 된다고 생각하는 것이다. 문제는 옛 언약을 완전히 지킬 수 있는 사람은 아무도 없다는 데 있다. 그렇기 때문에 모든 인간은 저주를 받게 된다는 것이 옛 언약의 결론이다. 그럼에도 불구하고 선행이나 종교적인 행위로 축복을 받거나 자신의 잘못으로 저주를 받게 될 것을 두려워하기도 한다. 이런 생각으로 어떤 행위를 하거나 하지 않는다면 이 사람은 새 언약 가운데 온전히 참여하지 못한 상태이다. 하나님이 새 언약을 주신 이유는 인간의 행위로는 절대 하나님의 복을 받을 수 있는 조건을 만족시킬 수 없기 때문이다. 그래서 하나님은 예수님을 통해 새 언약을 주셨다. 그리하여 우리가 예수님을 믿기만 하면 그분의 의가 전가되어 하나님의 복을 받을 완전한 조건을 갖추게 된다.

무릎기도 하나님, 행위의 결과로 복을 얻고자 하는 불신앙을 버리게 하소서. 오직 예수님을 믿음으로 의롭다 하심을 얻어 풍성한 하늘의 복을 누리게 하소서.

ESV - Hebrews 8

1 Now the point in what we are saying is this: we have such a high priest, one who is seated at the right hand of the throne of the Majesty in heaven,
2 a minister in the holy places, in the true tent* that the Lord set up, not man.
3 For every high priest is appointed to offer gifts and sacrifices; thus it is necessary for this priest also to have something to offer.
4 Now if he were on earth, he would not be a priest at all, since there are priests who offer gifts according to the law.
5 They serve a copy and shadow of the heavenly things. For when Moses was about to erect the tent, he was instructed by God, saying, "See that you make everything according to the pattern that was shown you on the mountain."
6 But as it is, Christ* has obtained a ministry that is as much more excellent than the old as the covenant he mediates is better, since it is enacted on better promises.
7 For if that first covenant had been faultless, there would have been no occasion to look for a second.
8 For he finds fault with them when he says:* "Behold, the days are coming, declares the Lord, when I will establish a new covenant with the house of Israel and with the house of Judah,
9 not like the covenant that I made with their fathers on the day when I took them by the hand to bring them out of the land of Egypt. For they did not continue in my covenant, and so I showed no concern for them, declares the Lord.
10 For this is the covenant that I will make with the house of Israel after those days, declares the Lord: I will put my laws into their minds, and write them on their hearts, and I will be their God, and they shall be my people.
11 And they shall not teach, each one his neighbor and each one his brother, saying, 'Know the Lord,' for they shall all know me, from the least of them to the greatest.
12 For I will be merciful toward their iniquities, and I will remember their sins no more."
13 In speaking of a new covenant, he makes the first one obsolete. And what is becoming obsolete and growing old is ready to vanish away.

* 8:2 Or *tabernacle*; also verse 5
* 8:6 Greek *he*
* 8:8 Some manuscripts *For finding fault with it he says to them*

1 high priest 대제사장 throne 보좌   3 appoint 임명하다 sacrifice 제사   5 be about to do 막 …을 하려고 하다 erect 짓다 instruct 지시하다 see that 꼭 …하게 하다   6 obtain 얻다 ministry 직책 covenant 언약 mediate 중재하다 enact 제정하다   7 occasion 이유 look for 구하다   8 behold 보다 establish 맺다   9 show concern 신경 쓰다   12 merciful 자비로운 iniquity 죄   13 obsolete 구식의 vanish 사라지다

☐ 묵상 체크

44
구약의 장막과 섬기는 예법의 존재 이유
히브리서 9:1-10 • 새찬송 259장 | 통일 193장

월   일

• 말씀묵상 전에 성령님의 인도하심을 구하는 기도를 드리십시오.

> **본문요약** | 저자는 첫 언약에서 장막과 그것을 섬기는 예법이 존재했던 이유를 설명한다. 먼저 성소와 지성소 안에 있었던 기물들을 소개한다. 또한 제사장이 성소를, 대제사장이 지성소를 섬겼던 것을 설명한다. 이는 양심을 온전하게 할 수 없는 육체의 예법이기 때문에 온전한 것이 올 때 결국 폐지될 수밖에 없다.

1 첫 언약에도 섬기는 예법과 세상에 속한 성소가 있더라
2 예비한 첫 장막이 있고 그 안에 등잔대와 상과 진설병이 있으니 이는 성소라 일컫고
3 또 둘째 휘장 뒤에 있는 장막을 지성소라 일컫나니
4 ㄱ금 향로와 사면을 금으로 싼 언약궤가 있고 그 안에 만나를 담은 금 항아리와 아론의 싹난 지팡이와 언약의 돌판들이 있고
5 그 위에 속죄소를 덮는 영광의 그룹들이 있으니 이것들에 관하여는 이제 낱낱이 말할 수 없노라
6 이 모든 것을 이같이 예비하였으니 제사장들이 항상 첫 장막에 들어가 섬기는 예식을 행하고
7 오직 둘째 장막은 대제사장이 홀로 일 년에 한 번 들어가되 자기와 백성의 허물을 위하여 드리는 피 없이는 아니하나니
8 성령이 이로써 보이신 것은 첫 장막이 서 있을 동안에는 성소에 들어가는 길이 아직 나타나지 아니한 것이라
9 이 장막은 현재까지의 비유니 이에 따라 드리는 예물과 제사는 섬기는 자를 그 양심상 온전하게 할 수 없나니
10 이런 것은 먹고 마시는 것과 여러 가지 씻는 것과 함께 육체의 예법일 뿐이며 개혁할 때까지 맡겨 둔 것이니라

1. 오늘 하나님께서 나에게 주신 깨달음은 무엇입니까?

2. 말씀을 어떻게 내 삶에 구체적으로 적용해야 합니까?

ㄱ. 대하 26:19; 겔 8:11

절별 해설

2 등잔대 여섯 개의 가지와 살구꽃 모양의 잔을 가진 살구나무 모양으로 등잔 일곱 개를 올려놓을 수 있도록 순금으로 만들었다(출 25:31-37).

상과 진설병 "상"은 조각목으로 만들고 순금으로 싼 직사각형의 떡상이다(출 25:23-28). "진설병"은 특별 예식을 위해 진열한 떡으로 열두 개를 구워 여섯 개씩 두 줄로 올려놓았다.

3 지성소 장막은 휘장으로 나뉘었는데 바깥쪽 장막은 성소, 안쪽 장막은 지성소라 불렀다. "지성소"는 지극히 거룩한 장소로 하나님이 직접 임재하시는 곳을 뜻한다(출 26:33).

4-5 금 향로 성소의 휘장에 놓고 향을 피우던 향단이다(출 40:26). 이곳에서는 금향로가 지성소 안에 있다고 설명한다. 그 이유는 대제사장이 지성소에 들어갈 때 금향로의 자리를 옮겨 지성소가 연기로 가득 차 속죄소를 가리는 역할을 했기 때문인 것으로 보인다.

언약궤 조각목으로 만들어진 직사각형의 상자로 법궤, 증거궤라고도 불렀다(레 16:2).

만나를 담은 금 항아리 이스라엘 백성이 광야에서 먹었던 만나를 기념한다(출 16:32).

아론의 싹난 지팡이 하나님이 아론을 대제사장으로 선택하신 증거다(민 17:1-11).

언약의 돌판들 하나님이 시내산에서 십계명을 기록하여 모세에게 주신 돌판이다(출 25:16).

속죄소 언약궤 뚜껑에 어린 양의 피를 뿌려 백성의 죄를 덮는 곳이다(레 16:2).

영광의 그룹들 속죄소 위에 날개를 펴고 마주한 두 천사가 있었다(출 25:18-20). 그룹은 하나님의 보좌 곁에 있는 천사를 상징하며 또한 이곳에 하나님이 임재하심을 보여준다.

6 섬기는 예식 제사장들은 성소에서 아침에 금향단에 분향을 하고(출 30:7-8), 저녁에 등잔대에 불을 밝히며(출 27:20-21), 안식일에는 떡상의 진설병을 바꾸었다(레 24:8-9).

7 일 년에 한 번 들어가되 저자는 지성소를 둘째 장막이라고 부른다. 대제사장은 일 년에 한 번 있는 대속죄일에 백성의 죄를 용서받기 위하여 지성소에 들어갔다(레 16:11-16).

8 성령이 이로써 보이신 것 저자는 성령이 성막의 영적 의미를 가르쳐 주신다고 말한다. 성막은 죄 사함을 받기 위해서는 희생의 피가 필요함을 보여주며 예수님의 속죄를 예표한다.

9 그 양심상 온전하게 할 수 없나니 성막은 예수님의 속죄 사역의 상징이었을 뿐 성막의 제사로는 인간의 양심을 온전하게 하는 것이 불가능했다.

쉬운성경

1 첫 번째 언약에도 예배 규칙이 있었으며, 또한 예배를 위해 사람이 만든 장소도 있었습니다.

2 먼저 성막이 세워졌습니다. 성막의 앞부분은 성소라 불렀습니다. 그곳에는 촛대와 빵이 놓여진 상이 있었는데, 하나님을 위해 거룩하게 예비된 것이었습니다.

3 휘장으로 가려진 성소 안쪽에는 지성소라고 하는 작은 방이 있었습니다.

4 그곳에는 향을 피우는 금 제단과 금으로 입혀진 법궤가 놓여 있었습니다. 법궤 안에는 만나를 담은 금항아리와 아론의 싹난 지팡이, 그리고 옛 언약이 새겨진 돌판이 들어 있었습니다.

5 법궤 위에는 하나님의 영광을 나타내는 날개 달린 생물인 그룹들이 날개로 뚜껑*을 덮고 있었습니다. 그러나 지금 이런 것들에 대해서 일일이 다 말할 수는 없습니다.

6 이 모든 것이 성막 안에 준비되어 있어서 제사장들은 언제나 첫 번째 방에 들어가 예배를 드렸습니다.

7 그러나 두 번째 방에는 오직 대제사장만이 일 년에 한 번 들어갈 수 있었습니다. 또 대제사장도 피 없이는 결코 그곳에 들어갈 수 없었습니다. 그는 그 피를 자기 자신과 백성의 죄를 위해 하나님께 드렸습니다. 이것은 그들이 모르고 지은 죄를 위하여 드리는 것입니다.

8 성령은 이것을 통해, 옛 성막 제도가 그대로 남아 있을 때는 지성소로 들어가는 길이 아직 열려 있지 않다는 것을 보여 주셨습니다.

9 이것은 현재를 위한 비유입니다. 예물과 제사로는 예배드리는 자의 마음속까지 깨끗하게 할 수 없습니다.

10 이것은 단지 먹고 마시고 여러 가지 몸을 씻는 등의 예식으로서, 하나님의 새 법이 올 때까지만 적용되는 것입니다.

* 9:5 속죄소 뚜껑

10 육체의 예법 먹고 마시는 규례와 정결 규례뿐 아니라 성막의 규례 또한 인간의 외적인 부분을 다루는 예법이다. 따라서 이것은 새 언약이 오기까지만 사용되는 규례였다.

저자의 묵상

성소와 지성소의 기물은 예수님을 예표하는 모형이다. 일곱 촛대에 밝혔던 빛은 어두운 세상 가운데 빛으로 오신 예수님을(요 12:46), 진설병은 생명의 떡이신 예수님을(요 6:48), 분향단의 향은 성도를 위해 중보 기도하시는 예수님을 비유한다(딤전 2:5).

지성소 언약궤에 있던 기물은 하나님의 은혜와 함께 그와 대조되는 인간의 죄악을 보여준다. 만나를 담은 항아리는 하나님이 광야에서 양식을 공급하셨음을 상징하는 동시에 백성이 그 양식을 거부하고 불평했음을 보여준다. 아론의 싹 난 지팡이는 하나님이 지도자를 세우셨음을 나타내는 동시에 백성이 그를 거부하고 자신들이 지도자를 세우려고 했던 반역을 보여준다. 십계명 돌판은 하나님이 언약과 함께 축복을 약속하셨는데 인간은 언약을 거부하고 우상 숭배를 하다 결국 첫 번째 돌판이 깨졌음을 상기시킨다. 언약궤의 뚜껑을 속죄소라 이름하고 그곳에 제물의 피를 뿌린 것을 통해 예수님의 보혈로만 죄가 사함 받을 수 있음을 알 수 있다.

> **무릎 기도** 하나님, 크신 은혜에도 여전히 하나님의 공급과 인도와 말씀을 거부하는 죄악을 십자가의 피로 깨끗하게 씻어 주셔서 주님 앞에 담대하게 나아가게 하소서.

ESV - Hebrews 9

1 Now even the first covenant had regulations for worship and an earthly place of holiness.
2 For a tent* was prepared, the first section, in which were the lampstand and the table and the bread of the Presence.* It is called the Holy Place.
3 Behind the second curtain was a second section* called the Most Holy Place,
4 having the golden altar of incense and the ark of the covenant covered on all sides with gold, in which was a golden urn holding the manna, and Aaron's staff that budded, and the tablets of the covenant.
5 Above it were the cherubim of glory overshadowing the mercy seat. Of these things we cannot now speak in detail.
6 These preparations having thus been made, the priests go regularly into the first section, performing their ritual duties,
7 but into the second only the high priest goes, and he but once a year, and not without taking blood, which he offers for himself and for the unintentional sins of the people.
8 By this the Holy Spirit indicates that the way into the holy places is not yet opened as long as the first section is still standing
9 (which is symbolic for the present age).* According to this arrangement, gifts and sacrifices are offered that cannot perfect the conscience of the worshiper,
10 but deal only with food and drink and various washings, regulations for the body imposed until the time of reformation.

* 9:2 Or *tabernacle*; also verses 11, 21
* 9:2 Greek *the presentation of the loaves*
* 9:3 Greek *tent*; also verses 6, 8
* 9:9 Or *which is symbolic for the age then present*

1 covenant 언약 regulation 규정 2 the bread of the Presence 진설병 4 altar 제단 incense 향 ark 궤 urn 항아리 budded 싹이 난 tablet 판 5 cherub 천사 overshadow 가리다 mercy seat 속죄소 6 priest 제사장 ritual 의식의 7 unintentional 무심코 한 8 indicate 나타내다 9 arrangement 장치 conscience 양심 10 impose 적용하다 reformation 개혁

묵상 체크 ☐

45
월   일

새 언약의 중보자가 되시는 예수님

히브리서 9:11-21 • 새찬송 261장 | 통일 195장

• 말씀묵상 전에 성령님의 인도하심을 구하는 기도를 드리십시오.

본문요약 | 예수 그리스도의 제사에 대한 설명이다. 예수님은 새로운 대제사장으로서 자기의 피로 영원한 속죄를 이루셨다. 이를 통해 자기 백성의 양심을 죽은 행실에서 깨끗하게 하고 살아계신 하나님을 섬기게 하셨다. 그래서 예수님은 새 언약의 중보자가 되셔서 부름받은 자들이 영원한 기업의 약속을 얻을 수 있게 하신다.

11 그리스도께서는 장래 좋은 일의 대제사장으로 오사 손으로 짓지 아니한 것 곧 이 창조에 속하지 아니한 더 크고 온전한 장막으로 말미암아
12 염소와 송아지의 피로 하지 아니하고 오직 자기의 피로 영원한 속죄를 이루사 단번에 성소에 들어가셨느니라
13 염소와 황소의 피와 및 암송아지의 재를 부정한 자에게 뿌려 그 육체를 정결하게 하여 거룩하게 하거든
14 하물며 영원하신 성령으로 말미암아 흠 없는 자기를 하나님께 드린 그리스도의 피가 어찌 너희 양심을 죽은 행실에서 깨끗하게 하고 살아 계신 하나님을 섬기게 하지 못하겠느냐
15 이로 말미암아 그는 새 언약의 중보자시니 이는 첫 언약 때에 범한 죄에서 속량하려고 죽으사 부르심을 입은 자로 하여금 영원한 기업의 약속을 얻게 하려 하심이라
16 ¹⁾유언은 ¹⁾유언한 자가 죽어야 되나니
17 ¹⁾유언은 그 사람이 죽은 후에야 유효한즉 ¹⁾유언한 자가 살아 있는 동안에는 효력이 없느니라
18 이러므로 첫 언약도 피 없이 세운 것이 아니니
19 모세가 율법대로 모든 계명을 온 백성에게 말한 후에 송아지와 염소의 피 및 물과 붉은 양털과 우슬초를 취하여 그 두루마리와 온 백성에게 뿌리며

20 이르되 ㄱ)이는 하나님이 너희에게 명하신 언약의 피라 하고
21 또한 이와 같이 피를 장막과 섬기는 일에 쓰는 모든 그릇에 뿌렸느니라

1. 오늘 하나님께서 나에게 주신 깨달음은 무엇입니까?

2. 말씀을 어떻게 내 삶에 구체적으로 적용해야 합니까?

1) 헬, 언약   ㄱ. 출 24:8

절별 해설

11 장래 좋은 일 첫 언약이 줄 수 없던 완전한 죄 사함과 하나님 앞에서 담대히 얻는 복을 말한다.
더 크고 온전한 장막 이 땅의 성막은 모형일 뿐이었고 더 크고 온전한 장막은 바로 예수님이시다.

12 염소와 송아지의 피 대제사장은 속죄일에 숫염소 두 마리는 백성을 위한 속죄 제물로, 수송아지는 자기와 집안을 위한 속죄 제물로 삼아 그 피를 속죄소에 뿌렸다(레 16:5-6).
자기의 피로 영원한 속죄를 이루사 예수님은 백성을 위해 자기의 피로 속죄 제물을 삼으셨다. 이것은 영원한 효력을 가진 것으로 다시 속죄 제물을 바칠 필요가 없다.

13 암송아지의 재 짐승의 피뿐 아니라 암송아지를 불에 태운 재도 정결하게 하는 예식에 사용되었다(민 19:9). 그러나 피나 재는 죄인의 외적 영역을 깨끗하게 하는 상징적 효과만 있을 뿐이었다.

14 영원하신 성령으로 말미암아 예수님의 구속 사역은 성령을 통해 이루어진 것이기 때문에 하나님의 강력하신 능력으로 인간적인 차원을 뛰어넘는 영원한 효과를 가져왔다.
양심을 죽은 행실에서 깨끗하게 하고 새 언약을 위해 예수님이 흘리신 피가 가져온 속죄의 영향력을 보여준다. 양심을 깨끗하게 하여 하나님을 섬기게 하는 일은 예수님의 피로써만 가능하다.

15 이로 말미암아 예수님의 속죄로 양심을 깨끗하게 하여 하나님을 섬길 수 있게 한 것을 말한다(11-14절).
새 언약의 중보자 예수님이 십자가에서 죽으심으로 하나님과 그의 백성 사이에 새 언약을 맺을 수 있게 되었기 때문에 새 언약의 중보자라고 부른다.
영원한 기업의 약속 완전한 죄 사함으로 인한 구원의 완성과 하나님 나라의 상속을 말한다.

16 유언 유언이 유효하기 위해서는 유언을 한 사람이 죽어야 하는 것처럼 예수님이 새 언약의 중보자가 되기 위해서 죽으셨어야만 함을 말한다.

18 첫 언약도 피 없이 세운 것이 아니니 언약을 맺을 때 희생 제물을 죽여서 피를 흘려야 언약의 효력이 발생한다. 이와 같이 첫 언약을 세울 때 짐승을 죽여 그 피로 언약을 맺었음을 말한다.

19-20 이스라엘 백성이 시내산에서 맺은 언약식의 장면을 인용한다(출 24:4-8). 언약식은 처음에 중보자가 언약의 조

쉬운성경

11 그러나 그리스도께서는 지금 우리가 가지고 있는 좋은 것들의 대제사장으로 오셨습니다. 그는 더 크고 완전한 성막에 들어가셨습니다. 그것은 사람의 손으로 지은 것도 아니며, 이 세상에 속한 것도 아닙니다.

12 그리스도는 단 한 번 지성소로 들어가셨습니다. 그분은 염소나 송아지의 피가 아닌 자신의 피를 가지고 지성소로 들어가셔서 우리를 죄에서 완전히 자유롭게 해 주셨습니다.

13 염소와 황소의 피와 암소의 재를 부정한 사람에게 뿌리면, 그 육체를 다시 깨끗하게 할 수 있습니다.

14 그렇다면 영원하신 성령을 통해 하나님께 자기 자신을 완전한 제물로 드린 그리스도의 피는 어떻겠습니까? 그의 피는 죽음에 이르게 하는 행동에서 우리 마음을 깨끗하게 하고, 살아계신 하나님을 섬기는 데 부족함이 없도록 할 것입니다.

15 그러므로 그리스도께서 새 언약의 중보자가 되셨습니다. 이제 하나님께 부르심을 받은 자들은 하나님께서 약속하신 영원한 복을 받을 수 있게 되었습니다. 옛 언약 아래에서 살던 사람들을 죄로부터 자유롭게 하기 위하여 그리스도께서 죽으셨기 때문에, 사람들이 그 축복을 누릴 수 있게 된 것입니다.

16 유언이 효력을 나타내려면 그 유언을 쓴 사람이 죽었다는 사실이 증명되어야 합니다.

17 그 사람이 살아 있는 한, 유언은 아무 쓸모가 없습니다. 오직 죽은 후에만 쓸모가 있는 것입니다.

18 이처럼 옛 언약도 죽음을 나타내는 피 없이 세운 것이 아닙니다.

19 모세는 백성들에게 율법에 적힌 모든 계명을 말해 주었습니다. 그리고 송아지의 피를 물과 함께 섞은 다음, 붉은 양털과 우슬초에 적셔서 율법책과 백성들에게 뿌렸습니다.

절별 해설

건인 계명을 선포하고 백성이 언약을 따르기로 맹세하면 그 내용을 기록하는 순서로 진행된다. 마지막으로 제물을 죽여 그 피를 뿌림으로 언약이 성립되었다.

21 모든 그릇에 뿌렸느니라 성막 또한 첫 언약의 성립을 위한 조건이었다. 따라서 성막을 정결하게 하기 위해서 섬기는데 필요한 모든 도구에 피를 뿌려 거룩하게 했다(레 8:30).

> 20 그리고 "이것은 하나님께서 여러분에게 순종하라고 명령하신 언약의 피입니다"라고 말했습니다.
>
> 21 모세는 성막과 예배에 쓰이는 모든 물건에도 그런 방법으로 피를 뿌렸습니다.

저자의 묵상

성경 전체가 인간의 죄와 죄 사함에 대해 이야기하는 이유는 인간에게 있어 죄의 문제가 그토록 심각하기 때문이다. 하나님은 인간을 하나님과 깊은 관계 속에서 사는 존재로 만드셨다. 그런데 아담의 죄로 인해 이 관계가 깨어졌다. 인간은 하나님과 온전한 관계를 맺을 때만 영적 생명인 축복을 받아서 만족하고 행복한 존재가 될 수 있는데, 죄로 인해 영적 생명이 결핍된 것이다. 성경은 이것을 저주이자 죽음이라고 부른다. 우리는 육체가 죽은 사람을 죽었다고 여기지만 하나님은 육체는 살아 있더라도 영적 생명이 고갈된 자들 또한 죽은 자로 여기신다. 육체가 죽으면 부패하여 역겨운 냄새를 풍기는 것처럼 죄로 인해 영이 죽으면 역시 고약한 냄새를 풍긴다. 분노, 미움, 질투, 불만족, 비난, 중독, 불안, 욕망, 두려움과 같은 영혼이 쏟아 내는 더러운 냄새는 육체가 썩은 시체보다 더 심각하다. 그렇기에 하나님은 죄를 해결하심으로 영이 죽은 자들을 다시 살리고자 예수님을 세상에 보내 속죄 제물로 삼으신 것이다.

> **무릎기도** 하나님, 우리의 더러운 죄를 깨끗하게 하시고자 예수님을 세상에 보내심에 감사를 드립니다. 영적 시각으로 죄악을 바라볼 수 있게 하소서.

ESV - Hebrews 9

11 But when Christ appeared as a high priest of the good things that have come,* then through the greater and more perfect tent (not made with hands, that is, not of this creation)

12 he entered once for all into the holy places, not by means of the blood of goats and calves but by means of his own blood, thus securing an eternal redemption.

13 For if the blood of goats and bulls, and the sprinkling of defiled persons with the ashes of a heifer, sanctify* for the purification of the flesh,

14 how much more will the blood of Christ, who through the eternal Spirit offered himself without blemish to God, purify our* conscience from dead works to serve the living God.

15 Therefore he is the mediator of a new covenant, so that those who are called may receive the promised eternal inheritance, since a death has occurred that redeems them from the transgressions committed under the first covenant.*

16 For where a will is involved, the death of the one who made it must be established.

17 For a will takes effect only at death, since it is not in force as long as the one who made it is alive.

18 Therefore not even the first covenant was inaugurated without blood.

19 For when every commandment of the law had been declared by Moses to all the people, he took the blood of calves and goats, with water and scarlet wool and hyssop, and sprinkled both the book itself and all the people,

20 saying, "This is the blood of the covenant that God commanded for you."

21 And in the same way he sprinkled with the blood both the tent and all the vessels used in worship.

* 9:11 Some manuscripts *good things to come*
* 9:13 Or *For if the sprinkling of defiled persons with the blood of goats and bulls and with the ashes of a heifer sanctifies*
* 9:14 Some manuscripts *your*
* 9:15 The Greek word means both *covenant* and *will*; also verses 16, 17

11 high priest 대제사장   12 by means of ⋯에 의하여   calf 송아지   secure 확보하다   redemption 속죄   13 sprinkle 뿌리다   defile 더럽히다   ash 재   heifer 어린 암소   sanctify 신성하게 하다   purification 정화   14 blemish 흠   conscience 양심   15 mediator 중재자   covenant 언약   inheritance 유산   redeem 구원하다   transgression 죄   commit 범하다   16 will 유언   17 take effect 효력을 나타내다   be in force 시행되고 있다   18 inaugurate 개시하다   19 commandment 계명   21 vessel 그릇

46 그리스도의 완전한 속죄

월 일

히브리서 9:22-28 • 새찬송 540장 | 통일 219장

• 말씀묵상 전에 성령님의 인도하심을 구하는 기도를 드리십시오.

> **본문요약 |** 땅과 하늘의 성소와 제사를 비교하는 중에 하늘의 것을 언급한다. 성막의 모든 기구가 율법에 따라 피로 정결하게 된 것처럼 하늘에 있는 것은 더 좋은 제물인 예수님의 피로 정결하게 된다. 예수님은 구약의 대제사장처럼 반복해서 제물을 드릴 필요가 없기 때문에 단번에 자기를 드려 속죄를 완성하셨다.

22 율법을 따라 거의 모든 물건이 피로써 정결하게 되나니 피흘림이 없은즉 사함이 없느니라
23 그러므로 하늘에 있는 것들의 모형은 이런 것들로써 정결하게 할 필요가 있었으나 하늘에 있는 그것들은 이런 것들보다 더 좋은 제물로 할지니라
24 그리스도께서는 참 것의 그림자인 손으로 만든 성소에 들어가지 아니하시고 바로 그 하늘에 들어가사 이제 우리를 위하여 하나님 앞에 나타나시고
25 대제사장이 해마다 다른 것의 피로써 성소에 들어가는 것 같이 자주 자기를 드리려고 아니하실지니
26 그리하면 그가 세상을 창조한 때부터 자주 고난을 받았어야 할 것이로되 이제 자기를 단번에 제물로 드려 죄를 없이 하시려고 세상 끝에 나타나셨느니라
27 한 번 죽는 것은 사람에게 정해진 것이요 그 후에는 심판이 있으리니
28 이와 같이 그리스도도 많은 사람의 죄를 담당하시려고 단번에 드리신 바 되셨고 구원에 이르게 하기 위하여 죄와 상관 없이 자기를 바라는 자들에게 두 번째 나타나시리라

1. 오늘 하나님께서 나에게 주신 깨달음은 무엇입니까?

2. 말씀을 어떻게 내 삶에 구체적으로 적용해야 합니까?

절별 해설

22 거의 모든 물건이 피로써 정결하게 "거의 모든"은 피로 정결하게 하는 방법 외에 몇 가지 예외가 있음을 의미한다. 예를 들어 속죄제로 비둘기조차 드릴 수 없는 가난한 사람은 곡물 가루를 드려 정결하게 함을 받았다(레 5:11-13).
피흘림 문자적으로 '피를 쏟아부음'이란 뜻으로 예수님이 속죄를 위해 그의 피를 쏟으셨음을 강조하는 표현이다.

23 하늘에 있는 것들의 모형 첫 언약 때 하나님이 가르치셨던 성막과 그 안에서 행하던 속죄 제사 등은 하늘에 있는 것들의 모형이다. 이 모형을 정결하게 하는데 피 흘림이 필요했던 이유는 완전한 속죄 또한 피 흘림을 통해 완성될 것임을 보여주기 위함이다.
더 좋은 제물 짐승의 피는 인간의 마음과 양심을 깨끗하게 할 수 없었다. 그렇기 때문에 영적이며 영원한 효력이 있는 더 좋은 제물인 예수님이 피를 흘리셔야만 했다.

24 그 하늘에 들어가사 예수님의 피 흘리심은 육적 차원의 사역이 아니기 때문에 예수님이 지상의 장막에 들어가실 필요가 없으셨다. 예수님은 직접 하나님이 거하시는 하늘의 성막에 들어가셔서 하나님과 우리 사이에 중보자가 되셨다.

25 자주 자기를 드리려고 아니하실지니 구약의 대제사장은 매년 속죄일마다 자기와 가족 그리고 이스라엘 백성 전체를 위해 속죄 제사를 반복해서 드렸다. 대제사장이 드리는 속죄 제사는 불완전하고 일회적이었던 반면에 예수님의 속죄 제사는 완전하며 영원하다.

26 자주 고난을 받았어야 할 것 '예수님이 구약의 대제사장들처럼 불완전하며 일회적인 희생 제사를 드리셨다면' 하고 가정한다. 그렇다면 예수님은 반복해서 죽임을 당하는 고난을 받으셨어야 했을 것이라는 말이다.
세상 끝에 나타나셨느니라 "세상 끝"은 구원 사역이 성취된 예수님의 초림을 말한다. 성경은 예수님의 초림부터 재림까지를 종말 혹은 말세로 바라본다(벧전 1:20).

27 한 번 죽는 것 사람은 한 번 죽고 그 후에 심판을 받는다. 이를 언급한 이유는 예수님이 인간처럼 되셔서 한 번 죽으셨고 또한 인간을 대표하여 심판을 받으셨음을 설명하고자 함이다(28절).

28 이와 같이 모든 인간이 반드시 한 번 죽고 그 후에 심판을 받아야 하는 것처럼 예수님 또한 속죄를 위해 한 번 죽으실 수밖에 없었음을 말한다.
두 번째 나타나시리라 예수님이 재림하실 때는 초림 때처럼 죄와 관련해서가 아니라 구원을 완성하기 위해 오실 것이다.

쉬운성경

22 율법은 거의 모든 것이 피로써 깨끗해지며 피 흘림이 없으면 죄의 용서도 없다고 말합니다.

23 하늘에 있는 참된 것들을 모방한 이 땅의 모형은 동물의 피로 깨끗해져야 합니다. 그러나 하늘에 있는 것들은 더 좋은 제물이 필요합니다.

24 그리스도께서는 사람이 지은 지성소에 들어가지 않으셨습니다. 그것은 참된 것의 모형일 뿐입니다. 그리스도께서는 하늘에 올라가시고, 그곳에서 우리를 도우시려고 하나님 앞에 서신 것입니다.

25 대제사장은 일 년에 한 번, 자신의 피가 아닌 동물의 피를 가지고 지성소로 들어갑니다. 그렇다고 그리스도께서 자신을 제물로 드리기 위해 매번 하늘로 올라가신 것은 아닙니다.

26 만일 그래야 한다면 그리스도께서 세상이 창조되었을 때부터 고난을 자주 받으셔야 했을 것입니다. 그러나 그리스도께서는 단 한 번 오셔서 자신을 제물로 드림으로, 모든 죄를 깨끗하게 하셨습니다.

27 사람들은 모두 한 번은 죽습니다. 죽은 후에는 심판이 우리를 기다립니다.

28 그렇기 때문에 그리스도께서는 자신의 몸을 한 번에 드려 많은 사람의 죄를 없애 주신 것입니다. 그리스도께서는 다시 오실 것입니다. 그때는 죄를 없애기 위해서가 아니라 그리스도를 기다리는 자들에게 구원을 주기 위해 오시는 것입니다.

저자의 묵상

예수님의 모든 사역의 초점은 인간의 죄의 해결에 맞추어져 있었다. 인간의 죄를 해결할 수 있는 유일한 길이 십자가였기 때문에 예수님은 삶의 목표를 십자가에 두고 나아가셨다. 그리고 십자가에 매달려 '다 이루었다' 말씀하시고 운명하셨다(요 19:30). 성경은 집요하리만큼 인간의 죄의 해결과 그것을 위해 오신 예수님에 대해서 이야기한다. 그러나 많은 이들은 다른 관점으로 성경을 읽으려고 한다. 위로와 축복을 얻고, 문제 해결을 받고자 성경을 읽는 사람들이 많다. 그런데 예수님을 통해 죄가 해결되지 않으면 참된 위로, 완전한 축복, 근원적 문제 해결은 불가능하다. 죄가 우리의 영혼을 파괴하여 낙담하게 만들며, 죄가 우리를 공허하게 만들어 저주받은 것같이 살게 하고, 죄가 우리의 관계를 파괴하여 끊임없는 문제 가운데 벗어나지 못하게 하기 때문이다. 성도는 성경을 볼 때마다 자신의 죄와 그것을 해결하실 수 있는 예수님께 초점을 맞추어야 한다.

> **무릎기도** 하나님, 예수님을 통해 저의 죄를 단번에 해결해 주셔서 감사드립니다. 옛사람 가운데 영향을 미치는 죄와 끝까지 싸울 수 있도록 주님의 보혈을 믿고 의지하게 하소서.

ESV - Hebrews 9

22 Indeed, under the law almost everything is purified with blood, and without the shedding of blood there is no forgiveness of sins.
23 Thus it was necessary for the copies of the heavenly things to be purified with these rites, but the heavenly things themselves with better sacrifices than these.
24 For Christ has entered, not into holy places made with hands, which are copies of the true things, but into heaven itself, now to appear in the presence of God on our behalf.
25 Nor was it to offer himself repeatedly, as the high priest enters the holy places every year with blood not his own,
26 for then he would have had to suffer repeatedly since the foundation of the world. But as it is, he has appeared once for all at the end of the ages to put away sin by the sacrifice of himself.
27 And just as it is appointed for man to die once, and after that comes judgment,
28 so Christ, having been offered once to bear the sins of many, will appear a second time, not to deal with sin but to save those who are eagerly waiting for him.

22 purify 정화하다　shed 흘리다　23 rite 의식　sacrifice 제물　24 in the presence of …의 면전에서　on one's behalf …을 대신하여　26 put away …를 제거하다　27 appoint 정하다　judgment 심판　28 bear 떠맡다

☐ 묵상 체크

47
온전한 속죄를 계획하신 하나님

히브리서 10:1-10 • 새찬송 295장 | 통일 417장

월   일

• 말씀묵상 전에 성령님의 인도하심을 구하는 기도를 드리십시오.

> **본문요약** | 율법 아래 있는 제사로는 온전한 속죄가 불가능하여 짐승의 희생은 죄를 궁극적으로 없앨 수 없었다. 그렇기 때문에 하나님은 완전한 속죄를 위해 메시아를 세상에 보낼 것을 예비하셨다. 이 말씀대로 하나님은 예수님을 이 땅에 보내셔서 단번에 희생 제물로 삼아 백성을 거룩하게 하셨다.

1 율법은 장차 올 좋은 일의 그림자일 뿐이요 참 형상이 아니므로 해마다 늘 드리는 같은 제사로는 나아오는 자들을 언제나 온전하게 할 수 없느니라
2 그렇지 아니하면 섬기는 자들이 단번에 정결하게 되어 다시 죄를 깨닫는 일이 없으리니 어찌 제사 드리는 일을 그치지 아니하였으리요
3 그러나 이 제사들에는 해마다 죄를 기억하게 하는 것이 있나니
4 이는 황소와 염소의 피가 능히 죄를 없이 하지 못함이라
5 그러므로 주께서 세상에 임하실 때에 이르시되
    ᄀ하나님이 제사와 예물을 원하지 아니하시고 오직 나를 위하여 한 몸을 예비하셨도다
6 번제와 속죄제는 기뻐하지 아니하시나니
7 이에 내가 말하기를 하나님이여 보시옵소서 두루마리 책에 나를 가리켜 기록된 것과 같이 하나님의 뜻을 행하러 왔나이다 하셨느니라
8 위에 말씀하시기를 주께서는 제사와 예물과 번제와 속죄제는 원하지도 아니하고 기뻐하지도 아니하신다 하셨고 (이는 다 율법을 따라 드리는 것이라)
9 그 후에 말씀하시기를 보시옵소서 내가 하나님의 뜻을 행하러 왔나이다 하셨으니 그 첫째 것을 폐하심은 둘째 것을 세우려 하심이라
10 이 뜻을 따라 예수 그리스도의 몸을 단번에 드리심으로 말미암아 우리가 거룩함을 얻었노라

1. 오늘 하나님께서 나에게 주신 깨달음은 무엇입니까?

2. 말씀을 어떻게 내 삶에 구체적으로 적용해야 합니까?

ᄀ. 시 40:6 이하

절별 해설

1 장차 올 좋은 일의 그림자 저자는 율법은 그림자이고, 새 언약을 통해 주어질 축복은 참 형상이라고 대조한다. 참 형상의 그림자였던 율법의 제사는 사람들을 온전하게 할 수 없었다. **언제나 온전하게** 인간은 계속 죄를 짓기 때문에 한 번의 제사로는 온전하게 될 수 없다. 그렇기 때문에 죄의 영구적인 해결법이 필요했다.

2 본절은 불완전한 제사로 단번에 정결하게 하는 일이 불가능했음을 논증한다. 결국 제사로는 온전해질 수 없어서 이를 그칠 수 없었고, 완전한 새 언약이 필요했다는 것이다.

3 해마다 죄를 기억하게 구약의 대속죄일에 대제사장이 속죄의 제사를 드렸던 이유는 이스라엘 백성의 죄가 매년 새롭게 쌓이기 때문이다. 즉 전 해에 드린 속죄의 제사로 다음 해의 죄를 해결하지 못하기 때문에 일 년이 지나면 다시 속죄해야 할 이유가 생기는 것이다.

5-7 시편 40:6-8의 인용이다. 시편 40편은 다윗이 지은 시로 그 자신에 관한 내용이나 히브리서 저자는 이를 구속사적으로 다윗의 자손으로 오실 메시아에 대한 예언으로 해석한다. 이 시는 옛 언약 아래서 하나님께 드렸던 제물이 불완전했기 때문에 하나님이 메시아를 통해 새 예물을 준비하셨음을 말한다. 하나님이 준비하신 "한 몸"(5절)은 제사와 예물로도 해결할 수 없던 죄의 완전한 해결을 위해 하나님이 준비하신 새로운 제물이다. 따라서 메시아가 이 한 몸을 바쳐 하나님의 뜻을 행하심으로 구약의 제물이 이룰 수 없었던 완전한 속죄를 이루어 하나님을 기쁘시게 할 것이라는 의미이다(7절).

8 제사와 예물과 번제와 속죄제 구약의 율법이 규정하던 제사로 레위기에 나오는 대부분의 제사를 의미한다. "제사"는 주로 동물을 죽여서 드리는 희생 제사(창 46:1)이고, "예물"은 하나님의 은혜에 감사하여 드리는 모든 종류의 제물을 의미하며 특별히 곡식으로 바치는 제물(레 2:1)을 말한다. 또한 "번제(레 1:3)와 속죄제(레 4:3)"는 제사의 형태로서 이외에 속건제(레 5:15), 화목제(레 3:1), 소제(레 2:1) 등이 있다.
율법을 따라 드리는 것 구약의 율법을 따라 드리던 제사를 하나님이 기뻐하지 않으신다는 것은 결국 이것이 불완전하기 때문에 하나님이 새로운 제물을 준비하셨음을 말한다.

9 둘째 것 불완전한 옛 언약을 대신할 새 언약을 의미한다.

10 이 뜻을 따라 예수님이 이 세상에 오셔서 자신을 희생 제물로 드리신 것이 하나님의 뜻을 이루는 행위임을 말한다.

쉬운성경

1 율법은 앞으로 오게 될 좋은 것들의 그림자에 불과하며 참된 것의 완전한 모양이 아닙니다. 율법 아래 있는 사람들은 해마다 똑같은 제사를 드립니다. 그러나 이 제사를 가지고 예배드리러 나오는 사람들이 완전해질 수는 없습니다.

2 만일 율법이 그들을 완전하게 할 수 있다면 예배드리는 사람들이 깨끗하여져서 더 이상 죄의식도 느끼지 않았을 것이며, 제물을 드리는 일도 그쳤을 것입니다.

3 그러나 제사는 해마다 자기의 죄를 생각나게 합니다.

4 그것은 황소나 염소의 피로는 죄를 깨끗하게 할 수 없기 때문입니다.

5 그래서 그리스도께서 세상에 오셨을 때, 이렇게 말씀하셨습니다.
"하나님께서는 제사와 예물을 원하지 않으시고, 나를 위해 한 몸을 예비하셨습니다.

6 또한 태워 드리는 제사인 번제와 죄를 씻는 제사인 속죄제도 기뻐하지 않으십니다.

7 그때, 내가 말하기를 '하나님, 보십시오. 나에 관해 율법책에 기록된 대로 하나님께서 내게 원하시는 일을 하러 왔습니다.'"*

8 이 말씀에서 그리스도는 먼저 "하나님께서는 제사와 예물을 기뻐하지 않으시고, 번제와 속죄제도 원하지 않으신다"고 하셨습니다. 이런 것들은 율법이 명령하는 제사들입니다.

9 그리고 나서 "내가 왔습니다. 하나님께서 원하시는 일을 하려고 왔습니다"라고 말합니다. 즉 하나님께서는 새로운 제도를 세우시려고 첫 번째 제사 제도를 폐지하신 것입니다.

10 예수 그리스도는 하나님께서 원하시는 일을 하셨습니다. 우리는 예수 그리스도께서 단번에 몸을 드리신 제사를 통해 거룩함을 입었습니다.

* 10:5-7 시 40:6-8에 기록되어 있다.

거룩함을 얻었노라 "거룩함"은 죄가 없는 상태이다. 예수님의 희생 제사로 인해 그를 믿는 자들이 거룩하신 하나님 앞에 거룩한 모습으로 나아가 온전한 관계를 맺을 수 있게 되었다.

저자의 묵상

구약의 다섯 가지 제사는 예수님의 사역의 예표이다. 하나님에 대한 완전한 헌신을 표하는 번제는 그리스도의 완전한 희생의 예표이다. 하나님과 인간 사이의 화평을 위해 드리는 화목제는 그리스도의 희생으로 우리가 화평을 얻게 된다는 예표이다. 무지하여 알지 못하고 지은 허물과 죄에 대해 용서를 비는 제사인 속죄제는 그리스도가 십자가에서 인간의 모든 허물과 죄를 위해 죽으신 완전한 속죄의 예표이다. 하나님과 이웃에게 해를 끼친 경우 드리던 속건제는 그리스도가 우리 죄의 형벌뿐 아니라 죄의 결과까지도 감당하신다는 예표이다. 유향을 첨가한 곡식의 고운 가루로 드리던 소제는 그리스도가 깨어져서 아름다운 향기가 되어 하나님이 받으실 만한 향기로운 제물이 되신다는 예표이다. 즉 구약의 모든 제사는 예수 그리스도가 완전한 제물이 되셔서 속죄를 완성하고 그의 백성에게 영구적인 복과 은혜를 베풀어 주심을 보여준다. 따라서 성경을 읽고 배울수록 예수님에 대한 믿음과 사랑이 커지게 될 것이다.

무릎 기도 하나님, 구약의 제사를 통해 완전한 속죄를 약속하신 대로 예수님을 세상에 보내셔서 희생 제물로 삼아 저를 거룩하게 해 주셔서 감사를 드립니다.

ESV - Hebrews 10

1 For since the law has but a shadow of the good things to come instead of the true form of these realities, it can never, by the same sacrifices that are continually offered every year, make perfect those who draw near.
2 Otherwise, would they not have ceased to be offered, since the worshipers, having once been cleansed, would no longer have any consciousness of sins?
3 But in these sacrifices there is a reminder of sins every year.
4 For it is impossible for the blood of bulls and goats to take away sins.
5 Consequently, when Christ* came into the world, he said, "Sacrifices and offerings you have not desired, but a body have you prepared for me;
6 in burnt offerings and sin offerings you have taken no pleasure.
7 Then I said, 'Behold, I have come to do your will, O God, as it is written of me in the scroll of the book.'"
8 When he said above, "You have neither desired nor taken pleasure in sacrifices and offerings and burnt offerings and sin offerings" (these are offered according to the law),
9 then he added, "Behold, I have come to do your will." He does away with the first in order to establish the second.
10 And by that will we have been sanctified through the offering of the body of Jesus Christ once for all.

*10:5 Greek *he*

1 sacrifice 제사 2 cease 그치다 consciousness 자각 3 reminder 생각나게 하는 것 4 bull 황소 take away 제거하다
5 consequently 따라서 offering 제물 desire 원하다 6 take pleasure in …을 좋아하다 7 behold 보다 scroll 두루마리
9 do away with …을 없애다 in order to do …하기 위해 establish 세우다 10 sanctify 신성하게 하다 once for all 단 한 번만

48
월   일

영원히 온전하게 하신 그리스도의 제사
히브리서 10:11-18 • 새찬송 88장 | 통일 88장

• 말씀묵상 전에 성령님의 인도하심을 구하는 기도를 드리십시오.

> **본문요약** | 매일 드리는 제사로도 죄를 완전히 사할 수 없었지만 예수님이 드리신 제사는 영원한 효력을 발휘하며 성도를 온전하게 할 수 있다. 성령은 구약에 이미 새 언약 아래서 다른 제사가 필요 없게 될 것임을 예언하셨다. 하나님의 법이 백성의 마음에 새겨지며 다시 죄를 기억하지 않으시기 때문이다.

11 제사장마다 매일 서서 섬기며 자주 같은 제사를 드리되 이 제사는 언제나 죄를 없게 하지 못하거니와
12 오직 그리스도는 죄를 위하여 ¹⁾한 영원한 제사를 드리시고 하나님 우편에 앉으사
13 그 후에 자기 원수들을 자기 발등상이 되게 하실 때까지 기다리시나니
14 그가 거룩하게 된 자들을 한 번의 제사로 영원히 온전하게 하셨느니라
15 또한 성령이 우리에게 증언하시되
16 ㄱ주께서 이르시되 그 날 후로는 그들과 맺을 언약이 이것이라 하시고 내 법을 그들의 마음에 두고 그들의 생각에 기록하리라
하신 후에
17 또
그들의 죄와 그들의 불법을 내가 다시 기억하지 아니하리라
하셨으니
18 이것들을 사하셨은즉 다시 죄를 위하여 제사 드릴 것이 없느니라

1. 오늘 하나님께서 나에게 주신 깨달음은 무엇입니까?

2. 말씀을 어떻게 내 삶에 구체적으로 적용해야 합니까?

1) 또는 한 제사를 드리고 영원히
ㄱ. 렘 31:33 이하

절별 해설

11 매일 서서 섬기며 매일 드리는 제사는 아침저녁으로 드리는 상번제(민 28:1-8)와 백성이 자신의 죄를 위해 드리는 모든 종류의 제사를 말한다. 10:1에서는 해마다 드리는 제사로 온전하게 할 수 없다고 설명했다. 이곳에서는 매일 드리는 제사로 온전하게 할 수 없다고 말함으로 아무리 자주 제사를 드려도 그 제사는 불완전함을 강조한다.

12 한 영원한 제사 이 땅에서는 매일 제사를 드려도 불완전했지만 예수님이 대제사장으로서 자기를 희생 제물로 드리신 제사는 단 한 번에 영원한 효력이 있는 완전한 것이다.
하나님 우편에 앉으사 이 부분부터 13절까지는 시편 110:1의 인용으로 희생 제사를 마치고 영광과 위엄에 등극하신 왕이자 제사장으로서의 예수님의 모습을 보여준다.

13 자기 원수들을 자기 발등상이 되게 하실 때 "발등상"은 발을 올려놓는 상으로 원수들이 예수님의 권세 아래 완전히 굴복한 모습을 말한다. 예수님이 단번에 드리신 제사로 죄와 마귀와 사망이 예수님의 권세 앞에 완전히 굴복했음을 의미한다(고전 15:55-57).

14 영원히 온전하게 예수님이 드리신 제사의 영원하고 완전한 효력을 말한다. 이제 하나님의 백성은 거룩한 존재가 되었고 그 효력은 영구적이기에 다른 제사가 필요 없게 되었다.

15 성령이 우리에게 증언하시되 저자는 16-17절에 인용하는 예레미야 31:33-34 말씀이 성령 하나님이 지금의 독자들에게 미리 말씀하신 것이라고 설명한다. 이는 성경이 성령에 의해서 기록되었을 뿐 아니라 성령이 그 말씀을 통해서 미래의 모든 성도에게 말씀하심을 의미한다.

16 주께서 이르시되 저자는 8:8-12에서 예레미야 31:31-34을 이미 인용했다. 8장에서는 옛 언약 아래서 드린 제사가 아무 효력이 없었음을 보여주고자 하였다. 이곳에서는 새 언약이 하나님의 백성에게 어떤 영구적인 효력을 미치는가를 보여주기 위해 인용한다.
내 법을 그들의 마음에 두고 새 언약 아래 있는 자들은 마음과 생각에 하나님의 말씀에 순종하고자 하는 법을 새기게 될 것임을 말한다. 이것은 예수님의 희생으로 거룩해진 자들에게 거룩하신 하나님의 영이 임하기에 가능하다.

17 다시 기억하지 아니하리라 예수님의 희생으로 속죄의 제사가 완전하기 때문에 하나님이 인간의 죄를 다시 기억하지 않으신다는 의미이다.

18 제사 드릴 것이 없느니라 예수님이 죄를 완전히 사하는 제사를 드리셨고 하나님이 다시 인간의 죄를 기억하지 않으시기에 더 이상 새로운 제사가 필요 없게 되었다.

쉬운성경

11 제사장들은 매일 제단 앞에 서서 맡은 일을 행합니다. 그러나 그 제사들은 죄를 없애지 못합니다.

12 그리스도께서는 죄를 위해 단 한 번의 제사를 드리시고 하나님 오른쪽에 앉으셨습니다.

13 그리스도는 원수들이 그의 발 앞에 무릎 꿇을 때까지 그곳에서 기다리고 계십니다.

14 한 번의 제사로 그는 거룩하게 된 자들을 영원히 완전하게 하셨습니다.

15 성령께서 또한 우리에게 이것에 관해 말씀하십니다.

16 "나중에 내가 다시 이스라엘 백성과 함께 새 언약을 맺을 것이다. 내가 나의 가르침을 그들의 마음속에 새기고, 그들의 가슴에 기록할 것이다."*

17 또 말씀하십니다.
"그들의 죄와 악한 행동을 내가 다시는 기억하지 않을 것이다."*

18 이런 죄와 악한 행동을 용서받았기 때문에 더 이상 죄를 위한 제사는 필요하지 않게 되었습니다.

* 10:16 렘 31:33에 기록되어 있다.
* 10:17 렘 31:34에 기록되어 있다.

저자의 묵상

구약 시대 이스라엘 백성은 율법과 제사로 구원을 받았을 것이라고 생각하는 사람들이 있다. 이는 반은 맞고, 반은 틀린 생각이다. 왜냐하면 구약 시대의 사람들도 예수님을 통해 구원을 받았기 때문이다. 물론 구약 시대에는 아직 예수님이 명확하게 계시되지 않으셨기에 하나님은 임시로 죄를 용서받을 수 있는 제사법을 주셨다. 율법을 지키고자 했던 사람들은 자신이 율법을 지킬 수 없고 죄를 지을 수밖에 없는 죄인임을 깨달아 제사를 드렸다. 이들은 하나님이 예비하신 죄 사함의 방법을 따라 하나님 앞에 나아간 것이다. 하나님은 이들이 제사를 드릴 때 그것을 예수님을 믿고 하나님 앞에 나아온 것으로 여기셨다. 즉 사람들이 하나님께 바친 것은 짐승의 피였지만 하나님은 그것을 예수님의 희생 제물로 바라보시고 죄를 용서하셨던 것이다. 예수님의 희생은 영적인 것이기 때문에 시대를 초월하여 구약의 백성까지도 구원하실 수 있는 능력이 있다. 따라서 구약의 하나님의 백성을 포함한 모든 구원받은 자들은 예수님으로 말미암아 구원을 얻은 것이다.

> **무릎 기도** 하나님, 예수님의 희생을 통해 모든 백성을 구원하심에 감사드립니다. 저 같은 죄인도 구원하여 거룩하게 하신 하나님의 은혜를 끝까지 찬양하길 원합니다.

ESV - Hebrews 10

11 And every priest stands daily at his service, offering repeatedly the same sacrifices, which can never take away sins.
12 But when Christ* had offered for all time a single sacrifice for sins, he sat down at the right hand of God,
13 waiting from that time until his enemies should be made a footstool for his feet.
14 For by a single offering he has perfected for all time those who are being sanctified.
15 And the Holy Spirit also bears witness to us; for after saying,
16 "This is the covenant that I will make with them after those days, declares the Lord: I will put my laws on their hearts, and write them on their minds,"
17 then he adds, "I will remember their sins and their lawless deeds no more."
18 Where there is forgiveness of these, there is no longer any offering for sin.

* 10:12 Greek *this one*

11 priest 제사장　service 제사　offer 바치다　sacrifice 제사　take away 제거하다　12 for all time 영원히　13 footstool 발판
14 sanctify 깨끗이 하다　15 bear witness 증언하다　16 covenant 언약　17 lawless 방종한　18 no longer 더 이상 …이 아닌

☐ 묵상 체크

49
월 일

참 마음과 온전한 믿음으로

히브리서 10:19-29 • 새찬송 215장 | 통일 354장

• 말씀묵상 전에 성령님의 인도하심을 구하는 기도를 드리십시오.

본문요약 | 새 언약 가운데 있는 자들은 예수의 피를 힘입어 하나님께 나아갈 담력을 얻게 되었다. 예수님이 하나님의 집의 큰 제사장이시기 때문에 마음과 몸을 정결하게 하여 참 마음과 온전한 믿음으로 나아가야 한다. 또한 진리를 아는 지식을 받고도 일부러 죄를 범하면 무서운 심판이 기다리고 있다.

19 그러므로 형제들아 우리가 예수의 피를 힘입어 성소에 들어갈 담력을 얻었나니
20 그 길은 우리를 위하여 휘장 가운데로 열어 놓으신 새로운 살 길이요 휘장은 곧 그의 육체니라
21 또 하나님의 집 다스리는 큰 제사장이 계시매
22 우리가 마음에 뿌림을 받아 악한 양심으로부터 벗어나고 몸은 맑은 물로 씻음을 받았으니 참 마음과 온전한 믿음으로 하나님께 나아가자
23 또 약속하신 이는 미쁘시니 우리가 믿는 도리의 소망을 움직이지 말며 굳게 잡고
24 서로 돌아보아 사랑과 선행을 격려하며
25 모이기를 폐하는 어떤 사람들의 습관과 같이 하지 말고 오직 권하여 그 날이 가까움을 볼수록 더욱 그리하자
26 우리가 진리를 아는 지식을 받은 후 짐짓 죄를 범한즉 다시 속죄하는 제사가 없고
27 오직 무서운 마음으로 심판을 기다리는 것과 대적하는 자를 태울 맹렬한 불만 있으리라
28 모세의 법을 폐한 자도 두세 증인으로 말미암아 불쌍히 여김을 받지 못하고 죽었거든
29 하물며 하나님의 아들을 짓밟고 자기를 거룩하게 한 언약의 피를 부정한 것으로 여기고 은혜의 성령을 욕되게 하는 자가 당연히 받을 형벌은 얼마나 더 무겁겠느냐 너희는 생각하라

1. 오늘 하나님께서 나에게 주신 깨달음은 무엇입니까?

2. 말씀을 어떻게 내 삶에 구체적으로 적용해야 합니까?

절별 해설

19 성소에 들어갈 담력 구약에서 아론의 아들들인 제사장 나답과 아비후가 하나님이 명령하시지 않은 다른 불로 분향하다가 불이 그들을 삼켜서 죽임을 당했다(레 10:1-2). 이처럼 죄인이 거룩하신 하나님 앞에 설 때 두려울 수밖에 없다. 그러나 이제 예수의 피로 말미암아 완전한 속죄를 받았기 때문에 누구라도 담대하게 하나님께 나아갈 수 있다.

20 새로운 살 길 인간은 하나님의 생명을 얻지 못하면 살 수 없다. 죄인은 하나님께 나갈 방법이 없기에 영원히 멸망당할 수밖에 없었다. 그런데 예수님이 하나님과 죄인 사이를 가로막았던 휘장을 찢어 하나님께 나아갈 길을 열어 주셨기에 이것이 새로운 살 길이 되었다.
휘장은 곧 그의 육체니라 하나님과 인간 사이를 갈라놓은 휘장이 찢어짐은 십자가에서 예수님의 육체가 찢겨져 죽임을 당하신 것을 비유한다(마 27:51).

21 하나님의 집 다스리는 큰 제사장 "하나님의 집"은 하나님의 백성의 공동체인 교회를 비유하며 "큰 제사장"은 하나님 우편에서 대제사장의 역할을 하시는 예수님을 말한다.

22 참 마음과 온전한 믿음 예수님의 피와 성령의 생수로 마음이 깨끗하게 된 자만이 변화된 진실한 마음과 예수님에 대한 온전한 믿음을 가질 수 있다.

24 사랑과 선행을 격려하며 끝까지 예수님을 믿음으로 하나님이 약속하신 온전한 복을 누리기 위해서는 공동체에서 서로를 사랑하고 선행으로 섬기며 계속해서 격려해야 한다.

25 그 날이 가까움을 볼수록 "그 날"은 예수님이 재림하셔서 하나님 나라가 완성되는 때다. 초대 교회 성도들은 박해와 핍박이 심해질수록 예수님의 재림이 다가온다고 여겼다. 그렇기 때문에 심한 박해가 있을수록 더욱 서로를 격려하여 모이라는 것이다.

26 짐짓 죄를 범한즉 진리를 지식으로만 받아들인 자가 계속해서 죄 가운데 거한다면 이 사람은 교만하여 회개할 기회가 없기 때문에 속죄할 기회가 주어지지 않을 수 있다.

27 대적하는 자를 태울 맹렬한 불 진리에 대한 지식만을 가지고 의도적으로 죄를 지으며 하나님의 은혜를 거부하는 자에게는 무서운 심판이 기다리고 있을 뿐이다.

28 모세의 법을 폐한 자 모세를 통해 전해진 율법을 어긴 자에게도 명확한 증인들이 있을 경우 엄한 심판이 기다리고 있었다(신 17:2-7).

쉬운성경

19 그러므로 형제 여러분, 우리는 예수님의 피 때문에 자유롭고 담대하게 지성소로 들어갈 수 있게 되었습니다.

20 우리는 예수님께서 우리를 위해 열어 주신 새로운 길로 들어갑니다. 그것은 그분이 자신의 몸인 휘장을 찢어 생명의 길로 열어 놓으신 곳입니다.

21 또 우리에게는 하나님의 집을 다스리는 위대한 대제사장이 계십니다.

22 그러니 진실한 마음과 확실한 믿음을 가지고 하나님께 가까이 나아갑시다. 우리는 죄책감에서 깨끗해지고 자유로워졌으며, 맑은 물로 몸이 씻겨졌습니다.

23 하나님께서는 약속하신 것을 지키시는 신실한 분이니, 우리가 고백한 소망을 굳게 붙듭시다.

24 서로 돌아보고 사랑을 베풀며 선한 행동을 하도록 격려합시다.

25 어떤 사람들이 하는 것처럼 교회의 모임에 빠져서는 안 됩니다. 그날이 가까이 다가오는 것을 볼수록 함께 만나며 서로를 격려해야 할 것입니다.

26 만일 우리가 진리를 알게 된 후에도 일부러 계속 죄를 짓는다면, 그 죄를 씻을 제사는 없습니다.

27 거기에는 오직 심판을 기다리는 두려움과 하나님을 거역하며 사는 자들을 태워 없앨 크고 무서운 불만 있을 뿐입니다.

28 모세의 율법에 순종하지 않고 그것을 어긴 사람들도, 두세 명의 증인이 있으면, 사형을 받았습니다.

29 그렇다면 하나님의 아들을 공경하지 않는 사람들은 어떻겠습니까? 그들은 자기를 거룩하게 한 언약의 피를 별것 아닌 것으로 여기며 은혜의 성령을 욕되게 하였습니다. 따라서 그들은 더 큰 벌을 받게 될 것입니다.

29 **당연히 받을 형벌** 새 언약을 거부하는 것은 하나님의 아들을 짓밟고, 언약의 피를 부정하게 여기며, 은혜의 성령을 욕되게 하는 반역 행위이다.

저자의 묵상

진리를 아는 지식을 받은 후 짐짓 죄를 범하는 자는 속죄가 불가능하다(26절)는 말씀은 예수님을 믿었던 사람이 계속 죄를 지으면 구원이 취소된다는 의미가 아니다. 진리를 아는 지식은 성령으로 거듭나지 않더라도 가질 수 있다. 그런데 진리에 관한 지식만 있을 뿐 마음의 중심에서 죄를 떠나게 만드는 성령의 은혜가 없다면 죄를 떠나지 못한다. 지식이 있어서 자신의 행위가 죄인 줄 알면서도 마음의 중심에 영향을 미치는 죄성을 벗어날 수 없기에 회개가 불가능하다. 이런 사람은 겉으로는 얼마든지 신실한 기독교인처럼 보일 수 있다. 성경 지식이 풍부하고, 영적인 대화를 하며, 종교적인 모습을 가장할 수도 있다. 그러나 참된 구원의 증거는 성경에 대한 많은 지식이 아니다. 자신을 죄에서 구원하실 유일한 분이 예수님이라고 인정하기 위해서는 먼저 자기 죄에 대한 겸손한 인정이 필요하다. 결국 진리에 대한 지식으로 교만해져서 오히려 예수님을 믿지 않는 자는 영원한 심판을 받을 수밖에 없다.

무릎기도 하나님, 진리에 관한 지식만을 가진 사람이 아니라 그 지식으로 자신의 죄악을 깨닫고 예수님을 더욱 깊이 알아가는 겸손한 영을 가진 사람이 되게 하소서.

ESV - Hebrews 10

19 Therefore, brothers,* since we have confidence to enter the holy places by the blood of Jesus,
20 by the new and living way that he opened for us through the curtain, that is, through his flesh,
21 and since we have a great priest over the house of God,
22 let us draw near with a true heart in full assurance of faith, with our hearts sprinkled clean from an evil conscience and our bodies washed with pure water.
23 Let us hold fast the confession of our hope without wavering, for he who promised is faithful.
24 And let us consider how to stir up one another to love and good works,
25 not neglecting to meet together, as is the habit of some, but encouraging one another, and all the more as you see the Day drawing near.
26 For if we go on sinning deliberately after receiving the knowledge of the truth, there no longer remains a sacrifice for sins,
27 but a fearful expectation of judgment, and a fury of fire that will consume the adversaries.
28 Anyone who has set aside the law of Moses dies without mercy on the evidence of two or three witnesses.
29 How much worse punishment, do you think, will be deserved by the one who has trampled underfoot the Son of God, and has profaned the blood of the covenant by which he was sanctified, and has outraged the Spirit of grace?

*10:19 Or brothers and sisters

19 confidence 대담성 21 priest 제사장 22 draw near 다가서다 assurance 확신 sprinkle 뿌리다 conscience 양심 23 hold fast 꼭 쥐다 confession 고백 waver 흔들리다 24 consider 생각하다 stir up …를 고무하다 25 neglect 소홀히 하다 encourage 격려하다 26 deliberately 일부러 sacrifice 제사 27 consume 태워 버리다 adversary 적 29 punishment 형벌 trample underfoot 발로 짓밟다 profane 모독하다 covenant 언약 sanctify 신성하게 하다 outrage 모욕하다

50 박해 가운데 끝까지 믿음을 지키라

히브리서 10:30-39 • 새찬송 344장

• 말씀묵상 전에 성령님의 인도하심을 구하는 기도를 드리십시오.

> **본문요약 |** 배교한 자에게는 하나님의 직접적인 심판이 기다리고 있다. 복음을 받아들인 후에 큰 박해를 이겨 낸 것처럼 시험의 때에 담대함을 버리지 않으면 큰 상을 얻게 된다. 끝까지 인내하면 예수님이 오셔서 큰 상을 주실 것이기 때문에 영혼을 구원받을 때까지 믿음을 지켜 뒤로 물러가지 말아야 한다.

30 ㄱ원수 갚는 것이 내게 있으니 내가 갚으리라 하시고 또 다시 주께서 그의 백성을 심판하리라 말씀하신 것을 우리가 아노니
31 살아 계신 하나님의 손에 빠져 들어가는 것이 무서울진저
32 전날에 너희가 빛을 받은 후에 고난의 큰 싸움을 견디어 낸 것을 생각하라
33 혹은 비방과 환난으로써 사람에게 구경거리가 되고 혹은 이런 형편에 있는 자들과 사귀는 자가 되었으니
34 너희가 갇힌 자를 동정하고 너희 소유를 빼앗기는 것도 기쁘게 당한 것은 더 낫고 영구한 소유가 있는 줄 앎이라
35 그러므로 너희 담대함을 버리지 말라 이것이 큰 상을 얻게 하느니라
36 너희에게 인내가 필요함은 너희가 하나님의 뜻을 행한 후에 약속하신 것을 받기 위함이라
37 ㄴ잠시 잠깐 후면 오실 이가 오시리니 지체하지 아니하시리라
38 나의 의인은 믿음으로 말미암아 살리라 또한 뒤로 물러가면 내 마음이 그를 기뻐하지 아니하리라
하셨느니라
39 우리는 뒤로 물러가 멸망할 자가 아니요 오직 영혼을 구원함에 이르는 믿음을 가진 자니라

ㄱ. 신 32:35, 36
ㄴ. 합 2:3 이하

1. 오늘 하나님께서 나에게 주신 깨달음은 무엇입니까?

2. 말씀을 어떻게 내 삶에 구체적으로 적용해야 합니까?

절별 해설

30 신명기 32:35-36을 인용한 것으로 하나님은 원수를 직접 심판하시며 자기 백성이라도 하나님을 대적하는 자들을 심판하시는 분이라는 뜻이다.

32 고난의 큰 싸움 본서의 수신자들은 복음을 듣고 구원을 받은 뒤 큰 박해를 받았던 것으로 보인다. 믿은 지 얼마 되지 않았지만 이들은 박해 가운데 인내함으로 큰 싸움에서 패배하지 않고 승리했다. 이와 같이 승리를 경험하고도 내적으로는 유혹, 외적으로는 박해로 인해 배교자나 낙담한 사람이 나타났기 때문에 저자는 과거를 기억하라고 권고한다.

33 비방과 환난 "비방"은 거짓으로 고소와 비난을 하는 것을 말하며, "환난"은 공권력이나 집단에 의한 폭력적 박해를 말한다.
사람에게 구경거리 많은 사람 앞에서 공개적으로 수치스럽게 되는 것을 말한다.
이런 형편에 있는 자들과 사귀는 자 공개적인 박해를 당하는 사람과 교제하면 같은 무리로 취급받아 똑같이 박해의 대상이 될 우려가 있었다. 그럼에도 불구하고 박해당하는 자들을 돕고 그들을 위로하며 고난에 동참했던 것을 말한다.

34 갇힌 자를 동정하고 당시 감옥에 갇힌 사람은 밖에서 식사를 제공하지 않으면 굶어 죽을 수도 있었다. 가난해서 도움을 받을 수 없는 사람이 감옥에 갇히면 생명이 위험했다. 따라서 기독교인들은 감옥에 갇힌 사람을 도와 그들이 죽지 않도록 애썼다.
소유를 빼앗기는 것 사람들이 기독교인들을 거짓으로 고소하고 박해했던 이유 중 하나는 그들의 재산을 빼앗거나 혹은 경쟁자를 제거하여 상업적 이익을 얻고자 했기 때문이다.

35 담대함을 버리지 말라 기독교인에 대한 박해가 심해지고 예수님의 재림이 늦어지면서 수신자들 가운데 용기를 잃어버리고 배교하거나 좌절하는 사람이 늘어났다. 이에 대한 우려가 담긴 권고이다.

36 인내 원어에는 '소망이 있기 때문에 견디다'라는 의미가 있다. 즉 어려운 박해의 상황을 그냥 참는 것이 아니라 확실한 소망이 있기 때문에 견딜 수 있는 것이다.

37-38 하박국 2:3-4을 인용한 것으로 하박국의 질문에 대해 여호와께서 응답하신 부분이다. 하박국은 악한 나라가 이스라엘 백성을 심판하는 것이 옳은가를 하나님께 질문했다. 하나님은 자신의 말씀이 반드시 이루어질 것이며 심판 가운데도 의인은 믿음으로 살게 될 것을 약속하셨다. 이에 저자는 박해 가운데도 물러서지 말고 믿음으로 이겨 내라고 격려한다.

쉬운성경

30 우리는 하나님께서 "잘못을 행하는 자들을 벌하고 그 죄대로 갚아 주겠다"고 말씀하신 것을 알고 있습니다. 또한 "주님께서 그의 백성을 심판하실 것이다"라는 말씀도 하셨습니다.

31 살아계신 하나님께서 심판하시는 대상이 된다는 것은 정말 무서운 일입니다.

32 여러분이 처음 진리의 말씀을 배우던 때를 기억해 보십시오. 많은 어려움들이 있었지만, 여러분은 꿋꿋이 이겨 냈습니다.

33 때때로 사람들 앞에서 모욕을 당하며 핍박을 받기도 했고, 그런 고난을 받는 사람들과 친구가 되기도 하였습니다.

34 옥에 갇힌 자들을 도와주고 여러분이 가진 것들을 빼앗겨도 기뻐하였습니다. 그렇게 할 수 있었던 것은 여러분이 더 좋고 영원한 것이 있다는 것을 알고 있었기 때문입니다.

35 그러므로 이전에 가졌던 용기를 잃어 버리지 마십시오. 더 큰 보상이 여러분을 기다리고 있습니다.

36 인내를 가지고 하나님께서 원하시는 일을 해서 그분께서 약속하신 것을 받으시기 바랍니다.

37 "조금만 있으면 오시기로 한 그분이 오실 것이며, 결코 늦지 않으실 것이다.

38 나와 함께 의롭게 산 사람들은 믿음 때문에 생명을 누릴 것이다. 그러나 믿음에서 뒤로 물러난 사람들을, 내가 기뻐하지 않겠다."*

39 우리는 뒤로 물러나 하나님께 버림을 받을 사람들이 아닙니다. 우리는 믿음으로 구원함을 받을 사람들입니다.

* 10:37-38 합 2:3-4에 기록되어 있다.

39 영혼을 구원함에 이르는 믿음 저자는 박해 가운데도 끝까지 믿음을 가지는 것이 영혼을 구원함에 이르게 하는 믿음의 확실성을 증명하는 것이라고 역설한다.

저자의 묵상

역사상 성도는 외적인 박해로 말미암아 낙담하거나 신앙을 버리는 경우가 많았다. 히브리서의 수신자들 중에도 박해로 말미암아 흔들리는 사람이 많았던 것으로 보인다. 그렇기 때문에 저자는 끝까지 믿음으로 인내하도록 격려한다. 물론 국가적이고 사회적인 박해가 심한 상황에서 믿음을 지키는 것은 참 힘든 일이다. 그런데 박해보다 성도의 신앙을 더 많이 뒤흔드는 영향력은 세상의 유혹이다. 서양의 기독교가 세상의 물질주의와 세속주의의 영향력으로 말미암아 명맥만을 유지하게 된 것은 이제 남의 일만이 아니다. 한국의 기독교 또한 심각한 위기에 처해 있다. 젊은이들의 기독교에 대한 관심은 아주 미약한 상황이다. 기독교가 싫기 때문이 아니라 물질주의, 세속주의, 쾌락주의로 말미암아 세상에서의 쾌락을 즐기고 물질적 풍요를 추구하는 것이 그들의 유일한 관심이 되었기 때문이다. 박해로 말미암아 신앙을 버릴 것을 염려한 히브리서 저자보다 더 걱정하는 마음으로 미래의 한국 교회를 위해 기도해야 한다.

> **무릎 기도** 하나님, 하나님 나라를 소망하기보다 이 땅의 쾌락과 영광만을 추구하던 모습을 회개합니다. 저의 시선이 하늘을 향할 수 있도록 이끄소서.

ESV - Hebrews 10

30 For we know him who said, "Vengeance is mine; I will repay." And again, "The Lord will judge his people."
31 It is a fearful thing to fall into the hands of the living God.
32 But recall the former days when, after you were enlightened, you endured a hard struggle with sufferings,
33 sometimes being publicly exposed to reproach and affliction, and sometimes being partners with those so treated.
34 For you had compassion on those in prison, and you joyfully accepted the plundering of your property, since you knew that you yourselves had a better possession and an abiding one.
35 Therefore do not throw away your confidence, which has a great reward.
36 For you have need of endurance, so that when you have done the will of God you may receive what is promised.
37 For, "Yet a little while, and the coming one will come and will not delay;
38 but my righteous one shall live by faith, and if he shrinks back, my soul has no pleasure in him."
39 But we are not of those who shrink back and are destroyed, but of those who have faith and preserve their souls.

30 vengeance 복수　32 recall 기억해 내다　enlighten …을 비추다　endure 견디다　struggle 분투　suffering 고난　33 be exposed to …에 노출되다　reproach 치욕　affliction 고통　34 have compassion on …을 불쌍히 여기다　plunder 약탈하다　property 소유　possession 소유　abiding 영원한　35 confidence 대담성　reward 상　38 righteous 의로운　shrink back 뒷걸음질 치다　39 preserve 보호하다

☐ 묵상 체크

51
월 일

믿음의 선진들의 예 1
히브리서 11:1-7 • 새찬송 374장 | 통일 423장

• 말씀묵상 전에 성령님의 인도하심을 구하는 기도를 드리십시오.

본문요약 | 저자는 믿음이 바라는 것들의 실상이고 보이지 않는 것들의 증거라고 말한다. 그리고 이어 믿음으로 증거를 얻었던 구약의 믿음의 사람들을 설명한다. 가인보다 더 나은 제사를 드린 아벨, 하나님을 기쁘시게 하는 자라는 증거를 받은 에녹, 방주를 준비한 노아가 모두 믿음으로 행한 사람들이었다.

1 믿음은 바라는 것들의 실상이요 보이지 않는 것들의 증거니
2 선진들이 이로써 증거를 얻었느니라
3 믿음으로 모든 세계가 하나님의 말씀으로 지어진 줄을 우리가 아나니 보이는 것은 나타난 것으로 말미암아 된 것이 아니니라
4 믿음으로 아벨은 가인보다 더 나은 제사를 하나님께 드림으로 의로운 자라 하시는 증거를 얻었으니 하나님이 그 예물에 대하여 증언하심이라 그가 죽었으나 그 믿음으로써 지금도 말하느니라
5 믿음으로 에녹은 죽음을 보지 않고 옮겨졌으니 하나님이 그를 옮기심으로 다시 보이지 아니하였느니라 그는 옮겨지기 전에 하나님을 기쁘시게 하는 자라 하는 증거를 받았느니라
6 믿음이 없이는 하나님을 기쁘시게 하지 못하나니 하나님께 나아가는 자는 반드시 그가 계신 것과 또한 그가 자기를 찾는 자들에게 상 주시는 이심을 믿어야 할지니라
7 믿음으로 노아는 아직 보이지 않는 일에 경고하심을 받아 경외함으로 방주를 준비하여 그 집을 구원하였으니 이로 말미암아 세상을 정죄하고 믿음을 따르는 의의 상속자가 되었느니라

1. 오늘 하나님께서 나에게 주신 깨달음은 무엇입니까?

2. 말씀을 어떻게 내 삶에 구체적으로 적용해야 합니까?

절별 해설

1 믿음 저자는 앞서 예수님이 천사, 모세, 아론보다 탁월하시며 옛 언약이 이루지 못한 새 언약을 이루어 하나님께 나아갈 길을 열어 주셨다고 설명했다. 예수님이 이루신 결과를 누릴 수 있는 유일한 길이 믿음이기에 여러 사람의 예를 통해 끝까지 믿음을 지키라고 권면한다.
바라는 것들의 실상 "실상"은 "… 아래에 서 있다'는 뜻으로 기초, (객관적) 실체라는 의미이다. 믿음은 소망하는 것의 실체이다.
보이지 않는 것들의 증거 "증거"는 (법률적으로 확실성을 가진) 사실을 말한다. 믿음은 세상에서는 볼 수 없지만 영적으로는 확실한 증거를 볼 수 있게 하는 것이다.

3 믿음으로 헬라어 원문은 이 절부터 31절까지 전부 '믿음으로'로 시작한다. 저자는 믿음의 놀라운 결과를 이 장에서 보여주고자 한다.
우리가 아나니 원래 지식을 얻는 인식은 감각 기관의 경험을 통해서지만 저자는 창조에 관한 인식을 믿음으로 얻었다고 말한다. 믿음은 눈으로 확인할 수 없는 진리를 받아들여 우리의 인식의 기초로 삼게 만드는 능력이 있다.

4 아벨 선진들(2절)의 첫 번째 예는 공허라는 이름 뜻을 가진 아벨이다. 아벨은 양의 첫 새끼와 기름으로, 가인은 곡식의 소산물로 제사를 드렸다(창 4:3-5). 창세기는 하나님이 왜 아벨의 제사만 받으시고 가인의 제사를 받지 않으셨는지 설명하지 않지만 본서는 그 이유를 믿음에서 찾는다. 믿음으로 하나님께 예배하는 자만 의로움을 받게 된다.

5 에녹 헌신이라는 뜻이다. 에녹은 므두셀라를 낳은 후 하나님과 삼백 년 동안 동행하다 하나님이 그를 데려가셨다(창 5:21-24).
하나님을 기쁘시게 하는 자 유대 전승은 한결같이 에녹이 하나님을 기쁘시게 했다고 기록한다. 저자 또한 당시의 유대인들이 공유하던 에녹에 대한 평가를 이곳에 적은 것이다.

6 믿음이 없이는 하나님을 기쁘시게 하지 못하나니 에녹이 하나님을 기쁘시게 하여 그분과 동행했던 이유는 믿음이 있었기 때문이다. 믿음이 없다면 하나님과의 관계가 성립되지 않고 하나님을 기쁘시게 하거나 그분과 동행이 불가능하다.
하나님께 나아가는 자 하나님과 관계를 맺기 위한 믿음의 두 가지 내용이다. 하나님이 계심과 하나님이 그를 찾는 자들에게 상 주심을 믿는 것이다. 하나님이 주시는 상은 에녹의 경우처럼 하나님과의 동행이다. 이는 신약에서 성령의 함께하심으로 나타난다.

7 노아 안식이라는 뜻의 노아는 홍수로 땅을 심판하시겠다는 경고를 믿어 방주를 지었다. 믿음이 없는 자에게는 미친 행동으로 보였겠지만 그는 믿음으로 온 가족을 구할 수 있었다.

쉬운성경

1 믿음은 우리가 바라는 것들에 대해서 확신하는 것입니다. 또한 보이지는 않지만 그것이 사실임을 아는 것입니다.

2 옛날 사람들도 믿음으로 인정받았습니다.

3 믿음을 통해 우리는 이 세상 모든 것이 하나님의 말씀으로 창조되었다는 것을 이해합니다. 이것은 우리가 보고 있는 것들이 보이지 않는 어떤 것으로 만들어졌다는 것을 말합니다.

4 아벨은 믿음으로 가인보다 하나님께 더 나은 제사를 드렸습니다. 하나님께서는 아벨이 드린 제사를 기뻐 받으시고, 그를 의인이라 부르셨습니다. 아벨은 죽었지만 여전히 그의 믿음을 통해 우리에게 말하고 있습니다.

5 믿음으로 에녹은 죽지 않고 하늘로 옮겨져서, 아무도 그를 볼 수 없게 되었습니다. 하나님께서 그를 하늘로 데리고 올라가신 것입니다. 성경은 그가 이 땅에 사는 동안 진실로 하나님을 기쁘시게 하는 자였다[*]고 증언합니다.

6 믿음이 없이는 어느 누구도 하나님을 기쁘시게 할 수 없습니다. 하나님께 나아오는 자는 그가 계시다는 것과 그를 찾는 자들에게 상 주시는 분이라는 것을 진정으로 믿어야 합니다.

7 믿음으로 노아는 아직 보지 못하는 일에 대한 하나님의 경고를 들었습니다. 그는 하나님께 순종해서 그의 가족을 구원할 방주를 지었습니다. 그는 믿음으로 세상이 잘못되어 가고 있음을 사람들에게 알리고, 하나님과 의의 관계를 맺은 사람이 되었습니다.

---

[*] 11:5 창 5:24에 기록되어 있다.

저자의 묵상

가인의 이름의 뜻은 '얻었다'이고, 아벨의 이름의 뜻은 '허무'이다. 왜 이들은 이런 이상한 이름을 가지게 되었을까? 그 이유는 하와에게서 찾을 수 있다(창 4:1). 하와는 에덴동산에서 쫓겨나 고통스러운 삶을 살다가 가인을 낳고 자신을 고통에서 구원할 여자의 후손을 얻은 것(창 3:15)으로 생각해서 이름을 '얻었다'라고 지었다. 그러나 고통은 사라지지 않았고 둘째가 태어났을 때는 실망감을 담아 '공허'라고 이름을 지었다.

부모의 기대를 가득 안고 자란 가인은 자기 의가 커졌고 제물로 바치는 곡식마저도 자신의 노력의 결과물이라고 생각했을 것이다. 믿음이 아닌 자기 의로 드린 가인의 제사는 하나님이 받지 않으셨다. 반면에 아벨은 양을 키우면서도 오직 하나님만을 믿고 의지하지 않으면 안 되었다. 그는 제물을 바치면서도 오직 하나님의 인정과 축복만을 기대했을 것이다. 이처럼 믿음은 세상에서 아무것도 의지할 수 없는 상황 속에서 시작되고 이를 통해 하나님의 의를 얻게 된다.

> **무릎기도** 하나님, 이 세상에서 아무것도 의지할 것 없는 상황 가운데 아벨처럼 오직 하나님만을 믿는 믿음을 가진 자가 되게 하소서.

ESV - Hebrews 11

1 Now faith is the assurance of things hoped for, the conviction of things not seen.
2 For by it the people of old received their commendation.
3 By faith we understand that the universe was created by the word of God, so that what is seen was not made out of things that are visible.
4 By faith Abel offered to God a more acceptable sacrifice than Cain, through which he was commended as righteous, God commending him by accepting his gifts. And through his faith, though he died, he still speaks.
5 By faith Enoch was taken up so that he should not see death, and he was not found, because God had taken him. Now before he was taken he was commended as having pleased God.
6 And without faith it is impossible to please him, for whoever would draw near to God must believe that he exists and that he rewards those who seek him.
7 By faith Noah, being warned by God concerning events as yet unseen, in reverent fear constructed an ark for the saving of his household. By this he condemned the world and became an heir of the righteousness that comes by faith.

1 assurance 확신 hope for …을 바라다 conviction 확신 2 commendation 인정 3 make out of …으로 만들다 visible 눈에 보이는 4 acceptable 마음에 드는 sacrifice 제사 righteous 의로운 7 reverent 경건한 construct 만들다 ark 방주 condemn 비난하다 heir 상속인

52 믿음의 선진들의 예 2

히브리서 11:8-16 • 새찬송 241장 | 통일 232장

월   일

• 말씀묵상 전에 성령님의 인도하심을 구하는 기도를 드리십시오.

> **본문요약** ㅣ 믿음으로 아브라함은 갈 바를 알지 못하고 약속의 땅으로 나아가 나그네처럼 장막에 거했다. 믿음으로 사라도 나이가 많았지만 잉태할 힘을 얻어 많은 후손들을 낳았다. 이들은 이 땅에서 약속을 받지 못했지만 믿음을 따라 죽었다. 이는 이들이 하늘에 있는 본향을 사모하는 자임을 보여준다.

8 믿음으로 아브라함은 부르심을 받았을 때에 순종하여 장래의 유업으로 받을 땅에 나아갈새 갈 바를 알지 못하고 나아갔으며
9 믿음으로 그가 이방의 땅에 있는 것 같이 약속의 땅에 거류하여 동일한 약속을 유업으로 함께 받은 이삭 및 야곱과 더불어 장막에 거하였으니
10 이는 그가 하나님이 계획하시고 지으실 터가 있는 성을 바랐음이라
11 믿음으로 사라 자신도 나이가 많아 단산하였으나 잉태할 수 있는 힘을 얻었으니 이는 약속하신 이를 미쁘신 줄 알았음이라
12 이러므로 죽은 자와 같은 한 사람으로 말미암아 하늘의 허다한 별과 또 해변의 무수한 모래와 같이 많은 후손이 생육하였느니라
13 이 사람들은 다 믿음을 따라 죽었으며 약속을 받지 못하였으되 그것들을 멀리서 보고 환영하며 또 땅에서는 외국인과 나그네임을 증언하였으니
14 그들이 이같이 말하는 것은 자기들이 본향 찾는 자임을 나타냄이라
15 그들이 나온 바 본향을 생각하였더라면 돌아갈 기회가 있었으려니와
16 그들이 이제는 더 나은 본향을 사모하니 곧 하늘에 있는 것이라 이러므로 하나님이 그들의 하나님이라 일컬음 받으심을 부끄러워하지 아니하시고 그들을 위하여 한 성을 예비하셨느니라

1. 오늘 하나님께서 나에게 주신 깨달음은 무엇입니까?

2. 말씀을 어떻게 내 삶에 구체적으로 적용해야 합니까?

절별 해설

8 믿음으로 아브라함은 아브라함은 앞서 나온 아벨, 에녹, 노아와 달리 그의 행동이 직접적인 믿음의 결과라고 언급되며(창 15:6) 따라서 믿음의 조상이라 불린다(롬 4:16).
갈 바를 알지 못하고 나아갔으며 아브라함은 '내가 네게 보여줄 땅으로 가라'는 말씀을 듣고 고향을 떠났지만 그 땅이 정확히 어디인지 알지 못한 채 오랫동안 여행했다(창 12:1). 그러다 가나안 세겜에 이르러서 하나님이 그 땅을 자손에게 주신다는 약속을 받았다(창 12:7). 불확실함 속에서도 하나님의 말씀을 따라 가나안까지 이르렀던 것은 철저한 믿음의 행위였다.

9 장막에 거하였으니 가나안 땅을 주시겠다는 약속을 받았지만 그가 얻은 땅은 사라의 매장지로 사게 된 막벨라 굴뿐이었다(창 23장). 그렇기에 그는 평생 한 곳에 정착하지 못하고 장막에서 나그네와 같은 삶을 살았다.

10 성을 바랐음이라 아브라함이 이 땅에서는 나그네와 같이 살았지만 끝까지 하나님의 약속을 기다릴 수 있었던 이유는 하나님이 견고한 성을 주실 것을 믿었기 때문이다.

11 믿음으로 사라 자신도 사라가 89세 때 하나님이 찾아오셔서 다음 해에 아들이 있을 것이라고 말씀하셨지만 사라는 그 일이 불가능하다고 생각하여 속으로 웃었다(창 18:10-12). 마치 불신앙처럼 보이는 반응에도 불구하고 히브리서 저자는 사라가 하나님을 신실하신 분으로 알고 믿었다고 말한다. 이는 말씀을 들은 순간에는 불가능하다고 생각했지만 시간이 지나서 그녀가 하나님의 말씀을 믿음으로 약속의 성취를 본 것으로 해석할 수 있다.

12 하늘의 허다한 별과 또 해변의 무수한 모래 많은 무리를 의미하는 관용구다(창 15:5). 이는 아브라함의 육적 후손인 이스라엘뿐 아니라 영적 후손인 그리스도인을 비유한다.

13 약속을 받지 못하였으되 아브라함과 사라는 약속을 받았지만 그 약속이 이루어지는 것은 보지 못했다. 이는 예수 그리스도를 통해 하나님 나라가 임하는 것으로 성취되었다.
외국인과 나그네 아브라함은 헷 족속에게 자신이 '그들 중의 나그네'라 했다(창 23:4). 이 땅의 나그네라는 말은 그들의 참 소망과 근거가 하나님 나라에 있음을 보여준다.

14 본향 찾는 자임을 나타냄이라 "본향"은 선조들의 땅이라는 뜻으로 가나안 땅에서 나그네로 살았던 아브라함이 찾던 그의 참 고향은 하나님의 나라였다.

15 그들이 나온 바 본향 아브라함의 본래 고향은 갈대아 땅의 우르(창 11:31)로 만일 아브라함이 우르 땅으로 돌아가고자 했다면 그곳에 되돌아갈 수 있었다는 뜻이다.

쉬운성경

8 믿음으로 아브라함은 하나님께서 그에게 약속하신 땅으로 가라는 하나님의 부르심에 순종하였습니다. 그는 가야 할 곳도 모른 채 자기 고향을 떠났습니다.

9 그는 믿음 때문에 하나님께서 자기에게 약속하신 땅에 가서 살 수 있었습니다. 그는 그곳에서 갈 곳 없는 나그네처럼 살았고, 같은 약속을 받은 이삭과 야곱과 함께 장막에서 거하였습니다.

10 아브라함은 영원한 터가 있는 성을 기다리고 있었습니다. 그것은 바로 하나님께서 계획하고 세우신 성입니다.

11 사라 자신도 아이를 낳기에는 나이가 너무 많았으나, 믿음으로 후손을 얻을 힘을 얻었습니다. 그것은 그녀가 약속해 주신 하나님을 신실한 분으로 믿었기 때문입니다.

12 나이가 많아 거의 죽은 사람과 다름없던 한 사람으로부터, 하늘의 별과 바닷가의 모래알같이 셀 수 없을 정도로 많은 후손이 나왔습니다.

13 이 사람들은 모두 믿음을 따라 살다가 죽었습니다. 그들은 하나님께서 그의 백성에게 약속하신 것을 받지는 못했으나, 앞으로 올 것들을 멀리서 보고 기뻐하였습니다. 그들은 스스로 자신들이 이 땅에서 나그네일 뿐이라고 고백하였습니다.

14 이것은 그들이 진짜 고향을 찾고 있다는 것을 나타냅니다.

15 만일 그들이 떠나온 고향을 생각한다면 다시 되돌아갈 수도 있었을 것입니다.

16 그러나 그들은 더 나은 고향을 기다리고 있었는데, 그것은 바로 하늘에 있는 고향이었습니다. 그래서 하나님께서는 저들의 하나님이라고 불리는 것을 부끄러워하지 않으시고, 그들을 위해 한 성을 예비해 주셨습니다.

16 더 나은 본향 이 땅의 고향보다 더 나은 본향은 하늘의 하나님이 예비하신 하나님의 나라로 그곳은 영원하며 견고하다.

저자의 묵상

아브라함, 이삭, 야곱과 같은 족장들이 하나님께 받았던 일관된 약속은 땅과 후손에 관한 것이었다. 이는 가나안 땅에 이스라엘이 세워지고 많은 민족을 이룸으로 이 땅에서 이루어진 것처럼 보인다. 그러나 이 약속은 예수님이 시작하신 하나님 나라와 그곳에 거할 하나님의 백성이 나타남으로 성취되었다. 구약의 모든 약속은 눈에 보이는 차원이 아니라 눈에 보이지 않는 영적인 차원에서 성취된다. 이것을 오해하면 구약의 약속이 문자적으로 성취되기를 기대하게 된다. 그래서 지금도 과거 가나안 땅이었던 이스라엘이 중요하고, 이스라엘인이 특별한 일을 하게 될 것이며, 예루살렘에 성전이 재건될 것이라고 믿는 이들도 있다. 구약에 이스라엘의 남은 자들의 회복과 성전 재건에 대한 예언이 있기 때문이다. 하지만 예수님이 오셔서 하나님 나라가 시작된 이후에는 민족적 구분이 필요 없고, 예수님을 믿는 자는 아브라함의 자손이 되었다. 이미 영적으로 성취된 약속을 잘못 기대하지 말아야 한다.

> **무릎기도** 하나님, 아브라함에게 말씀하신 약속의 땅과 많은 후손에 대한 약속을, 저를 하나님 나라의 백성 삼으심으로 이루시니 감사를 드립니다.

ESV - Hebrews 11

8 By faith Abraham obeyed when he was called to go out to a place that he was to receive as an inheritance. And he went out, not knowing where he was going.

9 By faith he went to live in the land of promise, as in a foreign land, living in tents with Isaac and Jacob, heirs with him of the same promise.

10 For he was looking forward to the city that has foundations, whose designer and builder is God.

11 By faith Sarah herself received power to conceive, even when she was past the age, since she considered him faithful who had promised.

12 Therefore from one man, and him as good as dead, were born descendants as many as the stars of heaven and as many as the innumerable grains of sand by the seashore.

13 These all died in faith, not having received the things promised, but having seen them and greeted them from afar, and having acknowledged that they were strangers and exiles on the earth.

14 For people who speak thus make it clear that they are seeking a homeland.

15 If they had been thinking of that land from which they had gone out, they would have had opportunity to return.

16 But as it is, they desire a better country, that is, a heavenly one. Therefore God is not ashamed to be called their God, for he has prepared for them a city.

8 obey 순종하다 inheritance 상속 9 heir 상속인 10 look forward to …을 고대하다 11 conceive 임신하다 be past 지나다 consider 여기다 12 as good as …나 다름없는 descendant 후손 innumerable 무수한 13 acknowledge 시인하다 exile 나그네 14 homeland 고향 15 opportunity 기회

□ 묵상 체크

53
월   일

믿음의 선진들의 예 3

히브리서 11:17-22 • 새찬송 546장 | 통일 399장

• 말씀묵상 전에 성령님의 인도하심을 구하는 기도를 드리십시오.

> **본문요약** ㅣ 아브라함은 시험을 받을 때에 믿음으로 외아들 이삭을 드렸다. 이삭은 믿음으로 야곱과 에서를 축복했다. 야곱은 믿음으로 요셉의 아들들을 축복하고 하나님을 경배했다. 요셉은 믿음으로 이스라엘 자손이 애굽을 떠날 것을 말하며 후일에 자기 뼈를 가나안 땅에 묻으라고 당부했다.

17 아브라함은 시험을 받을 때에 믿음으로 이삭을 드렸으니 그는 약속들을 받은 자로되 그 외아들을 드렸느니라
18 ¹⁾그에게 이미 말씀하시기를 ㄱ네 ²⁾자손이라 칭할 자는 이삭으로 말미암으리라 하셨으니
19 그가 하나님이 능히 이삭을 죽은 자 가운데서 다시 살리실 줄로 생각한지라 비유컨대 그를 죽은 자 가운데서 도로 받은 것이니라
20 믿음으로 이삭은 장차 있을 일에 대하여 야곱과 에서에게 축복하였으며
21 믿음으로 야곱은 죽을 때에 요셉의 각 아들에게 축복하고 그 지팡이 머리에 의지하여 경배하였으며
22 믿음으로 요셉은 임종시에 이스라엘 자손들이 떠날 것을 말하고 또 자기 **뼈**를 위하여 명하였으며

1. 오늘 하나님께서 나에게 주신 깨달음은 무엇입니까?

2. 말씀을 어떻게 내 삶에 구체적으로 적용해야 합니까?

1) 또는 그에게 대하여
2) 헬, 씨
ㄱ. 창 21:12

절별 해설

17 아브라함은 시험을 받을 때에 하나님은 아브라함에게 사랑하는 독자 이삭을 번제로 바치라고 명령하셨다. 이는 아브라함의 믿음을 시험 혹은 검증(test)하신 것이다(창 22장).

약속들을 받은 자 하나님은 아브라함에게 수없이 많은 후손과(창 15:4-5) 가나안 땅을 주겠다고 약속하셨다(창 13:17). 이를 위해 이삭의 존재는 꼭 필요했다. 이삭을 번제로 드리면 약속이 사라지겠지만 하나님이 이루실 것을 믿음으로 이삭을 드리기로 한 것이다.

18 이삭으로 말미암으리라 아브라함은 하나님의 약속을 의심하여 여종 하갈을 통해 이스마엘을 낳았다(창 16:15). 그런데 이삭이 태어난 후 이스마엘이 이삭을 놀리자 이스마엘을 내쫓아야 하는 상황이 벌어진다. 그러자 하나님은 '이삭에게서 나는 자라야 아브라함의 씨라 부를 것'(창 21:12)이라고 하시며 이스마엘을 내쫓게 하신다. 이삭을 통해서 하나님의 약속이 이루어진다고 말씀하시고 바로 그 이삭을 번제로 바치라고 하시니 모순되어 보인다는 뜻이다.

19 죽은 자 가운데서 다시 살리실 줄 히브리서 저자는 아브라함이 모순된 하나님의 명령에 순종할 수 있었던 이유는 '하나님은 죽은 자를 살리시는 분'이라고 믿은 믿음의 결과라고 설명한다. 그 근거는 아브라함이 종들에게 이삭과 함께 예배한 뒤에 "우리가 너희에게로 돌아오리라"(창 22:5)고 말한 것에서 찾아볼 수 있다.

20 축복하였으며 이삭은 에서에게 사냥한 짐승으로 요리를 만들어 오면 축복해 주겠다고 했다. 그러나 야곱이 에서처럼 가장하고 아버지로부터 축복을 받았다. 이삭은 야곱에게 땅의 풍요와 함께 형뿐 아니라 만국 위에 군림하는 권세를 축복했다. 에서에게는 풍요롭지 못한 땅에서 칼을 믿고 생활하게 될 것과 아우를 섬기게 될 것을 축복의 내용으로 빌었다. 이삭의 기도가 믿음의 행위로 여겨지는 이유는 이것이 에서와 야곱이 태어나기 전부터 하나님이 작정하셨던 '큰 자가 어린 자를 섬기게 될' 말씀의 성취를 간구한 것이기 때문이다(창 25:23).

21 믿음으로 야곱은 야곱은 죽기 전에 요셉의 아들들인 므낫세와 에브라임을 축복했다. 차자인 에브라임에게 오른손을 얹고, 장자인 므낫세에게 왼손을 얹어서 오른손으로 장자를 축복하는 일반적 관습을 깨뜨렸다. 이것은 인간적 관습과 관계없이 자신의 뜻을 행하시는 하나님의 주권을 믿는 야곱의 믿음의 반응이었다(창 48장).

22 믿음으로 요셉은 요셉은 가나안 땅을 주시겠다는 하나님의 약속이 언젠가 이루어질 것을 믿었다. 그렇기에 자기 해골을 가나안에 가져가 그곳에 장사 지내라고 형제들에게 맹세시켰다(창 50:24-25).

쉬운성경

17 아브라함은 하나님께 시험을 받았을 때, 믿음으로 이삭을 제물로 바쳤습니다. 그는 하나님께 약속을 받았는데도 아들을 바칠 준비를 한 것입니다.

18 하나님께서는 그에게 "내가 네게 약속한 후손은 이삭을 통해 나올 것이다"라고 말씀하셨습니다.

19 아브라함은 하나님께서 죽은 사람도 살려 주신다는 것을 믿었습니다. 아브라함은 이삭을 죽은 사람들 가운데서 다시 받은 것입니다.

20 믿음으로 이삭은 야곱과 에서의 앞날을 축복하였습니다.

21 또 믿음으로, 야곱은 죽을 때 요셉의 아들들을 축복하고, 그의 지팡이를 짚고서 하나님께 경배드렸습니다.

22 믿음으로 요셉은, 죽을 때, 이스라엘 백성이 이집트에서 떠날 것을 말하였고, 자기의 시신을 어떻게 할 것인지도 얘기하였습니다.

저자의 묵상

히브리서 저자는 창세기 족장들의 행위가 믿음의 결과라고 말한다. 그러나 엄밀히 살펴보면 족장들이 그 믿음을 발휘할 수 있도록 하나님이 개입하셨음을 알 수 있다. 아브라함의 경우 이삭을 번제로 바치라는 하나님의 명령을 따르는 놀라운 순종을 보였다. 그런데 아브라함이 믿음을 발휘한 이면에는 끊임없이 아브라함에게 개입하신 하나님의 놀라운 열심을 찾아볼 수 있다. 아브라함이 100세에 이삭을 낳은 것도 아브라함에게 믿음을 주고자 하신 하나님의 계획이었다. 사라 또한 자녀를 낳을 가능성이 모두 사라진 90세가 되어서야 아들을 얻음으로 하나님은 상황의 불가능함에 관계없이 신실하게 이루시는 분이심을 배운 것이다. 그래서 아브라함은 이삭을 드리는 시험 전에 하나님을 '영원하신 하나님'이라 부르며 에셀 나무를 심었다(창 21:33). 이는 '하나님은 영원한 언약을 지키시는 분'이라는 뜻으로 하나님의 신실하심을 고백한 것이었다. 즉 아브라함이 믿음으로 이삭을 드린 것은 아브라함의 인생에 신실하게 개입하신 하나님의 일하심의 결과였다.

무릎기도 하나님, 저의 연약함과 상황의 불가능함에 관계없이 하나님은 당신의 뜻을 신실하게 이루심을 믿음으로 믿음의 사람의 반열에 들어가는 복을 얻게 하소서.

ESV - Hebrews 11

17 By faith Abraham, when he was tested, offered up Isaac, and he who had received the promises was in the act of offering up his only son,
18 of whom it was said, "Through Isaac shall your offspring be named."
19 He considered that God was able even to raise him from the dead, from which, figuratively speaking, he did receive him back.
20 By faith Isaac invoked future blessings on Jacob and Esau.
21 By faith Jacob, when dying, blessed each of the sons of Joseph, bowing in worship over the head of his staff.
22 By faith Joseph, at the end of his life, made mention of the exodus of the Israelites and gave directions concerning his bones.

17 offer up …를 드리다 in the act of 막 …하려는 참에 18 offspring 자손 19 consider 생각하다 figuratively 비유적으로 20 invoke 기원하다 21 staff 지팡이 22 make mention of …에 대해 말하다 exodus 출애굽

묵상 체크 ☐

54
월 일

믿음의 선진들의 예 4

히브리서 11:23-31 • 새찬송 370장 | 통일 455장

• 말씀묵상 전에 성령님의 인도하심을 구하는 기도를 드리십시오.

본문요약 | 모세의 부모는 믿음으로 모세를 숨겨 살려 냈다. 모세는 믿음으로 왕족으로서의 부귀영화를 포기하고 동족과 함께 고난받기를 택했다. 또한 믿음으로 애굽을 떠났고 유월절 예식을 제정하여 백성을 살렸다. 이스라엘은 믿음으로 홍해를 건넜고 여리고를 돌아 무너뜨렸다. 기생 라합도 믿음으로 정탐꾼을 영접했다.

23 믿음으로 모세가 났을 때에 그 부모가 아름다운 아이임을 보고 석 달 동안 숨겨 왕의 명령을 무서워하지 아니하였으며
24 믿음으로 모세는 장성하여 바로의 공주의 아들이라 칭함 받기를 거절하고
25 도리어 하나님의 백성과 함께 고난 받기를 잠시 죄악의 낙을 누리는 것보다 더 좋아하고
26 그리스도를 위하여 받는 수모를 애굽의 모든 보화보다 더 큰 재물로 여겼으니 이는 상 주심을 바라봄이라
27 믿음으로 애굽을 떠나 왕의 노함을 무서워하지 아니하고 곧 보이지 아니하는 자를 보는 것 같이 하여 참았으며
28 믿음으로 유월절과 피 뿌리는 예식을 정하였으니 이는 장자를 멸하는 자로 그들을 건드리지 않게 하려 한 것이며
29 믿음으로 그들은 홍해를 육지 같이 건넜으나 애굽 사람들은 이것을 시험하다가 빠져 죽었으며
30 믿음으로 칠 일 동안 여리고를 도니 성이 무너졌으며
31 믿음으로 기생 라합은 정탐꾼을 평안히 영접하였으므로 순종하지 아니한 자와 함께 멸망하지 아니하였도다

1. 오늘 하나님께서 나에게 주신 깨달음은 무엇입니까?

2. 말씀을 어떻게 내 삶에 구체적으로 적용해야 합니까?

절별 해설

23 믿음으로 모세가 났을 때에 애굽 왕 바로는 이스라엘 백성의 수가 많아지자 태어나는 남아를 모두 죽이라고 명령했다(출 1장). 저자는 그때 아기를 숨긴 모세 어머니의 행위를 믿음이라 칭한다. "아름다운"은 외모만이 아니라 (하나님이 보시기에) 선한(창 1:31) 것을 의미한다. 즉 모세의 부모는 믿음으로 모세를 하나님의 뜻이라고 받아들였다.

24 믿음으로 모세는 장성하여 모세는 바로의 공주의 양자로 입양되었지만 친어머니 요게벳에게 양육되었기 때문에 히브리인으로서의 정체성과 하나님에 대한 믿음이 있었다.
공주의 아들이라 칭함 받기를 거절하고 모세는 동족의 고된 노동과 고통을 보았다. 또한 애굽 사람이 히브리인을 때리는 것을 보고 그 애굽인을 죽여 동족을 도왔다(출 2:11-12). 저자는 그가 공주의 아들로서의 혜택보다 동족을 선택한 것을 믿음의 행위라고 해석한다.

25 잠시 죄악의 낙을 누리는 것 모세가 히브리인의 고통을 모른 척했더라면 애굽의 부귀영화를 누릴 수 있었을 것이다. 저자는 그가 세상의 영광을 포기한 것도 믿음이라고 부르고 있다.

26 그리스도를 위하여 받는 수모 모세가 그리스도를 위하여 수모를 받았다는 것은 그리스도가 구약의 하나님 백성과 함께하시며 그들의 고통 가운데 계셨다는 그리스도 중심적 해석에 따른 것이다. 이는 당시의 이스라엘 백성과 자신을 동일시하면서 받은 수모를 의미한다.

27 믿음으로 애굽을 떠나 모세가 애굽인을 죽인 일로 바로가 그를 죽이려 하자 모세는 애굽을 떠나 미디안 땅으로 도망했다(출 2:13-15). 저자는 이 일도 믿음으로 해석한다.

28 유월절과 피 뿌리는 예식 하나님은 애굽의 모든 장자를 죽이는 재앙에 앞서 이스라엘에게 문설주와 인방에 어린 양의 피를 바르라고 하셨다(출 12:12-13). 모세가 백성에게 이를 명하여 순종하게 한 것은 하나님이 말씀대로 행하신다는 믿음의 결과였다.

29 홍해를 육지 같이 건넜으나 바로는 애굽의 장자가 모두 죽자 이스라엘을 놓아주지만 그들이 홍해 주변에 장막을 쳤을 때 군대를 이끌고 쫓아왔다. 하나님은 모세가 지팡이를 내밀자 바다를 갈라지게 하셨고, 이스라엘 백성은 마른 땅으로 건너갔으나 바로의 군대는 전부 물속에 빠져 죽고 만다(출 14장).

30 칠 일 동안 여리고를 도니 여리고성은 40년간 광야를 떠돈 이스라엘이 가나안 땅에서 첫 번째로 마주한 견고한 성이었다. 여호수아와 모든 백성이 하나님의 말씀을 믿고 순종했더니 정말로 여리고성이 무너져 그 성을 점령하였다(수 6장).

쉬운성경

23 믿음으로 모세의 부모는, 그가 태어났을 때 평범한 아이가 아니라는 것을 알고 석 달 동안, 그를 숨기며 키웠습니다. 그들은 왕의 명령을 거역하는 것도 두려워하지 않았습니다.

24 믿음으로 모세는, 성장한 뒤 파라오 딸의 아들이라 불리는 것을 거절하였습니다.

25 그는 잠시 동안 죄의 즐거움을 누리기보다는, 하나님의 백성들과 함께 고난받는 것을 택하였습니다.

26 그는 이집트의 온갖 보물을 가지는 것보다 그리스도를 위해 고난받는 것이 더 낫다고 생각한 것입니다. 그는 오직 하나님이 주실 상만을 바라보았습니다.

27 믿음으로 모세는 이집트를 떠났으며, 왕의 분노를 두려워하지 않았습니다. 모세는 보이지 않는 하나님을 마치 보이는 듯이 바라보며 꿋꿋이 참았습니다.

28 믿음으로 모세는 유월절을 준비하고, 문마다 피를 발랐습니다. 이 피는 죽음의 천사가 이스라엘 백성의 맏아들을 죽이지 않도록 하기 위해 바른 것입니다.

29 믿음으로 그들은, 마른 땅을 건너는 것처럼 홍해를 지나갔습니다. 그러나 이집트인들은 그들을 따라가다가 물에 빠져 죽고 말았습니다.

30 믿음으로 이스라엘 백성들이 여리고성 주위를 칠 일 동안 돌자 성은 무너졌습니다.

31 믿음으로 기생 라합은 정탐꾼들을 잘 대접하여, 하나님께 순종하지 않은 자들이 죽임을 당할 때 구원을 받았습니다.

31 **기생 라합** 여리고성에 들어온 이스라엘의 정탐꾼을 목숨을 걸고 숨겨 준 여리고의 여인이다(수 2장). 후일에 다윗의 고조할머니가 되어 예수님의 족보에 등장한다(마 1:5).

저자의 묵상

히브리서 저자는 바로가 모세를 죽이려고 할 때 모세가 애굽을 떠난 것을 두 가지를 근거로 믿음의 행위라고 해석한다. 첫 번째는 모세가 애굽을 떠나게 된 이유가 하나님의 백성의 고난에 동참하려던 행동의 결과이기 때문이다(25절). 즉 믿음이 없었다면 세상의 부귀영화를 누릴 수 있는 공주의 아들로서의 지위를 포기하지 않았을 것이기 때문에 이를 포기했다는 것 자체가 믿음인 것이다. 두 번째는 애굽을 떠날 때 보이지 않는 하나님을 찾았을 것임을 짐작할 수 있기에 그의 행위를 믿음으로 간주한다. '보이지 아니하는 자를 보는 것같이'(27절) 함은 믿음 없이는 불가능한 반응이다. 우리도 세상의 물질적 쾌락과 영광을 떠나기 위해서는 믿음이 필요하다. 또한 두려운 순간에 낙담하지 않기 위해서 믿음이 필요하다. 결국 성도가 세상에 대한 욕망과 두려움을 벗어나 하나님의 백성답게 살아가기 위해서는 무엇보다 믿음이 필요함을 알 수 있다.

> **무릎기도** 하나님, 이 세상에 대한 욕망과 두려움에서 벗어나지 못하고 넘어집니다. 믿음을 더하셔서 하나님의 백성으로서 담대하게 살아가게 하소서.

ESV - Hebrews 11

23 By faith Moses, when he was born, was hidden for three months by his parents, because they saw that the child was beautiful, and they were not afraid of the king's edict.
24 By faith Moses, when he was grown up, refused to be called the son of Pharaoh's daughter,
25 choosing rather to be mistreated with the people of God than to enjoy the fleeting pleasures of sin.
26 He considered the reproach of Christ greater wealth than the treasures of Egypt, for he was looking to the reward.
27 By faith he left Egypt, not being afraid of the anger of the king, for he endured as seeing him who is invisible.
28 By faith he kept the Passover and sprinkled the blood, so that the Destroyer of the firstborn might not touch them.
29 By faith the people crossed the Red Sea as on dry land, but the Egyptians, when they attempted to do the same, were drowned.
30 By faith the walls of Jericho fell down after they had been encircled for seven days.
31 By faith Rahab the prostitute did not perish with those who were disobedient, because she had given a friendly welcome to the spies.

23 edict 명령 24 refuse 거절하다 25 mistreat 학대하다 fleeting 한순간의 26 consider 여기다 reproach 치욕 look to …을 기대하다 reward 상 27 endure 견디다 28 sprinkle 뿌리다 29 attempt to …하려고 시도하다 drown 익사시키다 30 encircle 돌다 31 prostitute 매춘부 perish 멸망하다 disobedient 거역하는

☐ 묵상 체크

55

월   일

믿음의 선진들의 예 5

히브리서 11:32-40 • 새찬송 483장 | 통일 532장

• 말씀묵상 전에 성령님의 인도하심을 구하는 기도를 드리십시오.

> **본문요약** | 저자는 구약의 모든 믿음의 사람을 이야기하기에는 시간이 부족하다고 말한다. 그들은 믿음의 놀라운 능력과 승리, 박해 중의 인내, 그리고 가난과 고통을 이겨 내는 모습을 보여주었다. 이런 믿음의 사람에게는 세상이 별 가치가 없는데 그 이유는 하나님이 예비하신 더 좋은 것을 소망하기 때문이다.

32 내가 무슨 말을 더 하리요 기드온, 바락, 삼손, 입다, 다윗 및 사무엘과 선지자들의 일을 말하려면 내게 시간이 부족하리로다
33 그들은 믿음으로 나라들을 이기기도 하며 의를 행하기도 하며 약속을 받기도 하며 사자들의 입을 막기도 하며
34 불의 세력을 멸하기도 하며 칼날을 피하기도 하며 연약한 가운데서 강하게 되기도 하며 전쟁에 용감하게 되어 이방 사람들의 진을 물리치기도 하며
35 여자들은 자기의 죽은 자들을 부활로 받아들이기도 하며 또 어떤 이들은 더 좋은 부활을 얻고자 하여 심한 고문을 받되 구차히 풀려나기를 원하지 아니하였으며
36 또 어떤 이들은 조롱과 채찍질뿐 아니라 결박과 옥에 갇히는 시련도 받았으며
37 돌로 치는 것과 톱으로 켜는 것과 시험과 칼로 죽임을 당하고 양과 염소의 가죽을 입고 유리하여 궁핍과 환난과 학대를 받았으니
38 (이런 사람은 세상이 감당하지 못하느니라) 그들이 광야와 산과 동굴과 토굴에 유리하였느니라
39 이 사람들은 다 믿음으로 말미암아 증거를 받았으나 약속된 것을 받지 못하였으니
40 이는 하나님이 우리를 위하여 더 좋은 것을 예비하셨은즉 우리가 아니면 그들로 온전함을 이루지 못하게 하려 하심이라

1. 오늘 하나님께서 나에게 주신 깨달음은 무엇입니까?

2. 말씀을 어떻게 내 삶에 구체적으로 적용해야 합니까?

절별 해설

32 기드온 미디안의 군대와 싸워 이스라엘을 구원한 사사다(삿 7장).
바락 사사 드보라와 함께 가나안의 군대와 싸워 이스라엘을 구한 군대 장관이다(삿 4장).
삼손 나실인으로 부름을 받았으며 엄청난 힘을 소유한 사사로 블레셋으로부터 이스라엘을 구원했다(삿 13-16장).
입다 이스라엘을 암몬 족속의 위협으로부터 구원한 사사로 잘못된 서원을 하여 딸을 번제로 드렸다(삿 11-12장).
다윗 이스라엘의 두 번째 왕으로 공의와 정의로 통치하실 메시아의 대표적 모형이다.
사무엘 이스라엘의 사사이자 제사장으로 사울과 다윗을 왕으로 세운 인물이다.

33 나라들을 이기기도 다윗은 하나님을 의지하여 주변 나라를 평정하고 이스라엘에 평화를 가져왔다.
의를 행하기도 사무엘은 의로 백성을 다스렸다(삼상 12:3-5).
사자들의 입을 막기도 다니엘은 믿음을 지키려다 모함을 받아 사자 굴에 갇혔다(단 6:17-22).

34 불의 세력을 멸하기도 다니엘의 세 친구 사드락, 메삭, 아벳느고는 느부갓네살 왕의 금 신상에 절하지 않아서 풀무불에 들어갔지만 해를 당하지 않았다(단 3:23-27).
칼날을 피하기도 하나님의 도우심으로 왕들의 살해 위협으로부터 피하였던 엘리야(왕상 19:2), 엘리사(왕하 6:31), 예레미야(렘 36:26), 다윗(삼상 18:11) 등의 예를 말한다.
이방 사람들의 진을 물리치기도 하나님의 도움으로 이방과의 전쟁에서 승리한 경우다.

35 죽은 자들을 부활로 받아들이기도 엘리야가 살린 사르밧 과부의 아들(왕상 17:17-24)이나 엘리사가 살린 수넴 여인의 아들(왕하 4:18-37)의 경우다.
더 좋은 부활 이 땅에서 육체적으로 살아나는 것보다 더 좋은 완전한 영적 부활을 말한다.

37 돌로 치는 것 유대인들이 종교 또는 간음의 문제가 있는 사람을 처형하는 방법이다.
톱으로 켜는 것 전승은 이사야 선지자가 이 방법에 의해 죽임을 당했다고 전한다.

38 세상이 감당하지 못하느니라 믿음의 사람들에게는 세상이 큰 가치가 없었다. 이들은 하나님 나라의 영광을 바랐기 때문에 세상의 가난과 박해가 그들을 무너뜨릴 수 없었다.

39 약속된 것 아직 이 땅에 임하지 않은 하나님 나라를 말한다.

쉬운성경

32 더 많은 이야기가 필요합니까? 기드온, 바락, 삼손, 입다, 다윗, 사무엘, 그리고 다른 예언자들을 다 말하려면 시간이 모자랄 것입니다.

33 그들은 믿음으로 나라들을 정복하고, 옳은 일을 하였으며, 하나님께서 약속하신 것들을 받았고, 사자의 입을 막았습니다.

34 또 큰 불을 막아 내며, 칼날을 피하였습니다. 그들은 약한 데서 강해졌으며, 전쟁터에서는 용감해져서 적들을 무찔렀습니다.

35 여자들은 죽은 가족이 다시 살아나는 것을 보았습니다. 또 어떤 이들은 죽은 후에 더 나은 삶으로 부활할 것을 생각하면서, 고문을 당하고 풀려나는 것을 거절하기도 하였습니다.

36 어떤 이들은 조롱을 받으며 매를 맞았습니다. 어떤 이들은 묶인 채로 감옥에 끌려갔습니다.

37 그들은 돌에 맞아 죽었고, 몸이 반으로 잘리기도 하였으며, 칼에 찔려 죽기도 하였습니다. 양과 염소 가죽을 두르고 가난과 고난과 학대를 견뎌야 했습니다.

38 그들에게 세상은 아무런 가치가 없었습니다. 그들은 광야와 산과 동굴과 땅굴에서 살았습니다.

39 이 사람들은 모두 믿음으로 이름이 알려진 자들입니다. 그러나 그들 중 어느 누구도 하나님께서 약속하신 것을 받지는 못하였습니다.

40 그것은 하나님께서 우리에게 더 좋은 것을 예비하시고 그들이 우리와 함께 완전해지도록 하셨기 때문입니다.

40 우리가 아니면 그들로 온전함을 이루지 못하게 "우리"는 저자와 같은 신약 시대의 그리스도인을 의미한다. 구약의 성도는 신약의 성도와 함께 그리스도로 인한 온전함을 얻게 된다.

저자의 묵상

히브리서 저자는 믿음은 영적인 구원을 얻는 데만 필요한 것이 아님을 수없이 많은 인물의 사례를 통해 보여준다. 믿음의 사람들의 공통점은 세상에 아무런 가치를 두지 않았다는 것이다. 이들의 소망이 이 땅에 있지 않고 하나님이 약속하신 하나님의 나라에 있었기 때문이다. 결국 믿음이 없으면 이 세상에만 가치를 두고 살기 때문에 하나님과 멀어질 수밖에 없다. "누구든지 세상을 사랑하면 아버지의 사랑이 그 안에 있지 아니하다"(요일 2:15)는 말씀처럼 믿음이 없으면 세상을 사랑하게 되어 하나님과 관계가 깨어진다. 문제는 세상을 사랑하면 세상의 노예가 되어 하나님 백성으로서의 모습을 잃어버리고 비참해진다는 것이다. 마치 맹인이 빛을 잃고 어둠 속에서 살아가는 것처럼 하나님 나라를 보지도 기억하지도 못하게 된다. 잠시 잠깐이면 사라져 버릴 이 세상의 것들에 집착하며 살아가는 것은 안타까운 일이다. 성도는 유한한 세상보다 영원한 하나님 나라에 소망을 두고 살아가야 한다.

> **무릎기도** 하나님, 믿음의 눈을 열어 주셔서 세상이 아니라 하나님을 사랑하게 하소서. 믿음으로 하나님이 완성하실 하나님 나라에 대한 소망으로 가득하게 하소서.

ESV - Hebrews 11

32 And what more shall I say? For time would fail me to tell of Gideon, Barak, Samson, Jephthah, of David and Samuel and the prophets—
33 who through faith conquered kingdoms, enforced justice, obtained promises, stopped the mouths of lions,
34 quenched the power of fire, escaped the edge of the sword, were made strong out of weakness, became mighty in war, put foreign armies to flight.
35 Women received back their dead by resurrection. Some were tortured, refusing to accept release, so that they might rise again to a better life.
36 Others suffered mocking and flogging, and even chains and imprisonment.
37 They were stoned, they were sawn in two,* they were killed with the sword. They went about in skins of sheep and goats, destitute, afflicted, mistreated—
38 of whom the world was not worthy—wandering about in deserts and mountains, and in dens and caves of the earth.
39 And all these, though commended through their faith, did not receive what was promised,
40 since God had provided something better for us, that apart from us they should not be made perfect.

*11:37 Some manuscripts add *they were tempted*

32 prophet 선지자   33 conquer 이기다   enforce 시행하다   obtain 얻다   34 quench 끄다   put… to flight …을 패주시키다
35 resurrection 부활   torture 고문하다   refuse 거절하다   release 석방   36 mock 조롱하다   flog 채찍질하다   imprisonment 투옥
37 saw 톱으로 켜다   destitute 빈곤하다   afflict 괴롭히다   mistreat 학대하다   38 wander 헤매다   den 동굴   39 commend 인정을 받다

56 하나님의 징계를 인내하라

히브리서 12:1-11 • 새찬송 250장 | 통일 182장

월 일

• 말씀묵상 전에 성령님의 인도하심을 구하는 기도를 드리십시오.

> **본문요약** | 성도는 믿음으로 살았던 많은 증인들처럼 끝까지 믿음의 경주를 마쳐야 한다. 믿음을 시작하시고 끝내신 예수님을 바라보아야 한다. 하나님은 성도를 자신의 참 자녀로 여기시기 때문에 우리의 유익을 위해 사랑을 담아 징계하신다. 이 징계를 잘 인내하면 거룩한 자가 되어 의와 평강의 열매를 맺게 된다.

1 이러므로 우리에게 구름 같이 둘러싼 허다한 증인들이 있으니 모든 ¹⁾무거운 것과 얽매이기 쉬운 죄를 벗어 버리고 인내로써 우리 앞에 당한 경주를 하며
2 믿음의 주요 또 온전하게 하시는 이인 예수를 바라보자 그는 그 앞에 있는 기쁨을 위하여 십자가를 참으사 부끄러움을 개의치 아니하시더니 하나님 보좌 우편에 앉으셨느니라
3 너희가 피곤하여 낙심하지 않기 위하여 죄인들이 이같이 자기에게 거역한 일을 참으신 이를 생각하라
4 너희가 죄와 싸우되 아직 피흘리기까지는 대항하지 아니하고
5 또 아들들에게 권하는 것 같이 너희에게 권면하신 말씀도 잊었도다 일렀으되
　ㄱ 내 아들아 주의 징계하심을 경히 여기지 말며 그에게 꾸지람을 받을 때에 낙심하지 말라
6 　주께서 그 사랑하시는 자를 징계하시고 그가 받아들이시는 아들마다 채찍질하심이라
　하였으니
7 너희가 참음은 징계를 받기 위함이라 하나님이 아들과 같이 너희를 대우하시나니 어찌 아버지가 징계하지 않는 아들이 있으리요
8 징계는 다 받는 것이거늘 너희에게 없으면 사생자요 친아들이 아니니라

9 또 우리 육신의 아버지가 우리를 징계하여도 공경하였거든 하물며 모든 영의 아버지께 더욱 복종하며 살려 하지 않겠느냐
10 그들은 잠시 자기의 뜻대로 우리를 징계하였거니와 오직 하나님은 우리의 유익을 위하여 그의 거룩하심에 참여하게 하시느니라
11 무릇 징계가 당시에는 즐거워 보이지 않고 슬퍼 보이나 후에 그로 말미암아 연단 받은 자들은 의와 평강의 열매를 맺느니라

1. 오늘 하나님께서 나에게 주신 깨달음은 무엇입니까?

2. 말씀을 어떻게 내 삶에 구체적으로 적용해야 합니까?

1) 또는 거리끼는　ㄱ. 잠 3:11,12

절별 해설

1 허다한 증인들 11장에서 저자가 예로 들었던 믿음의 선진들을 말한다. 이들은 믿음으로 하나님의 약속을 붙들고 박해와 가난과 학대와 고통 속에서 끝까지 인내했다.

모든 무거운 것과 얽매이기 쉬운 죄 저자는 믿음의 여정을 끝까지 마쳐야 하는 운동 경주에 비유한다. "무거운 것"은 경주에 방해되는 무거운 체중과 같고 "얽매이기 쉬운 죄"는 세상을 사랑하는 죄악을 말한다.

2 믿음의 주요 또 온전하게 하시는 이 "주"는 저자, 시작하는 사람을 뜻하며, "온전하게 하시는 이"는 완성하는 사람, 끝내는 자라는 뜻이다. 예수님이 믿음의 시작자이며 완성자라는 의미다. 예수님은 하나님에 대한 온전한 믿음으로 십자가의 고통을 참으셨고 그 결과로 영광을 얻으셨다.

3 자기에게 거역한 일을 참으신 이 예수님은 자신을 거역하며 심지어 십자가에 못 박은 자들까지 참으셨다. 고난을 기꺼이 받아들이는 순종으로 하나님 앞에서 온전함을 이루셨다. 그리스도의 인내는 현재 고난당하는 자들이 어떻게 반응해야 할지를 보여준다.

4 피흘리기까지는 대항하지 아니하고 예수님이 당하신 고난은 피흘리기까지 하며 죽으신 것이었다. 수신자들은 아직 순교에까지 이르지는 않았으니 낙심하지 말아야 한다.

5-6 징계 잠언 3:11-12의 인용이다. "징계"는 '아이를 훈육해서 성장하게 하다'라는 의미로 잘못에 대해 혼내는 것만이 아닌 미숙한 아이를 성장하게 돕는 훈육(discipline)이다.

7 너희가 참음은 징계를 받기 위함이라 징계를 인내하라는 뜻이다. 인내는 소망이 있기 때문에 견디는 것을 말한다. '하나님의 자녀답게 성장할 것을 소망함으로 징계를 견뎌 내라'는 뜻이다.

8 징계는 다 받는 것이거늘 징계는 하나님이 사랑하시지 않는 증거가 아니라 그 반대로 하나님이 사랑하시는 자녀이기 때문에 임하는 것이다.

9 육신의 아버지 저자는 육신의 아버지와 영적 아버지를 대조한다. 육신의 아버지는 자녀가 잘되라고 훈육하며, 자녀라면 자신을 위해 훈육하는 아버지를 공경하는 것이 마땅하다. 이처럼 모든 사람의 영적 아버지인 하나님이 성도를 훈육하실 때 그분을 공경함으로 복종하는 것이 당연하다. 영의 아버지는 더 큰 권위와 능력을 가지신 완전한 부모이기 때문이다.

쉬운성경

1 우리에게는 이렇게 많은 믿음의 증인들이 있습니다. 그들의 삶은 우리에게 믿음이 무엇인지 말해 주고 있습니다. 그러므로 포기하지 말고 우리 앞에 있는 경주를 열심히 합시다. 우리의 삶 속에서 방해가 되는 것들은 다 없애 버리고, 우리를 쉽게 옭아매는 죄를 벗어 버립시다.

2 우리 믿음의 시작이며, 또 믿음을 완전하게 하시는 주님만을 바라봅시다. 예수님께서는 십자가에서 돌아가실 때, 아무것도 아닌 것처럼 모든 부끄러움을 참아 내셨습니다. 예수님께서는 하나님께서 예비해 두신 기쁨을 기대하셨기 때문에 그렇게 하실 수 있었던 것입니다. 이제 그분은 하나님 보좌의 오른편에 앉아 계십니다.

3 예수님을 생각하십시오. 예수님께서는 죄인들이 그를 미워해서 악한 일을 할 때에도 묵묵히 참으셨습니다. 지칠 때라도 낙심하지 말고 예수님의 본을 따르기 바랍니다.

4 여러분은 죄에 맞서 싸우고 있지만, 아직 죽을 정도까지 싸워 보지는 않았습니다.

5 여러분은 하나님께서 그의 아들을 격려하듯이 말씀해 주신 것을 잊었습니까?

 "내 아들아, 주의 훈계를 가볍게 여기지 말고, 주님께서 너를 꾸짖으실 때, 낙심하지 마라.

6 주님께서는 사랑하는 자에게 벌을 주시고, 그의 아들로 받아들인 자들을 채찍질하신다."*

7 따라서 여러분이 받는 고난을 아버지의 훈계로 알고 견디십시오. 하나님께서는 아버지가 자기 아들에게 벌주듯이 여러분을 대하시는 것입니다. 아들을 훈계하지 않는 아버지는 어디에도 없습니다.

8 아들이면 훈계를 받게 마련입니다. 만일 여러분에게 아무 훈계가 없다면, 여러분은 사생아이며 참 아들이 아닙니다.

9 우리는 이 땅에서 모두 육체의 아버지가

---

* 12:5-6 잠 3:11-12에 기록되어 있다.

절별 해설

10 우리의 유익을 위하여 육신의 아버지의 훈육 기준은 자신의 뜻이기 때문에 그 훈육이 온전하지 못할 수도 있다. 그러나 하나님은 철저히 성도의 유익을 위해 훈육하신다. 이 유익은 궁극적으로 하나님의 거룩함에 참여하여 죄가 없는 상태로 하나님과 영원토록 영광스럽게 사는 것이다.

11 의와 평강의 열매 "의"는 하나님의 뜻을 온전히 행하는 모습이고, "평강"은 완전한 질서로 누리는 평화이다. 의와 평강은 하나님 나라가 임할 때 거룩한 자가 누리게 될 모습이다.

> 있습니다. 그 아버지가 우리를 훈계한다 해도 공경하는데, 하물며 영의 아버지의 훈계를 받아들여야 하는 것은 말할 필요도 없지 않습니까? 그렇게 할 때, 우리는 생명을 받게 되는 것입니다.
>
> 10 이 땅에서의 아버지는 그들이 가장 좋다고 생각하는 대로 우리를 벌합니다. 그러나 하나님께서는 우리가 그분의 거룩하심을 닮게 하기 위해 벌합니다.
>
> 11 훈계를 받는 바로 그때에는 즐거움이 없고 고통스럽습니다. 그러나 후에 그 훈계 때문에 더 나은 사람이 된다면, 우리에게 평안이 있을 것입니다. 왜냐하면 우리가 올바른 길 안에서 살아가게 되었기 때문입니다.

저자의 묵상

성도가 믿음으로 살려고 할 때 세상에서 고난을 당하는 경우가 많다. 이때 하나님이 자신만 사랑하지 않으시거나 혹은 자신을 벌주시기에 고통스럽다고 생각하는 경우가 있다. 히브리서 저자는 믿음의 여정에서 경험하는 고난은 오히려 성도가 하나님의 자녀인 증거라고 말한다. 징계는 우리의 잘못만을 혼내는 것이 아니라 자녀가 잘되라고 가르치고 인도하는 훈육이다. 부모가 아이에게 아무런 훈육을 하지 않는다면 아이는 비정상적이고 미성숙하여 타인과 사회에 피해를 줄 뿐 아니라 스스로도 행복하지 못하게 될 것이다. 왜냐하면 아이의 본성은 이기적이고, 욕망과 두려움이 가득하며, 유혹에 쉽게 넘어가는 등 성숙하지 못하기 때문이다. 성도들 또한 하나님이 바라볼 때 아이와 같다. 그렇기 때문에 하나님이 자녀로 택하신 자는 훈육을 통해 거룩한 자로 다듬으실 수밖에 없다. 이런 하나님의 개입이 고통으로 느껴질 수도 있지만 이것이 오히려 참 자녀의 증거이다.

> **무릎기도** 하나님, 주의 참 자녀로 인생 가운데 여러 훈육의 기회를 주심에 감사드립니다. 죄를 벗어나 더 거룩하여져서 의와 평강의 열매를 풍성하게 맺게 하소서.

ESV - Hebrews 12

1 Therefore, since we are surrounded by so great a cloud of witnesses, let us also lay aside every weight, and sin which clings so closely, and let us run with endurance the race that is set before us,

2 looking to Jesus, the founder and perfecter of our faith, who for the joy that was set before him endured the cross, despising the shame, and is seated at the right hand of the throne of God.

3 Consider him who endured from sinners such hostility against himself, so that you may not grow weary or fainthearted.

4 In your struggle against sin you have not yet resisted to the point of shedding your blood.

5 And have you forgotten the exhortation that addresses you as sons? "My son, do not regard lightly the discipline of the Lord, nor be weary when reproved by him.

6 For the Lord disciplines the one he loves, and chastises every son whom he receives."

7 It is for discipline that you have to endure. God is treating you as sons. For what son is there whom his father does not discipline?

8 If you are left without discipline, in which all have participated, then you are illegitimate children and not sons.

9 Besides this, we have had earthly fathers who disciplined us and we respected them. Shall we not much more be subject to the Father of spirits and live?

10 For they disciplined us for a short time as it seemed best to them, but he disciplines us for our good, that we may share his holiness.

11 For the moment all discipline seems painful rather than pleasant, but later it yields the peaceful fruit of righteousness to those who have been trained by it.

---

1 witness 증인 lay aside 벗다 cling 달라붙다 endurance 인내   2 despise 가볍게 여기다 throne 보좌   3 consider 생각하다 hostility 적대 grow weary 피로해지다 fainthearted 겁 많은   4 struggle 분투 resist 저항하다 shed 흘리다   5 exhortation 권고 address 말하다 regard 여기다 discipline 징계 reprove 꾸짖다   6 chastise 징벌하다   8 participate in …에 참여하다 illegitimate 사생의   9 subject 복종하는   11 yield 내다 righteousness 의

묵상 체크 ☐

57

월   일

다시 일어나 끝까지 인내하라

히브리서 12:12-17 • 새찬송 304장 | 통일 404장

• 말씀묵상 전에 성령님의 인도하심을 구하는 기도를 드리십시오.

본문요약 | 이 땅에서의 고난을 하나님의 훈육으로 받아들이지 않으면 낙담하게 되어 있다. 이를 믿음으로 받아들여 은혜에서 떠나지 않도록 해야 한다. 공동체에서 믿음을 잃어버린 사람이 나타나지 않도록 주의하고 세속주의로 인해 에서와 같이 하나님의 복을 저버리는 일이 없도록 경계해야 한다.

---

12 그러므로 피곤한 손과 연약한 무릎을 일으켜 세우고
13 너희 발을 위하여 곧은 길을 만들어 저는 다리로 하여금 어그러지지 않고 고침을 받게 하라
14 모든 사람과 더불어 화평함과 거룩함을 따르라 이것이 없이는 아무도 주를 보지 못하리라
15 너희는 하나님의 은혜에 이르지 못하는 자가 없도록 하고 또 쓴 뿌리가 나서 괴롭게 하여 많은 사람이 이로 말미암아 더럽게 되지 않게 하며
16 음행하는 자와 혹 한 그릇 음식을 위하여 장자의 명분을 판 에서와 같이 망령된 자가 없도록 살피라
17 너희가 아는 바와 같이 그가 그 후에 축복을 이어받으려고 눈물을 흘리며 구하되 버린 바가 되어 회개할 기회를 얻지 못하였느니라

1. 오늘 하나님께서 나에게 주신 깨달음은 무엇입니까?

2. 말씀을 어떻게 내 삶에 구체적으로 적용해야 합니까?

절별 해설

12 피곤한 손과 연약한 무릎 세상에서의 고난으로 소진되고 좌절에 빠져 있는 자들에게 다시 일어서라고 권고한다(사 35:3). 그러한 고난이 하나님의 심판이나 무관심의 결과라고 생각해서 좌절했다면 이를 하나님의 훈육의 과정으로 받아들이고 힘을 내라는 것이다.

13 곧은 길을 만들어 잠언 4:26의 인용이다. 세상 속에서의 고난에 영향을 받아 좌우로 흔들리며 잘못된 방향으로 걸어가는 것이 아니라 하나님이 목적하신 방향으로 바르게 나아가라고 권고한다. **저는 다리** 고난으로 믿음이 흔들려 똑바로 걸어갈 수 없는 상태를 말한다. 다리를 절어 걷기 힘든 이유는 외부 요인 때문이 아니라 그의 믿음의 상태가 온전하지 못하기 때문이다.

14 화평함과 거룩함을 따르라 믿음으로 이 세상의 고난을 하나님의 훈육으로 받아들인 자는 평강의 열매를 맺고(12:11), 거룩하게 될 수 있다(12:10). 모든 사람과의 관계에서 이런 모습이 나타나지 않는다면 지금 온전한 믿음으로 반응하지 않는다는 증거이다. **주를 보지 못하리라** 주님의 얼굴을 본다는 것은 하나님과의 깊은 친밀감을 누린다는 의미로 하나님의 백성에게 약속된 가장 큰 복이다(마 5:8).

15 하나님의 은혜에 이르지 못하는 자 불신앙으로 인한 낙담과 실망으로 하나님이 베푸시는 은혜를 누리지 못하는 사람을 말한다. **쓴 뿌리** 신명기 29:18에서 '독초와 쑥의 뿌리'는 이스라엘 백성에게 악한 영향력을 미쳤던 우상 숭배를 비유한다. 저자는 성도의 불신앙이 우상 숭배처럼 공동체에 악영향을 미칠 것을 염려한다.

16 음행하는 자, 망령된 자 "음행"은 문자적으로 육체적 간음을 말하지만 영적으로는 하나님 대신 다른 것을 의존하는 영적 음행을 의미한다(대하 21:13). "망령된"은 '세속적인'이라는 의미로 하나님에 대한 영적 관심이 전혀 없는 상태를 말한다. 에서는 세상을 사랑하고 하나님에 대한 관심이 전혀 없었다. 그는 결국 하나님의 백성에게 가장 중요한 가치인 영적 상속권을 무가치하게 여김으로 하나님의 축복에서 제외되었다.

17 회개할 기회를 얻지 못하였느니라 에서는 장자권이 별 의미가 없다고 생각해서 팥죽 한 그릇에 팔아 버렸다(창 25:33-34). 후일에 야곱이 이삭으로부터 장자의 축복을 받고 자신이 받을 축복이 남아 있지 않다는 말을 듣자 그는 소리 내어 울며 자신에게도 축복을 달라고 간구한다(창 27:33-34). 그러나 이삭이 야곱에게 모든 풍요와 권세를 약속했기 때문에 에서에게는 이 땅에서의 빈곤함과 갈등과 아우를 섬길 것을 빌어 줄 수밖에 없었다(창 27:39-40).

쉬운성경

12 여러분은 피곤한 손과 연약한 무릎을 강하게 하여 일어나십시오.

13 올바른 길을 가십시오. 그러면 다리 저는 사람이 절뚝거리지 않고 고침을 받게 될 것입니다.

14 모든 사람과 사이좋게 지내며 거룩하게 사십시오. 만일 삶이 거룩하지 못하다면, 결코 주님을 만나지 못할 것입니다.

15 아무도 하나님의 은혜를 놓치지 않도록 주의하시기 바랍니다. 여러분 가운데 쓴 뿌리와 같은 사람들이 생겨나지 못하게 하십시오. 그런 사람은 많은 사람을 괴롭히거나 더럽힙니다.

16 성적인 죄를 범하지 말며, 에서처럼 하나님을 생각지 않는 사람이 없도록 하십시오. 에서는 맏아들로서 아버지의 모든 것을 다 받을 수 있었지만, 한 그릇의 먹을 것을 위하여 맏아들의 특권을 팔고 말았습니다.

17 여러분도 알다시피 에서는 그 후에 아버지의 축복을 받기 위해 울면서 부탁했지만 거절당했으며, 회개할 기회를 얻지 못했습니다.

저자의 묵상

이삭의 두 자녀 중에 야곱만 하나님의 축복을 받게 된 것은 안타까운 모습이다. 창세기는 이러한 차이가 개인적 성향이나 노력에서 비롯된 것이 아님을 기록한다. 그들이 태어나기 전부터 하나님이 작은 자를 사랑하시고, 큰 자는 미워하실 것을 예언하셨다(롬 9:13). 이것은 하나님의 편애가 아니라 하나님의 무조건적인 선택을 보여주는 증거이다. 에서나 야곱이나 어떤 모습 때문에 하나님이 그들을 택하고 백성 삼으신 것이 아니라 모든 것은 하나님의 절대적인 주권에 의한 결정임을 보여준다. 그런데 하나님의 선택을 받지 못한 자의 삶에서 일관되게 나타나는 태도가 세속성이다. 즉 영적인 눈을 뜨고, 하나님을 찾게 되는 것도 하나님의 선택의 결과로 성령이 역사하셔야 하는 일이다. 하나님의 선택을 받지 못한 자는 눈에 보이는 세상을 의지하고 사랑할 수밖에 없기 때문에 하나님의 축복을 무시하게 된다. 그러므로 성도는 하나님의 무조건적인 은혜에 감사하며 택하신 자녀답게 그 은혜를 늘 붙들고 살아야 한다.

> **무릎기도** 하나님, 저를 하나님의 자녀로 선택하심에 감사드립니다. 여전히 세상을 사랑하는 마음이 있지만 훈육을 통해 하나님만을 사랑하는 참 자녀가 되게 하소서.

ESV - Hebrews 12

12 Therefore lift your drooping hands and strengthen your weak knees,
13 and make straight paths for your feet, so that what is lame may not be put out of joint but rather be healed.
14 Strive for peace with everyone, and for the holiness without which no one will see the Lord.
15 See to it that no one fails to obtain the grace of God; that no "root of bitterness" springs up and causes trouble, and by it many become defiled;
16 that no one is sexually immoral or unholy like Esau, who sold his birthright for a single meal.
17 For you know that afterward, when he desired to inherit the blessing, he was rejected, for he found no chance to repent, though he sought it with tears.

12 drooping 늘어진 13 out of joint 탈골된 14 strive for …을 얻으려 노력하다 holiness 거룩함 15 obtain 얻다 spring up 갑자기 생겨나다 defile 더럽히다 16 immoral 부도덕한 birthright 상속권 17 inherit 상속하다 reject 버리다 repent 회개하다

☐ 묵상 체크

58
하늘의 시온산에 이른 자들

히브리서 12:18-29 • 새찬송 438장 | 통일 495장

월 일

• 말씀묵상 전에 성령님의 인도하심을 구하는 기도를 드리십시오.

> **본문요약 |** 하나님이 구약의 시내산에 임재하셨을 때 이스라엘 백성은 너무 두려워서 하나님의 말씀을 직접 듣길 원하지 않았다. 이제 새 언약 아래 있는 하나님의 백성은 하늘의 시온산에 이른 자들이다. 따라서 하나님이 말씀하실 때 거역하지 말고 순종하여 흔들리지 않는 나라를 은혜로 받아야 할 것이다.

18 너희는 만질 수 있고 불이 붙는 산과 침침함과 흑암과 폭풍과
19 나팔 소리와 말하는 소리가 있는 곳에 이른 것이 아니라 그 소리를 듣는 자들은 더 말씀하지 아니하시기를 구하였으니
20 이는 ㄱ짐승이라도 그 산에 들어가면 돌로 침을 당하리라 하신 명령을 그들이 견디지 못함이라
21 그 보이는 바가 이렇듯 무섭기로 모세도 이르되 ㄴ내가 심히 두렵고 떨린다 하였느니라
22 그러나 너희가 이른 곳은 시온 산과 살아 계신 하나님의 도성인 하늘의 예루살렘과 천만 천사와
23 하늘에 기록된 장자들의 모임과 교회와 만민의 심판자이신 하나님과 및 온전하게 된 의인의 영들과
24 새 언약의 중보자이신 예수와 및 아벨의 피보다 더 나은 것을 말하는 뿌린 피니라
25 너희는 삼가 말씀하신 이를 거역하지 말라 땅에서 경고하신 이를 거역한 그들이 피하지 못하였거든 하물며 하늘로부터 경고하신 이를 배반하는 우리일까보냐
26 그 때에는 그 소리가 땅을 진동하였거니와 이제는 약속하여 이르시되 ㄷ내가 또 한 번 땅만 아니라 하늘도 진동하리라 하셨느니라
27 이 또 한 번이라 하심은 진동하지 아니하는 것을 영존하게 하기 위하여 진동할 것들 곧 만드신 것들이 변동될 것을 나타내심이라
28 그러므로 우리가 흔들리지 않는 나라를 받았은즉 1)은혜를 2)받자 이로 말미암아 경건함과 두려움으로 하나님을 기쁘시게 섬길지니
29 우리 하나님은 소멸하는 불이심이라

1. 오늘 하나님께서 나에게 주신 깨달음은 무엇입니까?

2. 말씀을 어떻게 내 삶에 구체적으로 적용해야 합니까?

1) 또는 감사하자 2) 어떤 사본에, 받아
ㄱ. 출 19:12 ㄴ. 신 9:19 ㄷ. 학 2:6

절별 해설

18 불이 붙는 산 하나님이 구약의 시내산에서 출애굽 한 이스라엘 백성에게 불, 어둠, 폭풍, 나팔 소리 등의 위엄으로 나타나시자 백성은 두려워했다(출 19:16-19).

19 더 말씀하지 아니하시기를 구하였으니 백성은 하나님의 임재 현상이 두려워서 하나님의 음성을 직접 듣지 않기를 구하였고 하나님은 모세를 중재자로 세우셨다(출 20:18-20).

20 돌로 침을 당하리라 거룩하신 하나님 앞에 죄인이 설 수 없기 때문에 시내산에서 정한 경계를 넘는 사람이나 짐승은 돌로 치거나 화살로 쏘아 죽이도록 했다(출 19:12-13).

22 너희가 이른 곳 옛 언약 아래 있던 이스라엘이 하나님을 만난 곳은 눈에 보이는 시내산이었다. 새 언약 아래 있는 하나님 백성이 하나님을 만나는 곳은 영적 세계인 시온산이다. **시온 산과 살아 계신 하나님의 도성인 하늘의 예루살렘** 세 곳은 같은 장소다. "시온 산"은 예루살렘을 영적 측면에서 부르던 이름으로 피난처라는 뜻이다. "하나님의 도성"은 하나님 나라이다. 예루살렘은 성전이 있던 곳으로 "하늘의 예루살렘"은 하나님 나라를 상징한다.

23 하늘에 기록된 장자들 "장자"는 구원받은 그리스도인을 가리키며 하나님 나라를 상속할 자라는 의미로 장자로 불린다. 모든 그리스도인의 이름은 하늘에 기록되어 있다.
교회 모든 하나님의 백성의 연합체이다.
만민의 심판자이신 하나님 모든 것이 완성될 때 모든 백성은 심판자 하나님 앞에 서게 된다.
온전하게 된 의인의 영 "온전하게 된"은 예수님의 피로 정결하게 된 상태를 말하며 "의인의 영"은 모든 하나님의 백성이 정결하게 되어 의롭다고 인정받은 상태임을 의미한다.

24 새 언약의 중보자이신 예수 하늘의 시온산은 예수 그리스도로 새 언약이 맺어진 장소다. 시내산에서 모세가 중보한 것처럼 예수님이 하나님과 백성 사이에서 중보자가 되신다.
뿌린 피 "아벨의 피"는 가인이 죽인 아벨의 의로운 피를 말한다(창 4:10-12). 죄 없이 죽어 피를 흘렸다는 점은 같지만 예수님의 피는 그를 믿는 모든 자에게 영원한 대속을 이룬다.

25 거역하지 말라 새 언약을 거역하는 자는 옛 언약 때보다 더 엄중한 심판을 받는다.

26-27 하늘도 진동하리라 새 언약의 새 하늘과 새 땅이 임할 날이 다가오고 있다(계 21:1).

쉬운성경

18 여러분이 도착할 곳은 손으로 만질 수 있거나 불이 타오르는 산도 아니고, 어두움과 슬픔과 폭풍이 일어나는 산도 아닙니다.

19 또한 나팔 소리와 음성이 들려오는 산도 아닙니다. 이스라엘 백성이 산에서 들려오는 음성을 들었을 때, 그들은 더 이상 하나님께서 말씀하시지 않도록 부탁했습니다.

20 그들은 "누구든지, 심지어 짐승이라도 이 산에 닿으면 돌로 쳐서 죽임을 당할 것이다"라는 하나님의 명령을 감당할 수 없었습니다.

21 그 광경이 너무나 무서워 모세조차도 "두렵고 떨린다"고 말하였습니다.

22 그러나 여러분은 시온산에 이르렀으며, 살아계신 하나님의 성, 하늘의 예루살렘에 이르렀습니다. 이곳은 수많은 천사들이 기뻐하며 함께 모여 있는 곳입니다.

23 또 하늘에 이름이 기록된 맏아들의 모임이 열리는 곳이며, 모든 사람의 심판자이신 하나님께서 계신 곳입니다. 그리고 완전하게 된 의인들의 영혼이 거하는 곳이기도 합니다.

24 여러분은 그의 백성들에게 하나님의 새 언약을 가져다주신, 예수님께서 계신 곳에 왔습니다. 여러분은 아벨의 피보다 더 나은 소식을 전해 준, 그리스도의 피에 가까이 나아온 것입니다.

25 여러분은 하나님께서 말씀하실 때, 거역하지 마십시오. 옛 선조들은 땅에서 모세를 통해 경고를 받고도 순종하지 않다가 벌을 받았습니다. 이제는 하나님께서 하늘로부터 우리에게 경고하시는데, 우리가 그 말씀을 듣지 않는다면 어떻게 되겠습니까?

26 예전에는 그 소리가 땅을 흔들었지만, 이제는 "땅뿐만 아니라 하늘까지도 다시

절별 해설

변동될 것 첫 창조는 새 창조 아래서 전부 새롭게 될 것이기에 첫 창조의 결과물은 진동할 것이다. 그 이후에 영존할 새 창조의 결과가 나타나게 된다.

28 흔들리지 않는 나라 새 언약의 결과로 주어질 영원한 하나님의 나라를 말한다.

29 소멸하는 불 새 언약으로 새 하늘과 새 땅의 하나님 나라를 약속하셨는데 그것을 거역하는 자들에게는 하나님의 성품에 따른 무서운 심판이 기다리고 있을 것이다(신 4:24).

한번 흔들어 놓겠다"고 하나님께서 약속하셨습니다.

27 '다시 한번'이라는 말은 흔들릴 수 있는 것들은 모조리 없애 버리시겠다는 뜻이기도 합니다. 이것은 흔들리지 않는 것들만을 남기려는 것입니다.

28 우리가 흔들리지 않는 나라를 가졌으니 감사드립시다. 하나님을 기쁘시게 하며, 경건함과 두려움으로 그분께 예배드립시다.

29 우리 하나님은 모든 것을 태워 버리는 불과 같은 분이십니다.

저자의 묵상

새 언약 아래 있는 신약의 성도는 이 땅의 시내산과 비교할 수 없이 영구하고 영광스러운 하늘의 시온산에 이미 이른 자들이다. 시온 산은 예루살렘을 부르던 이름인데 하나님이 임재하시는 그곳이 하나님의 백성의 피난처가 된다. 즉 성도는 영적으로 하나님을 피난처 삼아 세상의 모든 고난과 공격으로부터 안전하게 보호받는다. 또한 시내산에서 하나님을 두려워하던 구약의 백성과 달리 예수님으로 인해 담대히 하나님 앞에 나아갈 수 있게 되었다. 모세를 통해서만 하나님의 음성을 들었던 이스라엘 백성과 달리 직접 하나님의 말씀을 듣게 되었다. 이 놀라운 축복을 받은 자들이 은혜를 누리기 위해서는 예수님을 믿는 믿음 안에서 흔들리지 않아야 한다. 세상의 유혹과 박해로 말미암아 믿음이 흔들리면 이미 성도에게 주신 놀라운 은혜를 누리지 못하게 된다. 그뿐 아니라 앞으로 세상이 흔들리고 새 하늘과 새 땅이 임할 영광의 날을 기대하며 소망 가운데 살 수 없다.

무릎기도 하나님, 예수님을 통해 하늘의 시온산에 초대하시고 은혜의 품 안에 안전히 거하게 하심에 감사드립니다. 끝까지 믿음을 지켜 나가게 하소서.

ESV - Hebrews 12

18 For you have not come to what may be touched, a blazing fire and darkness and gloom and a tempest
19 and the sound of a trumpet and a voice whose words made the hearers beg that no further messages be spoken to them.
20 For they could not endure the order that was given, "If even a beast touches the mountain, it shall be stoned."
21 Indeed, so terrifying was the sight that Moses said, "I tremble with fear."
22 But you have come to Mount Zion and to the city of the living God, the heavenly Jerusalem, and to innumerable angels in festal gathering,
23 and to the assembly* of the firstborn who are enrolled in heaven, and to God, the judge of all, and to the spirits of the righteous made perfect,
24 and to Jesus, the mediator of a new covenant, and to the sprinkled blood that speaks a better word than the blood of Abel.
25 See that you do not refuse him who is speaking. For if they did not escape when they refused him who warned them on earth, much less will we escape if we reject him who warns from heaven.
26 At that time his voice shook the earth, but now he has promised, "Yet once more I will shake not only the earth but also the heavens."
27 This phrase, "Yet once more," indicates the removal of things that are shaken—that is, things that have been made—in order that the things that cannot be shaken may remain.
28 Therefore let us be grateful for receiving a kingdom that cannot be shaken, and thus let us offer to God acceptable worship, with reverence and awe,
29 for our God is a consuming fire.

*12:23 Or *church*

18 blazing 타오르는 gloom 암흑 tempest 폭풍우   19 beg 구하다   20 endure 견디다   21 terrifying 무서운 tremble with fear 두려움에 떨다   22 innumerable 무수한   23 assembly 모임 enroll 기록하다   24 mediator 중재자 covenant 언약 sprinkle 뿌리다   25 see that 꼭 …하게 하다 refuse 거절하다 reject 거부하다   27 indicate 나타내다 removal 제거   28 reverence 경외 awe 경외   29 consuming 다 태워 버리는

□ 묵상 체크

59
영문 밖의 예수께 나아가자

히브리서 13:1-13 • 새찬송 600장 | 통일 242장

월 일

• 말씀묵상 전에 성령님의 인도하심을 구하는 기도를 드리십시오.

> **본문요약** | 저자는 형제를 사랑하고, 손님을 대접하며, 갇힌 자와 학대받는 자들을 생각하라고 격려한다. 또한 결혼을 귀하게 여기고, 돈을 사랑하지 말라고 권한다. 음식으로 정결하게 될 수 있다는 다른 교훈에 이끌리지 말고 오직 우리를 정결하게 할 수 있는 예수님의 십자가를 지고 예수님께 나아갈 것을 권면한다.

1 형제 사랑하기를 계속하고
2 손님 대접하기를 잊지 말라 이로써 부지중에 천사들을 대접한 이들이 있었느니라
3 너희도 함께 갇힌 것 같이 갇힌 자를 생각하고 너희도 몸을 가졌은즉 학대 받는 자를 생각하라
4 ¹⁾모든 사람은 결혼을 귀히 여기고 침소를 더럽히지 않게 하라 음행하는 자들과 간음하는 자들을 하나님이 심판하시리라
5 돈을 사랑하지 말고 있는 바를 족한 줄로 알라 그가 친히 말씀하시기를 ㄱ내가 결코 너희를 버리지 아니하고 너희를 떠나지 아니하리라 하셨느니라
6 그러므로 우리가 담대히 말하되
  ㄴ주는 나를 돕는 이시니 내가 무서워하지 아니하겠노라 사람이 내게 어찌하리요
  하노라
7 하나님의 말씀을 너희에게 일러 주고 너희를 인도하던 자들을 생각하며 그들의 행실의 결말을 주의하여 보고 그들의 믿음을 본받으라
8 예수 그리스도는 어제나 오늘이나 영원토록 동일하시니라
9 여러 가지 다른 교훈에 끌리지 말라 마음은 은혜로써 굳게 함이 아름답고 음식으로써 할 것이 아니니 음식으로 말미암아 행한 자는 유익을 얻지 못하였느니라

10 우리에게 제단이 있는데 장막에서 섬기는 자들은 그 제단에서 먹을 권한이 없나니
11 이는 죄를 위한 짐승의 피는 대제사장이 가지고 성소에 들어가고 그 육체는 영문 밖에서 불사름이라
12 그러므로 예수도 자기 피로써 백성을 거룩하게 하려고 성문 밖에서 고난을 받으셨느니라
13 그런즉 우리도 그의 치욕을 짊어지고 영문 밖으로 그에게 나아가자

1. 오늘 하나님께서 나에게 주신 깨달음은 무엇입니까?

2. 말씀을 어떻게 내 삶에 구체적으로 적용해야 합니까?

1) 또는 사람에게 혼인은 귀하니 침소가 더러운 것이 아니라
ㄱ. 신 3:16; 수 1:5 ㄴ. 시 118:6

절별 해설

1 형제 사랑 저자는 공동체가 이미 행하고 있던 형제 사랑을 계속 행함으로 연약한 자들이 보살핌을 받도록 격려한다.

2 부지중에 천사들을 대접 아브라함이 마므레 상수리 수풀 근처에서 손님을 환대했던 일을 암시한다(창 18장). 초대 교회에서는 전도 여행이나 핍박으로 인해 고향을 떠난 그리스도인들에게 숙식을 제공하는 것이 중요한 덕목이었다. 그렇기 때문에 저자는 아브라함의 예를 들어 권면한다.

3 갇힌 자를 생각하고 당시 수감자는 음식과 의복을 스스로 해결해야 했다. 가난할 경우 주변의 도움이 아니고는 생존이 어려웠기 때문에 저자는 성도의 적극적인 도움을 요청한다.

4 침소를 더럽히지 않게 하라 "침소"는 부부의 성생활을 은유한 것으로 당시의 방탕한 분위기에 휩싸이지 말고 부부 간에 성적 정절을 지키라고 권고한다.

5 돈을 사랑하지 말고 돈은 쉽게 의존하게 되는 대상이다. 예수님은 '하나님과 재물을 겸하여 섬길 수 없다' 하셨고(마 6:24) 바울은 '돈을 사랑함이 일만 악의 뿌리'(딤전 6:10)라 했다.
내가 결코 너희를 버리지 아니하고 성경 여러 곳에서 하나님은 그의 백성을 떠나거나 버리지 않으신다고 약속하신다(창 28:15; 신 31:6).

6 우리가 담대히 말하되 앞 절의 약속에 대한 성도들의 응답으로 시편 118:6의 인용이다. 하나님이 떠나지 않으시기에 우리는 두려워하지 않고 하나님을 끝까지 의지할 수 있다.

7 그들의 행실의 결말 하나님의 말씀을 전하던 자들이 어떻게 사는지를 살펴보며 믿음을 본받으라고 권고한다. 즉 복음을 전하는 자들의 말만이 아니라 행동도 복음의 메시지이다.

8 영원토록 동일하시니라 말씀을 전하는 지도자도 말과 행동이 다를 수 있고 실망스러울 수 있다. 그러나 예수님은 변함없으시기에 예수님에 대한 믿음을 신실하게 가져야 한다.

9 다른 교훈 여기서 "다른 교훈"은 특별한 음식 규례를 통해 영적 유익을 얻을 수 있다고 주장한 이단 사상으로 보인다. 그러나 음식에 대한 율법은 그리스도가 오실 때까지 주어진 모형으로 인간의 양심을 깨끗하게 할 수 없다.

10 우리에게 제단이 있는데 "제단"은 예수님의 희생을 은유적으로 표현한 것으로 새 언약 아래 있는 자들은 더 이상 음식이 아닌 예수님의 희생 제사로 정결하게 된다.

쉬운성경

1 그리스도 안에서 한 형제로 서로서로 사랑하십시오.

2 나그네를 대접하는 일을 잊지 말기 바랍니다. 어떤 사람들은 나그네를 대접하다가 자기도 모르는 사이에 천사를 대접하였습니다.

3 옥에 갇힌 자들을 기억하십시오. 마치 여러분이 옥에 갇혀 있는 것처럼 저들을 생각하고, 고통당하는 자들을 볼 때는 여러분이 고통받는 것처럼 그들을 생각해 주기 바랍니다.

4 모두 결혼을 귀하게 여기십시오. 남편과 아내는 그들의 결혼을 깨끗이 유지해야 합니다. 하나님께서는 간음하는 자들을 벌하실 것입니다.

5 돈이 여러분의 삶을 다스리지 않도록 하십시오. 가진 것에 만족하시기 바랍니다. 하나님께서는 "내가 결코 너를 떠나지 않겠다. 내가 결코 너를 잊지 않겠다"고 말씀하셨습니다.

6 그러므로 우리는 자신 있게 말할 수 있습니다.
"주님은 나를 돕는 자시니 내가 두려워하지 않을 것입니다. 사람들이 내게 무슨 짓을 할 수 있겠습니까?"*

7 여러분에게 하나님의 말씀을 가르쳐 준 지도자들을 기억하십시오. 그들이 어떻게 살고 어떻게 죽었는지를 생각하고, 그들의 믿음을 본받으십시오.

8 예수 그리스도는 어제나 오늘이나 영원히 똑같으십니다.

9 여러 가지 이상한 가르침에 빠져서 잘못된 길로 들어서지 않도록 주의하십시오. 하나님의 은혜로 마음을 강하게 하십시오. 그러나 음식에 대한 규칙에는 얽매이지 마십시오. 그런 규정은 아무 도움이 되지 않습니다.

* 13:6 시 118:6에 기록되어 있다.

절별 해설

11 그 육체는 영문 밖에서 불사름이라 속죄제로 드리는 수송아지와 염소의 가죽, 고기, 똥은 영문 밖에서 불살라야 했다(레 16:27). "영문 밖"은 하나님의 거룩한 영역에서 배제되어 수치를 당하는 자리이다.

12 성문 밖에서 고난을 받으셨느니라 친히 제단이 되셔서 우리를 정결하게 하신 예수님 또한 속죄 제물처럼 성문 밖에서 십자가에 달려 고난을 받으셨다.

13 그의 치욕을 짊어지고 예수님이 우리를 위해 십자가의 치욕을 감당하셨듯이 성도 또한 그의 십자가를 지고 수치를 감당함으로 참 제자로서의 삶을 살라는 말이다(마 16:24).

10 우리에게 제단이 있습니다. 그러나 성막에서 섬기는 제사장들이 제사드린 것을 먹을 수는 없습니다.

11 대제사장은 죄를 없애기 위해 지성소 안으로 동물의 피를 가지고 들어가서 그것을 바칩니다. 그러나 그 동물의 시체는 성막 바깥에서 불사릅니다.

12 이와 같이 예수님도 성문 밖에서 고난을 당하셨습니다. 예수님께서는 자기 피로 그의 백성들을 거룩하게 하려고 죽으셨습니다.

13 그러므로 우리도 성문 밖에 계신 주님께 나아가서 그분이 당하신 수치를 함께 겪읍시다.

저자의 묵상

모든 이단들의 공통점은 예수님을 믿는 믿음을 뒤흔든다는 것이다. 예수님 말고 다른 구원자를 내세우거나, 예수님을 피조물로 만들어 예수님이 구원자의 자격 조건을 갖추지 못했다고 주장한다. 또는 예수님을 믿는 것 외에 구약의 율법을 지켜야 구원에 이를 수 있다고 주장하기도 한다. 결국 예수님을 믿음의 중심에서 밀어내고 그 자리에 다른 사람이나 다른 어떤 것을 내세우는 가르침은 전부 성도를 미혹하는 이단적인 가르침이다. 이러한 이단들의 노골적 행위와는 달리 예수님 중심성과 충족성을 은밀하게 흔드는 가르침도 많다. 미국에 유행하는 '건강과 부요의 복음(Health and Wealth Gospel)'이 그렇다. 이것은 예수님 중심으로 살아야 하는 성도가 건강과 재물을 더 중요하게 생각하도록 만든다. 그러나 이 또한 예수님의 자리에 세상의 것을 올려놓으려는 어리석은 시도에 불과하다. 성도는 예수님을 가리는 모든 거짓된 교훈을 주의해야 한다.

무릎 기도 하나님, 예수님을 온전히 사랑하고 의지하여 그 자리에 다른 것을 올려놓지 않게 하소서. 예수님을 믿는 순전한 믿음을 끝까지 지키게 하소서.

ESV - Hebrews 13

1 Let brotherly love continue.
2 Do not neglect to show hospitality to strangers, for thereby some have entertained angels unawares.
3 Remember those who are in prison, as though in prison with them, and those who are mistreated, since you also are in the body.
4 Let marriage be held in honor among all, and let the marriage bed be undefiled, for God will judge the sexually immoral and adulterous.
5 Keep your life free from love of money, and be content with what you have, for he has said, "I will never leave you nor forsake you."
6 So we can confidently say, "The Lord is my helper; I will not fear; what can man do to me?"
7 Remember your leaders, those who spoke to you the word of God. Consider the outcome of their way of life, and imitate their faith.
8 Jesus Christ is the same yesterday and today and forever.
9 Do not be led away by diverse and strange teachings, for it is good for the heart to be strengthened by grace, not by foods, which have not benefited those devoted to them.
10 We have an altar from which those who serve the tent* have no right to eat.
11 For the bodies of those animals whose blood is brought into the holy places by the high priest as a sacrifice for sin are burned outside the camp.
12 So Jesus also suffered outside the gate in order to sanctify the people through his own blood.
13 Therefore let us go to him outside the camp and bear the reproach he endured.

* 13:10 Or *tabernacle*

---

2 neglect 무시하다   show hospitality 환대하다   entertain 대접하다   unawares 모르고   3 as though 마치 …인 듯이   mistreat 학대하다   4 undefiled 순결한   immoral 음란한   adulterous 간통의   5 be content with …에 만족하다   forsake 버리다   7 outcome 결과   imitate 본받다   9 diverse 다른   benefit …에 이익을 주다   devote to …에 전념하다   10 altar 제단   11 sacrifice 제물   12 sanctify 성별하다   13 reproach 치욕   endure 견디다

☐ 묵상 체크

수신자들에 대한 마지막 당부

히브리서 13:14-25 • 새찬송 191장 | 통일 427장

• 말씀묵상 전에 성령님의 인도하심을 구하는 기도를 드리십시오.

> **본문요약** | 성도는 하나님께서 예수님을 통해 하신 일을 찬양하고, 이웃에게 선을 행하는 제사를 드려야 한다. 저자는 지도자에게 순종하라고 권고하며 자신들을 위해서도 기도해 달라고 당부한다. 그는 평강의 하나님이 수신자들을 모든 선한 일에 온전하게 하시길 기도하며 또한 후일에 방문할 것을 약속한다.

14 우리가 여기에는 영구한 도성이 없으므로 장차 올 것을 찾나니
15 그러므로 우리는 예수로 말미암아 항상 찬송의 제사를 하나님께 드리자 이는 그 이름을 증언하는 입술의 열매니라
16 오직 선을 행함과 서로 나누어 주기를 잊지 말라 하나님은 이같은 제사를 기뻐하시느니라
17 너희를 인도하는 자들에게 순종하고 복종하라 그들은 너희 영혼을 위하여 경성하기를 자신들이 청산할 자인 것 같이 하느니라 그들로 하여금 즐거움으로 이것을 하게 하고 근심으로 하게 하지 말라 그렇지 않으면 너희에게 유익이 없느니라
18 우리를 위하여 기도하라 우리가 모든 일에 선하게 행하려 하므로 우리에게 선한 양심이 있는 줄을 확신하노니
19 내가 더 속히 너희에게 돌아가기 위하여 너희가 기도하기를 더욱 원하노라
20 양들의 큰 목자이신 우리 주 예수를 영원한 언약의 피로 죽은 자 가운데서 이끌어 내신 평강의 하나님이
21 모든 선한 일에 너희를 온전하게 하사 자기 뜻을 행하게 하시고 그 앞에 즐거운 것을 예수 그리스도로 말미암아 우리 가운데서 이루시기를 원하노라 영광이 그에게 세세무궁토록 있을지어다 아멘
22 형제들아 내가 너희를 권하노니 권면의 말을 용납하라 내가 간단히 너희에게 썼느니라
23 우리 형제 디모데가 놓인 것을 너희가 알라 그가 속히 오면 내가 그와 함께 가서 너희를 보리라
24 너희를 인도하는 자들과 및 모든 성도들에게 문안하라 이달리야에서 온 자들도 너희에게 문안하느니라
25 은혜가 너희 모든 사람에게 있을지어다[1]

1) 어떤 사본에, 25절 끝에 '아멘'이 있음

1. 오늘 하나님께서 나에게 주신 깨달음은 무엇입니까?

2. 말씀을 어떻게 내 삶에 구체적으로 적용해야 합니까?

절별 해설

14 여기에는 영구한 도성이 없으므로 성도의 본향은 이 땅에 있지 않고 하늘에 있다. 그래서 이 땅에서는 영문 밖에서 수치를 무릅쓰며 예수님을 따라 살 수 있는 것이다.

15 찬송의 제사 성도가 하나님께 드릴 제사는 양과 소의 피가 아닌 감사의 제사로 하나님이 이루신 놀라운 일을 찬양하는 제사이다. 예수님이 드리신 희생 제물이 완전하심을 찬양함으로 하나님을 높일 수 있다.
입술의 열매 호세아 14:2을 인용한 것으로 하나님이 원하시는 제사는 하나님이 이루신 일을 증명하는 입술의 찬양이다.

16 이같은 제사 저자는 선을 행하고 서로 나누는 것도 제사라고 말한다. 찬양이 하나님을 향한 제사라면 선을 행하는 것은 타인을 향한 제사라고 할 수 있다. 예수님이 모든 희생 제사를 완성하셨기 때문에 하나님이 기뻐하시는 제사는 하나님과 이웃을 향한 섬김이다.

17 경성하기를 "경성하다"는 '(밤새) 깨어 있다'라는 의미로 목자가 양을 돌보기 위해 깨어 있는 모습을 암시한다. 즉 목회자는 성도의 영혼을 돌보기 위해 깨어서 하나님 앞에서 그 영혼에 대한 책임을 진 자와 같이 섬긴다는 뜻이다.
근심으로 하게 하지 말라 성도를 돌보는 목회자에게 순종하지 않는다면 목회가 근심이 될 것이다. 그 결국은 성도에게 유익하지 않다.

18 선한 양심 영적 지도자가 선한 양심으로 선한 일을 행할 수 있도록 기도를 부탁한다.

19 더 속히 너희에게 돌아가기 위하여 저자는 본서의 수신 공동체와 깊은 관계를 맺었다가 현재는 만나지 못하는 상태임을 알 수 있다.

20 양들의 큰 목자 성도를 돌보는 목회자들이 작은 목자라면 큰 목자는 예수 그리스도를 말한다. 큰 목자이신 예수님이 성도를 온전하게 하실 것임을 기도한다.

21 모든 선한 일에 너희를 온전하게 하사 "선한 일"은 하나님의 뜻을 행하는 일이다. 성도가 온전하게 되면 하나님을 뜻을 온전하게 행함으로 하나님을 기쁘시게 할 수 있다.
그 앞에 즐거운 것 성도는 하나님이 기뻐하시는 찬양과 섬김의 제사를 드리도록 부름을 받았다. 따라서 하나님의 은혜로 이런 삶을 살 수 있기를 간구한다.

22 권면의 말을 용납하라 저자는 본서에서 배교에 대한 강한 책망과 권고의 말을 여러 번 했다. 이는 수신자들을 사랑하는

쉬운성경

14 이 땅에는 영원한 성이 없으며, 우리는 앞으로 다가올 성을 찾고 있습니다.

15 그러므로 예수님을 통하여 항상 하나님께 찬양의 제사를 드립시다. 이는 그분의 이름을 증언하는 우리 입술의 열매입니다.

16 다른 사람들에게 선을 베푸는 일을 잊지 마십시오. 여러분이 가진 것을 서로 나누시기 바랍니다. 이러한 행동은 하나님을 기쁘시게 하는 제사입니다.

17 여러분을 인도하는 지도자들에게 순종하고 그들의 권위를 존중하십시오. 그들은 여러분의 영혼을 책임진 자들이기에 여러분을 주의해서 살피고 있습니다. 그들이 이 일을 괴로워하지 않고 즐거운 마음으로 할 수 있도록 해 주십시오. 그들의 일을 힘들게 하는 것은 여러분에게 아무 도움이 되지 않습니다.

18 우리를 위해 기도해 주십시오. 우리는 모든 일을 선하게 하려고 하므로, 우리가 선한 양심을 갖고 있다는 것을 확신합니다.

19 하나님께서 빨리 저를 여러분에게 보내 주시도록 기도해 주십시오.

20 평화의 하나님께서 양들의 큰 목자이신 우리 주 예수님을 죽음에서 살리셨습니다. 하나님께서는 예수님의 보혈로 자기 백성과 영원한 언약을 맺으셨습니다.

21 바로 이 하나님께서 여러분에게 필요한 모든 좋은 것들을 내려 주셔서, 여러분이 하나님의 일을 잘할 수 있게 되기를 바랍니다. 또 예수 그리스도를 통해 우리 안에서 그의 기뻐하시는 뜻이 이루어지기를 기도합니다. 예수 그리스도께 길이 길이 영광이 있을 것입니다. 아멘.

22 형제 여러분, 몇 마디에 불과한 짧은 편지이지만 여러분을 격려*하고자 쓴 글이라는 것을 명심하십시오.

* 13:22 권면

절별 해설

마음에서 나온 것이기 때문에 용납해 달라고 말한다.

23 디모데가 놓인 것 성경에는 기록되어 있지 않지만 디모데가 감옥에 갇혔다가 풀려난 것을 알리며 디모데가 오면 함께 방문하겠다고 말한다.

25 저자는 성도에 대한 은혜의 간구로 본서를 마무리한다. 이 은혜는 성도가 끝까지 그리스도를 믿는 믿음을 지키며 인내하도록 함으로 하나님 나라를 상속하게 만든다.

23 우리 형제 디모데가 감옥에서 풀려나왔습니다. 그가 도착하면 여러분을 만나러 함께 가겠습니다.

24 여러분의 지도자들과 모든 성도들에게 안부를 전합니다. 이탈리아에서 온 사람들이 여러분에게 안부를 전합니다.

25 하나님의 은혜가 여러분 모두에게 늘 함께하기를 기도합니다.

저자의 묵상

지금 우리는 구약의 이스라엘 백성이 짐승으로 드리던 제사를 드리지 않아도 된다. 예수님이 단번에 자기 몸으로 희생을 완성하셨기 때문이다. 그래서 우리는 하나님이 기뻐하시는 다른 제사를 드릴 수 있게 되었다. 바로 찬양의 제사이다. 하나님을 찬양할 내용이 얼마나 많은가! 무서운 죄악에서 구원하시고 새로운 생명을 주셨음이 찬양할 제목이다. 마귀의 노예로 분노와 절망에 사로잡혀 살아가던 자를 구원하신 것이 찬양할 제목이다. 세상이 전부인 줄 알고 세상만을 사랑하다 죽어가던 자에게 영원한 하나님 나라의 소망을 주신 것이 찬양할 제목이다. 자기만 사랑하며 말라 가던 자에게 다른 사람을 용서하고 사랑할 수 있게 하심이 찬양할 제목이다. 두려움에 매여 살아가던 자가 담대함을 가지고 살아갈 수 있게 하심이 찬양할 제목이다. 돌아보면 우리는 하루 종일 하나님을 찬양함으로 하나님을 기쁘시게 할 수 있게 되었다. 이 얼마나 감사한 일인가!

무릎기도 하나님, 죄와 죽음과 마귀에게 사로잡혀 죽을 수밖에 없던 저를 구원하심에 감사드립니다. 매일 이 은혜를 기억하며 찬양의 제사를 올려드리길 원합니다.

ESV - Hebrews 13

14 For here we have no lasting city, but we seek the city that is to come.
15 Through him then let us continually offer up a sacrifice of praise to God, that is, the fruit of lips that acknowledge his name.
16 Do not neglect to do good and to share what you have, for such sacrifices are pleasing to God.
17 Obey your leaders and submit to them, for they are keeping watch over your souls, as those who will have to give an account. Let them do this with joy and not with groaning, for that would be of no advantage to you.
18 Pray for us, for we are sure that we have a clear conscience, desiring to act honorably in all things.
19 I urge you the more earnestly to do this in order that I may be restored to you the sooner.
20 Now may the God of peace who brought again from the dead our Lord Jesus, the great shepherd of the sheep, by the blood of the eternal covenant,
21 equip you with everything good that you may do his will, working in us* that which is pleasing in his sight, through Jesus Christ, to whom be glory forever and ever. Amen.
22 I appeal to you, brothers,* bear with my word of exhortation, for I have written to you briefly.
23 You should know that our brother Timothy has been released, with whom I shall see you if he comes soon.
24 Greet all your leaders and all the saints. Those who come from Italy send you greetings.
25 Grace be with all of you.

* 13:21 Some manuscripts *you*
* 13:22 Or *brothers and sisters*

15 offer up ⋯를 드리다 sacrifice 제사 acknowledge 인정하다   16 neglect 소홀히 하다   17 obey 복종하다 submit to ⋯에 복종하다 keep watch over ⋯을 감시하다 give an account 청산하다 groan 신음하다 be of advantage to ⋯에 유리하다
18 conscience 양심   19 urge 열심히 권하다   20 covenant 언약   21 equip with ⋯을 갖추다   22 bear with ⋯을 견디다
exhortation 충고   23 release 석방하다   24 saint 성도

권별주삶 아가페 주삶 GBS

- 1주(1–7회)   _ 디모데전서 3:1–7
                 감독의 자격

- 2주(8–14회)   _ 디모데전서 6:11–16
                 예수 그리스도께서 나타나실 때까지

- 3주(15–21회) _ 디모데후서 2:1–12
                 예수 그리스도의 좋은 병사

- 4주(22–28회) _ 디모데후서 4:1–8
                 복음 전파와 성도의 소망

- 5주(29–35회) _ 히브리서 2:1–10
                 구원의 창시자 예수 그리스도

- 6주(36–42회) _ 히브리서 4:14–5:10
                 큰 대제사장 예수 그리스도

- 7주(43–49회) _ 히브리서 9:23–28
                 단번에

- 8주(50–56회) _ 히브리서 11:1–16
                 믿음으로, 믿음으로, 믿음으로

- 9주(57–60회) _ 히브리서 12:12–17
                 성도가 지켜야 할 것

* GBS 해설서는 뒷면에 있습니다

구역예배, 청년부 성경공부, 직장 신우회 등 각종 성경공부 모임에 활용하면 좋습니다.

주간 그룹성경공부 · GBS

1주차 (1~7회)

감독의 자격

디모데전서 3:1-7 | 새찬송 595장 · 통일 372장

주간 말씀묵상 나눔

지난 한 주간 말씀을 묵상한 것이나 삶에 적용한 것이 있으면 돌아가며 간단히 나누어 봅시다.

• 오늘의 성경공부 목표

1세기 교회 공동체의 감독은 어떤 자격을 갖춘 사람이었는지에 관해 살펴보도록 합시다.

1 미쁘다 이 말이여, 곧 사람이 감독의 직분을 얻으려 함은 선한 일을 사모하는 것이라 함이로다
2 그러므로 감독은 책망할 것이 없으며 한 아내의 남편이 되며 절제하며 신중하며 단정하며 나그네를 대접하며 가르치기를 잘하며
3 술을 즐기지 아니하며 구타하지 아니하며 오직 관용하며 다투지 아니하며 돈을 사랑하지 아니하며
4 자기 집을 잘 다스려 자녀들로 모든 공손함으로 복종하게 하는 자라야 할지며
5 (사람이 자기 집을 다스릴 줄 알지 못하면 어찌 하나님의 교회를 돌보리요)
6 새로 입교한 자도 말지니 교만하여져서 마귀를 정죄하는 그 정죄에 빠질까 함이요
7 또한 외인에게서도 선한 증거를 얻은 자라야 할지니 비방과 마귀의 올무에 빠질까 염려하라

213

• **함께 읽어보기**

오순절 성령강림 사건 이후 기독교는 폭발적으로 성장했습니다. 예루살렘은 물론이고 이방 지역 곳곳에 교회가 세워졌고 각각의 지역 교회는 베드로, 요한, 야고보, 바울과 같은 사도들의 지침 아래 점차 체계적인 공동체의 모습을 갖추어 갔습니다. 이러한 변화 속에서 리더십에 대한 요구가 교회 공동체 안에서 자연히 생겨났습니다. 오늘 본문은 당시 교회 공동체가 어떤 기준을 가지고 리더를 세웠는가에 대한 비교적 상세한 기록을 담고 있습니다. 이천 년 전 기독교의 태동기에 세워졌던 교회는 어떤 자격을 갖춘 리더를 원했으며, 그 이유는 무엇이었는지 함께 살펴보고 현대 교회에 어떻게 적용될 수 있는지 생각해 봅시다.

도입 질문

1 교회의 지도자가 갖추어야 할 가장 중요한 덕목은 무엇입니까?

함께 나누기

2 만약 어떤 사람이 감독의 직분을 얻으려 한다면 그가 무엇을 사모하기 때문입니까? 1절

3 배우자(남편)로서 감독은 어떤 사람이어야 합니까? 2절

4 재물과 관련하여 감독은 어떤 사람이어야 합니까? 3절

5 아버지로서 감독은 어떤 사람이어야 합니까? 4-5절

6 교회의 구성원 중에 감독이 될 수 없는 사람은 누구입니까? 6절

7 사회의 구성원으로서 감독은 어떤 사람이어야 합니까? 7절

8 당시 교회 공동체의 감독이 되기 위해서는 먼저 배우자, 자녀, 이웃에게 인정받는 사람이어야 했습니다. 그리스도인다운 인간관계를 맺으며 살아가는 것이 감독에게 요구된 중요한 자격 조건이었다는 사실을 통해 얻을 수 있는 성경의 가르침은 무엇입니까?

9 오늘 성경공부를 통해서 나누고 싶거나 깨달은 것이 있으면 서로 이야기해 봅시다.

구역예배, 청년부 성경공부, 직장 신우회 등 각종 성경공부 모임에 활용하면 좋습니다.

주간 그룹성경공부 · GBS

2주차 (8~14회)

예수 그리스도께서 나타나실 때까지

디모데전서 6:11-16 | 새찬송 357장 · 통일 397장

주간 말씀묵상 나눔

지난 한 주간 말씀을 묵상한 것이나 삶에 적용한 것이 있으면 돌아가며 간단히 나누어 봅시다.

• 오늘의 성경공부 목표

예수 그리스도 앞에서 흠 없는 삶을 살기 위해 애쓰는 그리스도인이 되도록 합시다.

11 오직 너 하나님의 사람아 이것들을 피하고 의와 경건과 믿음과 사랑과 인내와 온유를 따르며
12 믿음의 선한 싸움을 싸우라 영생을 취하라 이를 위하여 네가 부르심을 받았고 많은 증인 앞에서 선한 증언을 하였도다
13 만물을 살게 하신 하나님 앞과 본디오 빌라도를 향하여 선한 증언을 하신 그리스도 예수 앞에서 내가 너를 명하노니
14 우리 주 예수 그리스도께서 나타나실 때까지 흠도 없고 책망 받을 것도 없이 이 명령을 지키라
15 기약이 이르면 하나님이 그의 나타나심을 보이시리니 하나님은 복되시고 유일하신 주권자이시며 만왕의 왕이시며 만주의 주시요
16 오직 그에게만 죽지 아니함이 있고 가까이 가지 못할 빛에 거하시고 어떤 사람도 보지 못하였고 또 볼 수 없는 이시니 그에게 존귀와 영원한 권능을 돌릴지어다 아멘

• 함께 읽어보기

1세기의 기독교인들은 예수님이 속히 다시 오실 것이고(계 22:20), 하늘로 가신 그대로(행 1:11) 다시 오신다고 생각했습니다. 당시의 그리스도인은 사회적 약자였고, 유대교와 로마 제국으로부터 핍박을 받았습니다. 그러한 이유로 그들은 더욱 간절히 예수님의 나타나심을 기다렸을 것입니다. 예수님의 재림을 늘 염두에 두며 살아서였을까요? 그들은 마지막 날 있을 예수님과의 극적인 상봉을 늘 준비하며 살았습니다. 마치 신부가 정결하고 깨끗한 몸과 마음으로 결혼식을 준비하듯이 말입니다. 그러한 마음가짐은 오늘 본문에도 잘 묘사됩니다. 세상의 마지막 날에 도래하게 될 새 하늘과 새 땅, 부활과 영원한 생명, 하나님의 통치에 대한 열망과 같은 종말론적 신앙은 기독교의 중요한 부분이지만, 오늘날 그리스도인의 신앙생활에서 조금씩 그 자리를 잃어 가고 있는 것도 사실입니다. 함께 말씀을 살펴보며 "예수 그리스도의 나타나심"을 고대하는 그리스도인은 어떻게 살아야 하는가에 대해 생각해 봅시다.

도입 질문

1 예수님이 다시 오실 때 나를 보고 어떤 표정으로 어떤 말씀을 하실 것 같습니까?

함께 나누기

2 바울은 디모데를 가리켜 누구의 사람이라고 부릅니까? 11절

3 디모데가 하나님의 사람으로 부름을 받은 이유는 무엇입니까? 12절

4 바울은 자신이 누구의 앞에서 디모데에게 명령하고 있다고 말합니까? 13절

5 바울은 디모데에게 언제까지 자신이 한 명령을 지키라고 합니까? 14절

6 하나님은 누구십니까? 15절

7 하나님은 어떤 분이십니까? 16절

8 본문에서 바울은 디모데에게 "믿음의 선한 싸움"을 싸울 것을 명령합니다. 세상에서 그리스도인의 신앙생활을 싸움에 비유한 이유는 무엇입니까?

9 오늘 성경공부를 통해서 나누고 싶거나 깨달은 것이 있으면 서로 이야기해 봅시다.

구역예배, 청년부 성경공부, 직장 신우회 등 각종 성경공부 모임에 활용하면 좋습니다.

주간 그룹성경공부 · GBS

3주차 (15~21회)

예수 그리스도의 좋은 병사

디모데후서 2:1-12 | 새찬송 349장 · 통일 387장

주간 말씀묵상 나눔

지난 한 주간 말씀을 묵상한 것이나 삶에 적용한 것이 있으면 돌아가며 간단히 나누어 봅시다.

• 오늘의 성경공부 목표

예수 그리스도의 좋은 병사로 살아가도록 합시다.

1 내 아들아 그러므로 너는 그리스도 예수 안에 있는 은혜 가운데서 강하고
2 또 네가 많은 증인 앞에서 내게 들은 바를 충성된 사람들에게 부탁하라 그들이 또 다른 사람들을 가르칠 수 있으리라
3 너는 그리스도 예수의 좋은 병사로 나와 함께 고난을 받으라
4 병사로 복무하는 자는 자기 생활에 얽매이는 자가 하나도 없나니 이는 병사로 모집한 자를 기쁘게 하려 함이라
5 경기하는 자가 법대로 경기하지 아니하면 승리자의 관을 얻지 못할 것이며
6 수고하는 농부가 곡식을 먼저 받는 것이 마땅하니라
7 내가 말하는 것을 생각해 보라 주께서 범사에 네게 총명을 주시리라
8 내가 전한 복음대로 다윗의 씨로 죽은 자 가운데서 다시 살아나신 예수 그리스도를 기억하라
9 복음으로 말미암아 내가 죄인과 같이 매이는 데까지 고난을 받았으나 하나님의 말씀은 매이지 아니하니라
10 그러므로 내가 택함 받은 자들을 위하여 모든 것을 참음은 그들도 그리스도 예수 안에 있는 구원을 영원한 영광과 함께 받게 하려 함이라
11 미쁘다 이 말이여 우리가 주와 함께 죽었으면 또한 함께 살 것이요
12 참으면 또한 함께 왕 노릇 할 것이요 우리가 주를 부인하면 주도 우리를 부인하실 것이라

• **함께 읽어보기**

요즘에 서점에 가면 다양한 종류의 비법서들이 진열된 부스를 쉽게 발견할 수 있습니다. "돈 버는 비결", "행복의 비결", "투자의 비결", "공부의 비결", "응답받는 기도의 비결" 등등 정말 많은 종류의 '자칭' 특급 비법을 손쉽게 구할 수 있습니다. 시중에 이렇게 많은 비법서가 난무하는 이유는 해당 분야의 비법을 간절히 원하는 사람들이 있기 때문입니다. 오늘 살펴볼 말씀은 바울이 공개하는 일종의 신앙 비법서입니다. 임의로 제목을 붙여 본다면 "진짜 그리스도인답게 살고 싶은 그리스도인을 위한 비결" 정도가 될 수 있을 것입니다. 본문에서 바울은 참된 그리스도인의 마음가짐을 설명하기 위해 세 가지 종류의 은유를 사용합니다. 그뿐 아니라 수십 년 동안 현장에서 복음을 전하며 깨닫게 된 신앙의 정수를 대방출합니다. 함께 말씀을 살펴보며 바울이 전하는 비결이 무엇인지 알아보고 마음에 새기는 시간을 갖도록 합시다.

도입 질문

1 현대 사회에서 그리스도인답게 사는 것이 말처럼 쉽지 않은 이유는 무엇입니까?

함께 나누기

2 바울이 디모데에게 부탁한 두 가지는 무엇입니까? 1-2절

3 바울은 디모데를 가리켜 "좋은 병사"라고 말하며 자신과 함께 무엇을 받으라고 말합니까?
3절

4 병사로 복무하는 자가 자기 생활에 얽매이지 않는 이유는 무엇입니까? 4절

5 경기하는 자가 법대로 경기해야 하는 이유는 무엇입니까? 5절

6 바울은 어떤 농부가 곡식을 먼저 받는 것이 마땅하다고 말합니까? 6절

7 바울이 택함 받은 자들을 위하여 모든 것을 참은 이유는 무엇입니까? 10절

8 모든 그리스도인은 예수 그리스도를 대장으로 삼고, 대장의 명령을 따라 전투를 수행하는 병사입니다. 그렇다면 그리스도인의 전투가 벌어지는 전장은 어디이고, 주적은 누구이며, 예수 그리스도께서 함께하시는 전투가 "승리가 보장된", 혹은 "승리가 약속된" 전투인 이유는 무엇입니까?

9 오늘 성경공부를 통해서 나누고 싶거나 깨달은 것이 있으면 서로 이야기해 봅시다.

구역예배, 청년부 성경공부, 직장 신우회 등 각종 성경공부 모임에 활용하면 좋습니다.

주간 그룹성경공부 · GBS

4주차 (22~28회)

복음 전파와 성도의 소망

디모데후서 4:1-8 | 새찬송 497장 · 통일 274장

주간 말씀묵상 나눔

지난 한 주간 말씀을 묵상한 것이나 삶에 적용한 것이 있으면 돌아가며 간단히 나누어 봅시다.

• 오늘의 성경공부 목표

그리스도인의 사명과 마지막에 얻을 영광스러운 소망에 대해 생각해 봅시다.

1. 하나님 앞과 살아 있는 자와 죽은 자를 심판하실 그리스도 예수 앞에서 그가 나타나실 것과 그의 나라를 두고 엄히 명하노니
2. 너는 말씀을 전파하라 때를 얻든지 못 얻든지 항상 힘쓰라 범사에 오래 참음과 가르침으로 경책하며 경계하며 권하라
3. 때가 이르리니 사람이 바른 교훈을 받지 아니하며 귀가 가려워서 자기의 사욕을 따를 스승을 많이 두고
4. 또 그 귀를 진리에서 돌이켜 허탄한 이야기를 따르리라
5. 그러나 너는 모든 일에 신중하여 고난을 받으며 전도자의 일을 하며 네 직무를 다하라
6. 전제와 같이 내가 벌써 부어지고 나의 떠날 시각이 가까웠도다
7. 나는 선한 싸움을 싸우고 나의 달려갈 길을 마치고 믿음을 지켰으니
8. 이제 후로는 나를 위하여 의의 면류관이 예비되었으므로 주 곧 의로우신 재판장이 그 날에 내게 주실 것이며 내게만 아니라 주의 나타나심을 사모하는 모든 자에게도니라

• 함께 읽어보기

바울은 복음이 전파되지 않은 땅에 가서 복음을 전하고 교회를 세웠습니다. 하지만 교회를 세우기만 하면 끝나는 것이 아니었습니다. 바울은 지속적으로 편지를 써서 그들을 가르치고 책망하고 권면했습니다. 왜냐하면 이단들이 그들 사이에 들어가서 교회를 무너뜨리려고 했기 때문입니다. 그러한 거짓 선생들은 이천 년이 지난 지금도 활발하게 활동하고 있으며 우리는 여전히 잘못된 가르침과 싸우고 있습니다. 그들을 이길 수 있는 유일한 방법은 그때나 지금이나 하나님의 말씀밖에 없습니다. 우리가 복음을 바로 알고 순종하는 삶을 살 때 지혜와 분별력을 가지게 됩니다. 잘못된 길로 빠지지 않고 진리의 복음 안에서 영생을 얻기를 원한다면 말씀을 계속 살피고 읽어야 합니다.

도입 질문

1 복음을 전해 본 경험을 나눠 봅시다.

함께 나누기

2 바울은 디모데에게 때를 얻든지 못 얻든지 항상 무엇에 힘쓰라고 권면합니까? 2절

3 바울이 범사에 오래 참음과 가르침으로 행하라고 하는 것 세 가지는 무엇입니까? 2절

4 때가 이르면 사람들은 무엇을 받지 않고 반면 무엇을 많이 두게 됩니까? 3절

5 나는 하나님의 말씀을 즐거이 듣기를 원합니까?

6 바울이 디모데가 해야 한다고 말한 네 가지는 무엇입니까? 5절

7 바울에게 마지막에 준비된 것은 무엇입니까? 8절

8 나에게는 하나님이 주실 면류관에 대한 소망이 있습니까?

9 오늘 성경공부를 통해 나누고 싶거나 깨달은 것이 있으면 이야기해 봅시다.

구역예배, 청년부 성경공부, 직장 신우회 등 각종 성경공부 모임에 활용하면 좋습니다.

주간 그룹성경공부 · GBS

5주차 (29~35회)

구원의 창시자 예수 그리스도

히브리서 2:1-10 | 새찬송 212장 · 통일 347장

주간 말씀묵상 나눔

지난 한 주간 말씀을 묵상한 것이나 삶에 적용한 것이 있으면 돌아가며 간단히 나누어 봅시다.

• 오늘의 성경공부 목표

구원의 창시자이신 예수님의 희생과 섬김을 묵상해 봅시다.

---

1 그러므로 우리는 들은 것에 더욱 유념함으로 우리가 흘러 떠내려가지 않도록 함이 마땅하니라
2 천사들을 통하여 하신 말씀이 견고하게 되어 모든 범죄함과 순종하지 아니함이 공정한 보응을 받았거든
3 우리가 이같이 큰 구원을 등한히 여기면 어찌 그 보응을 피하리요 이 구원은 처음에 주로 말씀하신 바요 들은 자들이 우리에게 확증한 바니
4 하나님도 표적들과 기사들과 여러 가지 능력과 및 자기의 뜻을 따라 성령이 나누어 주신 것으로써 그들과 함께 증언하셨느니라
5 하나님이 우리가 말하는 바 장차 올 세상을 천사들에게 복종하게 하심이 아니니라
6 그러나 누구인가가 어디에서 증언하여 이르되
사람이 무엇이기에 주께서 그를 생각하시며 인자가 무엇이기에 주께서 그를 돌보시나이까
7 그를 잠시 동안 천사보다 못하게 하시며 영광과 존귀로 관을 씌우시며
8 만물을 그 발 아래에 복종하게 하셨느니라
하였으니 만물로 그에게 복종하게 하셨은즉 복종하지 않은 것이 하나도 없어야 하겠으나 지금 우리가 만물이 아직 그에게 복종하고 있는 것을 보지 못하고
9 오직 우리가 천사들보다 잠시 동안 못하게 하심을 입은 자 곧 죽음의 고난 받으심으로 말미암아 영광과 존귀로 관을 쓰신 예수를 보니 이를 행하심은 하나님의 은혜로 말미암아 모든 사람을 위하여 죽음을 맛보려 하심이라

10 그러므로 만물이 그를 위하고 또한 그로 말미암은 이가 많은 아들들을 이끌어 영광에 들어가게 하시는 일에 그들의 구원의 창시자를 고난을 통하여 온전하게 하심이 합당하도다

• 함께 읽어보기

어떤 기관, 재단, 회사와 같은 조직체를 만들어 세운 사람을 가리켜 설립자라고 합니다. 일반적으로 설립자는 조직체를 세울 때 운영 철학과 사명 선언이 담긴 설립 정신을 제시하는데, 그 조직의 구성원에게는 설립자의 정신을 잘 받들고 계승해야 할 책임이 있습니다. 흥미로운 점은 오늘 본문의 저자가 예수님을 구원의 설립자(창시자)로 소개하고 있다는 것입니다. 함께 말씀을 살펴보며 예수님은 어떻게 구원의 설립자가 되셨는지, 예수님이 남겨 놓으신 설립 정신은 무엇인지, 예수를 따르는 믿음의 백성으로서 오늘날 그리스도인은 어떻게 살아야 하는지에 대해 생각해 봅시다.

도입 질문

1 그리스도인답게 산다는 것은 무엇입니까?

함께 나누기

2 저자는 독자들을 권면하며 무엇에 더욱 유념해야 한다고 합니까? 1절

3 저자는 구원이 누구를 통해 확증되었다고 합니까? 3절

4 하나님은 어떤 방식으로 구원에 관하여 그들(사도들)과 함께 증언하셨습니까? 4절

5 죽음의 고난을 받으심으로 말미암아 영광과 존귀로 관을 쓰신 이는 누구입니까? 9절

6 예수께서 죽음의 고난을 받으신 이유는 무엇입니까? 9절

7 저자는 예수님을 가리켜 어떤 호칭을 사용합니까? 10절

8 7절에 언급된 "그"는 인자로서의 예수 그리스도를 가리킨다고 볼 수 있습니다. 그렇다면 하나님의 아들이신 예수가 잠시 천사보다 못한 존재가 되었던 사건이 무엇인지 생각해 봅시다(빌 2:5-11).

9 오늘 성경공부를 통해서 나누고 싶거나 깨달은 것이 있으면 서로 이야기해 봅시다.

구역예배, 청년부 성경공부, 직장 신우회 등 각종 성경공부 모임에 활용하면 좋습니다.

주간 그룹성경공부 • GBS

6주차
(36~42회)

큰 대제사장 예수 그리스도

히브리서 4:14-5:10 | 새찬송 86장 • 통일 86장

주간 말씀묵상 나눔

지난 한 주간 말씀을 묵상한 것이나 삶에 적용한 것이 있으면 돌아가며 간단히 나누어 봅시다.

• 오늘의 성경공부 목표

큰 대제사장이 되시는 예수를 믿고 의지하는 그리스도인이 됩시다.

14 그러므로 우리에게 큰 대제사장이 계시니 승천하신 이 곧 하나님의 아들 예수시라 우리가 믿는 도리를 굳게 잡을지어다
15 우리에게 있는 대제사장은 우리의 연약함을 동정하지 못하실 이가 아니요 모든 일에 우리와 똑같이 시험을 받으신 이로되 죄는 없으시니라
16 그러므로 우리는 긍휼하심을 받고 때를 따라 돕는 은혜를 얻기 위하여 은혜의 보좌 앞에 담대히 나아갈 것이니라
1 대제사장마다 사람 가운데서 택한 자이므로 하나님께 속한 일에 사람을 위하여 예물과 속죄하는 제사를 드리게 하나니
2 그가 무식하고 미혹된 자를 능히 용납할 수 있는 것은 자기도 연약에 휩싸여 있음이라
3 그러므로 백성을 위하여 속죄제를 드림과 같이 또한 자신을 위하여도 드리는 것이 마땅하니라
4 이 존귀는 아무도 스스로 취하지 못하고 오직 아론과 같이 하나님의 부르심을 받은 자라야 할 것이니라
5 또한 이와 같이 그리스도께서 대제사장 되심도 스스로 영광을 취하심이 아니요 오직 말씀하신 이가 그에게 이르시되
    너는 내 아들이니 내가 오늘 너를 낳았다
하셨고
6 또한 이와 같이 다른 데서 말씀하시되
    네가 영원히 멜기세덱의 반차를 따르는 제사장이라
하셨으니
7 그는 육체에 계실 때에 자기를 죽음에서

능히 구원하실 이에게 심한 통곡과 눈물로 간구와 소원을 올렸고 그의 경건하심으로 말미암아 들으심을 얻었느니라 8 그가 아들이시면서도 받으신 고난으로 순종함을 배워서	9 온전하게 되셨은즉 자기에게 순종하는 모든 자에게 영원한 구원의 근원이 되시고 10 하나님께 멜기세덱의 반차를 따른 대제사장이라 칭하심을 받으셨느니라

• 함께 읽어보기

헨리 나우웬은 자신의 저서 '상처 입은 치유자'에서 이렇게 말합니다. "예수님은 자기의 부서진 몸이 '건강', '해방', '새로운 삶'으로 통하는 길이 되게 하셨습니다. 그러므로 해방을 선포하는 사람들의 소명은 예수님을 본받아 자신과 타인의 상처를 돌볼 뿐만 아니라, 자신들의 그 상처가 치유하는 힘의 원천이 되도록 하는 것입니다." 하늘 보좌를 버리고 가난하고 연약한 인간의 몸으로 이 땅에 오셔서 인간 사이에 함께 거하며 인간이 겪는 모든 아픔과 상처를 경험하셨기에, 예수님은 상처 입고 신음하는 인간을 위한 완벽한 치유자가 되실 수 있었습니다. 오늘 본문은 예수 그리스도의 대제사장직에 관한 설명이 담겨 있지만 말씀을 한 구절씩 곱씹다 보면 상처 입은 치유자이신 예수님의 모습을 어렵지 않게 발견할 수 있을 것입니다.

도입 질문

1 같은 처지에 있는 사람끼리 서로 가엽게 여기는 동병상련이 가능한 이유는 무엇입니까?

함께 나누기

2 자기를 믿는 자들에게 큰 대제사장이 되어 주시는 분은 누구입니까? 14절

3 대제사장이신 예수님은 모든 일에 인간과 똑같이 시험을 받으셨지만 인간과 다른 점이 한 가지 있습니다. 그것은 무엇입니까? 15절

4 성도가 은혜의 보좌 앞에 담대히 나아가야 하는 이유는 무엇입니까? 16절

5 구약 시대의 대제사장이 "무식하고 미혹된 자"를 능히 용납할 수 있는 이유는 무엇입니까? 2절

6 예수님은 누구의 반차를 따르는 제사장입니까? 6절

7 예수님이 자기에게 순종하는 모든 자에게 영원한 구원의 근원이 되실 수 있는 이유는 무엇입니까? 8-9절

8 예수님도 인간의 몸으로 계실 동안에는 심한 통곡과 눈물로 기도하셨던 적이 있습니다. 예수님의 그 모습을 기억하는 것이 오늘날 우리에게 주는 위로와 유익은 무엇입니까?

9 오늘 성경공부를 통해서 나누고 싶거나 깨달은 것이 있으면 서로 이야기해 봅시다.

주간 그룹성경공부 · GBS

7주차 (43~49회)

구역예배, 청년부 성경공부, 직장 신우회 등 각종 성경공부 모임에 활용하면 좋습니다.

단번에

히브리서 9:23-28 | 새찬송 252장 · 통일 184장

주간 말씀묵상 나눔

지난 한 주간 말씀을 묵상한 것이나 삶에 적용한 것이 있으면 돌아가며 간단히 나누어 봅시다.

• 오늘의 성경공부 목표

예수님이 자기 백성을 위해 단번에 드린 속죄의 제사에 관해 배워 봅시다.

---

23 그러므로 하늘에 있는 것들의 모형은 이런 것들로써 정결하게 할 필요가 있었으나 하늘에 있는 그것들은 이런 것들보다 더 좋은 제물로 할지니라
24 그리스도께서는 참 것의 그림자인 손으로 만든 성소에 들어가지 아니하시고 바로 그 하늘에 들어가사 이제 우리를 위하여 하나님 앞에 나타나시고
25 대제사장이 해마다 다른 것의 피로써 성소에 들어가는 것 같이 자주 자기를 드리려고 아니하실지니

26 그리하면 그가 세상을 창조한 때부터 자주 고난을 받았어야 할 것이로되 이제 자기를 단번에 제물로 드려 죄를 없이 하시려고 세상 끝에 나타나셨느니라
27 한 번 죽는 것은 사람에게 정해진 것이요 그 후에는 심판이 있으리니
28 이와 같이 그리스도도 많은 사람의 죄를 담당하시려고 단번에 드리신 바 되셨고 구원에 이르게 하기 위하여 죄와 상관 없이 자기를 바라는 자들에게 두 번째 나타나시리라

• 함께 읽어보기

히브리서에서 가장 강조되는 주제 중의 하나는 예수 그리스도의 대제사장직입니다. 저자는 서신 전반에 걸쳐 구약 시대의 대제사장직과 예수 그리스도의 대제사장직을 대조시키며, 후자의 우월성과 탁월함을 강조하는 서술 방식을 사용합니다. 오늘 본문의 내용 역시 그러한 서술 방식을 따릅니다. 오늘 본문에서 저자는 구약 시대의 대제사장이 드린 속죄제와 예수 그리스도께서 자기 몸을 희생 제물로 하여 드린 속죄제를 대조시킨 후에 예수님의 속죄제가 완전하고 영원하다는 것을 강조합니다. 그 과정에서 "단번에"라는 표현을 두 번 사용하는데, 그 표현에 함축된 의미가 무엇인지 파악하는 것이 본문을 이해하는 중요한 열쇠가 될 것입니다.

도입 질문

1 구약 시대에 하나님께 드렸던 제사와 관련 규정이 적힌 성경의 말씀을 읽을 때 어떤 생각이 듭니까?

함께 나누기

2 저자는 지상에 있는 장막(성소)을 가리켜 무엇이라고 부릅니까? 23절

3 그리스도께서 하늘에 들어가셔서 하신 일은 무엇입니까? 24절

4 예수 그리스도께서 세상 끝에 나타나신 이유는 무엇입니까? 26절

5 모든 인간은 죽음을 맞이하고 그 이후에는 심판이 있을 것이라고 말합니다. 27절 그렇다면 그리스도인으로서 우리는 어떻게 죽음과 심판의 날을 준비해야 합니까?

6 본문의 저자는 그리스도께서 자신을 단번에 드리신 이유에 대해 어떻게 설명합니까? 28절

7 그리스도께서 죄와 상관없이 자기를 바라는 자들에게 두 번째 나타나시는 이유는 무엇입니까? 28절

8 예수 그리스도께서 "단번에" 이루신 완벽하고 영원한 속죄를 통해 성도가 누릴 수 있게 된 은혜와 유익은 무엇입니까?

9 오늘 성경공부를 통해서 나누고 싶거나 깨달은 것이 있으면 서로 이야기해 봅시다.

구역예배, 청년부 성경공부, 직장 신우회 등 각종 성경공부 모임에 활용하면 좋습니다.

주간 그룹성경공부 • GBS

8주차 (50~56회)

믿음으로, 믿음으로, 믿음으로

히브리서 11:1-16 | 새찬송 351장 • 통일 389장

주간 말씀묵상 나눔

지난 한 주간 말씀을 묵상한 것이나 삶에 적용한 것이 있으면 돌아가며 간단히 나누어 봅시다.

• 오늘의 성경공부 목표

성경이 말하는 믿음이란 무엇인지 생각해 봅시다.

1 믿음은 바라는 것들의 실상이요 보이지 않는 것들의 증거니
2 선진들이 이로써 증거를 얻었느니라
3 믿음으로 모든 세계가 하나님의 말씀으로 지어진 줄을 우리가 아나니 보이는 것은 나타난 것으로 말미암아 된 것이 아니니라
4 믿음으로 아벨은 가인보다 더 나은 제사를 하나님께 드림으로 의로운 자라 하시는 증거를 얻었으니 하나님이 그 예물에 대하여 증언하심이라 그가 죽었으나 그 믿음으로써 지금도 말하느니라
5 믿음으로 에녹은 죽음을 보지 않고 옮겨졌으니 하나님이 그를 옮기심으로 다시 보이지 아니하였느니라 그는 옮겨지기 전에 하나님을 기쁘시게 하는 자라 하는 증거를 받았느니라
6 믿음이 없이는 하나님을 기쁘시게 하지 못하나니 하나님께 나아가는 자는 반드시 그가 계신 것과 또한 그가 자기를 찾는 자들에게 상 주시는 이심을 믿어야 할지니라
7 믿음으로 노아는 아직 보이지 않는 일에 경고하심을 받아 경외함으로 방주를 준비하여 그 집을 구원하였으니 이로 말미암아 세상을 정죄하고 믿음을 따르는 의의 상속자가 되었느니라
8 믿음으로 아브라함은 부르심을 받았을 때에 순종하여 장래의 유업으로 받을 땅에 나아갈새 갈 바를 알지 못하고 나아갔으며
9 믿음으로 그가 이방의 땅에 있는 것 같이 약속의 땅에 거류하여 동일한 약속을 유업으로 함께 받은 이삭 및 야곱과 더불어 장막에 거하였으니
10 이는 그가 하나님이 계획하시고 지으실 터가 있는 성을 바랐음이라
11 믿음으로 사라 자신도 나이가 많아 단산

하였으나 잉태할 수 있는 힘을 얻었으니 이는 약속하신 이를 미쁘신 줄 알았음이라
12 이러므로 죽은 자와 같은 한 사람으로 말미암아 하늘의 허다한 별과 또 해변의 무수한 모래와 같이 많은 후손이 생육하였느니라
13 이 사람들은 다 믿음을 따라 죽었으며 약속을 받지 못하였으되 그것들을 멀리서 보고 환영하며 또 땅에서는 외국인과 나그네임을 증언하였으니
14 그들이 이같이 말하는 것은 자기들이 본향 찾는 자임을 나타냄이라
15 그들이 나온 바 본향을 생각하였더라면 돌아갈 기회가 있었으려니와
16 그들이 이제는 더 나은 본향을 사모하니 곧 하늘에 있는 것이라 이러므로 하나님이 그들의 하나님이라 일컬음 받으심을 부끄러워하지 아니하시고 그들을 위하여 한 성을 예비하셨느니라

• 함께 읽어보기

성경에 기록된 믿음의 역사는 창조 이후로 수많은 믿음의 사람이 참여해 온 거대한 행렬과도 같습니다. 흥미로운 것은 그 거대한 행렬이 한 번도 끊어지지 않고 오늘날까지 이어지고 있다는 것입니다. 오늘 본문에는 그 행렬의 선두에 서 있는 믿음의 대선배들의 이야기가 담겨 있습니다. 본문의 저자는 아벨, 에녹, 노아, 아브라함, 사라 등 우리에게 익숙한 이름을 나열하며 그들이 가졌던 믿음에 관해 간결하게 설명합니다. 본문을 살펴보며 믿음의 선배들이 오늘 우리에게 주는 가르침이 무엇인지 생각해 봅시다. 또한 수천 년이 지나는 동안 계승되었던 그 자랑스러운 믿음의 행렬 위에 나는 어떤 모습으로 설 것인가에 대해 진지하게 고민하는 시간을 가져 봅시다.

도입 질문

1 교회 안에서 "믿음이 좋다"라는 말을 듣거나 사용한 적이 있을 것입니다. 이 말이 의미하는 바는 무엇입니까?

함께 나누기

2 믿음은 무엇입니까? 1절

3 하나님께 나아가는 자가 반드시 믿어야 할 것은 무엇입니까? 6절

4 믿음으로 노아는 무엇을 행했습니까? 7절

5 믿음으로 아브라함은 무엇을 행했습니까? 8절

6 사라가 나이 들어 단산하였지만 잉태할 수 있는 힘을 얻은 이유는 무엇입니까? 11절

7 오늘 본문에 언급된 믿음의 선배들은 모두 믿음을 따라 죽었지만 받지 못한 한 가지가 있습니다. 무엇입니까? 13절

8 이 땅에서 나그네로 살아가는 그리스도인이 돌아갈 본향은 어디입니까? 본향을 향한 소망이 신앙생활에 주는 유익은 무엇입니까?

9 오늘 성경공부를 통해서 나누고 싶거나 깨달은 것이 있으면 서로 이야기해 봅시다.

구역예배, 청년부 성경공부, 직장 신우회 등 각종 성경공부 모임에 활용하면 좋습니다.

주간 그룹성경공부 · GBS

9주차 (57~60회)

성도가 지켜야 할 것

히브리서 12:12-17 | 새찬송 289장 · 통일 208장

주간 말씀묵상 나눔

지난 한 주간 말씀을 묵상한 것이나 삶에 적용한 것이 있으면 돌아가며 간단히 나누어 봅시다.

• 오늘의 성경공부 목표

이 땅에 사는 성도가 조심하고 지켜야 할 것이 무엇인지 알아봅시다.

12 그러므로 피곤한 손과 연약한 무릎을 일으켜 세우고
13 너희 발을 위하여 곧은 길을 만들어 저는 다리로 하여금 어그러지지 않고 고침을 받게 하라
14 모든 사람과 더불어 화평함과 거룩함을 따르라 이것이 없이는 아무도 주를 보지 못하리라
15 너희는 하나님의 은혜에 이르지 못하는 자가 없도록 하고 또 쓴 뿌리가 나서 괴롭게 하여 많은 사람이 이로 말미암아 더럽게 되지 않게 하며
16 음행하는 자와 혹 한 그릇 음식을 위하여 장자의 명분을 판 에서와 같이 망령된 자가 없도록 살피라
17 너희가 아는 바와 같이 그가 그 후에 축복을 이어받으려고 눈물을 흘리며 구하되 버린 바가 되어 회개할 기회를 얻지 못하였느니라

• 함께 읽어보기

예수님은 마태복음에서 천국에 대한 비유로 여러 가지를 말씀하셨습니다. 그중에 밭에 감추인 보화를 발견한 사람이 있습니다. 그는 그 보화를 발견하고 기뻐했고 곧이어 자기의 소유를 다 팔아서 그 밭을 샀습니다. 그 밭의 가치를 알았기 때문입니다. 야곱도 하나님의 축복의 가치를 알았고 장자권을 얻기 위해 애썼습니다. 하지만 에서는 그것을 내팽개쳐 버렸습니다. 에서에게는 전 재산은커녕 팥죽 한 그릇보다 못한 것이 하나님의 축복이었습니다. 라합은 하나님의 백성이 승리할 것을 믿었기에 목숨을 걸고 두 정탐꾼을 숨겨 주었습니다. 신앙은 하나님을 신뢰하고 하나님 나라의 가치가 이 세상의 것보다 심지어는 자신의 목숨보다 가치가 있다고 믿으며 그 믿음대로 사는 것입니다.

도입 질문

1 신앙에서 미끄러질 뻔한 경험이 있다면 이야기해 보고 어떻게 다시 회복할 수 있었는지 나눠 봅시다.

함께 나누기

2 저자는 교회를 향해 무엇을 일으켜 세우라고 권면합니까? 12절

3 저는 다리가 있을 때 어떻게 해야 합니까? 13절

4 주를 보기 위해서 필요한 두 가지는 무엇입니까? 14절

5 나는 내가 속한 공동체의 사람들 모두와 화평을 이루고 있습니까?

6 많은 사람을 더럽게 하는 것은 무엇입니까? 15절

7 에서는 한 그릇 음식을 위해서 무엇을 팔았습니까? 16절

8 나에게 있어서 가장 중요한 가치는 복음과 하나님 나라입니까?

9 오늘 성경공부를 통해 나누고 싶거나 깨달은 것이 있으면 이야기해 봅시다.

권별 주삶 **아가페 주삶** GBS 해설서

- 1주(1-7회) _ 디모데전서 3:1-7
  감독의 자격

- 2주(8-14회) _ 디모데전서 6:11-16
  예수 그리스도께서 나타나실 때까지

- 3주(15-21회) _ 디모데후서 2:1-12
  예수 그리스도의 좋은 병사

- 4주(22-28회) _ 디모데후서 4:1-8
  복음 전파와 성도의 소망

- 5주(29-35회) _ 히브리서 2:1-10
  구원의 창시자 예수 그리스도

- 6주(36-42회) _ 히브리서 4:14-5:10
  큰 대제사장 예수 그리스도

- 7주(43-49회) _ 히브리서 9:23-28
  단번에

- 8주(50-56회) _ 히브리서 11:1-16
  믿음으로, 믿음으로, 믿음으로

- 9주(57-60회) _ 히브리서 12:12-17
  성도가 지켜야 할 것

주간 GBS 해설서

1주 해설

1 가이드》 교회의 지도자는 다양한 사역을 감당해야 합니다. 하나님의 말씀을 가르치고, 복음 전파에 앞장서며, 때로는 교회 안에서 성도들 간에 발생하는 갈등을 중재하고, 서로 화합할 수 있도록 방향을 제시할 수 있어야 합니다. 이러한 사역을 수행할 때 필요한 덕목이 무엇인지 생각해 봅시다.

2 답》 선한 일

해설》 "감독"(헬, 에피스코페스)은 교회를 치리하고 돌보는 역할을 했던 대표자를 가리킵니다. 담임목사, 장로, 안수집사 등이 당시의 감독과 기능상 유사한 직무를 담당한다고 볼 수 있을 것입니다. "선한 일"은 도덕적이고 윤리적인 차원의 행위가 아니라 (하나님의 교회를 섬기는) 고귀한 일이라는 의미로 이해하는 것이 자연스럽습니다.

3 답》 한 아내의 남편이 되어야 함

해설》 이 구절이 의미하는 바가 무엇인가에 관해서 다양한 해석이 존재합니다. 예를 들면 1)아내에게 충실한 남편, 2)한 번만 결혼한 사람(재혼 불가), 3)한 명의 아내와 사는 사람(일부일처제) 등이 있습니다. 본문의 문맥을 고려했을 때 아내에게 충실한 남편이라는 해석이 가장 무난해 보입니다.

4 답》 돈을 사랑하지 않아야 함

해설》 "돈을 사랑하지 아니하며"라는 구절은 의미를 쉽게 풀어 쓰면 '돈에 휘둘리지 아니하며' 정도가 될 것입니다. 돈은 양날의 검입니다. 교회의 리더가 지혜롭고 정직하게 운용한다면 공동체를 든든히 세우는 유용한 도구가 될 것입니다. 하지만 사적인 욕심을 채우기 위해, 혹은 불법적인 방식으로 오용한다면 리더 자신은 물론이고 결국엔 공동체 전체를 죄와 불법의 길로 인도하게 될 것입니다(딤전 6:10).

5 답》 자기 집을 잘 다스려야 함

해설》 "집"(헬, 오이코스)은 물리적인 집을 가리키기도 하지만, 여기서는 가장, 배우자, 자녀, 하인까지도 포함하는 넓은 개념으로 사용되었습니다. 당시의 사회에서 한 가장의 개종은 곧 가족 구성원 전체의 개종을 의미하였고 초기 기독교 교회 역시 같은 방식을 따랐습니다. 다시 말해 집은 당시 교회 공동체를 구성하는 최소 단위였습니다. 그러므로 집에서의 리더십은 교회의 감독에게 요구되는 가장 기본적인 자질이었을 것입니다.

6 답》 새로 입교한 자

해설》 감독은 하나님의 교회를 대표하는 직분이기 때문에 교회 공동체 안에서 충분한 시간을 두고 검증되어야 합니다. "교만하여져서"는 목에 힘을 주고 공동체 위에 군림하려 하는 모습을 묘사합니다. "마귀를 정죄하는 그 정죄"라는 구절은 '마귀의 정죄'의 소유격입니다. 이것은 1)마귀가 받는 정죄와 같은 종류의 정죄, 혹은 2)교만하여진 자를 향해 마귀가 하는 정죄 등의 두 가지 해석이 가능합니다. 첫 번째 해석이 더 자연스러워 보입니다.

7 답》 선한 증거를 얻은 사람이어야 함

해설》 감독이 외인으로부터 선한 증거를 얻어야 하는 이유는 첫째, 감독에 대한 부정적인 평가는 자연히 교회를 향한 부정적인 평가로 이어지기 때문입니다. 당시 그리스도인들은 불신자들로부터 빈번히 신변의 안전을 위협받았기 때문에, 될 수 있으면 그들과 평화로운 관계를 유지하려고 노력했습니다. 둘째, 감독과 교회에 대한 부정적인 평가는 복음 전파의 사명을 감당하는 데 있어 걸림돌이 되기 때문입니다.

8 가이드》 본문의 자격 조건이 가리키는 한 가지 덕목은 교회 공동체 밖에서의 그리스도인다운 삶일 것입니다. 교회 공동체 안에서 그리스도인답게 사는 것은 비교적 수월하지만, 그 울타리를 벗어나서도 그리스도인답게 살아가는 것은 그리 녹록지 않습니다. 세상을 살아가다 보면 나도 모르게 죄의 유혹에 노출되기 때문입니다. 그러한 상황에서도 흔들림 없이 믿음을 지키며 세상 속에 하나님의 향기를 풍길 수 있는 자가 하나님이 찾으시는 일꾼일 것입니다.

*서로 기도 제목을 나누면서 뒤에 있는 기도 노트를 활용하십시오(p.250-255).

주간 GBS해설서　　　　**2주 해설**

1 가이드》 예수님은 분명 말씀대로 "호령과 천사장의 소리와 하나님의 나팔 소리로"(살전 4:16) 세상에 다시 오실 것입니다. 그리고 산 자와 죽은 자 모두가 일대일로 예수님의 심판대 앞에 서게 될 것입니다. 그날에 예수님 앞에 선 나는 어떤 모습일지, 예수님은 나를 보며 어떤 말씀을 하실지 상상해 봅시다.

2 답》 하나님

해설》 "하나님의 사람"은 하나님을 향한 복종과 헌신을 함축하는 표현으로, 구약성경에서 모세(신 33:1), 다윗(대하 8:14), 혹은 선지자들(왕상 13:1)을 가리킬 때 사용되었습니다. 앞서 바울은 예수 그리스도를 따르지 아니하고 다른 교훈을 전하는 사람에 관해 묘사하였는데(6:3-10), 본문에서는 그와 대조되는 개념으로 하나님의 사람을 언급합니다.

3 답》 믿음의 선한 싸움을 싸우고 영생을 취하기 위해서

해설》 바울은 사도로서 자신의 삶을 회고하며 "나는 선한 싸움을 싸우고"(딤후 4:7)라고 말하기도 했습니다. "싸움"(헬, 아곤)은 경주, 수고 등으로도 번역될 수 있는데, 이는 그리스도인이 하나님께 받은 사명을 감당하는 삶의 모든 여정을 가리킵니다. "영생"을 위하여 부르심을 받았다는 진술은 하나님의 부르심(calling)이 궁극적으로 목적하는 바가 성도의 구원과 영생임을 말해 줍니다.

4 답》 하나님과 그리스도 예수 앞

해설》 하나님과 그리스도 예수 앞에서 명령한다는 것은 그것이 매우 엄중한 명령임을 나타내기 위함입니다(딤전 5:21; 딤후 4:1). 주목할 만한 점은 바울이 빌라도 앞에 서신 예수님을 언급한다는 것입니다. 빌라도의 재판장에 서신 예수님은 당시 유대 지도자들의 모함과 위협을 받으셨지만, 그에 굴하지 않고 자신이 메시아임을 밝히며 선한 증언을 하셨습니다. 바울은 '그리스도인은 어떤 상황에도 타협하지 않고 성도의 정체성을 지켜야 한다'는 것을 말하고 싶었을 것입니다.

5 답》 예수 그리스도께서 나타나실 때까지

해설》 "나타나심"(헬, 에피파네이아)은 신약성경에서 6회 나오는데 모두 그리스도의 재림과 관련하여 사용되었습니다. 이 단어는 놀라움을 수반하는 나타남을 의미하는데 예수님의 재림이 세상이 깜짝 놀랄 사건이 될 것을 암시합니다. "흠도 없고 책망 받을 것도 없이"라는 구절은 도덕적이고 윤리적인 차원에서의 완벽함에 대한 명령이 아니라 예수 안에서 경건한 삶을 위한 최선의 노력에 대한 요구일 것입니다.

6 답》 복되시고 유일하신 주권자, 만왕의 왕, 만주의 주

해설》 "복되시고"는 당시 헬레니즘 문화권에서 황제의 평안을 기원하는 말로 종종 사용되었습니다. 바울이 하나님을 묘사할 때 이러한 헬라적 표현을 사용하는 이유에 관하여 어떤 학자들은 '로마 황제가 아닌 하나님을 왕으로 모신다'라는 의지를 담기 위해서라고 주장하기도 합니다. "유일하신"은 유대 문화권에서의 유일신 사상을 반영합니다.

7 답》 죽지 않으시고, 가까이 가지 못할 빛에 거하시며, 사람이 볼 수 없는 분

해설》 "죽지 아니함"은 하나님의 신성에 대한 표현입니다. 바울은 그리스도인이 마지막 날에 죽지 아니함을 입을 것이라고 말하였는데(고전 15:53), 이것은 성도들이 하나님의 신성에 참여하여 영원한 생명을 누리게 될 것을 의미합니다. 성경에서 하나님의 영광은 종종 빛의 이미지로 묘사되었습니다. "가까이 가지 못할"이라는 수식어는 하나님과 인간의 존재론적 차이를 강조합니다.

8 가이드》 "싸움"이라는 번역은 어떤 의미에서 참 적절합니다. 왜냐하면 신앙생활을 하다 보면 우리는 마귀와의 싸움, 죄에 속한 본성과의 싸움, 불의하고 타락한 문화와의 싸움 등 다양한 차원에서의 싸움의 순간에 직면하기 때문입니다. 그러나 이러한 크고 작은 싸움의 경험을 통해 그리스도인은 신앙적 교훈을 얻게 되고, 강하고 노련한 하나님 나라의 군사로 조금씩 성숙하게 될 것입니다.

주간 GBS해설서 — 3주 해설

1 가이드》 약육강식, 부익부 빈익빈 등과 같은 현대 사회의 지배적인 원리는 예수님의 가르침과 상반되는 경우가 많습니다. 그러므로 용서, 이웃 사랑, 구제 등과 관련한 예수님의 가르침을 실천하려면 자연히 일정 부분 나의 것을 희생해야 합니다. 그것이 바로 세상과 타협하지 않으며 살기를 소망하는 그리스도인이 극복해야 할 실제적 어려움일 것입니다.

2 답》 예수 안에 있는 은혜 가운데서 강할 것, 바울에게 들은 바를 충성된 사람들에게 부탁할 것
  해설》 "은혜 가운데서 강하고"는 '하나님(혹은 예수 그리스도)에 의해서 삶의 매 순간 반복적으로 강해져라'라는 의미입니다. 그리스도인의 이러한 '강해짐'은 예수 그리스도의 은혜에 근거합니다. "부탁하라"(헬, 파라티테이미)는 '맡기다', 혹은 '위임하다'라는 뜻으로 이해할 수 있습니다.

3 답》 고난
  해설》 예수 그리스도의 병사로서 "고난"은 선택이 아닌 필수라는 것을 짐작하게 합니다. 예수님은 고난 가운데 순종하심으로 하나님의 뜻을 이루셨습니다. 구체적으로 예수님의 고난은 타인(죄인)을 위한 자기희생이었으며, 그분은 자기 삶으로 모든 그리스도인이 반드시 따라야 할 본을 보이셨습니다. 성경은 그리스도인의 신앙생활에서 영광과 고난이 불가분의 관계임을 분명히 합니다(롬 8:17).

4 답》 병사로 모집한 자를 기쁘게 하려고
  해설》 만약 여러 가지 생활의 염려로 인해 마음이 나뉘어 전투에 집중하지 못한다면 그 사람은 좋은 병사가 되지 못할 것입니다. '그리스도인은 병사로 복무하는 자'라는 은유를 통해 바울은 하나님께 온전히 집중하는 나뉘지 않은 마음의 중요성을 강조합니다.

5 답》 그렇지 않으면 승리자의 관을 얻지 못할 것이기 때문에
  해설》 모든 경기에는 선수가 따라야 할 규칙이 있습니다. 경기가 진행되는 중에 선수가 규칙을 어긴다면 이유를 불문하고 예외 없이 실격 처리가 될 것입니다. '그리스도인은 경기하는 자'라는 은유를 통해 바울은 어떤 상황에서도 하나님의 말씀을 따름으로 타협하지 않는 신앙의 중요성을 강조합니다.

6 답》 수고하는 농부
  해설》 "수고하는"(헬, 코피오)은 '피곤해서 쓰러질 정도로 부지런히 일하는'이라는 뜻을 담고 있습니다. 햇빛, 비, 땅과 같은 외적인 조건이 일정하다면 농부의 근면함은 농사의 성패를 가르는 가장 중요한 조건이 될 것입니다. '그리스도인은 수고하는 농부'라는 은유를 통해 바울은 성실하고 부지런한 신앙의 중요성을 강조합니다.

7 답》 그들도 그리스도 예수 안에 있는 구원을 영원한 영광과 함께 받게 하려고
  해설》 바울은 앞서 1)좋은 병사, 2)법대로 경기하는 자, 3)수고하는 농부의 세 가지 은유를 통해 복음을 위한 삶의 원리에 관해 이야기한 후에, 자신의 삶을 그 실제적인 예로 듭니다. 그는 복음을 위해 감옥에 갇히고 죄인들과 같이 매이는 고난을 받았지만 끝까지 타협하지 않았고 많은 수고를 감내했습니다. 그리고 그러한 바울의 삶의 궁극적 목적은 택함 받은 자들의 구원이었습니다.

8 가이드》 바울은 "우리의 씨름은 혈과 육을 상대하는 것이 아니요 통치자들과 권세들과 이 어둠의 세상 주관자들과 하늘에 있는 악의 영들을 상대함이라"(엡 6:12)라고 말합니다. 그러므로 그리스도인의 전투는 각자의 삶의 자리에서 일어나며, 악한 영들이 우리의 주적이 됩니다. 그러나 예수 그리스도께서 십자가의 죽음과 부활을 통해 이미 승리하셨기 때문에, 예수의 능력 안에 거하며 그분의 힘을 의지하는 한 우리는 마귀와의 싸움에서 반드시 승리합니다.

*서로 기도 제목을 나누면서 뒤에 있는 기도 노트를 활용하십시오(p.250-255).

주간 GBS해설서 — 4주 해설

1 가이드》 기독교는 복음 전파를 아주 중요하게 생각합니다. 예수님은 제자들에게 복음을 전파하는 임무를 주고 하늘로 올라가셨습니다. 잘 준비된 복음을 전했던 사람도 있을 것이고 단순히 교회에 와 보라고 말한 이도 있을 것입니다. 각자가 전한 복음에 대해서 사람들은 어떤 반응을 보였는지 함께 나눠 봅시다.

2 답》 말씀 전파

해설》 여기에서 말씀은 성경 말씀이자 복음입니다. 그리스도인이라면 다른 사람의 구원에 관심을 가질 수밖에 없습니다. 이웃 사랑의 최고는 그들에게 복음을 전하는 것입니다. 특별히 디모데가 있는 에베소에는 잘못된 가르침이 넘쳐났기 때문에 더욱더 말씀을 전파하고 가르쳐야 했습니다.

3 답》 경책하며 경계하며 권함

해설》 디모데가 있던 에베소에는 온갖 거짓 가르침이 넘쳐나고 있었습니다. 그렇기에 경책하며 경계하는 것이 필요했습니다. 잘못된 가르침에 대해서는 직면하고 대적해야 합니다. 말씀을 따르지 않고 듣지 않으려는 사람을 꾸짖고 돌이키도록 해야 합니다. 반대로 말씀을 듣는 성도에게는 계속 잘할 수 있도록 권면해야 합니다.

4 답》 바른 교훈을 받지 않고, 자기의 사욕을 따를 스승을 많이 둠

해설》 말세에 이르게 되면 많은 거짓 선생들이 나타납니다. 그 이유는 자기가 듣고 싶은 것에만 귀를 기울이는 사람이 많아지기 때문입니다. 그들은 바른 교훈에는 등을 돌립니다. 그리고 자신의 가려운 귀를 긁어 주는 말만 하는 스승을 많이 둡니다. 하나님의 말씀은 자신의 욕망과 반대가 되기 때문에 듣고 싶어 하지 않는 것입니다.

5 가이드》 하나님께서는 모든 우상과 그림을 없애 버리시고 성경 말씀을 통해 하나님을 배우게 하셨습니다. 따라서 그리스도인은 성경 말씀을 통해서 하나님을 알게 되고 그 말씀을 더욱 즐겨 읽게 됩니다. 성경을 통하지 않고는 올바른 신앙을 가질 수 없으며 우리는 말씀을 떠나서 살 수 없습니다. 매일 성경을 펴서 읽는 습관을 가져 봅시다.

6 답》 모든 일에 신중함, 고난을 받음, 전도자의 일을 함, 직무를 다함

해설》 모든 일에 신중하다는 것은 늘 깨어 있는 상태를 말합니다. 하나님께 집중하지 못하게 만드는 것이 있는지 잘 살피고 그것을 버려야 합니다. 복음을 위해 고난받는 것은 가치가 있습니다. 전도자의 일은 복음을 전파하고 가르치는 일입니다. 마지막으로 인내를 가지고 주어진 일을 끝까지 완수해야 합니다. 이것이 말씀을 거부하고 거짓 선생을 두는 사람들과 다른 성도의 모습입니다.

7 답》 의의 면류관

해설》 바울은 자신이 해 왔던 일과 그에 대한 보상을 당시 운동 경기에 비유했습니다. 그는 선한 싸움을 싸웠고 레이스를 잘 마쳤습니다. 그에 대한 보상은 면류관인데 그것은 바울이 의롭다고 인증합니다. 의로움 없이는 하나님 나라에 들어갈 수가 없습니다. 우리의 의로움은 예수 그리스도의 십자가로 인해 얻을 수 있게 되었습니다.

8 가이드》 그리스도인의 소망은 돈과 명예와 성공이 아닌 하나님께서 주시는 의의 면류관입니다. 하나님은 죄로 인해서 죽을 수 밖에 없었던 우리를 구원해 주셨을 뿐 아니라 의로움의 옷을 입혀 주시고 관을 씌워 주셔서 당신의 영원한 나라에 들어가게 하셨습니다. 이것이야말로 우리의 참 소망이 됩니다. 이 소망을 가지고 있다면 그리스도인으로 살아가고 있는 것입니다.

주간 GBS해설서 — 5주 해설

1 가이드》 그리스도인이라는 이름이 말해 주듯이 예수 그리스도의 삶을 본받고 그분의 가르침을 실천하며 살아가는 사람들이 바로 그리스도인입니다. 성경에 기록된 예수님의 삶은 어떠했는지, 어떤 가르침을 주셨는지 생각해 봅시다.

2 답》 들은 것

해설》 "들은 것"은 예수 그리스도를 통하여 계시된 하나님의 말씀을 의미하며 예수 그리스도의 죽음, 부활, 승천과 같은 사건이 주된 내용이 될 것입니다. 1세기 사도들이 전했던 복음은 '하나님의 아들이신 예수가 구약성경에 예언된 메시아이며 십자가의 죽음과 부활을 통해 세상을 구원하셨다'라는 내용이었습니다. 이를 고려할 때 "들은 것"은 복음을 가리킨다고 볼 수 있습니다.

3 답》 들은 자들

해설》 "들은 자들"은 예수님의 말씀을 들은 초대 교회의 사도들을, "우리"는 본문의 저자와 독자를 가리킵니다. 그러므로 히브리서는 사도들에게서 전해 들은 예수 그리스도에 관한 내용을 담고 있음을 짐작할 수 있습니다. 사도들은 예수님의 가르침은 물론이고 십자가 사건과 부활, 승천을 직접 목격한 증인이었습니다. 그렇기 때문에 당시 교회 공동체는 예수님의 말씀에 관한 한 사도들의 증언에 가장 큰 권위를 부여했습니다.

4 답》 표적들과 기사들과 여러 가지 능력으로, 성령이 나누어 주신 것으로

해설》 3절에 언급된 "구원"은 처음에 주(예수 그리스도)를 통하여 세상에 선포되었고 그 후에 예수님의 말씀을 "들은 자들"(사도들)을 통해 증언되었습니다. 그 과정에서 종종 큰 권능, 기사, 표적과 같은 초자연적인 사건이 일어나기도 했는데 성경은 하나님께서 성령을 통해 그 모든 일을 행하셨다고 진술합니다(행 2:22; 6:8).

5 답》 예수

해설》 예수님은 십자가의 고난과 죽음을 겪으신 후에 영광스러운 몸으로 부활하셨고 승천하여 하나님의 우편, 즉 존귀한 자리에 앉으셨습니다. 그러므로 "죽음의 고난"은 십자가의 수난을, "영광과 존귀"는 부활하고 승천하신 예수님의 신(神)적인 지위를 가리키는 표현으로 볼 수 있습니다.

6 답》 모든 사람을 위하여 죽음을 맛보기 위해

해설》 "모든 사람"은 불신자를 포함한 모든 인간을 가리킨다고 볼 수도 있을 것입니다. 그러나 "많은 아들들"(10절), "형제"(2:11), "교회 중에서"(2:12)와 같은 표현을 통해 저자가 "모든 사람"의 구체적인 대상을 나열하고 있음을 고려한다면, 예수 그리스도의 희생 제사를 통해 죄 사함을 받은 믿음의 백성을 가리키는 표현으로 보아야 할 것입니다.

7 답》 구원의 창시자

해설》 "창시자"에 해당하는 헬라어 '아르케이곤'은 지도자, 설립자, 선구자 등을 가리키며 영어 성경에는 "the author"(저자), "the captain"(대장) 등으로 번역되었습니다. 예수님은 죄와 사망의 권세를 이기고 승리하셨으며 구원의 깃발을 들고 선봉에 서 계십니다. 믿는 자들의 대장이 되신 예수님의 명령을 따라 살며 마귀와의 싸움에서 승리한 자들은 마지막 날에 예수님과 함께 구원의 영광에 들어가게 될 것입니다.

8 가이드》 예수님은 하나님의 아들이시지만 신적인 지위를 내려놓고 인간의 몸으로 세상에 오셨습니다. 바울은 예수님이 "종의 형체를 가지사 사람들과 같이" 되셨다고 말합니다(빌 2:7). 예수님은 인간의 죄를 대신 짊어질 희생 제물이 되시기 위해 인간의 몸으로 오셨고 천사보다 못한 존재(인간)로 사셨습니다. 인류의 구원을 위해 자신을 희생하셨던 것입니다.

*서로 기도 제목을 나누면서 뒤에 있는 기도 노트를 활용하십시오(p. 250-255).

주간 GBS 해설서 — 6주 해설

1 가이드》 같은 고통을 겪고 있는 사람들 사이에서 강한 연민과 연대감이 생길 수 있는 이유는 상대가 느끼는 고통이 얼마나 아픈지, 어떤 위로와 도움이 필요한지에 대해 잘 알기 때문일 것입니다.

2 답》 하나님의 아들 예수
해설》 "하나님의 아들"은 예수님의 신적인 지위, 하나님과의 친밀한 관계 등을 나타내는 호칭입니다. 그러므로 하나님의 아들이 자신들을 위해 큰 대제사장이 되어 주신다는 사실은 예수를 따르는 믿음의 백성에게는 큰 격려가 될 것이며, 그들이 끝까지 "믿는 도리"를 굳게 잡아야 할 견고한 이유가 될 것입니다.

3 답》 죄가 없으신 것
해설》 "죄는 없으시니라"라는 구절은 '죄를 짓지 않았다'라는 의미로 보아야 할 것입니다. 예수님은 완전한 인간이셨기 때문에 인간이 겪는 모든 종류의 욕구를 느끼셨을 것입니다. 그러나 죄성을 지닌 인간과는 달리 예수님은 내면의 욕구를 채우기 위해 죄를 저지르지는 않으셨습니다.

4 답》 긍휼하심을 받고 때를 따라 돕는 은혜를 얻기 위해서
해설》 구약 시대의 이스라엘 백성은 죄를 지을 때마다 제사장을 통해 죄 사함을 위한 제사를 드렸고, 그 제사를 받으신 하나님은 백성에게 긍휼과 은혜를 베풀어 주셨습니다. 그러나 신약 시대의 성도는 예수 그리스도를 의지하여 하나님의 보좌 앞에 나아가고 그 앞에서 하나님의 긍휼과 은혜를 구할 수 있습니다. 대제사장이신 예수께서 자기의 몸을 희생 제물로 드려 영원한 속죄의 제사를 드리셨기 때문입니다.

5 답》 자신도 연약에 휩싸여 있는 존재이기 때문에
해설》 무식하고 미혹되었다는 것은 무지함으로 인해 부지중에 죄를 지었음을 의미합니다. 대제사장이 무지함과 연약함으로 인해 죄를 범한 자를 용납할 수 있는 이유는 자기 자신도 같은 처지에 있기 때문입니다. "용납할 수 있는"에 해당하는 원문은 '따뜻하게 대해 줄 수 있는'이라고 번역할 수도 있습니다.

6 답》 멜기세덱
해설》 히브리서의 저자는 멜기세덱에 대해 "왕", "하나님의 제사장", "평강의 왕", "족보도 없고", "하나님의 아들과 닮아서" 등의 수식어를 사용합니다. 그러므로 멜기세덱의 반차를 따른다는 진술은 예수님이 아론의 족보를 따르는 대제사장이 아니라는 것과, 그가 대제사장이면서 동시에 왕이시라는 사실을 의미합니다. 이것은 예수님의 제사장직이 구약 시대의 제사장직에 비교할 수 없을 만큼 우월하다는 것을 보여줍니다.

7 답》 아들이시면서도 고난 가운데 순종하셨고 온전하게 되셨기 때문에
해설》 예수님은 연약한 인간의 몸으로 십자가의 고난을 겪으셨지만 끝까지 순종하셨습니다. 이는 하나님의 구원 계획을 이루기 위함이었습니다. 첫 사람 아담은 하나님께 불순종했고 그 결과 모든 인간이 죄 아래 살게 되었지만, 마지막 아담이신 예수님은 하나님께 순종하셨고 자기를 따르는 모든 자를 죄에서 해방하셨습니다(롬 5:19). '온전하게 되셨다'는 표현은 예수님이 온전한 대제사장으로 자격을 갖추셨다는 것을 의미합니다.

8 가이드》 슬픔과 고통은 모든 인간이 겪는 가장 인간다운 감정입니다. 하나님의 아들이신 예수님도 겪으셨다면 우리도 겪는 것이 당연합니다. 슬픔과 고통 가운데 있을 때 우리가 기억해야 할 것은 예수님이 보여주셨던 순종의 모습입니다. 예수님도 겪으셨으니 나도 겪고 예수님이 순종하셨으니 나도 순종하는 것, 이것이 바로 삶 속에서 고통과 슬픔을 대하는 신앙의 자세일 것입니다.

주간 GBS해설서 — 7주 해설

1 가이드》 제사의 종류가 많을 뿐 아니라 각각의 제사에 해당하는 규정이 달라서 복잡하고 번거롭다는 생각이 들 수도 있고, 그런 복잡한 제사의 과정을 거쳐야 할 만큼 인간의 죄가 심각한 것이구나 하는 생각이 들 수도 있습니다. 각자의 느낌과 생각을 자유롭게 나누어 봅시다.

2 답》 하늘에 있는 것들의 모형
해설》 "모형"으로 번역된 헬라어 '후포데이그마타'는 상징, 혹은 표현으로 번역할 수 있습니다. "모형"이라는 단어만으로 지상의 장막과 외형적으로 동일한 장막이 하늘에 존재한다고 단정할 수는 없지만, 어떤 모습으로든 하늘의 장막(성소)이 존재한다는 것은 알 수 있습니다. 구약 시대의 장막에 하나님의 영광이 가득했듯이 하늘의 장막 역시 하나님의 영광으로 가득할 것입니다.

3 답》 우리(성도)를 위하여 하나님 앞에 나타나심
해설》 구약 시대의 대제사장은 속죄일이 되면 모든 백성의 죄를 위하여 성소 앞에 나아가 하나님께 제사를 드렸습니다(레 16:32-33). 그러므로 "우리를 위하여 하나님 앞에 나타나시고"라는 구절은 예수님이 하늘의 성소로 바로 들어가셔서 하나님 앞에서 속죄일의 대제사장과 같은 역할을 하셨다는 것을 의미합니다.

4 답》 자기를 단번에 제물로 드려 죄를 없이 하시려고
해설》 "단번에"(헬, 하팍스)는 25절에 언급된 "해마다", "자주"와 같은 단어와 대조를 이룹니다. 구약의 대제사장이 드렸던 속죄제는 불완전하여 일 년에 한 번씩 반복되어야 했지만 십자가에서 자기 몸을 제물로 드렸던 예수님의 속죄제는 완전하여 단 한 번으로도 충분한 속죄의 효력이 있습니다. "세상 끝"은 예수님의 성육신, 죽음과 부활을 기점으로 하여 시작된 종말론적 시대를 가리킵니다.

5 가이드》 마지막 날에 산 자와 죽은 자 모두 하나님의 심판대 앞에 서게 될 것이며 이 땅에서 예수를 구주로 영접하고 죄 사함을 받은 성도는 영생으로, 그렇지 못한 자들은 영벌에 들어가게 될 것입니다(마 25:46). 그러므로 예수 그리스도를 끝까지 붙들며 살아가는 것이 심판의 날을 위한 최고의 준비가 될 것입니다.

6 답》 많은 사람의 죄를 담당하시려고
해설》 "많은 사람"이라는 표현은 일반적인 의미에서의 모든 사람을 가리킵니다. 이사야 선지자는 고난받는 메시아의 모습을 묘사하며 "그가 많은 사람의 죄를 담당하며 범죄자를 위하여 기도하였느니라"(사 53:12)라고 말했는데, 본문의 저자는 그 구절을 염두에 두었던 것으로 생각됩니다.

7 답》 (많은 사람이) 구원에 이르게 하기 위하여
해설》 두 번째 나타남은 예수 그리스도의 재림을 의미하기 때문에 28절에 언급된 "구원"은 마지막 날에 성도들이 경험하게 될 영생의 구원을 가리키는 것으로 볼 수 있습니다. "죄와 상관 없이"라는 구절은 죄의 문제가 예수님이 십자가에서 이루신 대속을 통해 이미 완전하게 해결되었음을 암시합니다.

8 가이드》 구약 시대의 속죄제는 번거롭고 불완전했습니다. 일반 백성은 늘 제사장을 통하여 속죄제를 드려야 했을 뿐 아니라 감히 성소에 들어갈 수도 없었습니다. 그러나 오늘날 우리는 예수님의 보혈을 의지하여 성소에 들어갈 담력을 얻게 되었고 직접 하나님의 은혜와 긍휼을 구할 수 있게 되었습니다(10:19).

*서로 기도 제목을 나누면서 뒤에 있는 기도 노트를 활용하십시오(p. 250-255).

주간 GBS 해설서　　　　8주 해설

1 가이드》 몇 가지 예를 들면 신앙생활에 열심을 내거나 교회 공동체의 일에 적극적으로 참여하는 교우를 칭찬할 때, 말씀과 기도 생활을 성실히 하는 교우에 대한 존경의 마음을 표현할 때 우리는 "믿음이 좋다"라는 말을 종종 사용합니다. 각자의 경험을 먼저 나누어 보고 각각의 상황에서 사용된 이 표현에 담긴 의미가 무엇이었는지 생각해 봅시다.

2 답》 바라는 것들의 실상, 보이지 않는 것들의 증거

　　해설》 "실상"으로 번역된 헬라어 '후포스타시스'는 실재, 확신, 실현 등을 의미합니다. 그러므로 "바라는 것들의 실상"은 바라는 것이 실현될 것을 확신하고 그에 걸맞게 살아가는 것을 의미합니다. "보이지 않는 것들의 증거" 역시 아직 눈으로 보고 확인하지 않았음에도 불구하고 그것을 보고 있는 것처럼 살아가는 것을 의미합니다. 전자와 후자 모두 약속하신 것을 반드시 이루실 하나님에 대한 전적인 신뢰에 기인합니다.

3 답》 그(하나님)가 계신 것, 그(하나님)가 자기를 찾는 자들에게 상을 주신다는 것

　　해설》 성도가 믿어야 할 두 가지는 첫째, 전능하신 하나님이 자기 백성 가운데 늘 함께하신다는 것과 둘째, 하나님께서 자기를 열렬히 찾는(예배하는) 백성을 기억하시고 반드시 보상하신다는 것입니다.

4 답》 아직 보이지 않는 일에 경고하심을 받아 경외함으로 방주를 준비함

　　해설》 당시 세상에는 대홍수라는 개념이 존재하지 않았습니다. 하나님의 경고는 노아가 살면서 한 번도 경험하지 못했던 일에 대한 것이었지만 성경은 그가 "하나님이 자기에게 명하신 대로 다 준행하였더라"라고 말합니다(창 6:22). 하나님의 말씀 앞에서 자신의 경험과 생각을 온전히 내려놓는 것, 그것이 바로 노아의 믿음이었던 것입니다.

5 답》 갈 바를 알지 못하였으나 부르심에 순종하여 나아감

　　해설》 아브라함의 믿음은 하나님께서 분명히 자신이 가야 할 곳을 알고 계신다는 확신에 근거합니다. 그 당시 "갈 바"를 알지 못했던 쪽은 아브라함이었지 하나님이 아니었습니다. 하나님은 이미 아브라함의 "갈 바"를 예비해 놓으셨기 때문입니다. 갈 바를 전혀 알지 못했던 아브라함이 마치 잘 알고 있는 사람처럼 담대히 순종할 수 있었던 이유는 그에게 믿음이 있었기 때문입니다.

6 답》 약속하신 이를 미쁘신 줄 알았기 때문에

　　해설》 당시 아브라함과 사라는 늙었고 아이를 생산할 수 있는 능력이 없었지만 그들이 자손에 대한 소망을 포기하지 않았던 이유는 하나님이 약속하신 바를 반드시 성취하시는 분임을 알았기 때문입니다. "미쁘신"에 해당하는 헬라어 '피스톤'은 '신실한', '믿을 만한' 등의 의미를 내포합니다.

7 답》 약속

　　해설》 "약속"은 예수 그리스도의 오심, 죽음, 부활을 통해 성취된 하나님의 구원을 가리킵니다. 본문에 언급된 "멀리서 보고 환영하며"라는 구절은 "너희 조상 아브라함은 나의 때 볼 것을 즐거워하다가 보고 기뻐하였느니라"(요 8:56)라는 예수님의 말씀을 떠오르게 합니다.

8 가이드》 바울은 이렇게 말합니다. "그러나 우리의 시민권은 하늘에 있는지라"(빌 3:20). 그리스도인은 하늘의 시민이며, 돌아갈 본향 역시 하늘입니다. 언젠가 하늘 본향에 돌아갈 것이라는 소망은 나그네의 삶을 사는 동안 종종 실망과 좌절을 경험하는 성도들에게 큰 위로가 될 것입니다.

주간 GBS해설서 — 9주 해설

1 가이드》 신앙 여정 가운데 길을 벗어날 위기가 있기도 합니다. 그러나 그럴 때마다 하나님은 기회를 주시고 다시 회복시켜 주십니다. 우리는 은혜를 주시는 하나님께 감사해야 합니다. 하나님은 우리의 죄와 연약함에도 불구하고 또다시 새로운 기회를 주시고 당신의 길에서 벗어나지 않도록 도우십니다.

2 답》 피곤한 손과 연약한 무릎

해설》 피곤한 손과 연약한 무릎은 운동 경기에서 전의를 상실한 모습을 보여줍니다. 손은 지쳐서 축 쳐져 있고 무릎은 두려움에 떨고 있습니다. 교회 안에서 이렇게 지쳐 있고 두려움과 절망에 빠진 자가 보인다면 그냥 내버려두는 것이 아니라 적극적으로 도와 유연한 팔과 튼튼한 무릎으로 회복시켜야 합니다.

3 답》 어그러지지 않고 고침을 받게 함

해설》 저는 다리는 교회 공동체 안에 있는 연약한 사람을 가리킵니다. 공동체에는 늘 신실하여 다른 사람의 길잡이가 되어 주는 사람도 있지만 자주 넘어지고 길에서 자꾸 벗어나려는 사람도 있습니다. 교회는 연약한 자들을 위하여 곧은 길을 만들어 도와주고 그들을 회복시키는 데 힘써야 합니다.

4 답》 모든 사람과 더불어 화평함과 거룩함

해설》 여기서 화평은 그저 아무 문제 없이 잘 지내는 것이 아닙니다. 우리의 화평은 예수 그리스도의 십자가로부터 왔습니다. 하나님과 원수지간이었던 우리는 예수 그리스도의 피로 말미암아 죄를 용서받고 하나님과 화평을 이루었습니다. 이로 인해 우리는 다른 사람과도 화평할 수 있습니다. 또한 거룩함도 선물로 받게 되었습니다. 그렇기에 화평과 거룩함을 추구하지 않는다면 하나님의 자녀가 아닙니다.

5 가이드》 여기에서 모두는 이 세상 모든 사람을 의미하는 것은 아닙니다. 교회 공동체를 의미한다고 봐야 합니다. 하나님을 추구하는 우리가 다른 것을 추구하는 세상과 화평을 이룰 수는 없습니다. 그러나 하나님을 사랑하는 자녀들 안에서는 서로 화평해야 합니다. 우리는 예수님이 죄 많은 우리를 구원하시고 받아 주셨다는 것을 기억하고 다른 사람과 화평해야 합니다.

6 답》 쓴 뿌리

해설》 쓴 뿌리는 완고한 마음을 가진 사람을 말합니다. 이들은 하나님의 말씀을 들으려 하지 않고 오직 자신의 욕망을 따라 우상을 섬깁니다. 나아가 본인만 그러는 것에서 멈추지 않고 공동체를 오염시킵니다. 그렇기에 반드시 치리해서 공동체가 더 이상 피해를 입지 않도록 해야 합니다.

7 답》 장자의 명분

해설》 장자의 명분을 팔았다는 것은 그냥 형 동생 사이를 바꾼 것이 아닙니다. 하나님으로부터 오는 은혜와 그분의 유업을 가볍게 여기고 무시한 것입니다. 교회에 속해 있다고 하더라도 구원에서 먼 사람이 있습니다. 하나님 나라보다 이 세상에 있는 것을 더 중하게 여기고 그것을 위해서 사는 사람은 구원에서 멀리 있는 사람입니다.

8 가이드》 예수 그리스도를 믿는다는 것은 그냥 말로 한마디 내뱉는 것을 의미하지 않습니다. 모든 삶이 믿음으로 움직이는 것을 말합니다. 에서가 하나님을 부인한 것은 아니었습니다. 하지만 그의 삶에서 하나님의 말씀은 아무런 무게가 없었습니다. 그렇기 때문에 그가 하나님 나라에서 멀리 떨어져 살게 된 것입니다. 나에게 중요한 가치는 무엇인지 돌아봅시다.

*서로 기도 제목을 나누면서 뒤에 있는 기도 노트를 활용하십시오(p.250-255).

기도 노트

● 하나님께서 기도에 응답하셨으면 'Yes', 거절하셨으면 'No', 보류 중이시면 'Wait'에 체크해 보세요.
  시간이 흐른 뒤 하나님의 세심한 인도하심을 느낄 수 있습니다.

날짜 Date	기도 대상 Who	기도 제목 Title	응답 여부		
			Yes	No	Wait

날짜 Date	기도 대상 Who	기도 제목 Title	응답 여부		
			Yes	No	Wait

날짜 Date	기도 대상 Who	기도 제목 Title	응답 여부		
			Yes	No	Wait

날짜 Date	기도 대상 Who	기도 제목 Title	응답 여부		
			Yes	No	Wait

날짜 Date	기도 대상 Who	기도 제목 Title	응답 여부		
			Yes	No	Wait

날짜 Date	기도 대상 Who	기도 제목 Title	응답 여부		
			Yes	No	Wait

권별주삶

주삶

디모데전후서
디도서
히브리서

초판 1쇄 발행　2025년 3월 31일

지은이　　　권호, 김일승

펴낸이　　　곽성종
기획편집　　홍주미, 이가람
디자인　　　김찬양, 정육남

펴낸곳　　　㈜아가페출판사
등록　　　　제21-754호(1995년 4월 12일)
주소　　　　(08806) 서울시 관악구 남부순환로 2082-33 성광빌딩 6층
전화　　　　584-4835(본사)
팩스　　　　586-3078(본사)
홈페이지　　www.agape25.com
판권　　　　ⓒ (주)아가페출판사

ISBN　　　 978-89-537-1952-1 (03230)

저작권법에 의하여 한국 내에서 보호받는 저작물이므로 무단전재와 복제를 금합니다.

- 본서에 사용한 「성경전서 개역개정판」의 저작권은 재단법인 대한성서공회 소유이며 재단법인 대한성서공회의 허락을 받고 사용하였습니다.
- 본서에 사용한 「쉬운성경」의 저작권은 ㈜아가페출판사에 있습니다.
- 본문에 실린 ESV(English Standard Version) 성경의 저작권은 Crossway사에 있으며, 알맹2 에이전시를 통해서 허락을 받아 사용하였습니다.
  This publication contains The Holy Bible, English Standard Version®, copyright © 2001 by Crossway, a publishing ministry of Good News Publishers. The ESV® text appearing in this publication is reproduced and published by cooperation between Good News Publishers and Agape Publishing Company Ltd. and by permission of Good News Publishers. License arranged through rMaeng2, Seoul, Republic of Korea. Unauthorized reproduction of this publication is prohibited.
  The Holy Bible, English Standard Version(ESV) is adapted from the Revised Standard Version of the Bible, copyright Division of Christian Education of the National Council of the Churches of Christ in the U.S.A. All rights reserved.
  English Standard Version, ESV, and the ESV logo are trademarks of Good News Publishers. Used by permission.

아가페 출판사

아가페 필사&쓰기 전용펜

필사&쓰기성경®에 왜 전용펜을 사용해야 할까요?

1. 잉크의 뭉침이 없는 깨끗한 필기감
2. 쓸수록 종이가 부푸는 현상 방지
3. 종이끼리 붙지 않아 오랫동안 보관 가능
4. 물기로 인한 글자 훼손 방지

일반용

* 신약성경의 예수님 말씀은 빨간색 펜을 사용하세요.

일반 필사&쓰기성경 전용펜 A5 (검정/빨강) — **값 900원**
일반 필사&쓰기성경 전용펜 A5 (검정/빨강-1박스/12자루) — **값 10,800원**

중용량

필사&쓰기 전용펜 (고급) (블랙/투명) — **값 1,600원**
필사&쓰기 전용펜 (고급) (블랙/투명-1박스/12자루) — **값 19,200원**

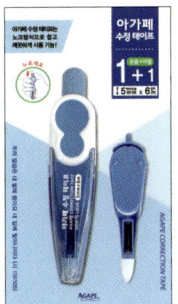

쓰기성경을 쓰다가 잘못 쓴 글씨는 수정테이프를 사용하세요.

아가페 수정 테이프 (본품+리필) (블루/핑크) — **값 3,500원**

www.agape25.com 02)584-4669 (주)아가페출판사

본문이 있는 채움 쓰기성경®

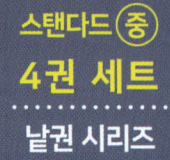

스탠다드 (중)
4권 세트
낱권 시리즈

성경 본문의 가독성이 뛰어나고 1:1로 맞추어 필사할 수 있는 쓰기성경!

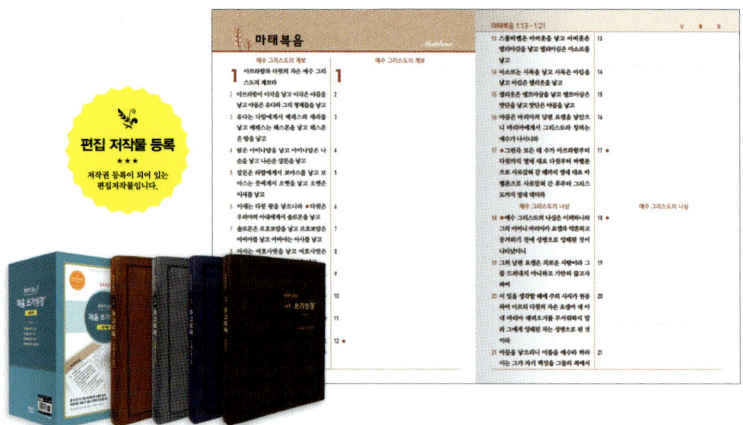

편집 저작물 등록
저작권 등록이 되어 있는 편집저작물입니다.

스탠다드 (중) 4권 세트		〈개역개정〉 세트 정가 : 116,000원 → 112,000원		
	낱권 정가	구약 ❶, ❷, ❸권 신약	각 권 29,000원	

개역개정 낱권 시리즈	모세오경	창 세 기	정가 8,000원	예언서	이사야	정가 9,000원
		출애굽기	정가 7,000원		예레미야 · 예레미야애가	정가 10,000원
		레 위 기	정가 7,000원		에스겔 · 다니엘	정가 10,000원
		민 수 기	정가 7,000원		호세아~말라기	정가 8,000원
		신 명 기	정가 7,000원		세트 (할인가)	정가 33,000원
		세트 (할인가)	정가 32,000원	사복음서	마태복음	정가 8,500원
	역사서	여호수아 · 사사기 · 룻기	정가 9,000원		마가복음	정가 8,000원
		사무엘상 · 하	정가 9,500원		누가복음	정가 8,500원
		열왕기상 · 하	정가 9,500원		요한복음	정가 8,500원
		역대상 · 하	정가 10,000원		세트 (할인가)	정가 28,500원
		에스라 · 느헤미야 · 에스더	정가 7,000원	사도행전 ~ 요한계시록	사도행전	정가 8,500원
		세트 (할인가)	정가 40,000원		로마서 · 고린도전후서	정가 9,000원
	시가서	욥 기	정가 8,000원		갈라디아서~히브리서	정가 9,000원
		시 편	정가 12,000원		야고보서~요한계시록	정가 8,500원
		잠언 · 전도서 · 아가	정가 8,000원		세트 (할인가)	정가 30,000원
		세트 (할인가)	정가 25,000원			

밑글씨 매일 쓰기성경®

4권 세트 / 낱권 시리즈

밑글씨가 있어 성경책 대조 없이 간편하게 쓸 수 있는 쓰기성경!

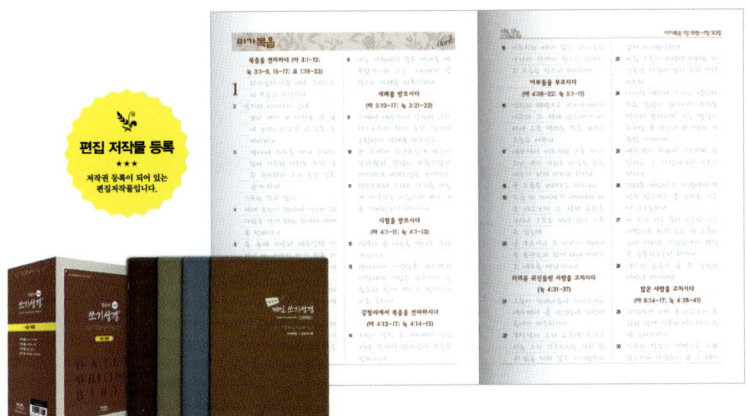

편집 저작물 등록
저작권 등록이 되어 있는 편집저작물입니다.

4권 세트

〈개역개정〉		〈새번역〉	
세트 정가 : ~~116,000원~~ ▶ 112,000원		세트 정가 : ~~100,000원~~ ▶ 95,000원	
구약 ❶, ❷, ❸권 / 신약	각 권 29,000원	구약 ❶, ❷, ❸권 / 신약	각 권 25,000원

낱권 시리즈

낱권 시리즈	구약	❶ 창세기 – 레위기	정가 12,000원
		❷ 민수기 – 룻기	정가 13,000원
		❸ 사무엘상 · 하	정가 10,000원
		❹ 열왕기상 · 하	정가 10,000원
		❺ 역대상 · 하	정가 10,000원
		❻ 에스라 – 욥기	정가 10,000원
		❼ 시편 · 잠언 · 전도서 · 아가	정가 12,000원
		❽ 이사야 – 예레미야애가	정가 12,000원
		❾ 에스겔 – 말라기	정가 12,000원
	신약	❶ 사복음서 : 마태복음 – 요한복음	정가 14,000원
		❷ 사도행전 – 고린도후서	정가 12,000원
		❸ 갈라디아서 – 요한계시록	정가 10,000원

www.agape25.com 02)584-4669 |주|아가페출판사

DREAM 감사&기도

감사와 기도를 드림(DREAM)으로 드리다. 한 권에 감사와 기도 모두 담으세요!

로즈핑크, 민트 | 크기 120*171 | 192면 | 각권 10,800원

담다 · 설교노트

말씀을 담다, 말씀을 살아내다. 삶의 지표가 되는 귀한 말씀, 소중히 담아보세요!

대 설교 100편 기록

소 설교 70편 기록

인디고블루, 인디핑크 | 크기 120*171 | 224면 | 각권 10,800원   네이비, 모카베이지 | 크기 100*165 | 144면 | 각권 9,500원

* 50부 이상 주문시 주문명을 무료로 찍어드립니다.